Outils & repères BAC

2e et 1res générales et technologiques

Coordination
Florence RANDANNE
Agrégée de lettres classiques, académie d'Amiens

Céline BARRAUD
Professeur agrégée de lettres classiques
Lycée Félix Faure à Beauvais

Emmanuel BROC
Professeur certifié de lettres modernes
Lycée du Vimeu à Friville-Escarbotin

Florence COGNARD
Agrégée de lettres classiques, académie d'Amiens

Pascale DELAMARRE
Professeur agrégée de lettres modernes,
Lycée Jean Rostand à Chantilly

Coralie DOUX-POUGET
Professeur certifiée de lettres modernes
Lycée Jean-Baptiste Corot à Douai

Alice DUROUX-GAUCHET
Professeur agrégée de lettres modernes
Lycée Martin Luther-King à Bussy-Saint-Georges

Rémi LASSALLE
Professeur agrégé de lettres classiques
Lycée Félix Faure à Beauvais

Martine SCHWEBEL
Agrégée d'Arts plastiques, académie d'Amiens

Myriam ZABER
Professeur agrégée de lettres modernes
Lycée Teilhard de Chardin à Saint-Maur-des-Fossés

MAGNARD
www.magnard.fr

SOMMAIRE

PARTIE I • Savoir-faire généraux

PARTIE II • Langue et culture

Le Moyen Âge

XVIe siècle
L'humanisme

XVIIe siècle
Le baroque

XVIIe siècle
Le classicisme

XVIIIe siècle
Les Lumières

XIXe siècle
Le romantisme

XIXe siècle
Le réalisme et le naturalisme

XIXe siècle
Le symbolisme

XXe siècle
Le surréalisme

XXe siècle
La littérature engagée

XXe siècle
Le théâtre de l'Absurde

XXe siècle
Nouvelles formes romanesques

XXIe siècle
Littérature contemporaine

PARTIE III • Corpus BAC

SUJETS BLANCS

dynamiser la
CHRONIQUE
MEXICO
PUEBLA
VERACRUZ

PARTIE I

Savoir-faire généraux

▸▸ Illustration Laurence Folie datant de 2011.

FICHE 1 PRENDRE DES NOTES ET LES RESTITUER À L'ÉCRIT ET À L'ORAL

OBJECTIFS
- Apprendre à retenir et à hiérarchiser les informations essentielles
- Retranscrire rapidement les éléments d'un cours ou d'une recherche
- Préparer les épreuves écrites et orales du baccalauréat

OBSERVER

Les théoriciens français du drame, Diderot, Beaumarchais, Louis-Sébastien Mercier ont en en commun un certain nombre de visées : attaquer la comédie et surtout la tragédie comme inadaptées au monde contemporain ; faire l'apologie et défendre l'existence d'une *forme intermédiaire* dont le trait caractéristique est d'être actuelle ; du même coup, défendre le théâtre contre Jean-Jacques Rousseau dont *La Lettre à d'Alembert sur les spectacles* (1757) est un réquisitoire en forme contre le théâtre.

Anne Ubersfeld, *Le Drame romantique* (1993), © Lettres Belin

Voici deux manières de prendre des notes.

Prise de notes 1

Ajouts/notes/	Les objectifs des théoriciens[1] du Drame au 18ème
Précisions éventuelles	Attaquer la comédie et la tragédie (inactuelles)
1. Diderot, Beaumarchais, L.S.	Défendre 1 « forme intermédiaire »[2] (= actuelle)
Mercier.	Défendre le théâtre vs la condamnat° de Rousseau
2. Drame	Remarques/questions éventuelles

Prise de notes 2

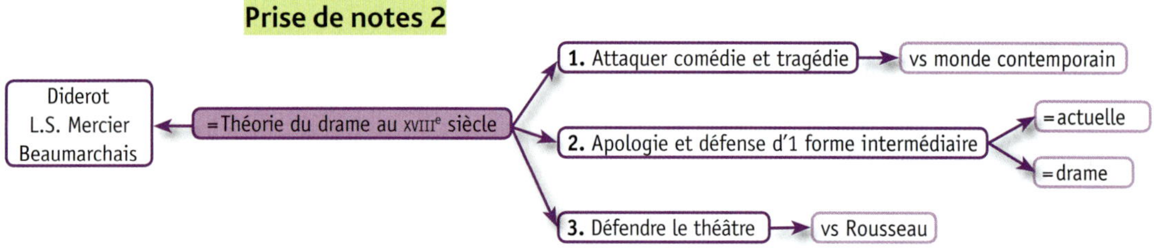

Questions

1. Les deux prises de notes ont retenu du texte trois informations essentielles et les ont hiérarchisées. Sur quels éléments du texte peut-on s'appuyer pour justifier ce choix ?

2. Quels sont les autres principaux outils de la prise de notes ? Justifiez en donnant des exemples.

3. Quelles notes vous paraissent être prises à partir de l'écrit, de l'oral, de l'écrit et de l'oral ? Justifiez.

4. Quelles notes vous paraissent les plus aisées à restituer à l'oral ? à l'écrit ? Pourquoi ?

RETENIR

DANS QUELLES SITUATIONS PREND-ON DES NOTES ?

▶ Qu'est-ce qu'une prise de notes ?

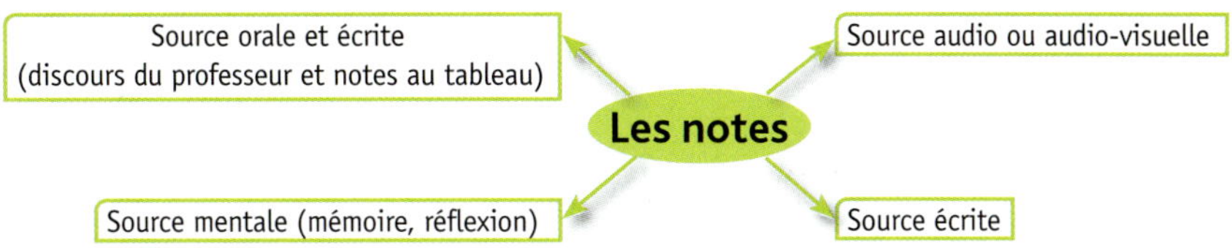

▶ Quels sont les outils ?

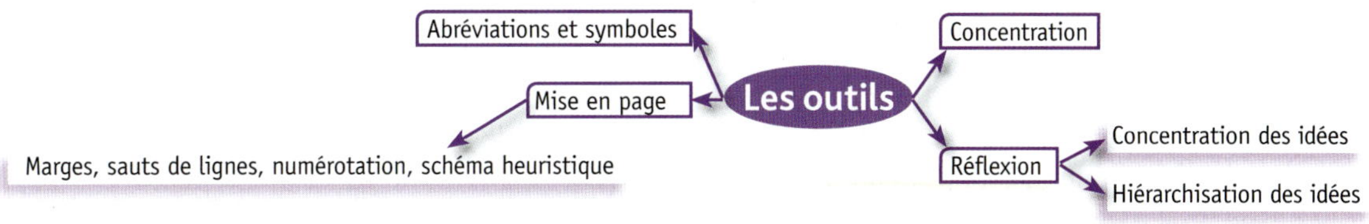

COMMENT RESTITUER UNE PRISE DE NOTES ?

▶ Qu'est-ce qu'une restitution ?

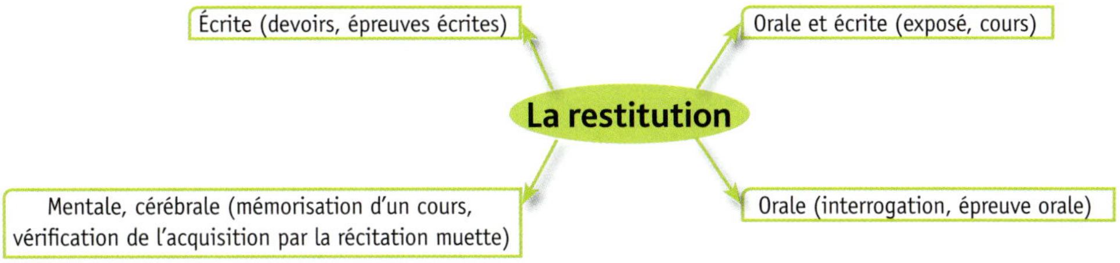

▶ Quels sont les outils ?

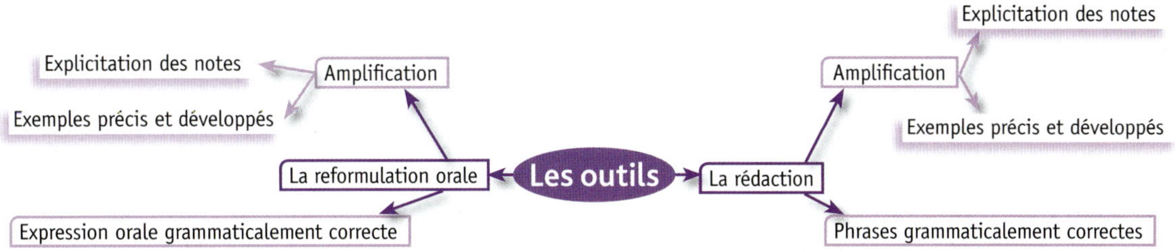

Exercices

UTILISER LES ABRÉVIATIONS ET LES SYMBOLES

1 **Utilisez les abréviations et symboles suivants pour prendre en notes le texte de François Furet.**

QUELQUES ABRÉVIATIONS

tt: tout – **ts**: tous – **st**: sont – **avt**: avant – **bcp**: beaucoup – **càd**: c'est-à-dire – **jms**: jamais – **vs**: contre (versus)

Les terminaisons en « -tion » → **Ex.**: *réduction* = *réduct°*
Les terminaisons en « -ment » → **Ex.**: *également* = *égal*^{t}
Les terminaisons en « -que » → **Ex.**: *politique* = *politiq*

QUELQUES SYMBOLES

+ / –	plus / moins	φ	philosophie
±	plus ou moins	Δ	croissance
<= => ∫	a pour cause pour conséquence réciprocité	♂ ♀	homme femme

On l'a dit mille fois: tous ces hommes du parti national, nobles et roturiers, parvenus ou déjà « établis » sont avant tout les fils de leur siècle, nourris de la philosophie des Lumières. Car si le déclenchement et les modalités de la Révolution doivent beaucoup à la conjoncture, c'est-à-dire à l'accidentel, jamais par contre un mouvement d'idées d'une telle ampleur et d'une telle convergence ne souhaita, ne prépara les transformations politiques et sociales de 1789.

François Furet, *La Révolution française* (1965),

2 **Créez quelques abréviations en respectant les règles qui suivent et constituez-vous un répertoire d'abréviations utiles adaptées à différentes disciplines: Frçs, H.G., SVT, SES, etc.**

Abréviation construite à partir de l'initiale du mot: reprendre l'initiale du mot, écrite soit en minuscule, soit en majuscule suivie d'un point abréviatif.
→ **Ex.**: p. = page, th. = théâtre, M. = monsieur…

Abréviation construite par suppression des lettres finales: reprendre les premières lettres du mot, suivies du point abréviatif.
→ **Ex.**: pers. = personnage, spect. = spectateur, dia. = dialogue.

Abréviation construite par suppression des lettres intérieures: reprendre le début et la fin du mot, sans point abréviatif.
→ **Ex.**: avt = avant, dpt = département, dvlpt = développement.

Abréviation construite en fonction d'un contexte
→ **Ex.**: Dans un cours d'histoire sur la Révolution française, les initiales « R.f » suffiront.

HIÉRARCHISER LES INFORMATIONS

3 **a. Lisez attentivement les textes qui suivent pour bien en saisir le thème et la thèse.**
b. Relevez les informations ou idées principales.
c. Hiérarchisez-les, en les numérotant par exemple.

1. Le réaliste, s'il est un artiste, cherchera, non pas à nous montrer la photographie banale de la vie, mais à nous en donner la vision la plus complète, plus saisissante, plus probante que la réalité même.

Raconter tout serait impossible, car il faudrait alors un volume au moins par journée, pour énumérer les multitudes d'incidents insignifiants qui emplissent notre existence.

Un choix s'impose donc,- ce qui est une première atteinte à la théorie de toute la vérité.

La vie, en outre, est composée des choses les plus différentes, les plus imprévues, les plus contraires, les plus disparates; elle est brutale, sans suite, sans chaîne, pleines de catastrophes inexplicables, illogiques et contradictoires qui doivent être classées au chapitre faits divers.

Voilà pourquoi l'artiste, ayant choisi son thème, ne prendra dans cette vie encombrée de hasards et de futilités que les caractéristiques utiles à son sujet, et il rejettera tout le reste, l'à-côté.

Un exemple entre mille:

Le nombre de gens qui meurent chaque jour est considérable sur la terre. Mais pouvons-nous faire tomber une tuile sur la tête d'un personnage principal, ou le jeter sous les roues d'une voiture, au milieu d'un récit, sous prétexte qu'il faut faire la part de l'accident?

Guy de Maupassant, *Le Roman* (1887)

2. […] L'Assemblée Nationale Constituante, aux mains de laquelle j'avais remis mes pouvoirs le 6 novembre dernier, m'a, comme vous le savez, élu à l'unanimité, le 13 novembre, président du Gouvernement. En vertu de la loi que vous avez votée le 21 octobre par référendum, j'avais donc à former le Gouvernement de la France.

Mon désir était de former à l'image de l'unanimité même qui s'était réunie sur mon nom et qui me paraît s'imposer pour la tâche vitale de reconstruction et de rénovation que nous avons à poursuivre tous ensemble. Dans le choix des ministres, comme dans l'œuvre nationale commune, je n'entendais exclure aucune des grandes tendances de l'opinion et, aucun des trois partis qui ont obtenu, et de beaucoup, le plus de voix aux élections et le plus de sièges à l'Assemblée. Mais, naturellement, j'entendais attribuer moi-même les départements ministériels ou, comme on dit, les portefeuilles, d'une part suivant les aptitudes de chacun, d'autre part suivant la politique que représentent forcément, au-dedans et au-dehors, des hommes qui proviennent des partis. Si le chef du Gouvernement ne procédait pas ainsi, que signifierait sa fonction ? [...]

Charles de Gaulle, *Discours et messages*, Vol. 1, © Plon, 1970

PRENDRE UN TEXTE EN NOTES ET LE RESTITUER À L'ÉCRIT

4 a. **Créez un binôme avec l'un de vos camarades : chacun prendra en notes l'un des textes de l'exercice 3, en utilisant les différents outils : réflexion, abréviations, symboles, mise en page, hiérarchisation.**
b. **Vous échangerez ensuite vos notes et vous rédigerez dans des phrases grammaticalement correctes les notes prises par votre camarade.**
c. **Comparez vos écrits aux textes de Maupassant et de de Gaulle.**
d. **Corrigez les éventuelles erreurs.**

RESTITUER DES NOTES À L'ORAL

5 **Lisez l'extrait de Guy de Maupassant proposé à l'exercice 3, puis restituez à l'oral l'introduction suivante.**

Le R. = Préface (= essai) de M. à son roman *Pierre et Jean* (1887)
Le R. = Réflex° sur le mvt Réaliste et le roman.
Extrait = au centre de l'essai = les limites de l'ambit° Réa. ds le roman.
Qu. Par quels procédés M. soutient-il sa thèse ?
Plan :
I. Une démonstration solide et convaincante
II. Une démonstration engagée et persuasive

6 **Restituez à l'oral cette prise de notes concernant la première partie de la lecture analytique du texte de Maupassant proposé à l'exercice 3.**

<table>
<tr><td>[1]Réalisme/Réaliste</td><td>I. Une démonstrat° solide.
a. Critiq de la « théorie de la vérité » chère aux R[1].
• Un refus explicite et répété des csq de l'ambit° R:
– rejet de « la photographie banale de la vie ».(l. 1)
– impossibilité de « raconter tout ».(l. 3)
– écarter « l'accident ». (l. 14)
M. parsème sa démonstrat° des csq évidentes et critiquables du R.</td></tr>
<tr><td>[2] à expliciter</td><td>• Un rappel de la vérité de la réalité :
– la vie « notre existence » (l.4) est riche de nbrx « incidents ». (l. 4)
– la vie est inextricable[2] (l.6-8)
– les « accidents » tragiq qui mettent fin à la vie des hommes et qui ne leur permettent dc ps de vivre suffisam^{nt} lgtps st innombrables (l. 12)
M. rappelle à quel pt la vérité de la vie submerge l'ambit° R., nécessairem^{nt} impuissante à en rdre cpte.</td></tr>
<tr><td>[3] Souligner la =/=</td><td>b. Dépasser l'ambit° R.
• Rivaliser avec la réalité
– M. affirme le devoir de l'écrivain de transposer la vie pr en donner une image (« vision » l. 2) + juste (voir les 3 adj. (l. 2)) ds son œuvre.
– M. affirme la nécessité de procéder à des choix pr rendre possible l'écriture d'1 roman lisible (l. 2-3)
– M. affirme l'importance de donner une logiq à une réalité qui s'en dispense (l. 6-8) au pt que la fidélité au destin de la « personne » empêcherait le récit de celui du « personnage »[3] (l. 12-14)</td></tr>
<tr><td colspan="2">Concl. partielle et annonce explicite du II.</td></tr>
</table>

FICHE 2

COMPRENDRE UN SUJET

OBJECTIFS
- Repérer le thème de la réflexion et éviter le hors-sujet
- Comprendre la démarche à suivre pour traiter un sujet

ÉTAPE 1 ANALYSER LE SUJET

Si le sujet comprend une injonction (verbes au futur ou à l'impératif)
Ex. : *Montrez que certaines pratiques alimentaires et comportementales sont à l'origine de la bonne santé des habitants du Japon.*

→ Interrogez-vous sur le sens du verbe employé qui vous indiquera la démarche à suivre :
– les verbes « analyser », « commenter », « étudier » impliquent une **analyse** ;
– les verbes « argumenter », « discuter », « comparer », « montrer », « expliquer » impliquent une **argumentation**.

Si le sujet comprend une question directe
Ex. : *Pourquoi la poésie est-elle un genre approprié pour exprimer un sentiment amoureux ?*

→ Analysez le sens du terme interrogatif qui vous indiquera les enjeux de la question :
– « Pourquoi », « Pour quelles raisons » = la **cause**.
– « Comment », « Par quels moyens », « Par quels procédés », « De quelle façon » = le **moyen**.
– « Quand », « où » = les **circonstances**.

Si le sujet comprend une interrogation alternative
Ex. : *Ces textes cherchent-ils seulement à nous dépayser ou ont-ils une autre visée ?*

→ Donnez une réponse argumentée, en examinant chacune des alternatives.

ÉTAPE 2 REFORMULER LE SUJET POUR EN COMPRENDRE LES ENJEUX

→ Trouver le **synonyme** de chacun des **mots importants**.
Ex. : Analysez les documents afin de caractériser l'organisation de l'espace urbain en France et précisez ce qui détermine leur attractivité.
Caractériser = Décrire – L'espace urbain = villes – Déterminer = influencer, causer – Attractivité = pouvoir d'attirer.

→ Transformer la **question** en **affirmation**.

⚠ Faire attention aux mots a priori anodins, comme les **adverbes**.

ÉTAPE 3 ÉVITER LE HORS-SUJET

→ Souligner les mots qui **délimitent** le sujet (date, lieu, objet d'étude…)
Ex. : Les transformations de la société française depuis 1945
société française = sujet limité à la France, depuis 1945 = date

→ Faire le **tri** dans ses connaissances.

ÉTAPE 4 SUIVRE UN PARCOURS SUGGÉRÉ PAR LE SUJET

→ Observer les **connecteurs logiques** (*d'abord, puis, ensuite, enfin…*), les adjectifs qualificatifs ou les **adverbes** *(seulement…)*.

→ Tenir compte du **mot interrogatif**.

→ S'interroger sur l'**objectif** du sujet.
Ex. : *La poésie est-elle seulement l'expression de sentiments personnels ?* Invite à réfléchir sur le lien entre poésie et expression des sentiments, puis sur les autres fonctions de la poésie.

Exercices

ANALYSER LE SUJET

1 **a. Dans les sujets suivants, repérez les éléments qui constituent une injonction, les questions directes et indirectes.**
b. Cherchez le sens des verbes à l'impératif, et proposez des synonymes.
1. La vocation de la poésie est-elle, selon vous, de célébrer l'amour, ou privilégiez-vous d'autres fonctions ?
2. La question coloniale dans la France des années 30.
3. Expliquez le fonctionnement d'une station d'épuration.
4. On lance cinq fois une pièce de monnaie, bien équilibrée. Déterminez la probabilité d'obtenir une fois le côté face.

2 **Analysez les sujets suivants : quelles sont les étapes à suivre ?**
1. Relevez les verbes dans le portrait de Giton chez La Bruyère, et distinguez les verbes d'état des verbes de mouvement. Quelle est la caractéristique de ce portrait ?
2. Qu'est-ce qui contribue à rendre la fin de *Dom Juan* de Molière fantastique ? Appuyez votre réponse en distinguant les procédés dramatiques employés.
3. À une patiente qui s'interroge sur son régime alimentaire, un médecin explique en quoi les traitements appliqués aux aliments peuvent avoir des effets inattendus et émet des réserves sur les allégations nutritionnelles. Écrivez son argumentaire.

REFORMULER LE SUJET POUR EN COMPRENDRE LES ENJEUX

3 **Proposez d'autres formulations pour les questions suivantes. Choisissez en priorité des formules injonctives.**
1. Quelles sont les différentes fonctions du monologue au théâtre ?
2. En quoi le poète propose-t-il, dans ce poème, une méditation lyrique sur la fuite du temps ?
3. Quel processus conduit à l'abolition de l'esclavage dans les colonies françaises ?
4. Quels facteurs expliquent les inégalités dans l'exploitation des ressources en eau ?
5. Que représente l'apport personnel, pour un emprunteur ?
6. Pour quelles quantités produites le bénéfice est-il nul ?

4 **Dans les sujets suivants, expliquez le sens des mots ou expressions en gras.**
1. Dans le chapitre III de *Candide* de Voltaire, montrez que le narrateur propose une **image paradoxale** de la guerre.
2. Quelles sont les différentes **fonctions** du poète ?
3. Quels sont les **enjeux** de l'aménagement du littoral en France ?
4. Expliquez les différences dans la **conception** de la citoyenneté, à Rome et à Athènes.

ÉVITER LE HORS-SUJET

5 **Lisez ce sujet d'écriture d'invention, puis répondez aux questions.**
SUJET : « À la fin d'*On ne badine pas avec l'amour*, Rosette surprend Camille et Perdican en train de s'embrasser. Écrivez le monologue que celle-ci aurait pu prononcer avant de mourir. Elle accuse Perdican, se demande quelle conduite tenir, et se plaint de sa destinée. »
a. Quel genre littéraire est attendu dans cette écriture d'invention ? Établissez une liste de ses caractéristiques formelles.
b. Relevez les mots-clefs qui permettent de préciser le registre attendu : quel est-il ?
c. Lisez l'Acte III Scène 8 d'*On ne badine pas avec l'amour* d'Alfred de Musset : comment le sujet évoque-t-il ce passage ? Dans quelle mesure le texte source doit-il être utilisé ?

SUIVRE UN PARCOURS SUGGÉRÉ PAR LE SUJET

6 **Quel parcours est suggéré par les sujets suivants ? Reprenez les termes du sujet pour composer une phrase qui vous permettra d'amorcer la réponse.**
1. Comment la description contribue-t-elle à construire le personnage de roman ?
2. Dans quelle mesure la lecture des romans permet-elle de connaître une période historique ou une société ?
3. Montrez d'abord quels sont les acteurs et les aménagements de la montagne, puis examinez les conséquences du tourisme d'hiver.
4. Quelles sont les différentes composantes de la société romaine ?

S'ENTRAÎNER AUX QUESTIONS DE L'ENTRETIEN À L'ORAL

7 **Voici une série de questions portant sur l'objet d'étude : « La question de l'Homme dans les genres de l'argumentation ». Analysez chacune de ces questions, définissez les termes employés, et entraînez-vous à y répondre, à partir de vos lectures de l'année.**
1. Résumez brièvement l'œuvre intégrale que vous avez étudiée.
2. Parmi tous les textes de la séquence sur l'argumentation, quel est celui qui vous semble le plus efficace dans son argumentation ? Justifiez votre réponse.
3. Quels procédés littéraires l'auteur emploie-t-il pour faire adhérer le lecteur à son opinion ?
4. Confrontez les opinions des différents auteurs que vous avez lus cette année.

FICHE 3

IDENTIFIER ET CONFRONTER DES DOCUMENTS

OBJECTIFS
- Comprendre l'intérêt et l'enjeu des documents
- Synthétiser leurs contenus pour les confronter

1. OBSERVER LES DOCUMENTS POUR LES IDENTIFIER

Le paratexte

Titre, source, date, chapeau, notes
Renseigne sur : auteur, genre, date de publication, contexte (historique, culturel, artistique), thème, situation de l'extrait, lieu de conservation de l'œuvre, ses dimensions...

La mise en page, la typographie

Informe sur : genre, forme (sonnet, lettre officielle, monologue théâtral, la une d'un journal...), récit ou discours, type de document chiffré (tableau, diagramme en courbe, en barres, en camembert)...

2. CERNER

Le thème commun aux documents

Observer : les titres, les mots-clefs répétés, les champs lexicaux.
Ex. : *Le rôle et la place des écrivains dans la société.*

La problématique commune aux documents

Quelle question principale se dégage du corpus ?
Ex. : *Les écrivains doivent-ils prendre part aux événements politiques et sociaux de leur siècle ?*

3. DÉGAGER L'ESSENTIEL DES DOCUMENTS

Les idées principales

quoi ? qui ? où ? quand ?
Ex. : *Les romanciers ou poètes abordent des thèmes politiques dans leurs œuvres et délivrent des messages engagés.*

Le lien avec la problématique générale

Ex. : *Quelle est donc la part accordée à l'engagement et à la création littéraire ?*

4. METTRE EN RELATION LES DOCUMENTS

Les points communs

Ex. : *Un auteur est avant tout un homme qui doit vivre avec son temps et s'investir aux côtés de ses concitoyens.*

Les nuances

Ex. : *Un auteur doit mettre son talent au service de l'humanité et trouver un juste équilibre entre la création littéraire et l'implication politique.*

Les divergences

Ex. : *Un auteur est un artiste qui doit se consacrer entièrement à la création littéraire et se préserver des difficultés sociales.*

Exercices

ANALYSER UN PARATEXTE

1 a. **Relevez dans le paratexte le nom des auteurs, les titres des documents et les dates de publication. À quoi correspondent les autres noms et dates qu'il ne faut pas relever ?**
b. **Que vous apprend le paratexte sur le genre des documents ?**
c. **Expliquez l'utilisation des guillemets et des italiques dans la présentation des documents.**
1. Michèle Guidetti, Suzanne Lallemand, Marie-France Morel, *Enfances d'ailleurs, d'hier et d'aujourd'hui*, 2002, © éd. Armand Colin.
2. Serebriakova Zinaida (1884-1967), *Le Château de cartes* (détail), 1919, huile sur toile, 65 x 75,5 cm, State Russian Museum, Saint-Pétersbourg, Russie.
3. Jean-Jacques Rousseau, *Émile ou De l'Éducation*, 1762.
4. Gilles Brougère, « Jouer, n'est pas jouet », *in Le Jouet*, n° 133, novembre 1992, © éd. Autrement.
5. François Rabelais, *Pantagruel*, 1532, trans. en français moderne de Madeleine Lazard, 1994, pp. 167-175, © éd. Hachette, coll. « Classiques ».

2 a. **Que vous apprennent les paratextes suivants sur le thème des corpus ?**
b. **Quelles problématiques s'en dégagent ?**

Paratexte 1
1. Victor Hugo (1802-1885), « Melancholia », *Les Contemplations*, 1856, v. 113-146.
2. *Convention internationale des droits de l'enfant*, 1989.
3. Marie-Agnès Combesque, « Combattre le travail des enfants », *La Chronique d'Amnesty International*, avril 1998.
4. Enquête TNS Sofres sur l'utilisation des enfants dans la publicité, 2005.
5. Charles Dickens, *Les Aventures d'Oliver Twist*, 1837-1838, trad. Sylvere Monod, © L.G.F. Le Livre de Poche.

Paratexte 2
1. Christian Baudelot et Roger Establet, « La volonté de réussir », *Allez les filles*, 1992, © éd. du Seuil.
2. Annie Goldmann, *Les Combats des femmes*, 1996, © éd. Casterman, coll. XXe siècle.
3. Régine Pernoud, « Quel avenir pour la femme moderne ? », *La Femme au temps des cathédrales*, 1980, © éd. Stock.

3 **Que signifient ces indications tirées des paratextes des exercices 1 et 2 ?**

©	éd.
détail	65 x 75,5 cm
in	coll.
trans.	p.
v.	trad.

IDENTIFIER DES DOCUMENTS

4 a. **À quel genre se rattache l'ensemble des documents proposés ? Justifiez votre réponse par un relevé précis d'indices.**
b. **Observez les différences dans la typographie. Qu'en déduisez-vous sur la nature des différents extraits ?**
c. **Comparez les extraits 3 et 5 : s'agit-il de récits ou de discours ? Justifiez votre réponse.**
d. **Quelle est la visée de chacun des documents ?**

Document 1
Personnages
Électre .... Mmes Renée Devillers.
Clytemnestre .... Gabrielle Dorziat.
Agathe .... Madeleine Ozeray.
La femme Narses .... Raymone.
Les Euménides .... Marthe Herlin,
.... Monique Mélinand,
.... Denise Pezzani.
Les Petites Eumenides.. Véra Pharès,
.... Nicole Munié-Berny,
.... Clairette Fournier. [...]

Jean Giraudoux, *Électre* (1937), © Fondation Giraudoux

Document 2
Cependant le mendiant est entré, dirigé par le serviteur, et, avec des saluts empruntés, s'installe peu à peu sur l'escabeau, distrait pendant toute la première partie de la scène, et regardant autour de lui.

Jean Giraudoux, *Électre* (1937), © Ibid

Document 3
Entracte. LAMENTO DU JARDINIER
Moi, je ne suis plus dans le jeu. C'est pour cela que je suis libre de venir vous dire ce que la pièce ne pourra vous dire. Dans de pareilles histoires, ils ne vont pas s'interrompre de se tuer et de se mordre pour venir vous raconter que la vie n'a qu'un but, aimer. Ce serait même disgracieux de voir le parricide s'arrêter, le poignard levé, et vous faire l'éloge de l'amour. Cela paraîtrait artificiel. Beaucoup ne le croiraient pas. Mais moi qui suis là, dans cet abandon, cette désolation, je ne vois vraiment pas ce que j'ai d'autre à faire ! Et je parle impartialement. Jamais je ne me résoudrai à épouser une autre qu'Électre, et jamais je n'aurai Électre. Je suis créé pour vivre jour et nuit avec une femme, et toujours je vivrai seul. [...]

Jean Giraudoux, *Électre* (1937), © Ibid

Document 4

Le président : Qui est-ce ?
Agathe : Je te l'ai dit. Tous. Tout.
Le président : C'est à se tuer ! À se jeter la tête contre le mur !
Agathe : Ne te gêne pas pour moi. Le mur mycénien est solide.
Le président : Il est jeune ? Il est vieux ?
Agathe : L'âge de l'amant. Cela va de seize à quatre-vingts.
Le président : Et elle croit me rabaisser en m'insultant ! Tes injures n'atteignent que toi, femme perdue !

Jean Giraudoux, *Électre* (1937), © Ibid

Document 5

Le mendiant : Alors voici la fin. La femme Narsès et les mendiants délièrent Oreste. Il se précipita à travers la cour. Il ne toucha même pas, il n'embrassa même pas Électre. Il a eu tort. Il ne la touchera jamais plus. Et il atteignit les assassins comme ils parlementaient avec l'émeute, de la niche en marbre. Et comme Égisthe penché disait aux meneurs que tout allait bien, et que tout désormais irait bien, il entendit crier dans son dos une bête qu'on saignait. Et ce n'était pas une bête qui criait, c'était Clytemnestre. Mais on la saignait. Son fils la saignait. Il avait frappé au hasard sur le couple, en fermant les yeux.

Jean Giraudoux, *Électre* (1937), © Ibid

REPÉRER LA VISÉE D'UN DOCUMENT

5 a. Identifiez la nature et le thème des documents du corpus.
b. Mettez en relation les idées qu'ils développent.
c. À qui s'adressent ces documents et quelles sont les intentions de leurs auteurs ? Justifiez votre réponse par des références précises aux documents et à leur paratexte.

Document 1

L'hypertension se définit comme une élévation permanente de la pression artérielle au-dessus de 14/9. Elle conduit à des dommages des vaisseaux sanguins et du cœur. Ceci augmente le risque d'accident vasculaire cérébral (AVC), de problèmes rénaux et de maladies du cœur. La fréquence de cette maladie augmente avec l'âge, mais de nombreux facteurs externes favorisent son apparition. Parmi ces facteurs, on trouve notamment le tabac.

Extrait d'un manuel scolaire de SVT 2de, 2010, © éd. Nathan

Document 2

Image extraite de la brochure *Femme et hypertension artérielle : une liaison à risque*, éditée par le Comité Français de Lutte contre l'Hypertension Artérielle en 2012.

SYNTHÉTISER ET METTRE EN RELATION DES DOCUMENTS

6 a. Identifiez le thème du corpus.
b. Classez les idées essentielles des documents dans le tableau suivant en fonction des similitudes et des différences observées : en bleu les idées semblables, en vert les nuances, en rouge les divergences.

Document 1 Hugo	Document 2 Barrès	Document 3 Beccaria
....	....	....

Document 1

Victor Hugo, Préface du *Dernier jour d'un condamné*, 1832, page 54.

Document 2

Chambre des députés – 3 juillet 1908

M. Maurice Barrès : [...] Pour ma part, je demande que l'on continue à nous débarrasser de ces dégradés, de ces dégénérés*, dans les conditions légales d'aujourd'hui, en tenant compte des indications qui nous sont fournies par les hommes de science compétents s'ils nous disent que celui-ci relève des asiles plutôt que de la punition. Je crois qu'il y a lieu de recourir à la punition exemplaire. Et, par exemplaire, je n'entends pas la publicité ; je crois que l'exemple peut-être plus saisissant encore, tel qu'il est obtenu en Angleterre où la punition capitale, à la muette, derrière de hauts murs, me semble plus terrifiante encore que cette manière d'apothéose infâme que nous dressons sur les places publiques.

Maurice Barrès, *Discours à la Chambre des députés*, 3 juillet 1908 (extrait)

* Maurice Barrès défend l'idée que les criminels sont atteints d'une forme de dégénérescence transmise de manière héréditaire.

Document 3

Pour la plupart des gens la peine de mort est un spectacle et, pour quelques-uns, l'objet d'une compassion mêlée de mépris ; chacun de ces deux sentiments occupe l'esprit des spectateurs, au lieu de la terreur salutaire que la loi prétend inspirer, tandis qu'en présence de peines modérées, mais qui durent, c'est ce dernier sentiment qui domine ou qui règne seul. La rigueur des châtiments devrait s'arrêter au point où le sentiment de compassion des spectateurs commence à prévaloir sur tout autre, devant un supplice fait pour eux plus encore que pour le coupable.

Pour qu'une peine soit juste, elle ne doit avoir que le degré de rigueur suffisant pour détourner du crime. Or il n'est personne qui, en y réfléchissant, puisse choisir la perte totale et définitive de sa liberté, si avantageux que puisse être le crime.

Ainsi donc les travaux forcés à perpétuité, substitués à la peine de mort, ont toute la sévérité voulue pour détourner du crime l'esprit le plus déterminé.

Beccaria, *Des Délits et des peines* (1764)

COMPRENDRE LA SPÉCIFICITÉ D'UN DOCUMENT

7 **a. Quel thème et quelle problématique sont développés dans le corpus ?**
b. Quelle est la nature de chaque document du corpus ?
c. Identifiez le statut et la fonction de chaque auteur après avoir effectué, si besoin, une recherche préalable. Qu'en déduisez-vous sur l'authenticité de ces « témoignages » ?
d. Quelle est l'idée essentielle de chaque document ?
e. Le genre littéraire ou artistique choisi influence-t-il, par sa nature, les destinataires ? Justifiez votre réponse en vous appuyant sur la spécificité de chaque document.

Document 1

Dans une biographie romancée, l'écrivain Robert Merle retrace la vie de Rudolph Hoess, commandant du camp d'extermination d'Auschwitz. Dans cet extrait, sous les traits du personnage Rudolph Lang, le commandant reçoit l'ordre d'éliminer 500 000 détenus par an.

– Si je me base sur le chiffre global de 500 000 unités pour les six premiers mois, j'aboutis à une moyenne de 84 000 unités environ par mois, soit environ 2 800 unités à soumettre par 24 heures au traitement spécial. C'est un chiffre énorme.

Il enleva son cigare de sa bouche et leva la main qui le tenait :

– Erreur. Vous oubliez que sur ces 500 000 unités, il y aura un nombre probablement assez élevé d'aptes au travail que vous n'aurez pas à traiter.

Je réfléchis là-dessus et je dis :

– À mon avis, cela ne fait que reculer le problème. D'après mon expérience du *Lagerkommandant*[1], la durée moyenne d'utilisation du travail d'un détenu est de trois mois. Après quoi, il devient inapte. À supposer, par conséquent, que sur un transport de 5 000 unités, 2 000 soient déclarés aptes au travail, il est évident que ces 2 000 me reviendront au bout de trois mois, et qu'il faudra alors les traiter.

– *Gewiss*[2]. Mais vous aurez au moins gagné du temps. Et tant que votre installation ne sera pas au point, ce répit vous sera sans doute très précieux.

Il mit son cigare dans sa bouche et croisa sa jambe droite sur sa jambe gauche.

– Vous devez savoir qu'après les six premiers mois, le rythme des transports sera considérablement augmenté.

Je le regardai, incrédule. Il sourit, et son visage redevint rond et riant.

Je dis :

– Mais c'est tout bonnement impossible !

Son sourire s'accentua. [...]

– Je voulais dire que c'était *techniquement* impossible.

Son visage se figea.

– Permettez, dit-il d'un ton glacé. C'est à vous, et à vous seul qu'incombe le côté technique de la tâche. Je n'ai pas à connaître cet aspect de la question.

Robert Merle, *La Mort est mon métier* (1952), © Éditions Gallimard

1. Commandant de camp. – 2. Certainement.

DOCUMENT 2

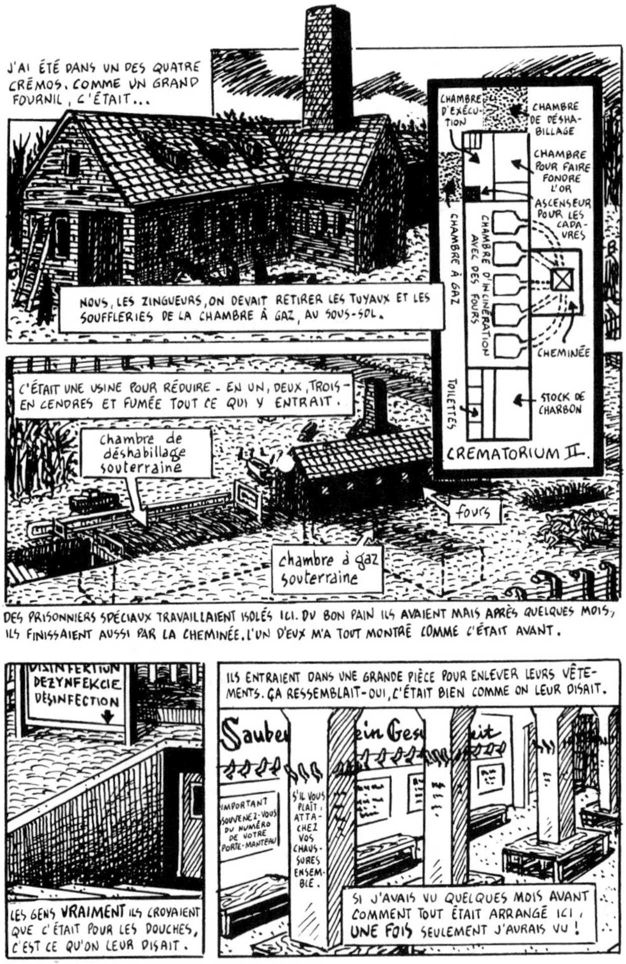

Maus, Tome II, © 1986, 1989, 1990, 1991 by Art Spiegelman, © Flammarion, 1992 pour l'édition française.

DOCUMENT 3

En 1947, au cours de sa détention à la prison de Cracovie, Rudolf Hoess, dans l'attente du procès, rédige son autobiographie sur le conseil de ses avocats.

Les Juifs destinés à l'extermination, hommes et femmes, étaient conduits séparément vers les crématoires dans un calme aussi complet que possible. Dans la pièce destinée au déshabillage, les détenus du commando spécial* qui y étaient employés leur expliquaient, dans leur propre langue, qu'on les avait amenés ici pour les doucher et les épouiller; ils les invitaient à bien ranger leurs vêtements et surtout à bien marquer leur place afin de pouvoir rapidement reprendre leurs effets à la sortie. Les détenus du commando avaient eux-mêmes le plus grand intérêt à ce que l'opération se poursuivît rapidement, calmement et sans heurt. Après s'être déshabillés, les Juifs entraient dans la chambre à gaz; celle-ci était munie de douches et de conduites d'eau, ce qui donnait effectivement l'impression d'une salle de bains. Les femmes entraient les premières avec leurs enfants; elles étaient suivies par les hommes qui se trouvaient toujours en minorité en raison de la sélection à l'arrivée. [...]

Là-dessus, on verrouillait rapidement la porte et les « infirmiers désinfecteurs », déjà alertés, laissaient immédiatement pénétrer les gaz par les lucarnes à travers le plafond. Les boîtes contenant les gaz étaient jetées par terre et les gaz se répandaient immédiatement. À travers le trou de la serrure de la porte on pouvait voir que ceux qui se trouvaient le plus près de la boîte tombaient raides morts. On peut affirmer que pour un tiers des enfermés la mort était immédiate. Les autres vacillaient, se mettaient à crier, manquant d'air. Mais leurs cris se transformaient rapidement en un râle et en quelques minutes ils étaient tous étendus. Au bout de vingt minutes au maximum, aucun ne bougeait plus. L'influence du gaz s'exerçait pendant cinq à dix minutes: la durée exacte dépendait du temps, humide ou sec, chaud ou froid, de la composition du gaz - qui n'était pas toujours identique - et de celle du convoi qui comprenait plus ou moins de malades ou de bien portants, de jeunes ou de vieux. Les gens perdaient connaissance au bout de quelques minutes, selon la distance qui les séparait de la boîte. Ceux qui criaient, les vieux, les malades, les faibles et les enfants tombaient plus vite que les gens bien portants et jeunes.

Une demi-heure après l'envoi du gaz, on ouvrait la porte et on mettait en marche l'appareil d'aération. On se préoccupait immédiatement de l'évacuation des cadavres. [...]

Ensuite on transportait les corps par l'ascenseur au rez-de-chaussée où l'on avait déjà allumé les fours. Selon la dimension des cadavres on pouvait en introduire jusqu'à trois dans un four. La durée de l'incinération dépendait également de la dimension du corps. Comme je l'ai déjà dit, les crématoires I et II pouvaient incinérer en vingt-quatre heures environ 2 000 corps; il n'était pas possible de faire mieux si on voulait éviter des dégâts. Les installations III et IV devaient incinérer 1 500 cadavres en vingt-quatre heures, mais pour autant que je sache, ces chiffres n'ont jamais été atteints.

Rudolph Hoess, *Le Commandant d'Auschwitz parle* (1979), © La Découverte-Maspero

* Détenus juifs chargés par les SS de pratiquer l'extermination.

RÉDIGER UN PARAGRAPHE SYNTHÉTIQUE

8 a. Identifiez la nature des documents suivants.
b. Quel thème ont-ils en commun ?
c. De quels types de textes s'agit-il ? Justifiez votre réponse en relevant des indices susceptibles de nous renseigner sur les intentions des auteurs.
d. Dans un paragraphe rédigé, confrontez ces trois textes en les rattachant à la problématique commune et en mettant en évidence les similitudes, les nuances et les divergences.

Document 1

L'épais rideau de nuages se dissipa sous l'effet des brises ordinaires à ces latitudes qui rendent la chaleur acceptable. Chacun s'arrêta et contempla l'île principale qui élevait au-dessus de l'océan une terre montueuse en forme de haricot.

De loin, l'île des Gauchers paraissait inhabitée et, quoique escarpée sur son flanc exposé aux alizés, ses pâturages semblaient fertiles. Elle présentait plusieurs vallées arrosées par de petits cours d'eau formant ici et là des cascades blanches qui venaient mourir dans l'océan. Le nord était boisé d'espèces endémiques[1] exubérantes, de variétés étonnantes de pandanus, de papayers sauvages, de kaoris[2] et, surtout, d'une foule de pins colonnaires élancés ; la côte se terminait par des falaises abruptes de roches rouge sang qui faisaient ressortir les bleus éclatants et tous les verts translucides des fonds du Pacifique. Comme la plupart des îles océaniennes, l'île d'Hélène était ceinturée d'un anneau de corail, cette barrière madréporique[3], œuvre d'animalcules[4], qui affleurait à mer basse et sur laquelle s'élançaient pour se briser les grandes lames du large. Entre cette digue naturelle, interrompue par quelques passes, et l'île s'étirait une rade circulaire, paisible et lumineuse qu'on appelle un lagon. Au loin se disséminait l'archipel, une foule d'atolls chargés de végétation, de bancs de sable éphémères peuplés de tortues. On eût dit qu'un soleil sous-marin éclairait ces eaux claires où vibraient toutes les teintes bleutées. Faramineuse beauté !

Alexandre Jardin, *L'Ile des Gauchers* (1995), © Éditions Gallimard

1. Espèce qui sévit constamment dans un milieu précis. – 2. Variétés d'arbres et de plantes tropicales. – 3. Provenant d'un animal marin, le madrépore, à l'origine de la formation des coraux. – 4. Animaux microscopiques.

Document 2

Sur près de 90000 km² de surface totale, les Maldives ne comptent que 300 km² de terre ferme. 10 % sont cultivés, 3 % sont réservés « aux pâturages » et 3 % à la forêt. Les 84 % restants correspondent aux plages qui font la renommée du pays. [...]

Globalement dépourvues de ressources naturelles, les Maldives ont un souci principal : la gestion des réserves d'eau. Certaines îles possèdent dans les couches peu profondes de leur sous-sol, des nappes phréatiques tout aussi peu profondes, qui alimentent les puits. C'est la présence de ces nappes d'eau qui incitait les maldiviens à choisir une île plutôt qu'une autre. Lorsque les prélèvements se font trop importants, l'eau de mer parvient à s'infiltrer dans la nappe qui devient alors saumâtre et finit par détruire les racines des végétaux. Ces réserves naturelles sont bien évidemment fort limitées, si bien que la plupart des îles touristiques ainsi que Malé, la capitale, se sont équipées de systèmes de désalinisation de l'eau de mer.

Le gouvernement maldivien se préoccupe des questions de protection de l'environnement. Il lutte contre l'érosion inexorable des îles en construisant des digues et il tente de protéger la barrière [de corail], sensible à la pollution et aux agressions naturelles telles que celle de l'acanthastère, une étoile de mer dévoreuse de corail.

Dominique Auzias et Jean-Paul Labourdette, *Maldives (Country Guide)*, 2011, © Petit Futé

Document 3

Voyages, coffrets magiques aux promesses rêveuses, vous ne livrerez plus vos trésors intacts. Une civilisation proliférante et surexcitée trouble à jamais le silence des mers.

Aujourd'hui où des îles polynésiennes noyées de béton sont transformées en porte-avions pesamment ancrés au fond des mers du Sud, où l'Asie tout entière prend le visage d'une zone maladive, où les bidonvilles rongent l'Afrique, où l'aviation commerciale et militaire flétrit la candeur de la forêt américaine ou mélanésienne avant même d'en pouvoir détruire la virginité, comment la prétendue évasion du voyage pourrait-elle réussir autre chose que nous confronter aux formes les plus malheureuses de notre existence historique ? Cette grande civilisation occidentale, créatrice des merveilles dont nous jouissons, elle n'a certes pas réussi à les produire sans contrepartie. Comme son œuvre la plus fameuse, pile où s'élaborent des architectures d'une complexité inconnue, l'ordre et l'harmonie de l'Occident exigent l'élimination d'une masse prodigieuse de sous-produits maléfiques dont la terre est aujourd'hui infectée. Ce que d'abord vous montrez, voyages, c'est notre ordure lancée au visage de l'humanité.

Claude Levi-Strauss, *Tristes Tropiques* (1955), © éd. Plon

FICHE 4

INSÉRER ET UTILISER UNE CITATION

OBJECTIFS
- Apprendre à insérer correctement une citation dans un commentaire ou une démonstration
- Distinguer les différents usages de la citation en fonction de l'effet visé

COMMENT INSÉRER UNE CITATION ?

Méthode

- ▶ Utiliser des guillemets.
- ▶ Ne changer aucun mot, respecter la disposition des vers dans les poèmes, etc.
- ▶ Mentionner toujours le nom de l'auteur dans les citations longues.

CITATION LONGUE

Ex. : « Ceux qui ont eu de grandes passions se trouvent toute leur vie heureux et malheureux d'en être guéris. » (La Rochefoucauld)

Avec une subordonnée, après un verbe introducteur.
Ex. : *La Rochefoucauld observe que* « *Ceux qui ont eu de grandes passions se trouvent toute leur vie heureux et malheureux d'en être guéris.* »

Avec un verbe placé en incise.
Ex. : « *Ceux qui ont eu de grandes passions,* ***observe La Rochefoucauld,*** *se trouvent toute leur vie heureux et malheureux d'en être guéris.* »

Avec une phrase d'introduction et les deux points.
Ex. : ***C'est ce qu'observe La Rochefoucauld :*** « *Ceux qui ont eu de grandes passions se trouvent toute leur vie heureux et malheureux d'en être guéris.* »

CITATION COURTE

Ex. : « légèretés », « folies », « caprices »

En l'intégrant dans une phrase d'analyse.
Ex. : ***Pour dévaloriser l'homme, La Bruyère dénonce*** « *[leurs] légèretés* », « *folies* « *et* « *caprices* ».

En l'intégrant avec des expressions signalant le passage à la citation.
Ex. : *Comme le souligne l'emploi des termes* « *légèretés* », …

POURQUOI INSÉRER DES CITATIONS ?

ORNER
Illustrer et enrichir la réflexion.

ARGUMENTER
S'appuyer sur l'autorité d'un auteur de référence.

ILLUSTRER
Justifier une idée dans une démarche de commentaire.

Exercices

INSÉRÉR UNE CITATION LONGUE

1 Insérez chaque citation dans une phrase de votre choix. Vous veillerez à utiliser les différents modes d'insertion (verbe introducteur et subordonnée, verbe placée en incise, phrase d'introduction et deux points).

1. « L'homme est né libre, et partout il est dans les fers. » (Jean-Jacques Rousseau, *Contrat Social*) – **2.** « L'amour est un tyran qui n'épargne personne. » (Pierre Corneille, *Le Cid*) – **3.** « Ainsi s'achève l'extraordinaire poursuite que Français et Américains avaient menée en trois semaines sur 700 kilomètres. » (Charles de Gaulle, *Mémoires de guerre*) – **4.** « Faites des routes, faites des ports, faites des villes, croissez, cultivez, colonisez, multipliez. » (Victor Hugo, *Discours du 18 mai 1879*) – **5.** « Science sans conscience n'est que ruine de l'âme. » (François Rabelais, *Pantagruel*)

CHOISIR LE VERBE APPROPRIÉ POUR INSÉRER UNE CITATION LONGUE

2 Chaque citation est suivie d'une liste de verbes introducteurs (verbes de parole ou de pensée). Choisissez le verbe qui vous paraît le plus approprié pour introduire la citation. Précisez s'il convient plutôt de le placer en incise, ou avec une subordonnée.

1. « Rome, l'unique objet de mon ressentiment !/ Rome, à qui vient ton bras d'immoler mon amant ! » (Pierre Corneille, *Horace*)
s'écrier, s'apitoyer, s'énerver, proférer

2. « De quelle lumière se dore le jour qui va finir ! Mais, comme ils sont obscurs les lendemains de la France ! » (Charles de Gaulle, *Mémoires de Guerre*)
protester, s'alarmer, révéler, s'inquiéter

3. « Dis-moi ? Qui t'as donné le souverain empire d'opprimer mon sexe ? » (Olympe de Gouges, *Déclaration des droits de la femme et de la citoyenne*)
demander, s'insurger, protester, interroger

4. « Les crimes que nous cherchons à dénoncer et à punir ont été si prémédités, si néfastes et si dévastateurs que la civilisation ne peut tolérer qu'on les ignore ». (Réquisitoire du procureur américain, *Le Procès de Nuremberg)*
s'indigner, regretter, contester, prétexter

INSÉRER DES CITATIONS DANS UNE ANALYSE LITTÉRAIRE

3 Insérez les citations entre guillemets dans les phrases d'analyse littéraire suivantes. Vous rédigerez ainsi une ou deux phrases de commentaire.

1. Le narrateur nous fait entrer dans la conscience de Frédéric, ébloui par la beauté de Mme Arnoux.
« splendeur de sa peau brune » – « séduction de sa taille » – « finesse des doigts »
2. Balzac, romancier réaliste, attache une grande importance au milieu de vie des personnages.
« toute sa personne explique la pension, comme la pension implique sa personne. »
3. Le poète décrit ici sa première rencontre amoureuse avec Cassandre.
« Le jour qu'un œil tira sur l'avril de mon âge. »

INSÉRER LA CITATION APPROPRIÉE

4 Identifiez la fonction (argumentative, illustrative, ornementative) de la citation présente dans chaque phrase.

1. Le comique de répétition est un élément structurant dans le dialogue des comédies de Molière. C'est ainsi que le spectateur s'amuse de la répétition de l'expression « Le pauvre homme » dans le dialogue entre Orgon et sa servante.
2. On se détache aujourd'hui de certaines méthodes d'apprentissages jugées peu efficaces, comme la connaissance par cœur. Montaigne écrivait déjà au XVIe siècle que « Savoir par cœur n'est pas savoir ».
3. Racine reprend et renouvelle la métaphore précieuse du feu dans ses tragédies, pour exprimer la puissance dangereuse de l'amour. Ainsi, Pyrrhus s'écrie, dans *Andromaque* : « Brûlé de plus de feux que je n'en allumais. »
4. Toute une conception morale et optimiste de l'art paraît aujourd'hui vraiment dépassée, comme celle d'Anatole France écrivant « l'artiste doit aimer la vie et nous montrer qu'elle est belle ».

DISTINGUER LES FONCTIONS D'UNE CITATION

5 Insérez chaque citation ci-dessous dans la phrase d'analyse qui convient. Justifiez vos choix en déterminant la fonction de chaque citation.

a. Dans son discours de Strasbourg, le 5 octobre 1945, le général de Gaulle exalte le rôle du Rhin qui « peut redevenir un lien occidental ».
b. Les Alliés encouragent « le peuple allemand » à « refaire éventuellement sa vie sur une base démocratique ou pacifique. »
c. « Nous sommes déchues de nos droits, nous sommes devenues des proies, de la merde », écrit une berlinoise dans son *Journal*, 20 avril-22 juin 1945.

1. Les textes signés à l'issue des conférences de Yalta et Postdam posent le problème de l'avenir politique de l'Allemagne.
2. Le désespoir des civils dans l'Allemagne détruite est attesté dans de nombreux documents.
3. Les années d'après-guerre voient émerger très vite un sentiment européen.

FICHE 5

UTILISER LE BROUILLON POUR RÉDIGER EFFICACEMENT

OBJECTIFS
- Analyser le sujet et rechercher les idées
- Bâtir un plan
- Améliorer son expression écrite

ÉTAPE 1 PRÉPARER LE BROUILLON

- Sujet d'analyse (dissertation, écriture d'invention).
- Étude de textes (documents historiques, textes littéraires, etc.).

→ **1.** Lire le sujet, les textes, les documents, etc.
2. Souligner les mots-clefs, les idées importantes.
3. Reformuler la question posée. Qu'attend-on de moi exactement ?

ÉTAPE 2 ENRICHIR LE BROUILLON

- Dégager des idées principales.
- Chercher des exemples ou des références précises.
- Chercher des idées secondaires associées aux idées principales.

→ Bâtir le plan du devoir.
⚠ Ne **pas rédiger :** utiliser des **abréviations**, des **tirets**, des **bulles**…

ÉTAPE 3 DU BROUILLON À LA RÉDACTION

- Développer les idées dans des phrases complètes et explicites.
- Construire des paragraphes. ▸ Fiche 16, p. 54.
- Préciser et soigner l'expression.

→ Rédiger le devoir.

ÉTAPE 4 SE RELIRE AVANT DE RENDRE LE DEVOIR

- Vérifier la correction des phrases : négations complètes, pas de répétitions, reprises pronominales justes.
- Vérifier et corriger la ponctuation. ▸ Fiche 10, p. 38
- Vérifier et corriger l'orthographe. ▸ Fiches 23 à 26, p. 72 à 80

Exercices

ANALYSER UN SUJET DE DISSERTATION AU BROUILLON

1 Lisez le sujet suivant.
« Un livre est une fenêtre par laquelle on s'évade » écrit Julien Green dans son *Journal*. Vous tenterez d'expliquer et d'illustrer ce point de vue, en vous appuyant sur des exemples précis.

a. **Relisez la citation de Julien Green en soulignant les mots-clefs. Assurez-vous de bien avoir saisi le sens de ces mots en les remplaçant par des synonymes. Reformulez ensuite, en une phrase ou deux, l'opinion défendue par l'écrivain.**

b. **Lisez votre reformulation, puis notez toutes les idées qui vous viennent à l'esprit.**

c. **Dégagez de manière simple la démarche qui est attendue de vous en commençant par les mots : « je dois montrer... ».**

d. **Quelle opinion inverse pourrait-on défendre ? Formulez-la, puis notez rapidement deux ou trois idées qui permettraient de l'étayer.**

PRÉPARER UNE ÉCRITURE D'INVENTION AU BROUILLON

2 Vous avez assisté à une représentation théâtrale, visité un musée, participé à une conférence dans le cadre du lycée.... On vous demande de rendre compte de cette expérience au travers d'une lettre.

a. **Préparez le scénario de cette lettre en notant vos observations dans un tableau :**

PREMIÈRE COLONNE
Imaginez la situation d'énonciation : précisez votre identité, celle de votre interlocuteur, la manifestation à laquelle vous avez assisté, l'endroit et le moment de cette manifestation.

DEUXIÈME COLONNE
Notez les observations précises que vous avez faites au cours de cette manifestation :
- la spécificité de la mise en scène, les costumes, les décors, etc.
- les œuvres que vous avez découvertes, etc.
- les idées développées par le conférencier, etc.

TROISIÈME COLONNE
Notez vos impressions personnelles : ce que vous avez aimé et pourquoi, ce qui vous a déplu et pourquoi.

b. **Bâtissez un plan à partir de vos impressions, en vous appuyant sur vos observations.**

PRÉPARER ET ENRICHIR UNE ÉTUDE DE DOCUMENTS AU BROUILLON

3 Lisez ces deux textes d'Histoire et suivez les consignes.

TEXTE 1

Attendu que vous, [...] Fernand de Magellan [...] du royaume de Portugal, avez exprimé la volonté de nous rendre un service insigne en vous engageant à découvrir, dans les limites de la démarcation qui en la mer Océane revient à notre couronne, des îles, des terres fermes et de précieuses épices [nous ordonnons qu'à cette fin soit conclu l'accord suivant : [...]
3. Considérant [...] le prestige promis à notre couronne royale, les périls et les peines qu'il vous faudra endurer [...], nous voulons vous accorder [...] le vingtième de tous les bénéfices [...] que produiraient les terres et les îles par vous découvertes [...].
4. Nous vous concédons également à titre perpétuel les charges [...] de gouverneurs de nos royaumes sur les dites terres et îles. [...]
8. Je m'engage à faire armer pour vous cinq navires, deux de 130 tonneaux, deux de 90 et un de 60.

Contrat passé entre Magellan et le roi d'Espagne (1518), in *Le Voyage de Magellan*, trad. J.Hamon, © Chandeigne, 2007

TEXTE 2

Cette chronique est rédigée par un marin italien, chroniqueur sous les ordres de Magellan.

Mercredi 28 novembre 1520, nous saillîmes hors dudit détroit et entrâmes dans la mer Pacifique où nous demeurâmes trois mois et vingt jours [...]. Nous ne mangions que du vieux biscuit en poudre, tout plein de vers et puant. Les gencives de la plupart de nos gens croissaient dessus et dessous [...], ils mouraient [...]. Vendredi 26 avril 1521, le capitaine leur envoya dire [...] que s'ils voulaient obéir au roi d'Espagne, reconnaître le roi Chrétien pour leur seigneur et nous donner notre tribut, qu'ils seraient tous amis [...]. Nous les assaillîmes [...]. On déchargeait les haquebutes en vain [...]. Ils nous tirèrent tant de flèches, de lances de cannes ferrées [...] qu'ils occirent* le capitaine Magellan. *[Dans l'océan Indien]*, les hommes de cette ville sont sauvages et bestiaux. Ils mangent de la chair humaine, n'ont point de roi et vont nus. Sur cette île, se trouvent poulailles, chèvres, cocos et cire. Pour une livre de vieux fer, ils nous en donnèrent quinze de cire. On y trouve aussi du poivre long [...]. Là nous prîmes un homme pour nous conduire en quelque île où il y eût des vivres.

La Relation d'Antonio Pigafetta et autres témoignages, trad. J.Hamon, © Chandeigne, 2007

*Tuèrent.

a. La problématique posée est:
« Comment l'expédition de Magellan met-elle le monde à la portée des Européens ? »
Réfléchissez aux termes employés: quels sont les éléments de réponse attendus à la suite de la question?
Comment ▶ par quels moyens? au prix de quels obstacles? avec quelles difficultés?
Mettre le monde ▶ sens de cette expression? de quel monde s'agit-il?
Les Européens ▶ lesquels? Quels sont les partenaires de cette aventure?
b. Soulignez dans chacun des textes tous les éléments qui permettent de répondre à la problématique en en éclairant les différents éléments.
c. Mettez les deux textes en liaison: faites des renvois de l'un à l'autre en fonction des analogies que vous découvrez.
d. Bâtissez un plan, puis rédigez un paragraphe argumentatif répondant à la problématique.

ENRICHIR UN BROUILLON

A. Chercher des exemples ou des références

4 Lisez ce sujet et suivez les consignes.
« On n'est pas sérieux quand on a dix sept ans » écrivait Rimbaud dans un célèbre poème. Et vous, que pensez-vous de l'adolescence?
a. Relisez la citation de Rimbaud: quel jugement porte-t-il sur l'adolescence? Reformulez cette opinion au brouillon.
b. Notez rapidement trois ou quatre idées permettant de développer le point de vue de Rimbaud sur l'adolescence.
c. Classer ces idées de la plus importante à la moins importante.
d. Chercher dans l'actualité ou dans l'Histoire un exemple ou une référence qui permette d'illustrer chacune de vos idées.

B. Chercher des idées nouvelles

5 Vous devez faire un exposé sur la place du théâtre dans la vie quotidienne aujourd'hui:
a. Notez rapidement au brouillon les idées qui vous viennent à l'esprit: qui va au théâtre? Pour voir quoi? Dans quelles circonstances? Dans quels lieux?
b. Lisez cet extrait décrivant l'organisation du théâtre dans l'Antiquité, puis sélectionnez les idées importantes.

On n'allait pas au théâtre chez les Grecs, comme on peut y aller de nos jours en choisissant son jour et spectacle, et en assistant à une représentation répétée chaque jour tout au long de l'année. Il y avait deux fêtes annuelles où se donnaient des tragédies. Chaque fête comportait un concours, qui durait trois jours; et, chaque jour, un auteur sélectionné à l'avance, faisait représenter, à la suite, trois tragédies. La représentation était prévue et organisée par les soins de l'État, puisque c'était un des magistrats de la cité qui devait choisir les poètes et choisir, également, les citoyens riches chargés de pourvoir à tous les frais. Enfin, le jour de la représentation, tout le peuple était invité à venir au spectacle [...].

Jacqueline de Romilly, *La Tragédie grecque* (1970), © PUF

c. Reprenez votre brouillon et enrichissez-le d'idées nouvelles en comparant le théâtre d'aujourd'hui au théâtre antique.

6 Voici le sujet d'une composition de géographie (programme de Seconde).
« Risques et développement durable »
Vous avez choisi de développer un premier paragraphe intitulé: « Les sociétés sont exposées à de multiples risques ». **Pour enrichir ce paragraphe, évoquez successivement les risques naturels, les risques technologiques et enfin les risques liés aux aménagements. Vous illustrerez à chaque fois votre propos avec un exemple.**

DISTINGUER LES IDÉES PERTINENTES SUR LE BROUILLON

7 Lisez ce sujet.
« Regardez la nature... et tournez lui le dos » s'écrie un artiste contemporain. Vous expliquerez et développerez ce point de vue sur l'art.

Un élève a noté les idées suivantes au brouillon:
1. La Nature est une source d'inspiration pour l'artiste.
2. La Nature est actuellement défigurée par l'homme.
3. Les techniques artistiques modernes permettent d'inventer un monde nouveau.
4. L'artiste doit rivaliser avec la Nature.
5. L'artiste doit créer un monde qui lui est propre.
6. L'artiste ne doit pas trop se laisser influencer par la Nature.

a. Lesquelles sont pertinentes par rapport au sujet?
b. Sélectionnez une idée pertinente, qui vous paraît particulièrement importante, dans la liste ci-dessus. Cherchez dans un livre d'histoire de l'Art un ou deux artistes dont le travail vous paraît illustrer cette idée. Prenez quelques notes sur leur travail.
c. Cherchez d'autres idées pour développer ce point de vue.

CLASSER LES IDÉES EN PARTIES ET SOUS-PARTIES SUR LE BROUILLON

8 Voici une liste d'idées correspondant aux parties et aux sous-parties d'un devoir d'Histoire sur le sujet suivant : La France avant la Révolution.

Le tiers-état ne dispose d'aucun pouvoir – la monarchie absolue, isolée à Versailles, est fortement critiquée – la situation économique est tendue – une crise agricole se développe après un été 1788 pluvieux et un hiver 1788-1789 rigoureux – des réformes sans lendemain se succèdent – la monarchie connaît une crise financière sans précédent – les États généraux sont convoqués – la situation sociale est bloquée – le début d'une révolution industrielle fait apparaître le besoin de libre-échange – la situation politique devient explosive – les idées des Lumières se propagent rapidement dans toute la société.

a. **Identifiez dans cette liste d'idées les titres des trois grandes parties.**

b. **Classez ensuite les idées à l'intérieur de chaque partie.**

Manuel d'Histoire 2nde, © Magnard, 2011

PASSER DU BROUILLON A LA RÉDACTION

A. Développer une idée à l'intérieur d'un paragraphe rédigé

9 Chacune des phrases suivantes développe une opinion.

a. **Précisez cette opinion en deux ou trois phrases qui constitueront un court paragraphe. Vous veillerez à l'enchaînement de ces phrases. Vous pourrez commencer par « en effet » (connecteur logique à valeur argumentative).**

b. **Relisez votre texte en vérifiant la ponctuation et l'orthographe.**

1. La préservation du patrimoine culturel est un enjeu essentiel de nos sociétés modernes.

2. La lutte contre toutes les formes de pollution est une urgence d'aujourd'hui.

3. La démultiplication des moyens de communication moderne ne simplifie pas la vie quotidienne.

B. Préciser et soigner l'expression

10 Voici un sujet de composition en géographie (programme de 1re).

L'Union européenne, un rôle majeur dans la mondialisation ?

À partir des pistes proposées, rédigez l'introduction et la conclusion, en veillant à la qualité de l'expression.

INTRODUCTION

– l'Union européenne, une puissance au cœur de la mondialisation
– plusieurs facteurs expliquent cette puissance
– des limites au rôle de l'Union européenne dans une économie mondialisée

CONCLUSION

– le poids et le rôle de l'Union européenne à l'échelle du monde
– les défis de l'Union européenne : le renforcement de sa cohésion économique et politique

Manuel de Géographie 1re, © Magnard, 2011

C. Préparer et rédiger un commentaire de texte

11 Voici un sujet de commentaire de texte littéraire.

Deux hommes parurent.

L'un venait de la Bastille, l'autre du Jardin des plantes. Le plus grand, vêtu de toile, marchait le chapeau en arrière, le gilet déboutonné et sa cravate à la main. Le plus petit, dont le corps disparaissait dans une redingote marron, baissait la tête sous une casquette à visière pointue.

Quand ils furent arrivés au milieu du boulevard, ils s'assirent, à la même minute, sur le même banc.

Pour s'essuyer le front, ils retirèrent leurs coiffures, que chacun posa près de soi ; et le petit homme aperçut, écrit dans le chapeau de son voisin : Bouvard ; pendant que celui-ci distinguait aisément dans la casquette du particulier en redingote le mot : Pécuchet.

Gustave Flaubert, *Bouvard et Pécuchet* (1881)

a. **Mettez ce texte en rapport avec le programme de français : objet d'étude, mouvement littéraire.**

b. **Relevez les différents procédés d'écriture utilisés (figures de rhétorique, procédés syntaxiques, lexicaux). Dégagez des éléments d'interprétation.**

c. **Préparez le brouillon : construisez le plan du commentaire, à partir des idées suivantes que vous organiserez et hiérarchiserez.**

– Ce récit nous plonge *in medias res*.
– Ce récit met en scène deux personnages complètement opposés.
– Flaubert reprend le *topos* du récit de rencontre (lieu commun).
– Ce texte cherche à faire sourire le lecteur.
– La narration repose sur tout un jeu de symétries et d'oppositions.
– Le narrateur écrit en point de vue externe.

d. **Enrichissez le brouillon : insérez les éléments repérés et observés en question b. dans votre plan.**

e. **Rédigez, à partir du brouillon, un paragraphe du commentaire en veillant à la qualité de l'expression.**

FICHE 6 RÉDIGER DES FICHES DE RÉVISION

OBJECTIFS
- Apprendre à synthétiser les informations essentielles
- Faciliter le travail de mémorisation

ÉTAPE 1 • RELIRE LA LEÇON

• Cours

▶ Souligner les titres s'ils existent ou les idées directrices, et surligner les idées sous-jacentes.

• Chapitre du manuel

▶ Relire d'abord les titres pour percevoir l'architecture de la leçon, puis relire la leçon.

▶ **Fragments du cours** (extrait d'un commentaire du poème « Le lac » de Lamartine)

Le poète évoque avec lyrisme un cadre naturel [...] Il prend pour confident le lac auquel il s'adresse directement: l'apostrophe et l'exclamation qui la suit, « O lac! » (v. 5), l'impératif « Regarde! » (v. 7), la question « t'en souvient-il? » (v. 13), manifestent la sensibilité du poète que la vue du lac exacerbe, et qui suscite la parole poétique [...] Le lac semble refléter, comme un miroir, les sentiments amoureux éprouvés par le poète [...] L'évocation de ce lieu naturel fait naître une méditation sur l'action du temps : « Laissez-nous savourer », « je demande en vain », « aimons donc »: les pronoms personnels de première personne du singulier et du pluriel font entendre le discours de la femme aimée, qui invite le poète à profiter de l'instant présent [...] « le temps m'échappe et fuit », « le temps n'a point de rive », « temps jaloux » : la répétition du nom « temps », que le poème peint sous une forme métaphorique ou personnifie, permet la déploration de la fuite des moments de bonheur.

ÉTAPE 2 • COMPRENDRE LA LEÇON ET PRÉPARER LA RÉDACTION DE LA FICHE

▶ Dresser la liste des notions théoriques essentielles sur la fiche.

▶ Résumer le cours au brouillon:

• CAS N° 1 • LES TITRES ET LES SOUS-TITRES APPARAISSENT

Résumer en quelques phrases **courtes** les idées de **chaque partie**.

▶ **Notions théoriques essentielles**

• poème, lyrisme, métaphore, apostrophe, pronoms personnels, champ lexical, ponctuation expressive...

• CAS N° 2 • LES TITRES N'APPARAISSENT PAS

▶ Transformer **l'idée directrice** en **titre** et les **idées sous-jacentes** en **sous-titres**.

▶ Rédiger quelques phrases **courtes résumant** les idées de **chaque partie** (une **idée directrice** + des **idées sous-jacentes**).

▶ Proposer des **titres** et **sous-titres** porteurs **d'informations**.

▶ **Idée directrice:** Évocation lyrique du cadre

▶ **Idée sous-jacente:** Le lac, confident du poète.

▶ **Résumé:** La ponctuation expressive prend une valeur affective et montre l'intensité des sentiments du poète.

ÉTAPE 3 • RÉDIGER LA FICHE

▶ Faire ressortir la **hiérarchie** des idées grâce à la **mise en page**.

▶ Écrire les titres en majuscules par exemple et les sous-titres en caractères plus gros pour **mettre en évidence** les **relations entre les différents éléments**.

▶ **Numéroter** les **titres** et les **sous-titres**

I. ÉVOCATION LYRIQUE DU CADRE NATUREL

a. Le lac, confident du poète

La ponctuation expressive prend une valeur affective et montre l'intensité des sentiments du poète.

b. Le lac, miroir du sentiment amoureux

Résumé

II. UNE MÉDITATION SUR L'ACTION DU TEMPS

a. Un discours de la femme aimée

Résumé

b. Déploration de la fuite du temps

Résumé

Exercices

RÉDIGER UNE FICHE DE RÉVISION EN FRANCAIS

1 **a.** Rassemblez tous les documents qui ont contribué à l'élaboration d'une de vos leçons de français en classe : vérifiez que ces derniers sont bien ordonnés en fonction de leur place dans la leçon ; numérotez-les. Quelle progression d'ensemble pouvez-vous percevoir ?
b. Relisez la leçon, règle et stylo en main. Soulignez les titres, ou les idées directrices.
c. Surlignez les idées sous-jacentes : quelle relation entretiennent-elles avec l'idée directrice ?
d. Établissez votre fiche en reconstituant le plan de votre leçon.

RÉDIGER UNE FICHE DE RÉVISION EN SVT

2 **a.** Dans votre manuel de SVT, relisez le dernier chapitre étudié en classe : dressez la liste des termes importants permettant de préciser le titre de la leçon.
b. Quelles définitions de ces termes pouvez-vous proposer ? Aidez-vous de la leçon, du lexique de votre manuel et d'un dictionnaire.
c. Recopiez ces éléments sous le titre de votre fiche.
d. Reprenez le questionnement proposé dans l'exercice 1, puis rédigez la fiche de révision complète.

RÉDIGER UNE FICHE DE RÉVISION EN HISTOIRE

3 **a.** Relisez un chapitre de votre cours d'histoire dont le traitement est achevé : quel est son titre ? Quelle période est couverte par ce chapitre ? Recopiez ces éléments en haut de votre fiche.
b. Sur votre fiche, établissez, sous forme de notes, la chronologie des principaux événements ; énumérez ensuite les personnages marquants.
c. Quelles idées directrices apparaissent dans la leçon ? Résumez les idées qui apportent un éclairage sur ces idées directrices.
d. Établissez votre fiche en reconstituant le plan de votre cours.

ÉTABLIR UNE FICHE DE RÉVISION À PARTIR D'UNE LECTURE ANALYTIQUE

4 **a.** Reprenez la dernière séquence que vous avez étudiée en cours : quelles notions importantes apparaissent dans les lectures analytiques ? Recopiez cette liste sur une fiche.
b. Relisez un des cours consacrés à une lecture analytique : quels axes de lecture ont été formulés en cours ? Ont-ils été développés ? Faites figurer sur votre fiche ces axes suivis du plan proposé, ou, le cas échéant, construisez votre propre plan.
c. À chaque étape de votre plan, mentionnez les éléments remarquables du texte (procédés poétiques et rhétoriques).
d. Quels textes ou autres documents (tableau, photographie...) pourraient prolonger l'étude de ce texte ? Notez-les, en précisant ce qui les unit au texte étudié (époque, registre, thème...).

CONSTITUER UNE LISTE DE TEXTES POUR L'ORAL

5 **a.** Observez ce modèle de descriptif : quel objet d'étude est traité dans ce document ? Quel est le titre de la séquence ? Quelle problématique a dirigé le cours ?
b. Étudiez l'organisation de la fiche : comment les textes lus en cours ont-ils été présentés ?
c. En vous aidant de ce modèle, composez votre descriptif personnel pour une séquence achevée en cours de Français.
d. Pour chacun des textes mentionnés, déterminez, en une phrase, la relation qui s'établit avec le titre et la problématique de la séquence. Notez cette phrase sous chaque texte.
Ex. : *Dans « Lux », Victor Hugo dénonce le pouvoir tyrannique de Napoléon III et fait du poète un prophète qui prédit un changement rapide.*

MANUEL UTILISÉ
Empreintes littéraires, 1re L/ES/S, éditions Magnard, 2011
OBJET D'ÉTUDE
Écriture poétique et quête du sens, du Moyen Âge à nos jours
CHAPITRE 3 – SÉQUENCE 1
Remettre le monde en question : la quête poétique du Moyen Âge au XXe siècle
PROBLÉMATIQUE
Comment les poètes décrivent-ils et jugent-ils le monde qui les entoure ? Comment remettent-ils en question ce monde ? Comment rendent-ils compte de la place de la poésie ?
CORPUS
Groupement de texte/œuvre complète (titre, auteur, date, collection)
LECTURES ANALYTIQUES
• Victor Hugo, « Lux », *Les Châtiments* (1853)
• Charles Baudelaire, « L'Albatros », *Les Fleurs du mal* (1857)
ÉTUDES PÉRIPHÉRIQUES
• Robert Desnos, « Ce cœur qui haïssait la guerre », *L'Honneur des poètes* (1943)
• David Diop, « Le Renégat », *Coups de pilon* (1956)

FICHE 7

PRÉSENTER L'EXPOSÉ À L'ORAL DE L'E.A.F.

OBJECTIF
- **Faire une présentation claire et convaincante de la réponse à la question**

À l'oral de l'E.A.F. (épreuve anticipée de français), l'examinateur pose une question portant sur un texte. Cette question correspond à un axe de lecture que vous devez développer de façon argumentée. Vous disposez de **trente minutes** de **préparation**, et de **dix minutes** d'exposé.

LA PRÉPARATION

30 min.

- **Orientez** votre lecture du texte en **fonction** de l'**analyse suggérée par la question posée** : il ne s'agit pas de **réciter** tout ce que vous savez sur le texte, mais de **sélectionner** dans vos connaissances ce qui permet de **répondre à la question**.
- Préparez votre exposé en suivant un **raisonnement** : vous devez proposer une **démonstration** qui doit être construite et étayée d'**arguments** pour **convaincre.** Pour ce faire :
  - organisez votre commentaire en deux ou trois grandes parties
  - bâtissez les étapes de votre raisonnement en utilisant des **connecteurs logiques** (▶ **p. 55**).
- N'écrivez pas un texte à lire « mot à mot », mais **prenez des notes claires**, bien organisées qui vous permettront de vous exprimer sans rechercher continuellement le fil de votre pensée.
- **Rédiger** simplement les **grandes lignes** de l'**introduction** et de la **conclusion**, qui sont **déterminantes** dans l'impression que vous laisserez à l'examinateur.

L'EXPOSÉ

10 min.

Étape 1 **Présentez** et **contextualisez** le **texte** dans une introduction qui annoncera la **question posée** et le **plan**.

Étape 2 Procédez à une **lecture complète** ou **partielle** du **texte** (selon la demande de l'examinateur) : une **lecture expressive** prédisposera **favorablement** votre auditeur.

Étape 3 **Répondez** à la **question** en **développant** votre **propos** pour vous montrer le plus **convaincant** possible :
- rapprochez divers éléments du texte, **mettez-les en perspective** ;
- appuyez-vous sur des **procédés stylistiques** et **linguistiques** que vous **commenterez**.

Étape 4 **Concluez** en reprenant les **grands axes** de votre étude et les **reliant** au **thème** et à la **problématique** de la séquence étudiée en classe.

⚠
- Employez un **niveau de langue courant, voire soutenu** ; veillez à la **clarté** et à la **précision** de votre **expression**.
- Pensez à **surveiller l'heure** ! Il est important de vous assurer que vous aurez le temps de dire tout ce que vous avez prévu de présenter ou que vous n'allez pas terminer trop tôt.

Exercices

ORGANISER L'EXPOSÉ

1 Lisez le poème « Liberté » de Paul Eluard p. 222 et préparez le plan de votre exposé pour traiter la question suivante : comment le poète exalte-t-il une valeur morale ?

DÉVELOPPER SON PROPOS

2 Lisez ce poème et le commentaire qui suit.

Le Lombric

(Conseils à un jeune poète de douze ans)

Dans la nuit parfumée aux herbes de Provence
le lombric se réveille et bâille sous le sol,
étirant ses anneaux au sein des mottes molles
il les mâche, digère et fore avec conscience.

Il travaille, il laboure en vrai lombric de France
comme, avant lui, ses père et grand-père ; son rôle,
il le connaît. Il meurt. La terre prend l'obole
de son corps. Aérée, elle reprend confiance.

Le poète, vois-tu, est comme un ver de terre
il laboure les mots, qui sont comme un grand champ
où les hommes récoltent les denrées langagières ;

mais la terre s'épuise à l'effort incessant !
Sans le poète lombric et l'air qu'il lui apporte
le monde étoufferait sous les paroles mortes.

Jacques Roubaud, « Le Lombric », in *Les Animaux de tout le monde*, © Éditions Seghers Jeunesse

Commentaire du sonnet

Demandons-nous si ce sonnet de Roubaud vise à valoriser le lombric.

Le choix du « Lombric », un ver de terre, peut d'abord repousser le lecteur mais le poète veille dès le vers 1 à situer le lombric dans un environnement enchanteur grâce aux connotations agréables et séduisantes de « nuit parfumée » et de « Provence ». De plus, même si les sonorités de [bric] dans lombric (v. 2) sont rudes à l'oreille, la fin du vers multiplie les sonorités plus douces et plus harmonieuses avec les allitérations en [l] + [s]. Cette valorisation se renforce encore dès le début du deuxième quatrain en métamorphosant l'animal a priori modeste en véritable héros. À travers le second hémistiche du vers 5 « vrai lombric de France », le poète suggère une origine indubitable mais aussi ancienne avec une référence à une possible généalogie exprimée au vers 6. Ce grandissement du lombric est renforcé par le rythme croissant du vers.

Nous percevons la volonté de Roubaud – contre les idées reçues – de valoriser, voire de magnifier le lombric.

Développez ce commentaire en montrant que le sonnet valorise l'activité du lombric ainsi que sa mort.

3 Relevez et commentez, à l'oral, les trois procédés soulignant l'ironie du passage.

[...] Le merveilleux de cette entreprise infernale, c'est que chaque chef des meurtriers fait bénir ses drapeaux et invoque Dieu solennellement avant d'aller exterminer son prochain. Si un chef n'a eu que le bonheur de faire égorger deux ou trois mille hommes, il n'en remercie point Dieu ; mais lorsqu'il y en a eu environ dix mille d'exterminés par le feu et par le fer, et que, pour comble de grâce, quelque ville a été détruite de fond en comble, alors on chante à quatre parties une chanson assez longue, composée dans une langue inconnue à tous ceux qui ont combattu, et de plus toute farcie de barbarismes. La même chanson sert pour les mariages et pour les naissances, ainsi que pour les meurtres.

Voltaire, Article « Guerre », *Dictionnaire philosophique* (1764)

PRÉPARER ET PRÉSENTER L'EXPOSÉ

4 Lisez ce texte et répondez à la question suivante en vous référant à la leçon.

Question : « Cet extrait propose-t-il une vision désespérée de la foule des travailleurs ? »

- *Vous prendrez en compte les procédés d'implication du locuteur et du destinataire lors de votre exposé.*
- *Vous vous référerez régulièrement à certains passages.*
- *Votre exposé devra avoir une durée de 10 minutes.*

Gervaise s'entêta encore à la fenêtre pendant deux mortelles heures, jusqu'à huit heures. Les boutiques s'étaient ouvertes. Le flot de blouses descendant des hauteurs avait cessé ; et seuls quelques retardataires franchissaient la barrière à grandes enjambées. Chez les marchands de vin, les mêmes hommes, debout, continuaient à boire, à tousser et à cracher. Aux ouvriers avaient succédé les ouvrières, les brunisseuses, les modistes, les fleuristes se serrant dans leurs minces vêtements, trottant le long des boulevards extérieurs ; elles allaient par bandes de trois ou quatre, causaient vivement, avec de légers rires et des regards luisants jetés autour d'elles ; de loin en loin, une toute seule, maigre, l'air pâle et sérieux, suivait le mur de l'octroi, en évitant les coulées d'ordures. Puis, les employés étaient passés, soufflant dans leurs doigts, mangeant leur pain d'un sou en marchant ; des jeunes gens efflanqués, aux habits trop courts, aux yeux battus, tout brouillés de sommeil ; de petits vieux qui roulaient sur leurs pieds, la face blême, usée par les longues heures du bureau, regardant leur montre pour régler leur marches à quelques secondes près.

Émile Zola, *L'Assommoir* (1877)

FICHE 8

CRÉER UN DIAPORAMA

OBJECTIFS
- **Présenter un exposé, un T.P.E.**
- **Illustrer un texte ou un cours**

Un diaporama numérique est un fichier contenant des diapositives. Il permet de créer une succession de pages au format d'un écran 4/3 (les diapositives) dans lesquelles sont placés des objets : images, textes, vidéos, graphiques. Les présentations peuvent être projetées via un vidéoprojecteur, visionnées sur un écran d'ordinateur, imprimées, exportées pour être visionnées sur une page web. Ces fichiers peuvent être créés avec les logiciels Microsoft PowerPoint ou OpenOffice Impress.

COMMENT CRÉER UN DIAPORAMA ?

▶ Recherchez dans « Programme » l'icône « PowerPoint » ou « OpenOffice ». Cliquez sur l'icône.

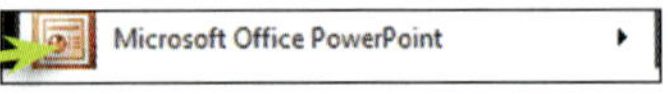

▶ Le programme s'ouvre et propose une première « diapositive » sur une fenêtre de dialogue. Choisissez un modèle de diapositive proposé ou une diapositive vierge.

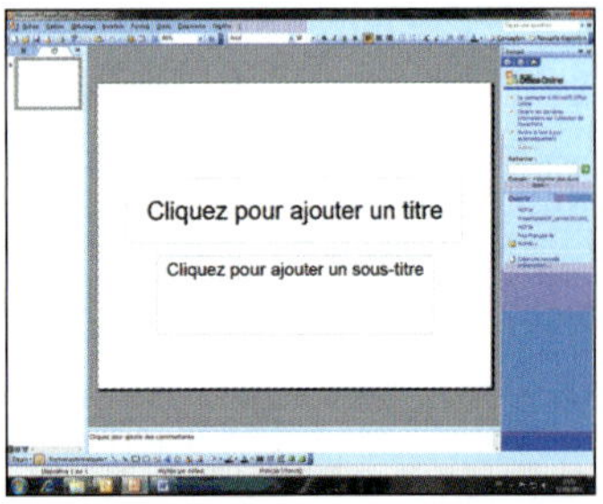

▶ Dans la première diapositive, créez un titre en le tapant ou en l'insérant par « copier/coller ». Recherchez un texte, une image ou un graphique dans un de vos fichiers enregistrés ou sur Internet. Dans ce cas-là, sélectionnez et copiez l'élément choisi, revenez dans le diaporama et collez votre sélection.

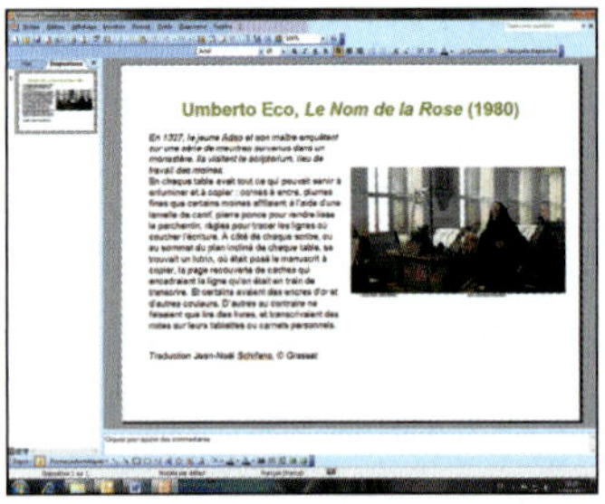

▶ Cliquez dans la barre-outils sur « Insertion » puis « Nouvelle diapositive ». Renouvelez les opérations pour les diapositives suivantes.

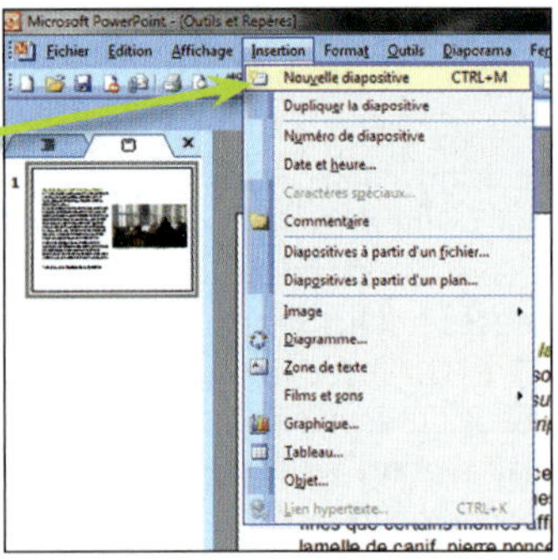

▶ Une fois votre diaporama terminé, allez sur « Diaporama » dans la barre-outils. Paramétrez votre diaporama en suivant les propositions du menu déroulant.

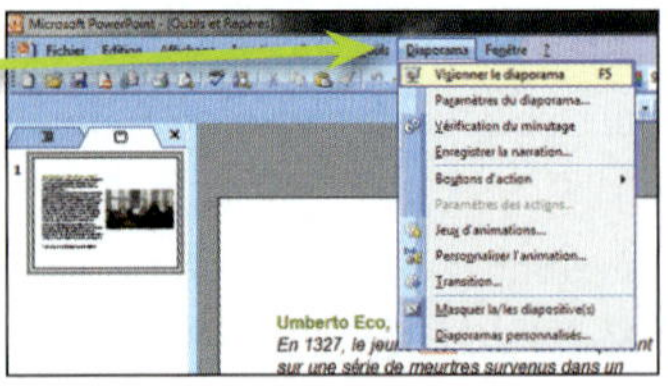

FICHE 9

CRÉER DES LIENS HYPERTEXTES

OBJECTIFS
- **Gérer et enrichir ses documents numériques**
- **Réaliser des fiches de révision et élaborer des synthèses**

Un lien hypertexte relie un mot, une expression ou une image d'un document à une autre partie d'un document ou à un autre fichier. Un clic sur un lien hypertexte permet d'accéder à tout fichier qu'il soit sur une page web ou dans des documents.

COMMENT CRÉER UN LIEN HYPERTEXTE ?

- Ouvrez le document (fichier traitement de texte, tableur ou diaporama) dans lequel vous désirez créer des liens hypertextes.
- Sélectionnez les termes à relier hyper-textuellement.
- Si le texte à relier est un fichier enregistré, cliquez, dans la barre d'outils, sur « Insertion » puis « Lien hypertexte ».

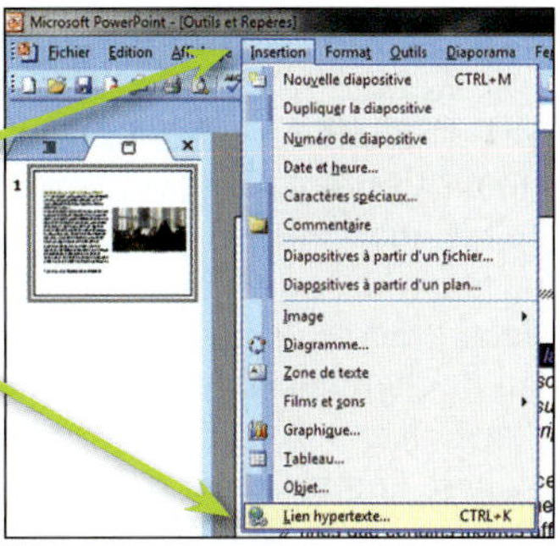

- Un écran s'ouvre avec une fenêtre de recherche. Sélectionnez l'emplacement où se trouve votre fichier. Recherchez le document utile, cliquez sur son nom puis sur « OK » : le lien est créé.

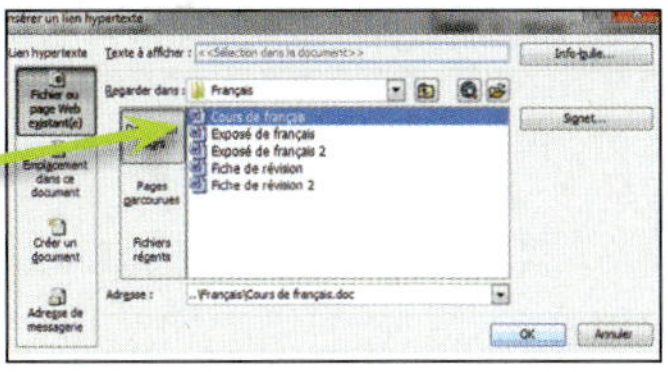

- Si le texte à relier se trouve sur Internet, recherchez la page web utile puis sélectionnez et copiez l'adresse de la page.

- Revenez dans votre document. Cliquez, dans la barre d'outils, sur « Insertion » puis « Lien hypertexte ».
- Un écran s'ouvre, cliquez sur la case « Adresse » et recopiez ou collez l'adresse. Cliquez sur « OK » : le lien est créé.

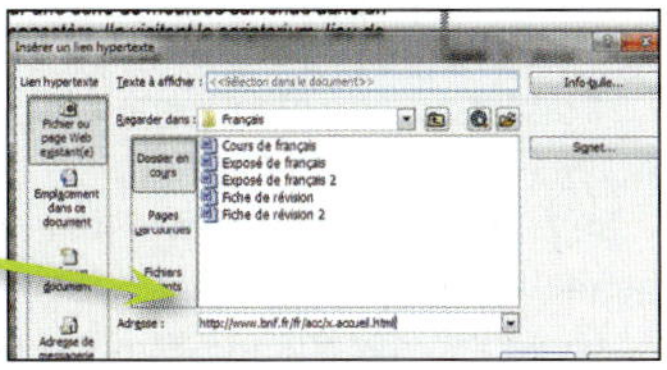

Exercices

CRÉER UN DIAPORAMA

1 Créez un diaporama sur les représentations dans la peinture des adieux d'Hector à Andromaque et à son fils Astyanax.

a. Lisez le texte suivant dans lequel Andromaque évoque sa dernière entrevue avec son époux.

b. Recherchez et sélectionnez sur Internet des représentations picturales de cette dernière entrevue.

c. Copiez les « images » retenues.

d. Écrivez les légendes accompagnant ces images.

e. Organisez le diaporama en fonction de critères de votre choix (chronologie, point de vue du peintre, lien avec le texte de Racine, image de l'enfant, etc.).

f. Écrivez un commentaire accompagnant la projection du diaporama.

[...]

ANDROMAQUE

Ah ! de quel souvenir viens-tu frapper mon âme !
Quoi ? Céphise, j'irai voir expirer encor
Ce fils, ma seule joie, et l'image d'Hector ?
Ce fils, que de sa flamme il me laissa pour gage ?
Hélas ! je m'en souviens, le jour que son courage
Lui fit chercher Achille, ou plutôt le trépas,
Il demanda son fils, et le prit dans ses bras :
« Chère épouse, dit-il en essuyant mes larmes,
J'ignore quel succès le sort garde à mes armes ;
Je te laisse mon fils pour gage de ma foi :
S'il me perd, je prétends qu'il me retrouve en toi.
Si d'un heureux hymen la mémoire t'est chère,
Montre au fils à quel point tu chérissais le père ».
Et je puis voir répandre un sang si précieux ?
[...]

Jean Racine, *Andromaque*, Acte III, Scène 8 (1667)

2 Créez un diaporama dans le cadre de l'étude d'une œuvre théâtrale au programme de votre année ou dans celui d'un T.P.E.

a. Recherchez sur Internet les différentes mises en scène de l'œuvre théâtrale que vous étudiez en suivant une démarche identique à celle de l'exercice précédent.

b. Introduisez soit des photographies des mises en scène, soit des liens vers des sites Internet que vous introduirez par une légende.

3 Créez un diaporama sur un écrivain.

a. Recherchez et lisez dans un manuel de littérature une notice biographique consacrée à un auteur.

b. Établissez un plan pour présenter les principales étapes de la vie de l'auteur.

c. Recherchez des documents (images, textes ...) qui vous permettraient d'illustrer les principales étapes de sa vie.

d. Créez vos documents et organisez-les.

e. Écrivez les légendes accompagnant les images sélectionnées.

DÉCOUVRIR ET LIRE UN HYPERTEXTE

4 Tous les articles de Wikipédia proposent des liens hypertextes. Recherchez, sélectionnez et lisez un article de votre choix en vous exerçant à manipuler les liens.

▶ **Ex. :** extrait de l'article « Humanisme ».

L'**humanisme** est un courant culturel européen qui s'est développé à la Renaissance. Renouant avec la civilisation gréco-latine, les intellectuels de l'époque manifestent un vif appétit de savoir (philologie notamment). Considérant que l'Homme est en possession de capacités intellectuelles potentiellement illimitées, ils considèrent la quête du savoir et la maîtrise des diverses disciplines comme nécessaires au bon usage de ces facultés. Ils prônent la vulgarisation de tous les savoirs, même religieux : la parole divine doit être accessible à toute personne, quelles que soient ses origines ou sa langue (traduction de la Bible en langue vernaculaire par Érasme en 1516). » (http://fr.wikipedia.org/wiki/Humanisme)

Les mots écrits en bleu et soulignés renvoient à d'autres textes. Il suffit d'utiliser la touche de votre clavier « ctrl » et de cliquer sur le mot pour atteindre d'autres textes.

CRÉER UN LIEN HYPERTEXTE

5 Lisez ce texte et suivez la démarche proposée.

Sujet des *Métamorphoses* d'Ovide : depuis le chaos initial jusqu'à l'apothéose de Jules César, cette œuvre comprend environ 250 fables, consacrées aux transformations d'hommes en plantes, animaux ou minéraux.

a. Ouvrez un document sur votre ordinateur, recopiez ce texte et enregistrez-le.

b. Rechercher à l'aide d'un moteur de recherche « Ovide ».

c. Ouvrez à l'écran la page Internet considérée, sélectionnez son adresse et copiez-la.

d. Revenez à la page de votre document enregistré.

e. Sélectionnez « Ovide » en le surlignant.

f. Cliquez sur « Insertion / Lien hypertexte ».

g. Copiez l'adresse du lien dans la case « adresse » en bas de la fenêtre de dialogue et cliquez sur « Ok » : le lien hypertexte est créé.

6 Lisez ce texte et suivez la démarche proposée.

Sujet des *Métamorphoses* d'Ovide : depuis le chaos initial jusqu'à l'apothéose de Jules César, cette œuvre comprend environ 250 fables consacrées aux transformations d'hommes en plantes, animaux ou minéraux.

a. Créez et enregistrez un dossier numérique à l'aide de documents sélectionnés sur Internet, pour les mots surlignés. Vous pourriez, par exemple, établir une notice concise à partir des documents sélectionnés.

b. **Revenez à votre document (texte « Sujet des *Métamorphoses* ») et sélectionnez l'un des mots : *Métamorphoses* ou Jules César.**
c. **Cliquez sur « Insertion » et « Lien hypertexte » et recherchez votre dossier ; cliquez sur son nom puis sur « Ok » : le lien hypertexte est créé.**

7 **Créez un lien image (dessin, peinture, photographie) pour les mots surlignés dans le texte qui suit.**
a. **Enregistrez dans un fichier une image trouvée sur Internet à partir d'un moteur de recherche.**
b. **Suivez la démarche de l'exercice 6.**
Sujet des *Métamorphoses* d'Ovide : depuis le chaos initial jusqu'à l'apothéose de Jules César, cette œuvre comprend environ 250 fables, consacrées aux transformations d'hommes en plantes, animaux ou minéraux.

8 **a.** **Lisez ce texte et recherchez sur Internet ou dans vos dossiers des documents pertinents associés aux éléments surlignés.**
b. **Créez les liens hypertextes en suivant les démarches proposées aux exercices 5 à 7.**
Afin de permettre au plus grand nombre d'avoir accès au savoir, les humanistes n'hésitent pas à écrire ou enseigner en langue vernaculaire. Ainsi, Jacques Lefèvre d'Étaples réalise une traduction française du *Nouveau Testament* en 1523 et recommande sa lecture par les fidèles, ce qui provoque la colère de beaucoup d'hommes d'Église, qui l'accusent de favoriser l'erreur en permettant aux plus simples des hommes de se faire leur propre opinion, sans être guidés par l'Église.
Toucher un large public est devenu possible grâce à l'invention de l'imprimerie, et plus exactement à l'invention des caractères mobiles, par Johann Gutenberg, vers 1450.

9 **a.** **Recherchez sur Internet ou dans vos dossiers des images pertinentes associées aux mots surlignés.**
b. **Créez les liens hypertextes en vous aidant des démarches proposées aux exercices 5 à 7.**

Formation et évolution du système solaire et de ses objets

Il y a plus de 4,5 milliards d'années, un grand nuage moléculaire contenant des poussières et du gaz s'effondre sur lui-même : c'est la naissance du système solaire. Au centre, une étoile voit le jour : le Soleil. Autour de ce jeune soleil, un disque protoplanétaire en rotation se forme constitué de gaz et de poussière. C'est par l'accrétion de ces éléments que 9 planètes se génèrent : 4 planètes internes qui sont Mercure, Vénus, la Terre et Mars, dites planètes telluriques, et 4 planètes externes : Jupiter, Saturne, Uranus, Neptune dites planètes géantes. Celles-ci ne possèdent pas de surface à proprement parlé. Dans le même laps de temps, les astéroïdes se forment en grande partie entre Mars et Jupiter, tandis que d'autres astéroïdes et des noyaux cométaires (les petits corps) sont repoussés vers les confins du système solaire pour constituer le nuage de Oort et la ceinture de Kuiper.
Pluton qui était considérée comme une planète jusqu'à présent a perdu ce statut depuis la décision de l'Union Astronomique Internationale en août 2006. L'UAI considère Pluton comme une planète naine qui est le prototype d'une nouvelle classe d'objets : les objets plutoniens, nouvelle catégorie des objets trans-Neptuniens. (doc. CNRS)

10 **Lisez ce texte et suivez les quatre étapes qui vous sont proposées.**
Andromaque est la troisième pièce écrite par Jean Racine et sa première grande tragédie. Elle a été créée le 17 novembre 1667 devant la reine par la troupe de l'Hôtel de Bourgogne.
L'action d'*Andromaque* se déroule en Épire dans la ville de Buthrote après la guerre de Troie remportée par les Grecs.
Pyrrhus, le fils d'Achille, est tombé amoureux de sa prisonnière Andromaque, la veuve du chef troyen Hector, tué par Achille. Il délaisse Hermione, qu'il doit épouser. Oreste, de son côté, aime d'un amour fou Hermione. Andromaque est partagée entre sa fidélité à la mémoire de son mari et son désir de sauver son fils, également prisonnier. Soumise aux pressions de Pyrrhus, elle finit par accepter de l'épouser, avec le projet secret de se tuer aussitôt. Hermione, ivre de colère, demande alors à Oreste de lui prouver son amour en assassinant Pyrrhus. Oreste obéit, mais Hermione après le meurtre, rejette Oreste et se tue sur le cadavre de Pyrrhus. Oreste sombre alors dans la folie et Andromaque devient reine.

Étape 1
Distinguez dans ce texte les mots qui appartiennent aux champs littéraire, mythologique, historique et géographique.

Étape 2
Dans le champ de votre choix, sélectionnez les mots qui réclament selon vous une information, une explication ou une illustration.

Étape 3
Recherchez sur Internet ou dans vos dossiers des documents pertinents.

Étape 4
Créez les liens hypertextes en vous aidant des exercices 5 à 7.

11 **Constituez un groupe et établissez une fiche de révision pour une notion dans une discipline de votre choix. Chacun se chargera d'établir un lien hypertexte, apporter une précision ou donner une définition.**

Ex. : « La comparaison permet de rapprocher deux réalités en mettant en évidence un de leurs éléments communs. Elle comprend trois outils : le comparant, le comparé et l'outil de comparaison. »

- Liez « rapprocher deux réalités » à des exercices d'écriture et de commentaire.
- Liez « comparant » et « comparé » avec leur définition.
- Liez « comparé » avec de nombreux exemples.
- Liez « outil de comparaison » avec de nombreux exemples de ces outils.

Partagez votre travail en le transférant dans les dossiers de vos camarades.

INTÉGRER DES LIENS HYPERTEXTES À UN DIAPORAMA

12 Concevez un guide touristique numérique sous la forme d'un diaporama. Vous choisirez une ville représentative d'une civilisation éloignée.

a. Établissez le plan de votre guide en proposant diverses rubriques.

b. Recherchez des images qui illustreront judicieusement les rubriques choisies.

c. Créez vos documents, organisez-les et écrivez les légendes utiles.

d. Écrivez des textes avec des liens hypertextes qui pourront s'insérer dans un diaporama.

13 En « Histoire des Arts », vous devez présenter un travail sur l'architecture de la Renaissance.

a. Faites une recherche sur quatre monuments représentatifs de l'architecture de la Renaissance.

b. Composez un texte informatif d'une quinzaine de lignes pour chacun de ces quatre monuments.

c. Créez un diaporama légendé pour chacun des monuments : nomination du monument, localisation, datation, détails architecturaux.

d. Créez des liens dans vos textes informatifs avec chaque diaporama créé.

Ex. : *Le « bossage » au château d'Amboise.*

14 Lisez ce poème de Voltaire, puis créez des liens hypertextes pour les mots surlignés renvoyant à quatre diaporamas que vous aurez d'abord créés.

1. Images de Leibniz et Rousseau = Philosophes
2. Images de Leibniz et son œuvre = Tout est bien
3. Images du désastre de Lisbonne au XVIIIe siècle = Lisbonne est abîmée
4. Images de la magnificence de Paris au XVIIIe siècle = L'on danse à Paris

Ô malheureux mortels ! ô terre déplorable !
Ô de tous les mortels assemblage effroyable !
D'inutiles douleurs éternel entretien !
Philosophes trompés qui criez : « Tout est bien »
Accourez, contemplez ces ruines affreuses
Ces débris, ces lambeaux, ces cendres malheureuses,
Ces femmes, ces enfants l'un sur l'autre entassés,
Sous ces marbres rompus ces membres dispersés;
Cent mille infortunés que la terre dévore,
Qui, sanglants, déchirés, et palpitants encore,
Enterrés sous leurs toits, terminent sans secours
Dans l'horreur des tourments leurs lamentables jours !
Aux cris demi-formés de leurs voix expirantes,
Au spectacle effrayant de leurs cendres fumantes,
Direz-vous : « C'est l'effet des éternelles lois
Qui d'un Dieu libre et bon nécessitent le choix » ?
Direz-vous, en voyant cet amas de victimes :
« Dieu s'est vengé, leur mort est le prix de leurs crimes » ?
Quel crime, quelle faute ont commis ces enfants
Sur le sein maternel écrasés et sanglants ?
Lisbonne, qui n'est plus, eut-elle plus de vices
Que Londres, que Paris, plongés dans les délices ?
Lisbonne est abîmée, et l'on danse à Paris.
Tranquilles spectateurs, intrépides esprits,
De vos frères mourants contemplant les naufrages,
Vous recherchez en paix les causes des orages :
Mais du sort ennemi quand vous sentez les coups,
Devenus plus humains, vous pleurez comme nous.
Croyez-moi, quand la terre entrouvre ses abîmes
Ma plainte est innocente et mes cris légitimes.
[…]

« Poème sur le désastre de Lisbonne » (1756)

16 Vous devez composer un recueil de nouvelles de Maupassant destiné aux élèves d'une classe francophone d'un pays étranger.

a. Recherchez et sélectionnez sur un site consacré à Maupassant six de ces nouvelles brèves.

b. Composez une notice biographique sur Maupassant.

c. Créez un diaporama évoquant l'auteur lui-même, les personnes et les lieux évoqués dans votre notice.

d. Créez un lien hypertexte dans votre notice renvoyant à ce diaporama.

e. Créez des diaporamas sur les lieux et les types de personnages présents dans chacune de ces nouvelles et tout ce qui pourrait être peu connu par les collégiens du pays choisi.

f. Créez les liens hypertextes utiles dans chacune des nouvelles pour chaque diaporama.

g. Présentez à votre classe le résultat de votre travail.

ÉVALUATION

Appliquer des méthodes de travail pour rédiger un devoir

SUJET : Pensez-vous comme Victor Hugo que « ce que la foule demande presque exclusivement à l'œuvre dramatique, c'est de l'action » (préface de *Ruy Blas*) ?

1 Comprendre et analyser le sujet

a. Interrogez-vous sur l'emploi du mot « foule » : pourquoi Hugo emploie-t-il ce terme plutôt que celui de « public » ? De quels types de public la foule peut-elle être composée ?

b. Parmi les divers sens du mot « action » proposés dans le dictionnaire, lesquels sont à prendre en compte dans votre réflexion sur le sujet ?

→ PRÉPARER UN DEVOIR AVEC MÉTHODE

Il s'agit d'identifier les mots-clefs du sujet et de les définir précisément.

2 Mobiliser ses connaissances / exploiter ses fiches de révision

a. Quel genre théâtral Victor Hugo a-t-il contribué à créer ? Quels en sont les enjeux ? À quels types de public ce genre se destine-t-il ?

b. Quelles sont les attentes du public théâtral aux époques suivantes : Antiquité, Moyen Âge, Classicisme, début du XXIe siècle ?

Le sujet renvoie à des connaissances littéraires qu'il faut utiliser pour approfondir sa réflexion et prévoir ses arguments.

3 Élaborer le plan au brouillon

Voici une liste d'idées notées sur un brouillon. Organisez-les en deux parties, en prenant soin de les hiérarchiser au sein de chaque partie.

- Les pièces pleines de rebondissements attachent davantage les spectateurs.
- L'intensité des émotions fait partie des attentes du public.
- Une pièce lente peut être monotone et ennuyeuse pour le public.
- Le spectateur éprouve du plaisir à s'identifier à un personnage qui surmonte de nombreux périls.
- Certains spectateurs souhaitent que le théâtre propose une réflexion morale ou sociale.
- Le théâtre répond à des attentes d'ordre esthétique.

Toutes les idées doivent être notées au brouillon, puis classées, hiérarchisées.

4 Utiliser des connecteurs logiques

Complétez le paragraphe suivant en utilisant des connecteurs logiques.

Au théâtre, l'action est indispensable pour maintenir l'attention du public. ...., une pièce sans rebondissements et sans effets de surprise peut rapidement lasser les spectateurs. ...., une intrigue bien ficelée et complexe tient le public en haleine jusqu'au dénouement. .... certains dramaturges multiplient les péripéties, les effets de dramatisation, les coups de théâtre. .... le genre du drame romantique présente-t-il une intrigue pleine de retournements de situation inattendus : dans *Ruy Blas* de Victor Hugo, c'est au moment où le personnage éponyme connaît le paroxysme du bonheur que réapparaît le machiavélique Don Salluste.

→ RÉDIGER UN DEVOIR AVEC MÉTHODE

Reportez-vous aux conseils de rédaction sur la dissertation proposés dans le rabat arrière.

Les connecteurs sont indispensables pour relier les idées et assurer la fluidité de la rédaction.

5 Insérer des citations

Lisez le texte suivant, extrait de la préface écrite par Racine pour sa pièce *Bérénice* (1670).

Toute l'invention consiste à faire quelque chose de rien, et [...] tout ce grand nombre d'incidents a toujours été le refuge des poètes qui ne sentaient dans leur génie ni assez d'abondance ni assez de force pour attacher durant cinq actes leurs spectateurs par une action simple, soutenue de la violence des passions, de la beauté des sentiments et de l'élégance de l'expression.

Relevez dans cet extrait une citation qui vous semble condenser la réflexion de Racine, puis rédigez une phrase dans laquelle vous l'insérerez et la commenterez rapidement.

Chaque citation doit être insérée dans une phrase, et brièvement commentée.

BILAN : rédigez entièrement une partie de cette dissertation qui montrera que le public n'attend pas que de l'action au théâtre.

→ SE RELIRE

Corrigez l'orthographe, l'expression, vérifiez l'usage de la ponctuation et le respect des conventions écrites (titres soulignés, citations entre guillemets, etc.).

FICHE 10

SAVOIR PONCTUER

OBJECTIFS
- Connaître la valeur des signes de ponctuation pour les employer à bon escient
- Rendre un texte clair et expressif.

ORGANISER LA PHRASE

- **La majuscule** → Pour commencer la phrase
- **La virgule ou le point virgule** → Pour marquer une pause dans le propos (le point virgule indique une pause plus marquée)
- **Le point** → Pour terminer la phrase

INSÉRER DANS LA PHRASE

- **Les parenthèses ou les tirets** → Pour ajouter un propos, distinct du propos principal
- **Les deux points** → Pour introduire une explication, une énumération
- **Les guillemets** → Pour insérer une citation

DONNER UNE INTONATION À LA PHRASE

- **Le point d'interrogation** → Pour poser une question
  Remarque : s'il indique la modalité interrogative, le point d'interrogation est également un **procédé oratoire** lorsqu'il est employé dans une **question rhétorique**, qui a pour but d'**animer**, d'**intensifier le propos**. Souvent il s'agit alors d'une fausse question.
  Ex. : *La veuve de Thésée ose aimer Hippolyte ?* (Jean Racine, *Phèdre*, 1677)
- **Le point d'exclamation** → Pour exprimer l'intensité d'un sentiment
- **Les points de suspension** → Pour suggérer un sentiment, interrompre une énumération ou un propos
  Remarque : ces points peuvent être placés **au sein** ou à la **fin de la phrase**.

RÉDIGER UN DIALOGUE

- **Les guillemets** → Pour ouvrir et fermer le dialogue
- **Les deux points** → Pour introduire une réplique dans un discours
- **Le tiret** → Pour marquer un changement de réplique

Exercices

JUSTIFIER L'USAGE DE LA PONCTUATION

1 Justifiez l'emploi des signes de ponctuation dans les textes suivants :

a. Si la Provence accueille tant de touristes, si autant de « nordistes » viennent ou espèrent s'y installer, il existe une raison essentielle : un climat exceptionnel, meilleur slogan publicitaire qui soit. [...] À Marignane, dans la banlieue de Marseille, la température moyenne annuelle est d'environ 15 °C et avoisine régulièrement les 28 °C en été !

Géoguide Provence 2009-2010, © Éditions Gallimard

b. DOM JUAN : Comment se porte Madame Dimanche, votre épouse ?
M. DIMANCHE : Fort bien, Monsieur, Dieu merci.
DOM JUAN : C'est une brave femme.
M. DIMANCHE : Elle est votre servante, Monsieur. Je venais...
DOM JUAN : Et votre petite fille Claudine, comment se porte-t-elle ?
M. DIMANCHE : Le mieux du monde.
DOM JUAN : La jolie petite fille que c'est ! Je l'aime de tout mon cœur.
M. DIMANCHE : C'est trop d'honneur que vous lui faites, Monsieur. Je vous...
DOM JUAN : Et le petit Colin, fait-il toujours bien du bruit avec son tambour ?

Molière, *Dom Juan* (1665)

RÉTABLIR LA PONCTUATION CORRECTE

2 Corrigez les fautes de ponctuation dans les énoncés suivants.

1. C'est une très bonne nouvelle ?
2. Quand le prochain devoir aura-t-il lieu.
3. On distingue différents pouvoirs ; le pouvoir législatif – le pouvoir exécutif – le pouvoir judiciaire !
4. Ce raisonnement, démontre-t-il le résultat obtenu.

3 Rétablissez la ponctuation de cet extrait en insérant les signes suivants : , (5 fois) / . (2 fois) / ... (2 fois) / ; / ( ) / « ». Vous rétablirez aussi les majuscules.

le rayonnement international des villes est assuré par les emplois métropolitains supérieurs ils sont le facteur essentiel de la métropolisation ces fonctions dites métropolitaines recouvrent les emplois de la culture et des loisirs de la gestion cadre des entreprises banquiers assureurs de la recherche et de la conception du commerce interentreprises en France ils occupent un emploi sur dix

France et Europe, manuel de géographie 1re,

4 Rétablissez la ponctuation de cette strophe d'un poème de Baudelaire. Vous confronterez vos propositions à la ponctuation adoptée par le poète.

Emporte-moi wagon enlève-moi frégate
Loin loin ici la boue est faite de nos pleurs
Est-il vrai que parfois le triste cœur d'Agathe
Dise loin des remords des crimes des douleurs
Emporte-moi wagon enlève-moi frégate

Charles Baudelaire, « Moesta et errabunda »,
Les Fleurs du mal (1857)

ANALYSER L'EMPLOI DE LA PONCTUATION DANS UN TEXTE

5 Analysez la manière dont la ponctuation contribue à mettre en valeur l'argumentation suivante.

Homme, es-tu capable d'être juste ? C'est une femme qui t'en fait la question ; tu ne lui ôteras pas du moins ce droit. Dis-moi ? Qui t'a donné le souverain empire d'opprimer mon sexe ? Ta force ? Tes talents ? Observe le créateur dans sa sagesse ; parcours la nature dans toute sa grandeur, dont tu sembles vouloir te rapprocher, et donne-moi, si tu l'oses, l'exemple de cet empire tyrannique.

Olympe de Gouges, *Déclaration des droits de la femme et de la citoyenne* (1791)

6 Analysez la manière dont la ponctuation contribue à rendre compte de la pensée et des sentiments de Gustave Flaubert dans cette lettre.

À Louise Colet

Croisset, mardi soir, minuit. [4-5 août 1846]

Il y a douze heures nous étions encore ensemble. Hier à cette heure-ci je te tenais dans mes bras... t'en souviens-tu ?... Comme c'est déjà loin ! La nuit maintenant est chaude et douce ; j'entends le grand tulipier qui est sous ma fenêtre frémir au vent et, quand je lève la tête, je vois la lune se mirer dans la rivière. Tes petites pantoufles sont là pendant que je t'écris, je les ai sous les yeux, je les regarde. Je viens de ranger, tout seul et bien enfermé, tout ce que tu m'as donné. Tes deux lettres sont dans le sachet brodé, je vais les relire quand j'aurai cacheté la mienne. – Je n'ai pas voulu prendre pour t'écrire mon papier à lettres, il est bordé de noir, que rien de triste ne vienne de moi vers toi !

Gustave Flaubert, *Correspondance* (1846-1851)

UTILISER LA PONCTUATION

7 Rédigez le début de la réponse que Louise Colet pourrait adresser à Flaubert (exercice 6). Vous utiliserez une ponctuation variée pour exprimer ses émotions.

FICHE 11

AMÉLIORER SA DICTION

OBJECTIFS
- Poser sa voix pour gérer son stress.
- Articuler pour se faire comprendre.
- Travailler sa diction pour capter l'attention de ses interlocuteurs et les persuader.

Avant toute **prestation orale**, il est important de s'accorder quelques secondes pour bien **respirer**. Privilégiez la **respiration abdominale** : inspirez par les narines en rentrant le ventre et expirez lentement.

S'EXPRIMER DE MANIÈRE POSÉE

- **Soigner l'articulation.**
- **Veiller aux attaques des phrases et aux chutes :**
  Ex. : *Baisser la voix de manière manifeste à la fin d'une phrase.*
- **Varier l'expression :** jouer sur les intonations pour exprimer des sentiments différents.
  Ex. : *À partir de la tirade de Cyrano (p. 41), passage d'un ton agressif à un ton amical.*

AVOIR UNE PAROLE EXPRESSIVE

- **Ménager des pauses :** prendre appui sur la ponctuation (lecture) ou sur la syntaxe (expression orale).
  - **Pour créer un effet d'attente**, dramatiser un propos.
  - **Pour relancer l'attention du public.**

AVOIR UNE PAROLE FLUIDIFIÉE

- **Utiliser des gestes simples, mais expressifs.** Pas d'exagération inutile de la gestuelle.
  Ex. : *Un simple geste du bras qui s'écarte du corps pour accompagner le vers de Mallarmé « Fuir, là-bas fuir ».*
- **Dans une situation d'expression orale :** soutenir le regard de son interlocuteur ; face à un auditoire, fixer tour à tour des personnes situées à des points différents.
- **Dans une situation de lecture à haute voix :** profiter des pauses pour regarder, même brièvement, son auditoire.

CAPTER L'ATTENTION DE L'AUDITOIRE

Exercices

DÉVELOPPER SA CAPACITÉ ARTICULATOIRE

1 **a. Entraînez-vous à lire ces phrases à voix haute.**
b. Prononcez maintenant ces mêmes phrases avec un crayon ou un stylo dans la bouche.

1. Didon dîna dit-on du dos d'un dodu dindon, mais si Didon dîna du dos de ce dodu dindon, c'est que le dos dudit dindon céda aux doux et doctes coups de ladite Didon.

2. C'est un chasseur français sachant chasser sans chien, sachant chasser dans les branchages desséchés. C'est un chien sans chichi.

3. Ah ! Pourquoi, Pépita, sans répit m'épies-tu ?/ Dans les bois, Pépita, pourquoi te tapis-tu ?/ Tu m'épies sans pitié ! C'est piteux de m'épier !/De m'épier, Pépita, saurais-tu te passer ?

APPRENDRE À VARIER L'INTONATION

2 **Dans la « tirade des nez », Cyrano imagine successivement toutes les remarques perfides que son interlocuteur aurait pu lui faire à propos de son grand nez. Lisez cet extrait de la tirade à haute voix, en suivant les consignes données par Cyrano lui-même.**

Ah ! Non ! C'est un peu court, jeune homme !
On pouvait dire… oh ! Dieu !… bien des choses en [somme…
En variant le ton, – par exemple, tenez :
Agressif : « moi, monsieur, si j'avais un tel nez,
Il faudrait sur le champ que je me l'amputasse ! »
Amical : « mais il doit tremper dans votre tasse :
Pour boire, faites-vous fabriquer un hanap ! »
Descriptif : « c'est un roc !… c'est un pic… c'est un [cap !
Que dis-je, c'est un cap ?… c'est une péninsule ! »
Curieux : « de quoi sert cette oblongue capsule ?
D'écritoire, monsieur, ou de boîte à ciseaux ? » […]

Edmond Rostand, *Cyrano de Bergerac* (1897)

MÉNAGER DES PAUSES

3 **a. Dans le texte qui suit, rétablissez la ponctuation pour ménager les pauses indispensables.**
b. Lisez ensuite ce texte à haute voix, en vous déplaçant. Les signes de ponctuation forte (point, virgule, point-virgule) devront être marqués d'un geste de votre choix, toujours identique, pour signaler la pause.

Si je compare ensemble les deux conditions des hommes les plus opposées je veux dire les grands[1] avec le peuple ce dernier me paraît content du nécessaire et les autres sont inquiets et pauvres avec le superflu un homme du peuple ne saurait faire aucun mal un grand ne veut faire aucun bien et est capable de grands maux l'un ne se forme et ne s'exerce que dans les choses qui sont utiles l'autre y joint les pernicieuses là se montrent ingénument la grossièreté et la franchise ici se cache une sève maligne[2] et corrompue sous l'écorce de la politesse le peuple n'a guère d'esprit et les grands n'ont point d'âme celui-là a un bon fond et n'a point de dehors ceux-ci n'ont que des dehors et qu'une simple superficie faut-il opter je ne balance pas je veux être peuple

Jean de La Bruyère, *Les Caractères* (1688)

1. Sens classique : les aristocrates. – 2. Méchante.

4 **Le texte qui suit est un extrait d'un discours de Victor Hugo, prononcé à l'Assemblée nationale.**
a. Lisez-le de manière active : marquez par des barres transversales les segments qui vous paraissent porteurs d'un sens fort. Entourez les mots-clefs que vous allez vouloir mettre en valeur à la lecture.
b. Passez à une lecture en voix projetée : vous devez faire l'effort de ne prononcer chaque segment sélectionné qu'à une personne de la classe – vous changerez régulièrement de destinataire.

Voilà pourquoi je suis pénétré, voilà pourquoi je voudrais pénétrer tous ceux qui m'écoutent de la haute importance de la proposition qui vous est soumise. Ce n'est qu'un premier pas, mais il est décisif. Je voudrais que cette assemblée, majorité et minorité, n'importe, je ne connais pas, moi, de majorité et de minorité en de telles questions ; je voudrais que cette assemblée n'eût qu'une seule âme pour marcher à ce grand but magnifique, à ce but sublime, l'abolition de la misère !

Victor Hugo, *Discours sur la misère* (1849)

UTILISER LE LANGAGE CORPOREL

5 **Ce monologue est prononcé par un vieil homme brisé, Don Diègue, qui vient d'être désarmé et humilié par Le Comte, son rival politique.**
a. Préparez une lecture vivante du texte : observez la ponctuation expressive, prévoyez des pauses.
b. Imaginez, en vous appuyant sur les indices du texte, quelques gestes simples pour accompagner cette plainte.
c. Lisez maintenant ce monologue en utilisant ces gestes.

DON DIÈGUE
Ô rage ! ô désespoir ! ô vieillesse ennemie !
N'ai-je donc tant vécu que pour cette infamie ?
Et ne suis-je blanchi dans les travaux guerriers
Que pour voir en un jour flétrir tant de lauriers ?
Mon bras, qu'avec respect toute l'Espagne admire,
Mon bras, qui tant de fois a sauvé cet empire,
Tant de fois affermi le trône de son roi,
Trahit donc ma querelle, et ne fait rien pour moi ?

Pierre Corneille, *Le Cid* (1636)

FICHE 12

ÉVITER LES RÉPÉTITIONS

OBJECTIFS
- Alléger ses phrases
- Enrichir son vocabulaire
- Créer des effets

UTILISER DES REPRISES PRONOMINALES

ALLÉGER SES PHRASES

Pronoms personnels

Ex. : *Ce roman est excellent, je te* ***le*** *prêterai.*

Pronoms démonstratifs

Ex. : *Parmi ces romans,* ***celui-ci*** *est excellent.*

Pronoms adverbiaux

Ex. : *Ce roman est excellent, je n'****en*** *connais pas de meilleur.*

Pronoms possessifs

Ex. : *Ton roman a l'air ennuyeux,* ***le mien*** *est passionnant !*

Pronoms interrogatifs

Ex. : *Parmi ces romans,* ***lequel*** *préfères-tu ?*

Pronoms indéfinis

Ex. : *Ces romans sont excellents,* ***tous*** *m'ont plu.*

UTILISER DES REPRISES NOMINALES

ENRICHIR SON VOCABULAIRE

Synonymes

Mots de sens voisins qui ont toujours la même nature :
Ex. : *As-tu lu ce roman ? Ce* ***livre*** *m'a totalement bouleversé.*

Mots génériques

Termes dont le sens englobe toute une catégorie de personnes ou d'objets :
Ex. : *Je suis très sensible à la poésie ; ce* ***genre littéraire*** *me bouleverse toujours beaucoup.*

Mots de la même famille (ayant le même radical)

Mots qui reprennent l'idée énoncée auparavant :
Ex. : *J'aime lire ; la* ***lecture*** *est un excellent moyen d'évasion.*

Reprise expansée

Ajout d'un ou plusieurs adjectifs, d'un complément du nom, d'une proposition relative :
Ex. : *Cet excellent roman,* ***qui a été traduit dans plusieurs langues****, m'a enthousiasmé.*

Périphrase

Figure de style qui consiste à remplacer un mot par sa définition ou par une expression plus longue, mais équivalente :
Ex. : *J'aimerais que tu lises ce roman.* ***Ce chef d'œuvre de la littérature*** *m'a bouleversé.*

Métonymie

Figure de style qui désigne quelqu'un ou quelque chose par un autre mot avec lequel il entretient un rapport de proximité : l'effet pour la cause, le lieu pour celui qui s'y trouve, le contenant pour le contenu....
Ex. : *Je suis une grande amatrice de littérature du XIXe siècle : j'ai relu récemment un* ***Zola*** *et un* ***Balzac****.*

Exercices

ALLÉGER SES PHRASES

1 Supprimez la répétition des mots en gras à l'aide de reprises pronominales.

1. À cette époque, une maladie grave et épidémique s'abattit sur les hommes, au commencement du printemps. [...] La **maladie** ravageait non seulement les hommes, mais aussi leurs animaux qui vivaient avec eux [...]. Les symptômes de cette **maladie** sont [...] une tumeur à la racine des cuisses ou des bras [...].

Nicéphore Gregoras, *Corpus Scriptorum Byzantinae* (XIVe siècle)

2. Il s'agit de découvrir, perdus dans l'espace immense et ténébreux, des astres encore plus sombres que lui et, qui plus est, minuscules. Quels **astres** ?

Anne Debroise, *Science et vie*, n° 1131, décembre 2011

3. Un citoyen au sens absolu du terme ne peut mieux se définir que par la participation à l'exercice des pouvoirs de juge et de magistrat. [...] C'est pourquoi le **citoyen** dont nous avons parlé existe surtout dans les démocraties [...]. Mais selon l'usage courant, un **citoyen** se définit comme l'enfant né de parents tous deux **citoyens** et non d'un seul, son père et sa mère.

Aristote, *La Politique*, III, 2 (IVe siècle av. J.-C.), trad. J. Aubonnet, © Les Belles Lettres, 1971

2 Allégez ce texte en remplaçant, lorsque cela est possible, le mot « couronne » par des reprises pronominales.

Cette *couronne* n'est pas une *couronne*. La *couronne* que pourrait prendre un Hohenzollern* si des circonstances permettaient que cela fût possible, ce n'est pas, même avec l'assentiment des princes, la *couronne* fabriquée par une assemblée issue d'un germe révolutionnaire, une *couronne* dans le genre *couronne* de pavés de Louis-Philippe ; c'est la *couronne* qui porte l'empreinte de Dieu, la *couronne* qui fait souverain par la grâce de Dieu celui qui la reçoit avec le saint-chrême, la *couronne* qui a fait rois des Allemands plus de 34 princes [...] L'assemblée n'a ni à donner ni à offrir une *couronne*.

Lettre de Frédéric-Guillaume IV (avril 1849)

* Famille qui règne sur la Prusse.

ENRICHIR SON VOCABULAIRE

3 a. Identifiez les procédés de reprise utilisés dans chacun des énoncés suivants.

b. Réécrivez ces énoncés avec d'autres procédés de reprise que ceux qui y sont employés. Attention cela pourra parfois entraîner des modifications dans la syntaxe de la phrase.

1. Président de la République des Maldives, chapelet de quelques 1 200 îles à fleur d'eau, dans l'océan Indien – l'un des pays les plus vulnérables au réchauffement –, Mohamed Nasheed est un fervent avocat de la lutte contre le changement climatique.

Présentation d'une interview dans le journal *Le Monde*, vendredi 14 octobre 2011

2. Dans un profond ennui ce Lièvre se plongeait :
Cet animal est triste, et la crainte le ronge.

Jean de La Fontaine, « Le Lièvre et les Grenouilles », *Fables*, Livre II (1668)

3. *La révolution de février* fut la belle révolution, la révolution de la sympathie générale.

Karl Marx, *La Révolution de juin* (1848)

4. Oui, c'était bien là, se dit Monsieur Linh tandis qu'il pose l'enfant sur ses genoux après s'être assis sur le banc. La petite a ouvert les yeux. Son grand-père lui sourit. « Je suis ton grand-père, lui dit Monsieur Linh [...] »

Philippe Claudel, *La Petite Fille de Monsieur Linh*, © éd. Stock (2005)

4 a. Identifiez le personnage ou la période historiques que désigne chacune des périphrases suivantes, puis analysez l'image qu'elles en donnent.

b. Choisissez un des personnages ou une des périodes proposés, puis rédigez-en une brève présentation en employant des reprises nominales variées.

Le petit père des peuples – Les trente glorieuses – La drôle de guerre – Le Grand Siècle – La dame de fer

CRÉER DES EFFETS SUR LE LECTEUR

5 a. Quelle expression reprend le mot « torture » ? Quel effet Voltaire cherche-t-il à produire ?

b. En vous inspirant de Voltaire, rédigez un texte satirique dans lequel vous dénoncerez une pratique (Ex. : la peine de mort) en employant des périphrases ou des synonymes.

Les Romains n'infligèrent jamais la torture qu'aux esclaves, mais les esclaves n'étaient pas comptés pour des hommes [...] Le grave magistrat qui a acheté pour quelque argent le droit de faire ces expériences sur son prochain va conter à dîner à sa femme ce qui s'est passé le matin.

Voltaire, article « Torture », *Dictionnaire philosophique* (1764)

6 a. Identifiez les expressions désignant l'albatros et analysez l'effet que chacune cherche à produire.

b. Décrivez un animal ou un objet en employant des reprises nominales variées qui souligneront l'effet que vous souhaitez créer.

Souvent, pour s'amuser, les hommes d'équipage
Prennent des albatros, vastes oiseaux des mers,
Qui suivent, indolents compagnons de voyage,
Le navire glissant sur les gouffres amers. [...]

Charles Baudelaire, « L'Albatros », *Les Fleurs du mal* (1857)

FICHE 13

ÉVITER L'EMPLOI DES VERBES « PASSE-PARTOUT »

OBJECTIFS
- Alléger les phrases
- Créer des effets sur le lecteur
- Manifester une subjectivité

Dans vos écrits, évitez d'utiliser trop souvent les verbes dits « passe-partout » (*être, avoir, dire, faire, aller*, etc.). Un certain nombre de verbes vous permettront d'alléger vos phrases, de créer des effets ou de manifester une subjectivité.

POUR ALLÉGER LES PHRASES

Verbes de sens équivalent

Ex. : *Œdipe* ***est*** *le roi de Thèbes.*
Att. du sujet Œdipe
→ *Œdipe* ***règne*** *sur Thèbes.*

Verbes plus précis

Ex. : *Pierre fait très bien la cuisine.*
→ *Pierre cuisine très bien.*

POUR DYNAMISER UNE DESCRIPTION OU CRÉER UNE AMBIANCE

Verbes de mouvement

Trajectoire
serpenter, tourner, etc.
- le **déplacement vers le haut** : *bondir, s'élancer, s'élever, etc.*
- le **déplacement vers le bas** : *s'abattre, choir, s'écrouler, etc.*

Vitesse
flâner, trotter, galoper, gambader, marcher, etc.

POUR MANIFESTER UNE SUBJECTIVITÉ ET NUANCER SES SENTIMENTS

Verbes et expressions relatifs aux cinq sens

La vue
- **Sens neutre** : *regarder, apercevoir*, etc.
- **Sens mélioratif** : *admirer, contempler*, etc.
- **Sens péjoratif** : *toiser*, etc.

L'ouïe
- **Sens neutre** : *entendre, écouter*, etc.

L'odorat
- **Sens neutre** : *respirer, sentir*, etc.
- **Sens mélioratif** : *parfumer, enivrer*, etc.
- **Sens péjoratif** : *empester, puer, envahir*, etc.

Le goût
- **Sens neutre** : *manger, goûter*, etc.
- **Sens mélioratif** : *déguster, savourer*, etc.
- **Sens péjoratif** : *écœurer, dégoûter*, etc.

Le toucher
- **Sens neutre** : *frôler, palper*, etc.
- **Sens mélioratif** : *caresser, câliner*, etc.
- **Sens péjoratif** : *cogner, frotter, heurter*, etc.

Exercices

EMPLOYER UN VOCABULAIRE PRÉCIS

1 Remplacez chaque expression par un verbe plus précis. Plusieurs solutions sont parfois possibles.
mettre en isolement – avoir du tact – être antérieur à – rendre apte à – mettre le feu – refuser les avances de – faire peur

2 Voici des expressions qui emploient le verbe « faire ».
a. Proposez des synonymes qui supprimeront le verbe « faire ».
b. Rédigez un paragraphe dans lequel vous expliquerez quels sont les droits et les devoirs du citoyen romain sous l'Empire, en employant les expressions trouvées.
faire un procès – faire carrière dans la magistrature – faire la guerre – faire appel à l'Empereur – faire son service militaire – faire un testament

3 Les éléments qui suivent correspondent à des notes : rédigez une phrase pour chaque idée, en utilisant un vocabulaire précis.
pressions sur les écosystèmes d'eau douce → activité humaine : développement des infrastructures (barrages, digues, …). Quelques impacts : rythme et quantité des débuts fluviaux ; température de l'eau. (Rapport mondial sur la mise en valeur des ressources en eau, UNESCO, 2003)

4 Remplacez les verbes en gras par des verbes plus expressifs.
1. Son vaisseau, nommé « La Victoire », revenu en Espagne, seul des cinq, par le cap de Bonne-Espérance, fut hissé à terre à Séville, comme un monument de cette expédition, la plus hardie peut-être que les hommes eussent encore **faite**. (Bougainville)
2. « […] J'ai pris le parti de la suivre, dût-elle **aller** au bout du monde. » (Abbé Prévost)
3. « […] Comme elle était trop étonnée de ce qui venait de **se passer** pour avoir envie de se rendormir, elle attendit le jour avec impatience […] » (George Sand)

ALLÉGER SES PHRASES

5 Ces phrases sont composées de l'expression « il y a » et de deux sujets réels (ou logiques). Transformez-les en proposant un verbe de mouvement pour obtenir une nouvelle phrase où l'un des deux sujets deviendra complément.
• N'oubliez pas de garder le même temps verbal !
*Ex. : **Il y avait** une cascade et un lac au pied de la montagne → Une cascade **se jetait** dans le lac au pied de la montagne.*

1. Il y a une plage et une falaise au bout.
2. Il y a l'air azuréen et des oiseaux.
3. Il y avait le versant abrupt et un torrent.
4. Dans la mare, il y a des grenouilles et des feuilles de nénuphar.
5. Dans la prairie au printemps, il y a des abeilles et des fleurs.
6. Il y a un chemin et des sapins au bord de celui-ci.
7. Il y a, ce soir, une odeur de violette dans tout le jardin.

6 Remplacez l'expression en gras par un verbe de mouvement reprenant l'idée exprimée.
*Ex. : Quand le soleil est à son zénith, les toits des maisons **sont scintillants** au point d'éblouir celui qui les contemple → … les toits des maisons **scintillent**, au point…*

1. À l'annonce de cette nouvelle, Félix **devint** soudain **moins tendu**.
2. Dès la fin de l'après midi, le ciel **devient plus sombre**.
3. Le bonheur **rendait** ses yeux **plus lumineux**.
4. Dans le ciel caniculaire, les battements d'aile des grands oiseaux **devenaient lourds**.

DYNAMISER UN TEXTE

7 a. Relevez les verbes de mouvement : que suggèrent-ils ? Quelles expressions concourent à la même impression ?
b. Racontez la même scène : des étudiants, bien organisés, apportent leurs projets à l'École des Beaux-Arts, sans aucune précipitation. Veillez à employer des verbes de mouvement adéquats suggérant la même impression.
Après avoir travaillé toute la nuit pour achever leurs projets, de jeunes étudiants se rendent à l'École des Beaux-Arts avant l'heure fixée pour les déposer.

La bande, sans se ralentir, allongeait le chemin, pour promener davantage son vacarme. Après avoir descendu la rue du Four, elle s'était ruée à travers la place Gozlin, et elle se jetait dans la rue de l'Échaudé. En tête, la charrette à bras, tirée, poussée plus fort, bondissait sur les pavés inégaux, avec la danse lamentable des châssis dont elle était pleine ; puis, la queue galopait, forçant les passants à se coller contre les maisons, s'ils ne voulaient pas être renversés ; et les boutiquiers, béants sur leurs portes, croyaient à une révolution. Tout le quartier était dans le bouleversement.

Émile Zola, *L'Œuvre* (1886)

8 a. Relevez les verbes ou expressions verbales qui expriment un mouvement. Quels verbes pourraient remplacer l'expression « tourner autour » ?
b. Observez les sujets des verbes de mouvement : comment Fontenelle montre-t-il la modernité du système de Copernic ?

c. Choisissez un savant dont les recherches ont été novatrices et expliquez à votre tour ses théories, en dynamisant votre texte avec des verbes d'action et de mouvement, à la manière de Fontenelle.

Saisi d'une noble fureur d'astronome, [Copernic] prend la Terre et l'envoie bien loin du centre de l'univers, où elle s'était placée, et dans ce centre, il y met le Soleil, à qui cet honneur était bien mieux dû. Les planètes ne tournent plus autour de la Terre, et ne l'enferment plus au milieu du cercle qu'elles décrivent. Si elles nous éclairent, c'est en quelque sorte par hasard, et parce qu'elles nous rencontrent en leur chemin. Tout tourne présentement autour du Soleil, la Terre y tourne elle-même, et pour la punir du long repos qu'elle s'était attribué, Copernic la charge le plus qu'il peut de tous les mouvements qu'elle donnait aux planètes et aux cieux. Enfin de tout cet équipage céleste dont cette petite Terre se faisait accompagner et environner, il ne lui est demeuré que la Lune qui tourne encore autour d'elle.

Fontenelle, *Entretien sur la pluralité des mondes* (1686)

9 **a. Cherchez le sens des mouvements évoqués. Quelles expressions paraissent fantaisistes ?**
b. Composez à votre tour un texte intégrant des verbes de mouvement, empruntés au lexique de la navigation. Vous commencerez ainsi : « Puis, afin qu'il fût toute sa vie bon navigateur, on lui fit un beau voilier... ».

Dans ce chapitre, Gargantua reçoit des « chevaux factices ».

Puis, afin qu'il fût toute sa vie bon cavalier, on lui fit un beau cheval de bois qu'il faisait parader, sauter, voltiger, ruer et danser en même temps, aller au pas, au trot, à l'entrepas, au galop, à l'amble, au trot allongé, au trot anglais, au pas de hongre, au pas de chameau ou d'onagre.

François Rabelais, *Gargantua* (1535), trad. M.-M. Fragonard, © Pocket, dpt Univers poche, 2009

10 **a. Relevez le verbe de mouvement utilisé pour évoquer la construction des temples à Athènes et précisez son sens. Quel est l'effet produit ?**
b. Comment la construction des temples symbolise-t-elle un élan vers la démocratie ? Fondez votre réponse sur l'étude de procédés stylistiques.
c. Faites le récit de la naissance d'une cité idéale : vous veillerez à choisir des verbes et des expressions qui soulignent l'émergence d'une ère nouvelle.

Alors, de toutes les Acropoles, sortent des Parthénons. Le chef de la démocratie les inspire, le peuple y travaille, le dernier des tailleurs de pierre reçoit le même salaire que l'architecte Ictinos et le sculpteur Phidias. Aux fêtes des Panathénées, avec l'ordre rituel mal observé par l'enthousiasme populaire, dans la poussière et le soleil, le bruit quelquefois discordant des musiques orientales et des mille pieds nus frappant le sol, l'éclat brutal des robes teintes, des bijoux et des fards, des fruits, la cité fait monter vers eux son espérance avec les jeunes filles, les fleurs répandues, les palmes secouées, les hymnes, sa force avec les cavaliers, sa sagesse avec les vieillards, afin de remercier la divinité protectrice d'avoir permis la rencontre et l'accord de l'homme et de la loi. Le temple résume l'âme grecque.

Élie Faure, *Histoire de l'art, l'esprit des formes, l'art antique* (1909)

11 **a. Relevez les termes et expressions qui évoquent le mouvement. Quel effet produit l'emploi de ces derniers ?**
b. Quels procédés stylistiques contribuent à souligner la grandeur du combat ? Quel registre est employé ici ?
c. Prolongez l'écriture de cette scène en une dizaine de lignes en employant des verbes de mouvements qui souligneront l'intensité du combat.

Dans ce récit, les Grecs et les Troyens s'affrontent.

Bientôt ils se rencontrent, et les voilà aux prises, heurtant leurs boucliers, leurs piques, leurs fureurs de guerriers à l'armure de bronze. Les écus bombés entrent en contact. [...] Des flots de sang couvrent la terre. Tels des torrents, dévalant du haut des montagnes, au confluent de deux vallées, réunissent leurs eaux puissantes, jaillies de sources copieuses dans le fond d'un ravin creux – et le berger dans la montagne en perçoit le fracas au loin.

Homère, *Iliade*, trad. P. Mazon, © Les Belles Lettres, 1938

MANIFESTER UNE SUBJECTIVITÉ

12 **a. Expliquez les nuances entre ces verbes renvoyant au sens olfactif.**
b. Complétez chaque phrase avec le verbe qui convient.
c. Écrivez un texte poétique en prose dans lequel vous évoquerez un parfum agréable et les souvenirs qu'il fait surgir en vous. Vous utiliserez des verbes de perception nuancés.

sentir, respirer, humer, inhaler, flairer

1. Mille et mille animaux charmés
... la route à la rencontre
De mes blessures bien-aimées
(Guillaume Apollinaire, « Lul de Faltenin », *Alcools*, 1913)

2. Elle se mit à marcher à pas précipités en s'étonnant de ... un air plus pur, de sentir les rayons du soleil plus vivifiants, et d'y puiser une chaleur morale, une vie nouvelle. (Honoré de Balzac, *Eugénie Grandet*, 1833)

3. N'es-tu pas l'oasis où je rêve, et la gourde
Où je ... à longs traits le vin du souvenir ? (Charles Baudelaire, « La Chevelure », *Les Fleurs du mal*, 1857)

4. – Ah! zut! cria Coupeau, mettons-nous à table. Vous allez le voir abouler; il a le nez creux, il ... la boustifaille de loin... (Émile Zola, *L'Assommoir*, 1877)

5. Le préfet des Côtes d'Armor, où 36 sangliers ont trouvé la mort en juillet après avoir ... du gaz émis par des algues vertes en décomposition, a annoncé aujourd'hui un audit des vasières du département (Dépêche AFP du 09/09/2011)

13 Relevez les synonymes du verbe « manger »: quel effet produit l'emploi de ces verbes?

Des Esseintes, un jeune homme extravagant, déjeune dans une taverne anglaise située à Paris, en attendant son train.

Il commanda un potage *oxstail*, se régala de cette soupe à la queue de bœuf, tout à la fois onctueuse et veloutée, grasse et ferme; puis, il examina la liste des poissons, demanda un haddock, une sorte de merluche fumée qui lui parut louable et, pris d'une fringale à voir s'empiffrer les autres, il mangea un rosbif aux pommes et s'enfourna deux pintes d'*ale*, excité par ce petit goût de vacherie musquée que dégage cette fine et pâle bière.

Sa faim se comblait; il chipota un bout de fromage bleu de Stilton dont la douceur s'imprégnait d'amertume, picora une tarte à la rhubarbe, et, pour varier, étancha sa soif avec le *porter*, cette bière noire qui sent le jus de réglisse dépouillé de sucre.

Il respirait; depuis des années il n'avait et autant bâfré et autant bu [...].

Joris-Karl Huysmans, *À Rebours* (1884)

14 Dans chaque citation, précisez quels sens sont associés et commentez les effets produits par le choix des verbes.

a. « Le chant du coq au loin déchirait l'air brumeux. » (Baudelaire)

b. « L'aurore grelottante en robe rose et verte s'avançait lentement sur la Seine déserte. » (Baudelaire)

c. « Le train glisse sans un murmure. » (Verlaine)

d. « Midi et son soleil hagard comme un aveugle, errent par leurs brouillards. » (Verhaeren)

e. « Des accords mineurs se croisent, et filent, des cordes montent des bergers. » (Rimbaud)

f. « La mer bavait sur les brisants des tuiles vertes. » (Senghor)

g. « Les paroles d'Ulysse glissaient encore contre ses oreilles avec le vent confus. » (Giono)

15 Lisez cet extrait de poème.

Parfum exotique

Quand, les deux yeux fermés, en un soir chaud [d'automne,
Je respire l'odeur de ton sein chaleureux,
Je vois se dérouler des rivages heureux
Qu'éblouissent les feux d'un soleil monotone;
[...]

Guidé par ton odeur vers de charmants climats,
Je vois un port rempli de voiles et de mâts
Encor tout fatigués par la vague marine,

Pendant que le parfum des verts tamariniers,
Qui circule dans l'air et m'enfle la narine,
Se mêle dans mon âme au chant des mariniers.

Charles Baudelaire, *Les Fleurs du mal* (1857)

a. Quelles sont les perceptions évoquées? Relevez les verbes ou groupes verbaux qui s'y rapportent.

b. À votre tour, imaginez des paysages, des odeurs, des sons... Composez un texte de dix lignes en prose qui suivra la structure syntaxique de la première strophe et reposera sur l'association de différentes sensations.

16 a. Quelles sont les composantes du paysage décrit? Quelle métaphore l'auteur emploie-t-il pour désigner la rivière?

b. Où l'auteur se place-t-il pour décrire le paysage? Quelles sensations éprouve-t-il? Relevez les verbes de perception, et précisez les sentiments qu'ils génèrent chez l'auteur.

c. Décrivez à votre tour une rivière, dans un paysage de plaine. Vous devrez employer des verbes de perception pour produire un texte lyrique.

Non loin d'une montagne coupée qu'on appelle le Pas de l'Échelle, au-dessous du grand chemin taillé dans le roc, à l'endroit appelé Chailles, court et bouillonne dans des gouffres affreux une petite rivière qui paraît avoir mis à les creuser des milliers de siècles. On a bordé le chemin d'un parapet, pour prévenir les malheurs: cela faisait que je pouvais contempler au fond, et gagner des vertiges tout à mon aise; car ce qu'il y a de plaisant dans mon goût pour les lieux escarpés est qu'ils me font tourner la tête; et j'aime beaucoup ce tournoiement, pourvu que je sois en sûreté. Bien appuyé sur le parapet, j'avançais le nez, et je restais là des heures entières, entrevoyant de temps en temps cette écume et cette eau bleue dont j'entendais le mugissement à travers les cris des corbeaux et des oiseaux de proie qui volaient de roche en roche, et de broussaille en broussaille, à cent toises au-dessous de moi.

Jean-Jacques Rousseau, *Les Confessions* (Posth.1782-1789)

FICHE 14

EXPRIMER UNE OPINION

OBJECTIFS
- Savoir formuler une opinion
- Savoir nuancer son opinion
- Savoir mettre en valeur son opinion

OBSERVER

Histoire de la langue

Pis est un mot issu de l'adjectif *pejor, pejus*, qui a donné *pire*. *Pis* et *pire* ont longtemps été en concurrence. *Pis* apparaît dans des expressions qui sont encore employées dans le registre soutenu, comme *aller de mal en pis* (= de plus en plus mal), *dire pis que pendre de quelqu'un* (= dire beaucoup de mal), *un pis-aller* (= une personne ou une chose à laquelle on a recours faute de mieux).

Je connais des romanciers qui écrivent proprement, et auxquels on a fait à la longue un bon renom littéraire. Ils sont très laborieux, ils abordent tous les genres avec la même facilité. [...] Le malheur est qu'ils n'ont pas l'expression personnelle, et c'en est assez pour les rendre à jamais médiocres. [...] Je ne dis point qu'ils plagient ceux-ci ou ceux-là, qu'ils volent à leurs confrères des pages toutes faites ; au contraire, ils sont si fluides et si superficiels qu'on ne trouve chez eux aucune forte impression, pas même celle de quelque illustre maître. Seulement, sans copier, ils ont, au lieu d'un cerveau créateur, un immense magasin empli de phrases connues, des locutions courantes, une sorte de moyenne du style usuel. Ce magasin est inépuisable, ils peuvent y prendre à la pelle pour couvrir le papier. En voici, et en voici encore ! Toujours, toujours des pelletées de mêmes matières froides et terreuses, qui comblent les colonnes des journaux et les pages des livres. [...] On chercherait vainement dans leurs œuvres une impression neuve, exprimée en un tour de phrase inventé. [...] On peut mal écrire, incorrectement, à la diable, tout en ayant une véritable originalité dans l'expression. Le pis, selon moi, est au contraire ce style propre, coulant d'une façon aisée et molle, ce déluge de lieux communs, d'images connues [...]

Émile Zola, *Le Roman expérimental* (1880)

Questions

1. Observez les pronoms personnels : comment Zola s'implique-t-il dans son texte ?

2. Identifiez des adjectifs qualifiant les romanciers qui traduisent le jugement négatif de Zola.

3. « Le malheur est » (l. 3) : quel sentiment cette expression traduit-elle ? Cherchez dans le texte une expression synonyme.

4. « Seulement.. » à « ...les pages des livres » (l. 7 à 13) : quelles images emploie Zola pour décrire le travail des romanciers qu'il critique ? Quels procédés emploie-t-il pour mettre en valeur ces images ?

5. « On chercherait » (l. 13) : quelle est ici la valeur du conditionnel ? Aidez-vous du sens de l'adverbe « vainement » (l. 13).

6. Finalement, en quoi l'opinion de Zola sur les romanciers qu'il évoque est-elle négative ?

RETENIR

COMMENT FORMULER UNE OPINION ?

IMPLICATION DU LOCUTEUR

- marques de la 1re personne, singulier ou pluriel (pronoms personnels, déterminants possessifs) **Ex. :** *je, moi, nous, mon, ma, mes, notre*
- présent d'énonciation **Ex. :** *Je pense qu'il s'agit d'un grand artiste.*
- expressions renforçant une prise de position. **Ex. :** *à mon avis, selon moi, pour ma part, de mon point de vue, à mon sens*, etc.

IMPLICATION DU DESTINATAIRE

- pronoms de la 2e personne, singulier ou pluriel **Ex. :** *tu, vous*
- apostrophe **Ex. :** *Amis, lecteurs.*
- impératif **Ex. :** *voyez, comprenez*, etc.

VERBES DE PAROLE

Ex. : *dire, affirmer*, etc.

VERBES DE PENSÉE ET DE JUGEMENT

Ex. : *penser, considérer, trouver, juger, blâmer*, etc.

VERBES DE SENTIMENT

Ex. : *aimer, détester, apprécier, souhaiter*, etc.

TERMES MÉLIORATIFS ET PÉJORATIFS

Ex. : *bon/mauvais, beau/laid, vrai/faux*, etc.
admirable/détestable, réussi/raté, extraordinaire/horrible, etc.

COMMENT NUANCER SON OPINION ?

VERBES NUANÇANT LE DEGRÉ D'AFFIRMATION

- doute **Ex. :** *croire, douter*, etc.
- certitude **Ex. :** *certifier, affirmer, confirmer*, etc.

AUXILIAIRES VERBAUX

Ex. : *devoir, pouvoir, falloir*, etc.

TOURNURES IMPERSONNELLES

Ex. : *il est certain/possible, il semble, il paraît*, etc.

ADVERBES

Ex. : *peut-être, sans doute, assurément, certainement*, etc.

CONDITIONNEL

Ex. : *Il aurait remporté le premier prix.*

COMMENT METTRE EN VALEUR SON OPINION ?

PONCTUATION EXPRESSIVE

- exclamation **Ex. :** *C'est formidable !*
- interrogation **Ex. :** *Comment est-ce possible ?*

FIGURES DE STYLE

- hyperbole, figures de répétition, images, etc.

Ex. : *C'est une œuvre formidable, une œuvre sans égal, un éblouissement.*

Exercices

FORMULER UNE OPINION

1 **a. Relevez et identifiez dans chaque phrase le ou les éléments qui traduisent une opinion.**
b. Employez chaque élément identifié dans une nouvelle phrase.

1. A mon avis, cette solution est la bonne.
2. Il faut que les ministres se réunissent de toute urgence.
3. Quel spectacle !
4. Nous jugeons cette décision inacceptable.
5. Elle considère avoir fait le bon choix.
6. Ce film est catastrophique.

2 **a. Relevez et classez les différents procédés rendant compte de l'opinion de chaque auteur dans les deux textes suivants. En quoi s'opposent-ils ?**
b. Rédigez deux courts textes présentant chacun une opinion opposée sur un même sujet (Ex. : la gratuité des téléchargements d'œuvres musicales, Facebook, ...).

Texte A

Il serait difficile de prouver que les femmes sont incapables d'exercer les droits de cité. Pourquoi des êtres exposés à des grossesses et à des indispositions passagères ne pourraient-ils exercer ces droits dont on n'a jamais imaginé priver les gens qui ont la goutte tous les hivers et qui s'enrhument aisément ? [...]

On dit qu'aucune femme n'a fait de découverte importante dans les sciences, n'a donné de preuve de génie dans les arts, dans les lettres etc. ; mais sans doute on ne prétendra point n'accorder le droit de cité qu'aux seuls hommes de génie. On ajoute qu'aucune femme n'a la même force de raison que certains hommes ; mais qu'en résulte-t-il, qu'excepté une classe peu nombreuse d'hommes très éclairés, l'égalité est entière entre les femmes et le reste des hommes [...].

Condorcet, *Sur l'admission des femmes au droit de cité*, 3 juillet 1790

Texte B

Une femme a sérieusement posé sa candidature à l'Assemblée socialiste. Nous ne pouvons laisser passer sans protester énergiquement, au nom de la morale publique et de la justice elle-même, de semblables prétentions et de pareils principes. Il importe que le socialisme n'en accepte pas la solidarité. L'égalité politique des deux sexes, c'est-à-dire l'assimilation de la femme à l'homme dans les fonctions publiques, est un des sophismes que repoussent non seulement la logique mais encore la conscience humaine et la nature des choses. [...] Le ménage et la famille, voilà le sanctuaire de la femme.

Pierre-Joseph Proudhon, *Le Peuple*, n° 144, 12 avril 1849

3 **a. Relevez les verbes traduisant l'opinion de Robert Badinter dans ce discours.**
b. Proposez un synonyme pour chacun d'eux.

Robert Badinter évoque les raisons qui ont repoussé la question de l'abolition de la peine de mort en France.

Or les temps de guerre ne sont pas propices à poser la question de l'abolition. Il est vrai que la guerre et l'abolition ne cheminent pas ensemble.

La Libération. Je suis convaincu, pour ma part, que si le gouvernement de la Libération n'a pas posé la question de l'abolition, c'est parce que les temps troublés, les crimes de guerre, les épreuves terribles de l'occupation faisaient que les sensibilités n'étaient pas à cet égard prêtes. Il fallait que reviennent non seulement la paix des armes mais aussi la paix des cœurs.

Cette analyse vaut aussi pour les temps de la décolonisation.

C'est seulement après ces épreuves historiques qu'en vérité pouvait être soumise à votre assemblée la grande question de l'abolition. [...]

Nous savons bien en vérité que la cause était la crainte de l'opinion publique.

Pour l'abolition de la peine de mort, discours de Robert Badinter prononcé devant l'Assemblée nationale le 17 septembre 1981, © éd. Fayard

4 **Cherchez un terme péjoratif opposé au terme mélioratif proposé. Formulez ensuite deux phrases, l'une utilisant le terme mélioratif, l'autre utilisant le terme péjoratif.**

Vous varierez les domaines abordés dans vos phrases.

1. amusant – **2.** intéressant – **3.** une réussite – **4.** original – **5.** une innovation – **6.** habile

5 **a. Repérez dans chacun des deux textes les termes péjoratifs et mélioratifs qui traduisent l'opinion de l'auteur.**
b. Rédigez en quelques phrases l'opinion contraire à l'aide de termes péjoratifs ou mélioratifs.

Texte A

L'éternelle histoire d'une famille qui s'installe dans une maison où un meurtre a été commis... Si ce thriller signé Jim Sheridan est horrifique, c'est par ses twists scénaristiques grotesques et son recyclage de tous les poncifs du genre. Un véritable cauchemar où Daniel Craig et Naomi Watts s'embourbent...

G. O., critique du film *Dream House*, *Télérama*, n° 3221, 8 au 14 octobre 2011

Texte B

Blutch réalise une magistrale alchimie entre fiction et réalité. [...] Et c'est éblouissant, car Blutch maîtrise le mouvement comme jamais et dessine les femmes, stars ou non, à fleur de peau et de séduction, comme personne.

Jean-Claude Loiseau, critique de la bande-dessinée *Pour en finir avec le cinéma*, *Télérama*, n° 3219, 24 au 30 septembre 2011

NUANCER SON OPINION

6 À partir des termes proposés, imaginez une phrase exprimant une opinion nuancée avec l'outil indiqué entre parenthèses.

1. protéger la nature (auxiliaire verbal)
2. le même écrivain – écrire ces deux romans – sous deux noms différents (conditionnel)
3. spectacle – succès (verbe de doute)
4. réussir mon examen (verbe de certitude)
5. président – être élu (adverbe)

7 En décembre 2010, les œuvres de l'artiste contemporain japonais Murakami ont été exposées au château de Versailles. Certains se sont élevés contre la présence de ce type d'œuvres dans ce lieu. Parmi eux, Marc Fumaroli, dont voici l'extrait d'un article.

« J'interprète le sentiment d'un grand nombre de Français, surpris et déroutés par l'association d'un chef-d'œuvre de notre tradition artistique et d'un artiste pop dont la valeur est artificiellement augmentée pour des raisons davantage boursières qu'artistiques. Bientôt nous pourrions retrouver des Murakami à Notre-Dame de Paris ou à l'abbaye de Cluny. Et je sens qu'il y a une partie du public qui s'estime floué par ce genre de démarche. C'est le problème de l'art contemporain : tout ça ne mérite pas le nom d'art. Et on l'installe dans un lieu qui est le produit d'une tradition de toute autre nature que celle de ces objets boursiers. À la limite, par cette introduction de cet artiste japonais au Palais de Versailles, on impose à tout le monde une forme d'art que le public refuse. »

Le Soir, 15 septembre 2010

a. Identifiez les procédés qui rendent compte de l'opinion de Marc Fumaroli dans ce texte. Cette opinion vous semble-t-elle nuancée ? Justifiez.
b. Rédigez une réponse à cet article dans laquelle vous défendrez au contraire l'intérêt de la rencontre entre l'art classique et l'art contemporain. Vous veillerez à formuler votre opinion de manière nuancée.

METTRE EN VALEUR SON OPINION

8 a. Relevez et analysez les procédés qui rendent compte de l'opinion de Baudelaire sur Théophile Gautier. Quels sont ceux qui la mettent en valeur ? Justifiez.
b. En vous inspirant de Baudelaire, rédigez l'éloge d'un artiste (écrivain, cinéaste, musicien, chanteur) que vous admirez. Vous veillerez à employer des procédés qui mettent en valeur votre opinion (hyperboles, répétitions, images...).

Théophile Gautier est l'écrivain par excellence [...] Avec son lumineux bon sens (je parle du bon sens du génie, et non pas du bon sens des petites gens), il a retrouvé tout de suite la grande voie. Chaque écrivain est plus ou moins marqué par sa faculté principale. Chateaubriand a chanté la gloire douloureuse de la mélancolie et de l'ennui. Victor Hugo, grand, terrible, immense comme une création mythique, cyclopéen, pour ainsi dire, représente les forces énormes de la nature et leur lutte harmonieuse. Balzac, grand, terrible, complexe aussi, figure le monstre d'une civilisation, et toutes ses luttes, ses ambitions et ses fureurs. Gautier c'est l'amour exclusif du Beau, avec toutes ses subdivisions, exprimé dans le langage le mieux approprié. Et remarquez que presque tous les écrivains importants, dans chaque siècle, ceux que nous appellerons des chefs d'emploi ou des capitaines, ont au-dessous d'eux des analogues, sinon des semblables, propres à les remplacer.[...] Or, par son amour du Beau, amour immense, fécond, sans cesse rajeuni [...], Théophile Gautier est un écrivain d'un mérite à la fois *nouveau* et unique.

Charles Baudelaire, *L'Artiste*, 13 mars 1859

9 Voici la description neutre d'un tableau de Toulouse-Lautrec, *La Toilette* (1889). Réécrivez ce texte en y insérant l'expression d'une opinion sur le tableau. Vous veillerez à varier les outils utilisés afin de mettre en valeur votre opinion.

Nous y voyons une jeune femme assise à même le sol dans une pièce, le dos tourné vers le spectateur. Au mépris de la perspective classique, par la vue plongeante, par la juxtaposition et la superposition d'objets, le peintre esquisse ici le cadre tout juste nécessaire pour décrire la scène. La jeune femme aux cheveux roux noués dans la nuque est assise sur un tapis dans une pose indolente de délassement, les hanches entourées d'un linge clair, un bas sombre encore enfilé sur sa jambe droite. Sur deux fauteuils en osier devant elle se trouvent des éléments de lingerie froissée, à côté, un tub bleuâtre.

Christa von Lengerke, « De l'impressionnisme à l'art nouveau », *Les Maîtres de la peinture occidentale* (2002), © Taschen

Henri de Toulouse-Lautrec, *La Toilette* (1889), huile sur carton (67 x54 cm). Musée d'Orsay, Paris.

FICHE 15

S'ADAPTER À SON DESTINATAIRE : LES NIVEAUX DE LANGUE

OBJECTIFS
- Prendre en compte le contexte de communication
- Mieux s'exprimer en s'adaptant au destinataire

NIVEAU DE LANGUE FAMILIER

CONTEXTE
- Cas fréquent de la communication **orale**.
- Contexte privé, familial, amical ou signe de mépris.
- Condition sociale populaire.
- Expression relâchée.

LEXIQUE
Vocabulaire pauvre, abrégé, voire argotique ou vulgaire.
Ex. : *Pas d'ac. !*

SYNTAXE
Mauvaise construction de l'interrogation.
Ex. : *Pourquoi vous faites ça ?*
Suppression du sujet.
Ex. : *Alors là, épaté !*
Négation incomplète, rupture de construction, redondances, ellipses.
Ex. : Connais pas !

FIGURES DE STYLE
Comparaison (Ex. : *Il mange comme un cochon !*), métaphore (Ex. : *Ça m'en bouche un coin !*), périphrase (Ex. : *« un cimetière à poulets » pour « un estomac »*), etc.

MARQUES D'ORALITÉ
Défauts de prononciation.

NIVEAU DE LANGUE COURANT

CONTEXTE
- Communication **écrite** ou **orale**.
- Contexte quotidien, conversation de la vie courante en société.
- Expression correcte sans recherche particulière.

LEXIQUE
Vocabulaire neutre, usuel.
Ex. : *Je ne suis pas d'accord avec vous.*

SYNTAXE
Correcte et plutôt simple.
Ex. : *Pourquoi faites-vous cela ?*

NIVEAU DE LANGUE SOUTENU

CONTEXTE
- Cas fréquent de la communication **écrite**.
- Contexte d'érudition, professionnel ou solennel.
- Condition sociale élevée.
- Expression élégante.

LEXIQUE
Vocabulaire précis, recherché, voire littéraire.
Ex. : *Je ne partage nullement votre point de vue.*

SYNTAXE
Complexe et élaborée (utilisation de certains modes comme le subjonctif).
Ex. : *Auriez-vous l'amabilité de m'éclairer à ce sujet ?*

FIGURES DE STYLE
Métaphore, métonymie, gradation, etc.
Ex. : *Un foudre de guerre.*

Exercices

MANIPULER LES TROIS NIVEAUX DE LANGUE

1 Complétez ce tableau en trouvant un terme équivalent pour chaque niveau de langue.

Familier	*taf*				*entourloupe*
Courant		*licencié*	*pleurer*		
Soutenu				*nantis*	

2 a. Repérez les caractéristiques du langage oral et familier dans l'extrait suivant.
b. Réécrivez ce passage en langage courant, puis soutenu.

Doukipudonktan, se demanda Gabriel excédé. Pas possible, ils se nettoient jamais. Dans le journal, on dit qu'il y a pas onze pour cent des appartements à Paris qui ont des salles de bains, ça m'étonne pas, mais on peut se laver sans. Tous ceux-là qui m'entourent, ils doivent pas faire de grands efforts. D'un autre côté, c'est tout de même pas un choix parmi les plus crasseux de Paris. Y a pas de raison. C'est le hasard qui les a réunis.

Raymond Queneau, *Zazie dans le métro* (1959),

3 Réécrivez ces phrases dans le niveau de langue indiqué entre parenthèses.

1. Trop chouette cette bagnole! (courant) – **2.** Nous vous saurions gré de prendre en considération notre requête. (courant) – **3.** Auriez-vous l'obligeance de me suivre, je vous prie? (familier) – **4.** Je ne supporte pas que l'on me manque de respect. (familier) – **5.** C'est quand même un drôle de type. (soutenu) – **6.** Je sais pas quoi faire. (courant) – **7.** Excusez-moi de vous déranger. (soutenu) – **8.** Bien cordialement. (soutenu) – **9.** Ce jeune recru fait preuve d'obséquiosité. (courant) – **10.** Laissez-moi vous remercier. (soutenu)

4 a. Quelles caractéristiques du langage argotique des prisons le narrateur met-il en évidence dans cet extrait?
b. Rédigez un court récit dans lequel un condamné raconte son séjour en prison. Vous utiliserez toutes les expressions argotiques présentées dans le texte de Balzac.

Chaque mot de ce langage est une image brutale, ingénieuse ou terrible. Une culotte est une *montante*; n'expliquons pas ceci. En argot on ne dort pas, *on pionce*. Remarquez avec quelle énergie ce verbe exprime le sommeil particulier à la bête traquée, fatiguée, défiante, appelée Voleur, et qui, dès qu'elle est en sûreté, tombe et roule dans les abîmes d'un sommeil profond et nécessaire sous les puissantes ailes du Soupçon planant toujours sur elle. Affreux sommeil, semblable à celui de l'animal sauvage qui dort, qui ronfle, et dont néanmoins les oreilles veillent doublées de prudence!

Tout est farouche dans cet idiome*. Les syllabes qui commencent ou qui finissent, les mots sont âpres et étonnent singulièrement. Une femme est une *largue*. Et quelle poésie! la paille est *la plume de Beauce*. Le mot minuit est rendu par cette périphrase: *douze plombes crossent*! Ça ne donne-t-il pas le frisson? *Rincer une cabriole*, veut dire dévaliser une chambre. Qu'est-ce que l'expression se coucher, comparée à se *piausser*, revêtir une autre peau. Quelle vivacité d'images!

Honoré de Balzac, *Splendeurs et misères des courtisanes* (1838-1847)

* Manière de s'exprimer propre à une communauté.

ADAPTER SON DISCOURS AU DESTINATAIRE

5 Vous souhaitez obtenir la création d'une MDL (Maison Des Lycéens) au sein de votre établissement scolaire. Rédigez une lettre expliquant vos motivations à chacun des destinataires suivants, en adaptant votre niveau de langue.
a. L'élève s'adresse au proviseur du lycée.
b. L'élève s'adresse à une association de parents d'élèves.
c. L'élève s'adresse à un camarade de classe.

UTILISER LES NIVEAUX DE LANGUE POUR PERSUADER SON DESTINATAIRE

6 Dans cet extrait, Rodolphe tente de séduire Emma en la manipulant par le recours au langage soutenu et romantique.
a. À quels indices reconnaissez-vous le niveau de langue soutenu?
b. Rédigez le discours qu'une confidente d'Emma adresse brutalement et familièrement à son amie dans le but de la ramener à la raison et de lui faire comprendre le véritable sens qui se cache derrière les belles paroles de Rodolphe.

– [Le bonheur] se rencontre un jour, répéta Rodolphe, un jour, tout à coup, et quand on en désespérait. Alors des horizons s'entrouvrent, c'est comme une voix qui crie: « Le voilà! » Vous sentez le besoin de faire à cette personne la confidence de votre vie, de lui donner tout, de lui sacrifier tout! On ne s'explique pas, on se devine. On s'est entrevu dans ses rêves. (Et il la regardait.) Enfin, il est là, ce trésor que l'on a tant cherché, là, devant vous; il brille, il étincelle. Cependant on en doute encore, on n'ose y croire; on en reste ébloui, comme si l'on sortait des ténèbres à la lumière.

Gustave Flaubert, *Madame Bovary* (1857)

FICHE 16

EMPLOYER DES CONNECTEURS LOGIQUES

OBJECTIFS
- Structurer un texte argumentatif
- Établir des rapports logiques

OBSERVER

Histoire de la langue

À la fin du texte, Victor Hugo utilise le terme « partant » dans un emploi littéraire et désuet. Ici, il s'agit d'un emploi adverbial (« par » + « tant ») signifiant « par conséquent », « donc », établissant ainsi un rapport de conséquence.

Ceux qui jugent et qui condamnent disent la peine de mort nécessaire. D'abord, – parce qu'il importe de retrancher de la communauté sociale un membre qui lui a déjà nui et qui pourrait lui nuire encore. – S'il ne s'agissait que de cela, la prison perpétuelle suffirait. À quoi bon la mort ? Vous objectez qu'on peut s'échapper d'une prison ? faites mieux votre ronde. Si vous ne croyez pas à la solidité des barreaux de fer, comment osez-vous avoir des ménageries ?

Pas de bourreau où le geôlier suffit.

Mais, reprend-on, – il faut que la société se venge, que la société punisse. – Ni l'un, ni l'autre. Se venger est de l'individu, punir est de Dieu.

La société est entre deux. Le châtiment est au-dessus d'elle, la vengeance au-dessous. Rien de si grand et de si petit ne lui sied. Elle ne doit pas « punir pour se venger » ; elle doit corriger pour améliorer. Transformez de cette façon la formule des criminalistes, nous la comprenons et nous y adhérons.

Reste la troisième et dernière raison, la théorie de l'exemple. – Il faut faire des exemples ! il faut épouvanter par le spectacle du sort réservé aux criminels ceux qui seraient tentés de les imiter ! – Voilà bien à peu près textuellement la phrase éternelle dont tous les réquisitoires des cinq cents parquets de France ne sont que des variations plus ou moins sonores. Eh bien ! nous nions d'abord qu'il y ait exemple. Nous nions que le spectacle des supplices produise l'effet qu'on en attend. Loin d'édifier le peuple, il le démoralise, et ruine en lui toute sensibilité, partant toute vertu.

Victor Hugo, Préface du *Dernier jour d'un condamné* (1829)

Questions

1. Repérez les trois grandes étapes de l'extrait. A quels indices les avez-vous identifiées ?

2. Dans chacune des trois étapes, Victor Hugo réfute les arguments exprimés par les partisans de la peine de mort. Reformulez le circuit argumentatif de ce dialogue fictif en repérant les connecteurs logiques qui les relient.

3. Rétablissez les connecteurs logiques dans ce passage : « Se venger est de l'individu ... pour améliorer » (l. 9 à 12).

4. Que nous apprend l'abondance des rapports logiques sur la stratégie argumentative de Victor Hugo ?

RETENIR

RAPPORT LOGIQUE	CONNECTEURS LOGIQUES	FONCTION
ADDITION	• **Adverbes et locutions adverbiales**: *aussi, en outre, par ailleurs, de plus, de surcroît* • **Conjonctions de coordination**: *et, ni, ou* • **Conjonctions de subordination**: *outre que, sans compter que* • **Prépositions et locutions prépositionnelles**: *outre, en plus de*	Ajouter une idée à une autre.
GRADATION	• **Adverbes et locutions adverbiales**: *d'abord … ensuite … enfin, premièrement … deuxièmement, d'une part … d'autre part, non seulement … mais encore*	Classer des éléments chronologiquement ou en fonction de leur importance.
OPPOSITION	• **Adverbes et locutions adverbiales**: *en revanche, au contraire, cependant, néanmoins, toutefois, pourtant* • **Conjonctions de coordination**: *mais, or* • **Conjonctions de subordination**: *alors que, tandis que* • **Prépositions et locutions prépositionnelles**: *malgré, en dépit de, nonobstant*	Opposer deux éléments, réfuter, formuler une objection.
CONCESSION	• **Adverbes et locutions adverbiales**: *certes, toutefois, néanmoins, cependant, sans doute* • **Conjonctions de coordination**: *mais* • **Conjonctions de subordination**: *bien que, quoique*	Concéder un fait ou une idée pour mieux la contester.
CAUSE	• **Adverbes et locutions adverbiales**: *en effet, effectivement* • **Conjonctions de coordination**: *car* • **Conjonctions de subordination**: *parce que, puisque, comme, sous prétexte que, dans la mesure où, étant donné que* • **Prépositions et locutions prépositionnelles**: *à cause de, à force de, grâce à, en raison de*	Renseigner sur l'origine d'un élément, apporter une explication.
CONSÉQUENCE	• **Adverbes et locutions adverbiales**: *en conséquence, alors, aussi, ainsi, c'est pourquoi, par conséquent, d'où* • **Conjonctions de coordination**: *donc* • **Conjonctions de subordination**: *si bien que, de sorte que, tellement … que, si … que, sans … que, de telle façon que* • **Prépositions et locutions prépositionnelles**: *au point de*	Renseigner sur un effet produit, énoncer un résultat.

Exercices

RETROUVER L'ENCHAÎNEMENT DES IDÉES DANS UN TEXTE ARGUMENTATIF

1 Les quatre étapes de ce raisonnement sont en désordre : retrouvez l'ordre logique du texte.

1. Peut-être même l'est-il beaucoup plus rarement qu'on ne pense.
2. Le jeu n'est pas seulement distraction individuelle.
3. Mais les jeux d'adresse apparaissent vite comme des jeux de compétition dans l'adresse.
4. Certes, il existe nombre de jeux, notamment des jeux d'adresse, où se manifeste une habileté toute personnelle et où il ne saurait surprendre qu'on jouât seul.

D'après Roger Caillois, *Les Jeux et les hommes* (1958), © Éditions Gallimard

UTILISER LES CONNECTEURS LOGIQUES

2 Reliez ces phrases à l'aide de connecteurs en précisant, à chaque fois, le rapport logique exprimé. Vous apporterez les modifications grammaticales nécessaires.

1. Les nouvelles techniques de communication envahissent nos maisons. / Le caractère spontané et convivial des relations humaines tend à disparaître.
2. Le théâtre et la salle de cinéma sont des lieux de divertissement. / Ils sont des lieux de critique et de réflexion.
3. Les Occidentaux se nourrissent de plus en plus mal. / La santé publique est en danger.
4. Nous rêvons de voyages et de terres éloignées. / Nous cherchons à reproduire ailleurs les mêmes habitudes de vie qu'au quotidien.
5. Le tabac est une drogue. / Comme toutes les drogues, le tabac est une entrave à la liberté individuelle.

RÉTABLIR LES CONNECTEURS LOGIQUES D'UN TEXTE

3 a. Complétez ce texte avec les connecteurs logiques suivants : néanmoins – aussi – d'où – mais – puisque – car – car
b. Pour chacun d'eux, expliquez le rapport logique rétabli.

Ne pas dire ce qui est vrai et dire ce qui est faux sont deux choses très différentes, ... dont peut ... résulter le même effet ; ... ce résultat est assurément bien le même toutes les fois que cet effet est nul. Partout où la vérité est indifférente, l'erreur contraire est indifférente ... ; ... il suit qu'en pareil cas celui qui trompe en disant le contraire de la vérité n'est pas plus injuste que celui qui trompe en ne la déclarant pas ; ... en fait de vérités inutiles, l'erreur n'a rien de pire que l'ignorance. Que je croie le sable qui est au fond de la mer blanc ou rouge, cela n'importe pas plus que d'ignorer de quelle couleur il est. Comment pourrait-on être injuste en ne nuisant à personne, ... l'injustice ne consiste que dans le tort fait à autrui.

Jean-Jacques Rousseau,
Les Rêveries d'un promeneur solitaire (posth. 1782)

COMPRENDRE UN SYLLOGISME

4 a. Un syllogisme est un raisonnement déductif en trois points (Ex. : *« Tous les hommes sont mortels. Or Socrate est un homme. Donc, Socrate est mortel »*). Repérez dans l'extrait les trois étapes par lesquelles Voltaire défend l'innocence de Jean Calas et rétablissez les connecteurs « or » et « donc ».
b. Que cherche à prouver Voltaire par ce type de raisonnement ?

Il était évident que, si le parricide[1] avait pu être commis, tous les accusés étaient également[2] coupables, parce qu'ils ne s'étaient pas quittés d'un moment ; il était évident qu'ils ne l'étaient pas ; il était évident que le père seul ne pouvait l'être ; et cependant l'arrêt condamna ce père seul à expirer sur la roue.

Voltaire, *Traité sur la tolérance* (1763)

1. Jean Calas est accusé d'avoir tué son fils.
2. De manière égale.

COMPRENDRE UN RAISONNEMENT GRÂCE AUX CONNECTEURS LOGIQUES

5 a. Relevez les connecteurs logiques.
b. Repérez les rapports logiques implicites et exprimez-les en ajoutant les connecteurs correspondants.
c. Reformulez les différentes étapes du raisonnement d'Élisabeth Badinter.

La compagnie des pairs est plus importante pour les garçons que pour les filles, lesquels recherchent volontiers la vie de groupe, activités et sports collectifs. Les enquêtes de Régine Boyer sur les activités des lycéens et lycéennes de quinze à dix-neuf ans montrent que, toutes classes confondues, les garçons passent plus de temps avec leurs pairs que les filles : en moyenne une heure de plus par jour. Selon leur origine sociale, les garçons aiment à se retrouver au café, sur les terrains de sport, ou lors de soirées distractives alors que les filles pratiquent plus largement la lecture, les longues conversations téléphoniques et passent davantage de temps auprès de membres de la famille.

Élisabeth Badinter, *XY, de l'Identité Masculine* (1992), © Éditions O. Jacob

EXPLIQUER UN SCHÉMA À L'AIDE DE CONNECTEURS LOGIQUES

6 **Expliquez le cycle de l'eau à partir de ce schéma. Rédigez un paragraphe dans lequel vous utiliserez essentiellement les connecteurs logiques de la cause, de la conséquence et de l'addition.**

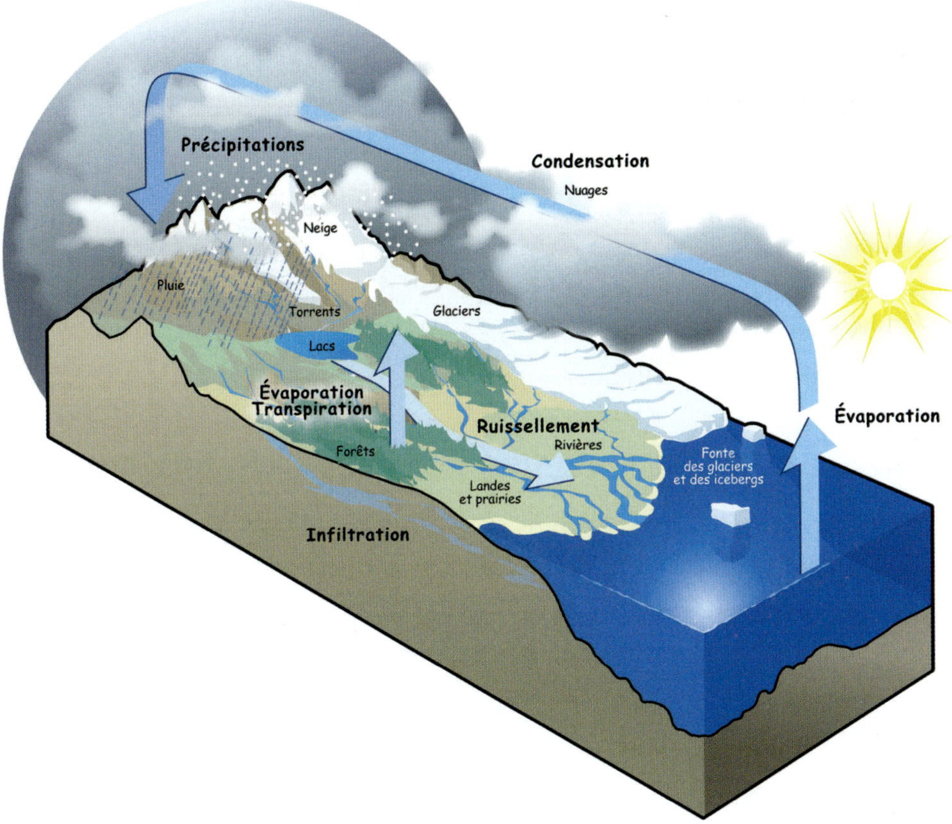

ANALYSER L'EFFET PRODUIT PAR LES CONNECTEURS LOGIQUES

7 **a. Relevez les connecteurs logiques.**
b. Leur emploi se justifie-t-il ? Expliquez votre réponse.

M. SMITH : Un médecin consciencieux doit mourir avec le malade s'ils ne peuvent pas guérir ensemble. Le commandant d'un bateau périt avec le bateau, dans les vagues. Il ne lui survit pas.
MME SMITH : On ne peut comparer un malade à un bateau.
M. SMITH : Pourquoi pas ? Le bateau a aussi ses maladies ; d'ailleurs ton docteur est aussi sain qu'un vaisseau ; voilà pourquoi encore il devait périr en même temps que le malade comme le docteur et son bateau.
MME SMITH : Ah ! Je n'y avais pas pensé… C'est peut-être juste… et alors, quelle conclusion en tires-tu ?
M. SMITH : C'est que tous les docteurs ne sont que des charlatans. Et tous les malades aussi. Seule la marine est honnête en Angleterre.

Eugène Ionesco, *La Cantatrice chauve*, Acte I, Scène 1 (1950),

S'entraîner à l'oral

8 **Exprimez votre avis face à la classe sur l'un des sujets ci-dessous. Utilisez cinq rapports logiques différents pour développer votre point de vue.**

1. l'énergie nucléaire
2. le clonage humain
3. l'école obligatoire jusqu'à 16 ans
4. l'interdiction des téléphones portables dans les lycées
5. les émissions de téléréalité

FICHE 17

UTILISER LES PROGRESSIONS THÉMATIQUES

OBJECTIFS
- Comprendre la composition d'une phrase en s'interrogeant sur le thème et le propos
- Saisir la cohérence d'un texte en identifiant les types d'enchaînement
- Connaître les formes de progression et savoir les réutiliser à l'écrit comme à l'oral

• Pour comprendre comment s'enchaînent les phrases, il faut distinguer **le thème** (ce dont on parle/de quoi parle-t-on ?) et **le propos** (l'information nouvelle/qu'en dit-on ?). Le thème assure la continuité, le propos introduit la nouveauté. Il existe différentes façons de passer d'une phrase à l'autre, selon l'agencement des thèmes et des propos : ce sont **les progressions thématiques**.

1. La progression à thème constant

Définition	Exemple
Le **thème** est repris dans chaque phrase avec un élément d'information nouveau (le **propos**) : Thème 1 → **Propos 1** Thème 1 → **Propos 2** Thème 1 → **Propos 3**	« Maître Chicot, l'aubergiste d'Épreville, arrêta son tilbury devant la ferme de la mère Magloire. C'était un grand gaillard… Il possédait un bien attenant aux terres de la vieille. » (Guy de Maupassant, *Le Petit Fût*, 1884)

2. La progression linéaire

Définition	Exemple
Le **propos** d'une phrase devient le **thème** de la phrase suivante : Thème 1 → Propos 1 Thème 2 → Propos 2 Thème 3 → Propos 3	Pour voyager dans le sang, l'oxygène utilise un transporteur : **le globule rouge**. **Le globule rouge** fixe l'oxygène sur un pigment, **l'hémoglobine**. **Celle-ci** transporte aussi **le gaz carbonique**.

3. La progression à thème éclaté ou par thèmes dérivés

Définition	Exemple
Un **thème central** est énoncé ; il est ensuite décomposé en éléments dont chacun devient le **thème** d'une des phrases suivantes. Thème central → Thème 1 → **Propos 1** → Thème 2 → **Propos 2**	« J'aperçus une dame d'une beauté rare […]. Ses cheveux d'un blond roux coulaient comme deux fleuves d'or ; […] son front s'étendait large et serein […]. » (Théophile Gautier, *Mademoiselle de Maupin*, 1835)

• Un même texte utilise généralement **plusieurs progressions thématiques** selon les **effets** recherchés. **Les ruptures de progression** sont fréquentes. Elles permettent d'introduire un élément nouveau : personnage, description, événement, explication, etc.

Exercices

COMPRENDRE L'ORGANISATION D'UN TEXTE

1 **a. Réécrivez ce texte dans l'ordre logique.**
b. Quelle progression est adoptée ?
1. Elle a pu être observée aussi en Allemagne, en Autriche et en Hongrie.
2. Une éclipse de soleil a été visible en France le 11 août 1999.
3. En effet, il ne se produit dans une région donnée qu'une fois tous les quatre cents ans.
4. L'éclipse du 11 août 1999 n'a été totale en France qu'au nord, de Cherbourg à Strasbourg.
5. Un tel phénomène est exceptionnel.

2 **a. Quel personnage est le thème de la plupart des phrases ? Quelle est la progression privilégiée ?**
b. Qu'expriment les propos ayant pour thème ce personnage ?
c. À quel type de texte avons-nous affaire ? Montrez que le choix du thème et des propos sert les objectifs du locuteur.

Il opprima une nation libre ; il se déclara son ennemi ; il abusa des lois : il doit mourir pour assurer le repos du peuple, puisqu'il était dans ses vues d'accabler le peuple pour assurer le sien. Ne passa-t-il pas, avant le combat, les troupes en revue ? Ne prit-il pas la fuite au lieu de les empêcher de tirer ? Que fit-il pour assurer la fureur de ses soldats ? L'on vous propose de le juger civilement, tandis que vous reconnaissez qu'il n'était pas citoyen, et qu'au lieu de conserver le peuple, il ne fit que sacrifier le peuple à lui-même.

Saint-Just, *Discours sur le jugement de Louis XVI* (1792)

RECONNAÎTRE ET JUSTIFIER L'EMPLOI DES PROGRESSIONS THÉMATIQUES

3 **a. Quel est le sujet de la première phrase ? Quelle est sa nature grammaticale ?**
b. De quel type de progression s'agit-il ?
c. Quelle est la visée de ce texte ?

Le vieux peintre Wang-Fô et son disciple Ling erraient le long des routes du royaume de Han.
Ils avançaient lentement, car Wang-Fô s'arrêtait la nuit pour contempler les astres, le jour pour regarder les libellules. Ils étaient peu chargés, car Wang-Fô aimait l'image des choses, et non les choses elles-mêmes, et nul objet au monde ne lui semblait digne d'être acquis, sauf des pinceaux, des pots de laque et d'encres de Chine, des rouleaux de soie et de papier de riz. Ils étaient pauvres, car Wang-Fô troquait ses peintures contre une ration de bouillie de millet et dédaignait les pièces d'argent. Son disciple Ling, pliant sous le poids d'un sac plein d'esquisses, courbait respectueusement le dos comme s'il portait la voûte céleste, car ce sac, aux yeux de Ling, était rempli de montagnes sous la neige, de fleuves au printemps et du visage de la lune d'été.

Marguerite Yourcenar, « Comment Wang-Fô fut sauvé », *Nouvelles orientales* (1938), © Éditions Gallimard

4 **a. Quel est le sujet de la première phrase ? Constitue-t-il le thème ?**
b. Quelle forme de progression est utilisée au début de l'extrait ? De quel type de texte s'agit-il ?
c. Quel est le thème de la dernière phrase ? La progression demeure-t-elle identique tout au long du passage ?
d. Quelle est l'intention du narrateur ?

Mariolle, qui avançait, aperçut une figure claire, blonde, un peu rousse, dont les cheveux follets sur les tempes semblaient brûler comme des flambées de broussailles. Le nez fin et retroussé faisait sourire le visage ; la bouche, nettement dessinée par les lèvres, les fossettes profondes des joues, le menton un peu saillant et fendu, lui donnaient un air moqueur, tandis que les yeux, par un contraste bizarre, le voilaient de mélancolie. Ils étaient bleus, d'un bleu déteint, comme si on l'avait lavé, frotté, usé, et les pupilles noires luisaient au milieu, rondes et dilatées.

Guy de Maupassant, *Notre Cœur* (1890)

UTILISER LES PROGRESSIONS THÉMATIQUES

5 **Dans un paragraphe, poursuivez le texte en le structurant autour de deux progressions thématiques enchâssées.**

Jon approcha son visage de la pierre noire, jusqu'à ce que sa vue devienne trouble. Le bloc de lave grandissait, emplissait tout son regard, s'étendait autour de lui. Jon sentait peu à peu qu'il perdait son corps, et son poids…

J.M.G. Le Clézio, *Celui qui n'avait jamais vu la mer* (1982), © Éditions Gallimard

6 **Décrivez un phénomène naturel en recourant à la progression linéaire.**

7 **Brossez le portrait d'un héros romanesque de votre choix en utilisant la progression par thèmes dérivés.**

8 **Imaginez les pensées et les impressions du vieux peintre Wang-Fô (exercice 3) devant une montagne au printemps en faisant appel à la progression à thème constant.**

FICHE 18

ÉTUDIER ET RÉEMPLOYER UN CHAMP LEXICAL

OBJECTIFS
- Définir la notion de champ lexical
- Étudier (relever, classer et interpréter) les mots d'un texte pour en saisir la visée.

COMPOSITION

- **Synonymes**
  Ex. : *guerre, conflit, combat*
- **Mots appartenant à la même famille**
  Ex. : *guerre, guerrier, guerroyer*
- **Mots appartenant à un même domaine**
  Ex. : *soldat, être armé, combattre vaillamment*
- **Mots appartenant à une même notion**
  Ex. : *violence, hostile, s'opposer avec véhémence*

MODE DE CLASSEMENT

- **Champ lexical de l'abstrait**
  vocabulaire de la pensée (Ex. : *honneur et vertueux*)
- **Champ lexical du concret**
  action, mouvement, 5 sens… (Ex. : « *L'homme est un roseau, le plus faible de la nature ; mais c'est un roseau pensant.* », Pascal, *Pensées*, 1670)
  Dans cette pensée, le concret est mis au service d'une idée abstraite : la fragilité de la condition humaine.
- **Champ lexical de l'affectif**
  ce qui se rapporte à la psychologie, aux émotions et aux sentiments (Ex. : *amour, douleur, heureux…*)
- **Champ lexical de l'appréciatif**
  ce qui implique un jugement de valeur, une subjectivité
  Ex. : « *La guerre a pour elle l'antiquité ; elle a été dans tous les siècles : on l'a toujours vue remplir le monde de veuves et d'orphelins, épuiser les familles d'héritiers et faire périr les frères à une même bataille.* » (La Bruyère, *Caractères*, 1688)
  L'auteur dénonce la guerre avec des termes aux connotations dévalorisantes.

FONCTIONS

- saisir la cohérence de l'ensemble et la progression
- dégager le ou les thèmes importants
- comprendre une intention
- caractériser une écriture
- construire un cadre et créer une atmosphère
- renforcer une image
- traduire un registre
- susciter une émotion chez le lecteur (rire, s'émouvoir, s'indigner…)

Exercices

IDENTIFIER UN CHAMP LEXICAL

1 a. Relevez et définissez le champ lexical dominant.
b. Reformulez l'idée générale de cet article.

Jacques Lacarrière, voyageur et romancier, observe un village de Bourgogne et expose son point de vue à un journaliste.

La notion de « bon voisinage » est en effet une invention moderne : les relations dans des espaces aussi restreints que ceux des villages ont presque toujours été fondées sur la rivalité ou même le conflit, à cause du partage des terres et de l'occupation des sols. Les rapports immobiliers qui existent entre voisins proches sont toujours polémiques, mais pas forcément agressifs, et peuvent même ressembler aux conflits des hommes préhistoriques. Autrement dit, la possession de la terre engendre toujours des rapports conflictuels : le « bon voisinage » me paraît aussi mythique que le « bon sauvage » de Jean-Jacques Rousseau.

Guitta Pessis-Pasternak, *Le Monde*, 3 septembre 1984

2 a. Quels champs lexicaux sont employés ? Comment sont-ils organisés ?
b. Quel effet produit la dernière phrase ?

Il y eut la lessive, le linge qui sèche, le repassage. Le gaz, l'électricité, le téléphone. Les enfants. Les vêtements et les sous-vêtements. La moutarde. Les soupes en sachets, les soupes en boîtes. Les cheveux : comment les laver, comment les teindre, comment les faire tenir, comment les faire briller. Les étudiants, les ongles, les sirops pour la toux, les machines à écrire, les engrais, les tracteurs, les loisirs, les cadeaux, la papeterie, le blanc, la politique, les autoroutes, les boissons alcoolisées, les eaux minérales, les fromages et les conserves, les lampes et les rideaux, les assurances, le jardinage. Rien de ce qui était humain ne leur fut étranger.

Georges Perec, *Les Choses* (1965),

DÉTERMINER LA FONCTION D'UN CHAMP LEXICAL

3 a. À quel champ lexical le mot *fanatisme* est-il associé ? Justifiez votre réponse.
b. Quel sens cette association confère-t-elle à la notion de *fanatisme* ? Quelle est la visée de cet article ?

Lorsqu'une fois le fanatisme a gangrené un cerveau, la maladie est presque incurable. J'ai vu des convulsionnaires qui, en parlant des miracles de saint Pâris, s'échauffaient par degrés malgré eux : leurs yeux s'enflammaient, leurs membres tremblaient, la fureur défigurait leur visage et ils auraient tué quiconque les eût contredits.

Il n'y a d'autre remède à cette maladie épidémique que l'esprit philosophique, qui, répandu de proche en proche, adoucit enfin les mœurs des hommes, et qui prévient les accès du mal ; car, dès que ce mal fait des progrès, il faut fuir, et attendre que l'air soit purifié. Les lois et la religion ne suffisent pas contre la peste des âmes.

Voltaire, Article « Fanatisme »,
Dictionnaire philosophique (1764)

CARACTÉRISER UN REGISTRE

4 a. Étudiez les champs lexicaux dominants.
b. À quel registre cet extrait appartient-il ? Justifiez votre réponse.
c. Quelle vision du monde apparaît dans ce texte ?

Aux uns [Frère Jean] écrabouillait la cervelle, aux autres il rompait bras et jambes, à d'autres il démettait les vertèbres du cou, à d'autres il disloquait les reins, ravalait le nez, pochait les yeux, fendait les mâchoires, renfonçait les dents dans la gueule, défonçait les omoplates, brisait les jambes, déboîtait les hanches, émiettait les tibias.

Si quelqu'un voulait se cacher au plus épais des ceps, il lui froissait toute l'épine dorsale et l'éreintait comme un chien.

Si un autre voulait se sauver en fuyant, il lui réduisait la tête en miettes à travers la suture lambdoïde.

Si quelque autre grimpait dans un arbre, pensant y être en sûreté, de son bâton il l'empalait par le fondement.

Si quelqu'un de ses connaissances lui criait : « Ha, Frère Jean, mon ami, Frère Jean, je me rends !

– Tu y es, disait-il, bien forcé. Mais tu vas aussi rendre ton âme à tous les diables ! » Et d'un coup il l'étendait.

Et s'il y en avait d'assez téméraires pour lui résister en face, il démontrait là la force de ses muscles. Il leur transperçait la poitrine par le thorax et le cœur. À d'autres, en les frappant au bas des côtes, il retournait l'estomac, ce dont ils mouraient aussitôt.

Rabelais, *Gargantua* (1535), trad. M.-M. Fragonard,

EMPLOYER UN CHAMP LEXICAL

5 Voici une liste de mots : passionné, détester, galamment, exécrer, idolâtrer, ressentiment, haïssable, flamme, détester, cœur, abhorrer, adorer, séduisant, haineux.
a. Quels liens thématiques unissent ces termes ?
b. Employez au moins six mots de cette liste dans un paragraphe structuré.

FICHE 19

MAÎTRISER L'EMPLOI DES TEMPS DANS UN RÉCIT AU PASSÉ

OBJECTIF
• Connaître la valeur des temps du passé afin de les employer à bon escient

Passé simple de l'indicatif
Événements achevés, dont on cerne le début et la fin, successifs, d'une durée indifférente.
Chez Maupassant, le passé simple souligne la succession des différentes étapes de la vie du personnage, dont on donne une vision d'ensemble.

Plus-que-parfait de l'indicatif
Événement achevé au moment où se déroule l'action racontée au passé, ou antérieur à un événement lui-même passé.
Dans le texte de Maupassant, le plus-que-parfait permet de remonter le cours du temps, et de revenir à un moment de la vie du personnage antérieur à sa nouvelle vie.

Conditionnel simple
Futur par rapport à un événement passé.
Dans le texte de Maupassant, le conditionnel simple permet de dévoiler la pensée du personnage qui envisage l'avenir.

Imparfait de l'indicatif
Événements non achevés, dont on ne cerne ni le début ni la fin, perçus dans leur déroulement.
Dans le texte de Maupassant, l'imparfait présente des actions secondaires qui permettent d'analyser l'action du personnage et de décrire son caractère.

Il se fit donc prêtre. Par sa famille, par ses relations il obtint d'être nommé desservant* de ce village provençal où le hasard l'avait jeté, et, ayant consacré à des œuvres bienfaisantes une grande partie de sa fortune, n'ayant gardé que ce qui lui permettrait de demeurer jusqu'à sa mort utile et secourable aux pauvres, il se réfugia dans une existence calme de pratiques pieuses et de dévouement à ses semblables.

Il fut un prêtre à vues étroites, mais bon, une sorte de guide religieux à tempérament de soldat, un guide de l'église qui conduisait par force dans le droit chemin l'humanité errante, aveugle, perdue en cette forêt de la vie où tous nos instincts, nos goûts, nos désirs, sont des sentiers qui égarent. Mais beaucoup de l'homme d'autrefois restait toujours vivant en lui.

Guy de Maupassant, « Le Champ d'oliviers », *L'Inutile Beauté* (1890)

* Curé nommé dans une paroisse à titre provisoire.

Présent de l'indicatif
Évocation d'une réalité dont l'existence embrasse un vaste espace de temps (vérité générale…). On peut rapporter aussi les faits passés au **présent de narration**.
Dans le texte de Maupassant, le présent énonce une sentence de portée morale, qui peut rappeler le discours du prêtre.

Exercices

SITUER LES ÉVÉNEMENTS D'UN RÉCIT

1 **a. Observez les verbes conjugués à l'indicatif: quels temps sont employés dans ce récit?**

Monsieur Grandet quitta les honneurs municipaux sans aucun regret. Il avait fait faire dans l'intérêt de la ville d'excellents chemins qui menaient à ses propriétés. Sa maison et ses biens, très avantageusement cadastrés*, payaient des impôts modérés. Depuis le classement de ses différents clos, ses vignes, grâce à des soins constants, étaient devenues la tête du pays, mot technique en usage pour indiquer les vignobles qui produisent la première qualité de vin. Il aurait pu demander la croix de la Légion d'Honneur. Cet événement eut lieu en 1806.

Honoré de Balzac, *Eugénie Grandet* (1833)

* Inscrits sur le registre public qui indique l'étendue des propriétés.

b. Placez ces verbes les uns par rapport aux autres sur un axe chronologique : quelles époques de la vie du personnage sont évoquées?

c. «Il aurait pu»: ce verbe correspond-il à un événement qui a eu lieu dans la réalité?

MAÎTRISER L'USAGE DU PRÉSENT DANS UN TEXTE AU PASSÉ

2 **a. Quel est le temps de référence de ce récit? À quel autre temps du passé ce temps est-il associé? Pourquoi?**

b. Commentez l'emploi du présent.

c. Imaginez et écrivez en dix lignes la suite du texte, en employant au moins une fois chacun des trois temps.

Et ils partirent. Ils traversèrent Vély, La Roche, Les Saules, Meulette, La Taillerie, et ils entrèrent dans la forêt de Tremble. Une lumière éclatante courait devant eux dans l'ombre de la nuit et des bois. [...] Soudain, dans une allée creuse, un bruit sinistre d'explosion les fit tressaillir. La machine dérape et va buter contre un arbre.

Anatole France, Crainquebille, Putois, Riquet et plusieurs autres récits profitables, « Les Grandes Manœuvres à Montil » (1900)

MAÎTRISER L'EMPLOI DU PASSÉ SIMPLE ET DE L'IMPARFAIT

3 **a. Quels temps sont employés dans ce passage? Situez les événements et les faits qu'ils évoquent sur un axe chronologique.**

b. Quelle est ici la valeur des imparfaits?

c. Qu'apporte l'emploi du passé simple à cette description?

d. Étudiez la progression de la description: comment l'identité du personnage est-elle dévoilée ici?

e. Choisissez un personnage historique et rédigez un paragraphe de dix lignes où vous le mettrez en scène. Votre texte sera rédigé au passé simple et à l'imparfait.

Tout à coup, on aperçut un homme qui grimpait dans le gréement[1] avec l'agilité d'un chat-tigre. Cet homme était vêtu de rouge, c'était un forçat; il avait un bonnet vert, c'était un forçat à vie. Arrivé à la hauteur de la hune[2], un coup de vent emporta son bonnet et laissa voir une tête toute blanche, ce n'était pas un jeune homme.

Victor Hugo, *Les Misérables* (1862)

1. Ensemble des pièces qui permettent la propulsion d'un bateau à voiles. – 2. Plate-forme établie au sommet d'un mât.

MAÎTRISER LES VALEURS DU PRÉSENT DANS UN TEXTE DESCRIPTIF

4 **a. Relevez les verbes conjugués au présent de l'indicatif: quels sont ceux qui appartiennent au récit? au discours?**

b. Quelles sont les valeurs du présent dans l'ensemble du texte ?

c. Justifiez l'emploi de l'imparfait pour certains verbes.

d. Quel jugement est prononcé sur ce paysage par le narrateur et par le personnage?

e. Faites le récit d'une expérience que vous avez observée ou menée dans la discipline de votre choix. Rédigez-la d'abord au présent de narration, puis au passé composé: soulignez les verbes qui demeureront conjugués au présent et expliquez ces choix.

La comtesse se mit à revoir, avec Fabrice tous ces lieux enchanteurs voisins de Grianta, et si célébrés par les voyageurs: la villa Melzi de l'autre côté du lac, vis-à-vis le château, et qui lui sert de point de vue; au-dessus le bois sacré des Sfondrata et le hardi promontoire qui sépare les deux branches du lac, celle de Côme, si voluptueuse, et celle qui court vers Lecco, pleine de sévérité: aspects sublimes et gracieux, que le site le plus renommé du monde, la baie de Naples, égale, mais ne surpasse point. C'était avec ravissement que la comtesse retrouvait les souvenirs de sa première jeunesse et les comparait à ses sensations actuelles. « Le lac de Côme, se disait-elle, n'est point environné, comme le lac de Genève, de grandes pièces de terre bien closes et cultivées selon les meilleures méthodes, choses qui rappellent l'argent et la spéculation. Ici de tous côtés je vois des collines d'inégales hauteurs couvertes de bouquets d'arbres plantés par le hasard, et que la main de l'homme n'a point encore gâtés et forcés à rendre du revenu.

Stendhal, *La Chartreuse de Parme* (1839)

FICHE 20

INSÉRER DES PAROLES DANS UN RÉCIT

OBJECTIFS
- Distinguer les types de paroles rapportées
- Maîtriser l'insertion des différents types de discours dans un récit
- Utiliser à bon escient les différents types de discours

	Verbes introducteurs (de parole ou de pensée)	Signes de démarcation	Dépendance syntaxique avec la principale	Éléments modifiés lors de la transposition	Marques de l'oralité
Discours direct Ex. : *Il déclara : « Je veux parler. »*	Oui Ex. : *dire, demander, ordonner, murmurer, crier…*	• Oui, le plus souvent : deux points, guillemets, tirets. • Non, rarement. Ex. : *Ah ! monsieur, s'écria-t-il.*	Non	Non	• Point d'interrogation • Point d'exclamation • Interjection • Imitation des accents
Discours indirect Ex. : *Il déclara qu'il voulait parler.*	Oui Ex. : *dire, demander, ordonner, murmurer, crier…*	Subordonnant *(que, qui, quel, si, quand, comment, où, pourquoi)*	Concordance des temps imposée par le temps de la principale. Ex. : *Je **pensais** qu'il **devait** sortir.*	Déictiques (pronoms personnels ou démonstratifs, adverbes de lieu ou de temps, déterminants ou pronoms possessifs qui ne prennent leur sens que dans le cadre de la situation d'énonciation). Ex. : *« **Je** pars **demain**. » = Il déclara qu'**il** partait **le lendemain**.*	Non
Discours narrativisé Ex. : *Il manifesta son désir de prendre la parole.*	Oui Ex. : *raconter, parler de, faire part de…*	Non, sauf si les paroles sont résumées dans une proposition. Ex. : *Il rappela en des termes élogieux qu'il était très satisfait.*	• Non, le plus souvent, car les paroles sont résumées en un **groupe nominal** ou **groupe infinitif**. Ex. : *Il parla longuement des qualités de son ami.* Ou *Il continua de donner ses raisons.* • Oui, si les paroles sont résumées dans une **proposition**. Ex. : *On parla de **ce qui** s'était dit à la réunion.*	• Déterminants possessifs. Ex. : *« Ma femme est si belle et si délicieuse. » = Il fit l'éloge de sa femme en des termes flatteurs.* • Résumé des paroles par un **groupe nominal**. Ex. : *Il dit : « je m'ennuie terriblement. » = Il manifesta son ennui.* • Résumé des paroles par un **groupe infinitif**. Ex. : *« Ma première explication est qu'il a su s'imposer, ma seconde est qu'il est intelligent. » = Il continua de donner ses explications.* • Résumé des paroles par une **proposition**. Ex. : *Paul dit : « L'intervention du vendeur était très intéressante. » Tu as raison, dit Luc. = On parla de ce qui s'était dit à la réunion.*	Non
Discours indirect libre Ex. : *Il s'agaça ; il voulait parler.*	Non	Non	Concordance avec les temps utilisés dans le récit dans lequel s'intègrent les paroles.	• Pronoms • Déterminants possessifs	• Point d'interrogation • Point d'exclamation • Interjection

Exercices

MAÎTRISER LES DISCOURS DIRECT ET INDIRECT

1 Transposez au discours indirect les passages suivants.

A. Quand il y put y avoir un télégramme de Saint-Loup, je n'osai pas demander : « Est-ce qu'il y a un télégramme ? »

Marcel Proust, *Albertine disparue* (1925)

B. Tous deux levèrent la tête, et le jeune homme dit :
– Bonjour, papa ; bonjour maman.
Ils se dressèrent, effarés. La paysanne laissa tomber d'émoi son savon dans son eau et balbutia :
– C'est-i-té, m'n éfant ? C'est-i-té, m'n éfant ?

Guy de Maupassant, *Aux Champs* (1882)

2 Relevez toutes les marques du discours indirect. Transposez ensuite les passages suivants au discours direct. Justifiez l'emploi des temps et des pronoms personnels.

A. – Il me répondit honnêtement qu'il ne pouvait m'apprendre qui elle était sans se faire connaître lui-même, et qu'il avait de fortes raisons pour souhaiter de demeurer inconnu.

Abbé Prévost, *Manon Lescaut* (1728)

B. Je dirai à ma tante que j'admire votre patience de servir avec un lourdaud pareil.

Marcel Proust, *Albertine disparue* (1925)

VARIER LES VERBES INTRODUCTEURS

3 Rédigez un dialogue qui soulignera la colère qui agite l'un des interlocuteurs et la crainte qui habite le second. Vous devrez choisir des verbes introducteurs dans la liste suivante : reprocher, crier, hurler, mugir, tonner, brailler, faire observer, pester, maudire, gémir, bredouiller, murmurer, expliquer, bafouiller, se troubler.

4 Réécrivez ce dialogue en remplaçant le verbe « dire » ou l'absence de verbes introducteurs par des verbes qui exprimeront explicitement les sentiments, le ton ou les intentions des interlocuteurs.

– C'est donc bon à manger, dit la servante en portant les bottes à son nez. Tiens, tiens, elles sentent l'eau de Cologne de madame. Ah ! c'est-il drôle.
– Drôle ! dit le maître, tu trouves drôle de mettre à des bottes plus d'argent que n'en vaut celui qui les porte.
– Monsieur, dit-elle [...], est-ce que vous ne mettrez pas une ou deux fois le pot-au-feu par semaine à cause de votre... ?
– Oui.
– Faudra que j'aille à la boucherie.

Honoré de Balzac, *Eugénie Grandet* (1833)

RECONNAÎTRE LE DISCOURS NARRATIVISÉ

5 Relevez le passage au discours narrativisé et précisez ce qui le distingue des autres modalités d'insertion de la parole.

Madame de Clèves, étant bien aise de continuer la conversation sur ce sujet, parla assez longtemps de la perte qu'elle avait faite ; et enfin, elle dit que, quand le temps aurait diminué la violence de sa douleur, il lui en demeurerait une si forte impression que son humeur en serait changée.

Mme de La Fayette, *La Princesse de Clèves* (1678)

MAÎTRISER LE DISCOURS INDIRECT LIBRE

6 En comparant la phrase 1 aux phrases 2 et 3, vous montrerez que la phrase 1 résulte d'une libre combinaison des procédés du discours direct et de ceux du discours indirect.

1. Elle tenait tout de même à ce que cette visite médicale ne soit point vaine, qu'elle puisse servir à quelque-chose... Le prix de la vie augmentait sans cesse... La pension de la belle-mère ne suffisait plus... Eux aussi vieillissaient après tout...

Louis-Ferdinand Céline, *Voyage au bout de la nuit* (1932)

2. Elle dit : « Le prix de la vie augmente sans cesse et la pension de la belle-mère ne suffit plus. » Elle ajouta : « Après tout, nous aussi, on vieillit. »

3. Elle dit que le prix de la vie augmentait sans cesse et que la pension de sa belle-mère ne suffisait plus. Elle ajouta qu'eux aussi vieillissaient.

7 Transposez au discours indirect libre cet extrait.

Ah ! monsieur, s'écria-t-il en me baisant la main, je puis donc encore une fois vous marquer mon immortelle reconnaissance ! Je lui demandai d'où il venait. Il me répondit qu'il arrivait par mer du Havre-de-Grâce, où il était revenu de l'Amérique peu auparavant.

Abbé Prévost, *Manon Lescaut* (1728)

MAÎTRISER LES DISCOURS RAPPORTÉS

8 Remplacez le passage au discours narrativisé de l'exercice 5 par un extrait de la conversation entre Madame de Clèves et Monsieur de Nemours. Vous rédigerez cette conversation au discours direct, puis au discours indirect.

FICHE 21

MAÎTRISER L'EMPLOI DES MODES ET DES TEMPS

OBJECTIFS
- S'interroger sur la valeur d'une forme verbale
- Comprendre le sens et la cohérence d'un énoncé
- Employer la langue à bon escient à l'écrit comme à l'oral

LES MODES

Le mode indique de quelle façon est envisagé le fait exprimé par le verbe (**réel** ou **irréel**, **possible**, **douteux**, **souhaitable**…).

PERSONNELS
se conjuguent

L'INDICATIF
Affirme la **réalité** d'un fait qu'il situe dans une temporalité déterminée.
Ex. : « *Je le vis, je rougis, je pâlis à sa vue./ Un trouble s'éleva dans mon âme éperdue.* » (Racine)

LE SUBJONCTIF
Indique la **possibilité**, le **souhait**, le **doute** ; il est perçu du point de vue du sujet.
Ex. : *Que l'année **soit** bonne pour vous.*
Ex. : *Je doute qu'il **vienne**.*
Ex. : « *La première possibilité était qu'il **épousât** une femme sans fortune.* » (Aragon)

L'IMPÉRATIF
Exprime un **ordre**, un **conseil**, un **désir**…
Ex. : « *Va, cours, vole et nous venge.* » (Corneille)

IMPERSONNELS
ne se conjuguent pas

L'INFINITIF
Exprime d'une manière **indéterminée** ou **générale** l'idée marquée par le verbe.
Ex. : « *Aimer à loisir/Aimer et mourir/ Au pays qui te ressemble* » (Baudelaire)

- INFINITIF SUBSTANTIVÉ
  Ex. : *le boire et le manger*
- INFINITIF DE NARRATION
  Ex. : « *Et grenouilles de se plaindre* » (La Fontaine)

LE PARTICIPE PRÉSENT (-ANT) OU PASSÉ
Qualifie un nom ou un pronom à la manière d'un adjectif ou d'une relative.
Ex. : « *Le renard **ayant** la queue **coupée**.* » (La Fontaine)

LE GÉRONDIF (PRÉCÉDÉ DE « EN »)
Représente une **circonstance** de l'action verbale.
Ex. : « *En lisant, en écrivant.* » (J. Gracq)

LES TEMPS

- Le système des temps s'organise autour du présent/passé/futur.
- Les **formes simples** du verbe traduisent l'**aspect inachevé** d'un fait.
Ex. : *Il vit.*
- Les **formes composées** le présentent sous son **aspect accompli.**
Ex. : *Il a vécu.*

Présent

D'énonciation

Exprime un fait **au moment où l'on parle.**
Ex. : « *Je sens en écrivant ceci que mon pouls s'élève encore : ces moments seront toujours présents.* » (Rousseau)

De vérité générale

Exprime une idée ou un fait **toujours vrais.**
Ex. : *Nul n'est censé ignorer la loi.*

De narration

Rapporte des **faits passés au présent** pour créer un **effet de surprise**, de **réalité**, et cela **accélère l'action.**
Ex. : *Le pauvre animal ne put faire retraite. Le Berger vient, le prend.* (La Fontaine)

Passé

L'imparfait

- **Valeur durative** (fait en cours d'accomplissement).
Ex. : « *Il **pleuvait** sur Brest ce jour-là.* » (Prévert)
- **Valeur répétitive** (fait répété ou habituel)
Ex. : « *Elle **allait** à son magasin tous les jours à la même heure.* » (Maupassant)

Le passé simple

- **Valeur ponctuelle** ou **singulière** (action accomplie à un moment précis du passé).
Ex. : « *La marquise **sortit** à cinq heures.* »
- **Fait inhabituel**
Ex. : « *La nuit vint deux heures plus tôt.* » (Maupassant)

Futur

- Évoque **l'avenir**, parfois avec **certitude.**
Ex. : « *Un jour vous servirez sous eux, aussi corrompus.* » (Diderot)
- Peut exprimer un **ordre** ou un **commandement.**
Ex. : « *Tu ne voleras point.* » (La Bible)

CAS PARTICULIER

Le conditionnel

Le conditionnel = temps

- **Forme simple : le futur dans le passé**
Considéré comme un temps de l'indicatif, le conditionnel exprime le **futur** par rapport à une **action passée.**
Ex. : *Il dit qu'il viendra/Il a dit qu'il **viendrait**.*
- **Forme composée : le futur antérieur dans le passé.**
Ex. : *Il a dit qu'il sortirait quand il aurait terminé sa dissertation.*

Le conditionnel à valeur modale

- Il exprime une **éventualité**, une **incertitude**, un **regret**, une **atténuation**…
Ex. : *J'aurais dû vous écouter !*
- Dans une **phrase complexe**, il sert à exprimer une **hypothèse** (la réalisation de l'action est soumise à une condition).
Ex. : *Si j'avais su, je ne serais pas venu.* (Irréel du passé)

Exercices

DISTINGUER MODE PERSONNEL ET MODE IMPERSONNEL

1 Dans les phrases suivantes, relevez les verbes à un mode personnel ou impersonnel. Justifiez votre réponse.

En 1938, de fausses petites annonces sont publiées dans le journal humoristique L'Os à moelle.

On demande cheval sérieux connaissant bien Paris pour faire livraisons tout seul.
Apprenez l'équitation par correspondance. Pour le galop, se référer à la brochure concernant le trot, mais en la lisant trois fois plus vite.
Céderait bombe à retardement. Très, très urgent.
Perdu hier ... une bonne occasion de me taire.
Auteur dramatique échangerait pièce en quatre actes contre trois pièces et une cuisine.
À vendre : jolie collection de pots-de-vin.

Pierre Dac, *Dico franco-loufoque* (1996), © éd. J'ai Lu

JUSTIFIER L'EMPLOI DES MODES

2 Identifiez les modes utilisés en justifiant vos réponses.

Le jour où les Européens quittent l'île, le vieux Tahitien s'adresse à son peuple en ces termes.

« Pleurez, malheureux Tahitiens ! pleurez ; mais que ce soit de l'arrivée, et non du départ de ces hommes ambitieux et méchants ; un jour vous les connaîtrez mieux [...] ; un jour vous servirez sous eux, aussi corrompus, aussi vils, aussi malheureux qu'eux. Mais je me console ; je touche à la fin de ma carrière ; et la calamité que je vous annonce, je ne la verrai point. O Tahitiens ! ô mes amis ! vous auriez un moyen d'échapper à un funeste avenir ; mais j'aimerais mieux mourir que de vous en donner le conseil. Qu'ils s'éloignent et qu'ils vivent ! »

Denis Diderot, *Supplément au voyage de Bougainville* (1772)

3 a. Précisez la nature et la fonction grammaticales des mots en gras.
b. Relevez les verbes au conditionnel et expliquez leur valeur.

Un après-midi, j'étais là, **regardant** beaucoup, **parlant** peu, et **écoutant** le moins que je pouvais, lorsque je fus abordé par un des plus bizarres personnages de ce pays où Dieu n'en a pas laissé manquer. C'est un composé de hauteur et de bassesse, de bon sens et de déraison [...]. Aujourd'hui, en linge sale, en culotte déchirée, couvert de lambeaux, presque sans souliers, il va la tête basse, il se dérobe, on serait tenté de l'appeler, pour lui donner l'aumône. Demain, **poudré, chaussé, frisé**, bien **vêtu**, il marche la tête haute, il se montre, et vous le prendriez pour un honnête homme.

Denis Diderot, *Le Neveu de Rameau* (1762)

JUSTIFIER L'EMPLOI DES TEMPS

4 a. Relevez les verbes au présent et précisez leur valeur. b. Quel rôle jouent les imparfaits ?

Le 4 octobre dernier, à la fin d'un de ces après-midi tout à fait désoeuvrés et très mornes, comme j'ai le secret d'en passer, je me trouvais rue Lafayette [...]. Les bureaux, les ateliers commençaient à se vider, du haut en bas des maisons des portes se fermaient, des gens sur le trottoir se serraient la main, il commençait tout de même à y avoir plus de monde. J'observais sans le vouloir des visages, des comportements, des allures [...]. Tout à coup, alors qu'elle est peut-être à dix pas de moi, venant en sens inverse, je vois une jeune femme, très pauvrement vêtue, qui, elle aussi, me voit ou m'a vu. Elle a la tête haute contrairement à tous les autres passants. Si frêle qu'elle se pose à peine en marchant.

André Breton, *Nadja* (1928), © Éditions Gallimard

5 Conjuguez les verbes entre parenthèses au passé simple ou à l'imparfait. Expliquez vos choix.

Claude Frollo, archidiacre de Notre-Dame, est enfermé dans une pièce obscure alors qu'il poursuivait celle qu'il aime, Esméralda.

Il *(attendre)* depuis un quart d'heure ; il lui *(sembler)* avoir vieilli d'un siècle. Tout à coup il *(entendre)* craquer les ais de l'escalier de bois. Quelqu'un *(monter)*. La trappe *(se rouvrir)*, une lumière *(reparaître)*. Il y *(avoir)* à la porte vermoulue de son bouge une fente assez large. Il y *(coller)* son visage. De cette façon il *(pouvoir)* voir tout ce qui *(se passer)* dans la chambre voisine. La vieille, à face de chat, *(sortir)* d'abord de la trappe, puis Phoebus retroussant sa moustache, puis une troisième personne, cette belle et gracieuse figure, la Esméralda.

Victor Hugo, *Notre-Dame de Paris* (1831)

6 Identifiez les temps des verbes en gras. Quel rapport les temps identifiés entretiennent-ils entre eux ?

Un rêveur, nommé Plume, a commandé une côtelette dans un restaurant.

Il **avait pris** un rendez-vous avec un ami. Il l'**avait** vainement **cherché** toute la matinée. Alors comme il **savait** que son ami en revenant du bureau **passait** par cette rue, il **était entré** ici, **avait pris** une table près de la fenêtre et comme d'autre part l'attente **pouvait** être longue et qu'il ne **pouvait** pas avoir l'air de reculer devant la dépense, il **avait commandé** une côtelette pour avoir quelque chose devant lui. Pas un instant il ne **songeait** à consommer. Mais l'ayant devant lui, machinalement, sans se rendre compte le moins du monde de ce qu'il **faisait**, il **s'était mis** à manger.

Henri Michaux, *Plume* (1930), © Éditions Gallimard

S'INTERROGER SUR LA VALEUR DES MODES ET DES TEMPS

7 a. **Analysez les verbes en gras en précisant le mode et le temps employés. Quelle est leur valeur ?**
b. **Comment expliquez-vous la rupture entre les deux paragraphes ? Quelles sont les intentions du narrateur ?**

Jacques **commença** l'histoire de ses amours. C'**était** l'après-dînée : il **faisait** un temps lourd ; son maître **s'endormit**. La nuit les **surprit** au milieu des champs ; les voilà fourvoyés. Voilà le maître dans une colère terrible et tombant à grands coups de fouet sur son valet [...].
Vous **voyez**, lecteur, que je **suis** en beau chemin, et qu'il ne **tiendrait** qu'à moi de vous faire attendre un an, deux ans, trois ans, le récit des amours de Jacques, en le séparant de son maître et en leur faisant courir à chacun tous les hasards qu'il me plairait. Qu'est-ce qui **m'empêcherait** de marier le maître et de la faire cocu ? d'embarquer Jacques pour les îles ? d'y conduire son maître ? de les ramener tous les deux en France sur le même vaisseau ? Qu'il **est** facile de faire des contes ! Mais ils en **seront** quittes l'un et l'autre pour une mauvaise nuit, et vous pour ce délai.

Denis Diderot, *Jacques le Fataliste* (1796)

MAÎTRISER L'EMPLOI DES MODES ET DES TEMPS

8 **L'énoncé suivant comporte des erreurs dans l'emploi des modes et des temps. Proposez la forme verbale attendue et justifiez votre réponse.**

Quand Jeanne voit la mer pour la première fois, elle fut étonnée. Le matin l'eau est verte, le soir elle était devenue toute bleue. Bien que le vent était frais, il faisait très chaud. Jeanne et ses amis passent la journée à ramasser des coquillages, à courir sur la plage et à observer les bateaux qui rentraient au port. On était si excité qu'on ne sent pas la fatigue de cette escapade. Après que les promeneurs se soient séparés, Jeanne se sentit seule à nouveau.

9 a. **Réécrivez le texte de Raymond Queneau en employant le passé simple et l'imparfait à bon escient.**
b. **Quelle est l'intention de l'auteur ?**

Passé simple

Ce fut midi. Les voyageurs montèrent dans l'autobus. On fut serré. Un jeune monsieur porta sur sa tête un chapeau entouré d'une tresse, non d'un ruban. Il eut un long cou. Il se plaignit auprès de son voisin des heurts que celui-ci lui infligea. Dès qu'il aperçut une place libre, il se précipita vers elle et s'y assit.

Je l'aperçus plus tard devant la gare Saint-Lazare. Il se vêtit d'un pardessus et un camarade qui se trouva là lui fit cette remarque : il fallut mettre un bouton supplémentaire.

Raymond Queneau, *Exercices de style* (1947),

10 **Lisez ce texte. À la manière de Gide, rédigez un faux souvenir. Vous respecterez le jeu des temps utilisés dans cet extrait et la composition du texte.**

J'écrirai mes souvenirs comme ils viennent, sans chercher à les ordonner. Tout au plus les puis-je grouper autour des lieux et des êtres ; ma mémoire ne se trompe pas souvent de place ; mais elle brouille les dates ; je suis perdu si je m'astreins à de la chronologie. À reparcourir le passé, je suis comme quelqu'un dont le regard n'apprécierait pas bien les distances et parfois reculerait extrêmement ce que l'examen reconnaîtra beaucoup plus proche. C'est ainsi que je suis resté longtemps convaincu d'avoir gardé le souvenir de l'entrée des Prussiens à Rouen.

C'est la nuit. On entend la fanfare militaire, et du balcon de la rue de Crosne où elle passe, on voit les torches lumineuses fouetter d'inégales lueurs les murs étonnés des maisons...

Ma mère à qui, plus tard, j'en reparlai, me persuada que d'abord, en ce temps, j'étais beaucoup trop jeune pour en avoir gardé quelque souvenir que ce soit ; qu'au surplus jamais un Rouennais, ou en tout cas aucun de ma famille, ne se serait mis au balcon pour voir passer fût-ce Bismarck ou le roi de Prusse lui-même, et que si les Allemands avaient organisé des cortèges, ceux-ci eussent défilé devant des volets clos. Certainement mon souvenir devait être des « retraites aux flambeaux » qui, tous les samedis soir, remontaient ou descendaient la rue de Crosne après que les Allemands avaient depuis longtemps déjà vidé la ville.
– C'était là ce que nous te faisions admirer du balcon, en te chantant, te souviens-tu :

Zim laï la ! Zim laï la
Les beaux militaires !

Et soudain je reconnaissais aussi la chanson. Tout se remettait en place et reprenait sa proportion. Mais je me sentais un peu volé...

André Gide, *Si le grain ne meurt* (1920),

FICHE 22

MAÎTRISER L'EMPLOI DES SUBORDONNÉES INTERROGATIVES INDIRECTES

OBJECTIFS
- Distinguer la construction des interrogatives directes et indirectes
- Savoir transformer une interrogative directe en interrogative indirecte

	Proposition interrogative directe	**Proposition subordonnée interrogative indirecte**
Mot interrogatif dans le cas d'une interrogation totale	• absence de mot interrogatif Ex. : *As-tu lu ce livre ?* *Est-ce que tu as lu ce livre ?*	• conjonction de subordination **si** Ex. : *Je veux savoir si tu as lu ce livre.*
Mot interrogatif dans le cas d'une interrogation partielle	• déterminants, adverbes, pronoms interrogatifs Ex. : ***Quel** livre as-tu lu ?* ***Pourquoi** n'as-tu pas lu ce livre ?* Attention ! ... **que** devient.... Ex. : ***Que** veux-tu lire ?* **qu'est-ce qui** devient... Ex. : ***Qu'est-ce qui** te plaît dans ce livre ?*	• déterminants, adverbes, pronoms interrogatifs Ex. : *Je me demande **quel** livre tu as lu.* *Je me demande **pourquoi** tu n'as pu lu ce livre.* ... **...ce que** Ex. : *Je me demande **ce que** tu veux lire.* **...ce qui.** Ex. : *Je me demande **ce qui** te plaît dans ce livre.*
Structure de la phrase	• phrase simple • sujet inversé (= placé après le verbe) Ex. : ***Aimes-tu** ce livre ?*	• phrase complexe : verbe exprimant une interrogation *(se demander...)* suivi de la subordonnée interrogative indirecte • pas d'inversion du sujet Ex. : *Je **me demande** si **tu aimes** ce livre.*
Temps verbaux	• énoncé inscrit dans la situation d'énonciation : temps correspondant à cette situation Ex. : *Quand **auras-tu fini** ce livre ?* (futur antérieur) *As-tu **aimé** ce livre ?* (passé composé)	• si la principale est au présent : pas de changement de temps dans l'interrogative indirecte Ex. : *Je **me demande** quand tu **auras fini** ce livre.* (futur antérieur) • si la principale est au passé, on applique la **concordance des temps** : – en fonction du temps de la principale Ex. : *Je **voulais** savoir quand tu **aurais fini** ce livre.* (conditionnel : futur dans le passé) – en fonction du moment auquel se déroule l'action de la subordonnée par rapport à celle de la principale Ex. : *Je me **demandais** si tu **aimais** ce livre.* (simultanéité) *Je me **demandais** si tu **avais aimé** ce livre.* (antériorité) *Je me **demandais** si tu **aimerais** ce livre.* (postériorité)
Ponctuation	• point d'interrogation Ex. : *As-tu fini le livre ?*	• abandon de l'intonation, donc du point d'interrogation Ex. : *Je veux savoir si tu as fini le livre.*

Exercices

CONSTRUIRE UNE SUBORDONNÉE INTERROGATIVE INDIRECTE

1 Transposez les interrogatives indirectes suivantes au passé, en respectant les indications données entre parenthèses.

1. Il se demande si tu seras présent à son anniversaire. (simultanéité)

2. Je veux savoir pourquoi tu as raté ton examen. (antériorité)

3. Ils cherchent à comprendre pourquoi tu es en colère. (simultanéité)

4. Je me demande comment tu as réussi à terminer cette dissertation. (postériorité)

TRANSFORMER UNE INTERROGATIVE DIRECTE EN INTERROGATIVE INDIRECTE

2 Transformez ces interrogatives directes en subordonnées interrogatives indirectes :

a. Vous commencerez les phrases 1, 2, 3 par « Je me demande ».

b. Vous commencerez les phrases 4, 5, 6 par « Je me demandais ».

Veillez à la concordance des temps.

1. Qu'est-ce que tu penses de ce film ?

2. Pourquoi n'avez-vous pas terminé ces exercices ?

3. Quand viendras-tu nous voir ?

4. Avez-vous compris ce texte ?

5. Quelle est la solution de cette énigme ?

6. À quelle heure le match commence-t-il ?

3 Réécrivez cette lettre en transformant les interrogatives directes en subordonnées interrogatives indirectes. Vous varierez les verbes introducteurs et veillerez à la concordance des temps quand c'est nécessaire.

14 décembre 1914. 8 heures du soir.

Ma bien chérie,

J'ai reçu ton télégramme. Que je suis content et inquiet ! Comment vas-tu, chérie, comment va notre fillette ? As-tu bien souffert ? As-tu pu voir un médecin ? Avais-tu trouvé une nourrice ? Le télégramme est bien bref… […] De quelle couleur sont ses yeux ? comment sont ses menottes ? Sera-t-elle jolie ? […] Dis-moi, fais-moi dire beaucoup de choses d'elle. Pleure-t-elle beaucoup ? Toi, tu souffres, ma chérie ? As-tu pu rédiger le télégramme toi-même ; non, sans doute on l'a signé de toi pour me rassurer. Mais pourquoi cela irait-il ? N'avons-nous pas assez d'épreuves sans cela ? Tout va bien, n'est-ce pas ? […]

Marin Guillaumont.

Paroles de Poilus, lettres et carnets du front, 1914-1918, Radio France, 1998, © J'ai Lu - Librio

4 Voici le début de *Jacques le fataliste* (1796) de Diderot. Distinguez les questions que pose le lecteur au narrateur, et celles que pose le narrateur au lecteur. Puis transformez ces questions en subordonnées interrogatives indirectes : les premières débuteront par « Vous vous demandez… », les secondes par « Je vous demande… ».

Comment s'étaient-ils rencontrés ? Par hasard, comme tout le monde. Comment s'appelaient-ils ? Que vous importe ? D'où venaient-ils ? Du lieu le plus prochain. Où allaient-ils ? Est-ce que l'on sait où l'on va ? Que disaient-ils ?

EMPLOYER DES SUBORDONNÉES INTERROGATIVES INDIRECTES

5 Rédigez l'introduction de cette dissertation en intégrant le sujet proposé sous forme d'une subordonnée interrogative indirecte.

Sujet Un philosophe a déclaré qu'il avait beaucoup plus appris sur l'économie et la politique dans les romans de Balzac qu'en lisant les économistes et les historiens. Dans quelle mesure la lecture des romans permet-elle de connaître une période historique et une société ?

S'entraîner à l'oral

6 Rapportez oralement la conversation suivante au discours indirect, comme si vous en étiez témoin, en veillant à transformer les questions en subordonnées interrogatives indirectes.

Vous utiliserez d'abord la concordance présent en commençant par : « Il lui demande… », puis la concordance passé en commençant par : « Il lui a demandé… ».

[…]

H.2 : Que veux-tu… je t'aime tout autant, tu sais… ne crois pas ça… mais c'est plus fort que moi…

H.1 : Qu'est-ce qui est plus fort ? Pourquoi ne veux-tu pas le dire ? Il y a donc eu quelque chose…

H.2 : Non… vraiment rien… Rien qu'on puisse dire…

H.1 : Essaie quand même…

H.2 : Oh non… je ne veux pas…

H.1 : C'est donc si terrible ?

H.2 : Non, pas terrible… ce n'est pas ça…

H.1 : Mais qu'est-ce que c'est, alors ?

[…]

Nathalie Sarraute, *Pour un oui ou pour un non* (1981), © Éditions Gallimard

FICHE 23

MAÎTRISER LES ACCORDS DANS LE GROUPE NOMINAL

OBJECTIFS
- Comprendre le fonctionnement du groupe nominal
- Améliorer son orthographe

LE PLURIEL DES NOMS ET DES MOTS COMPOSÉS

	Pluriel	Exceptions
Règle générale	Ajout d'un **-s**. Ex. : *des plantes ; des maisons, des épouvantails*, etc.	• Sept noms en **-ou** prennent un **-x** au pluriel : *bijoux, cailloux, choux, genoux, hiboux, joujoux, poux* • Six noms en **-ail** ont un pluriel en **-aux** : *baux, coraux, émaux, travaux, vitraux, soupiraux*
Noms en -eu, -au, -eau	Ajout d'un **-x**. Ex. : *des cheveux ; des joyaux ; des bateaux*, etc.	• *pneus ; landaus*
Noms en -al	Pluriel en **-aux**. Ex. : *cheval* ▶ *chevaux*	• *bals, festivals, carnavals, chacals, étals, récitals, régals…*
Noms propres	**Invariables**. Ex. : *des Tartuffe*	
Noms composés sans trait d'union	Seul le **premier mot** se met au **pluriel**. Ex. : *des pommes de terre*, etc.	
Noms composés avec trait d'union		
• Adjectif + nom	L'adjectif et le nom prennent un **-s** au pluriel. Ex. : *des sourds-muets, des coffres-forts*, etc.	• *des grand-mères, des demi-heures* (demi est invariable)
• Adverbe + nom • Préposition + nom • Verbe + nom	Seul le **nom** prend un **-s** au pluriel Ex. : *des enfants nouveau-nés, des avant-goûts, des tire-bouchons*, etc.	
• Nom + nom	Les **deux noms** prennent un **-s** au pluriel. Ex. : *des sapeurs-pompiers*	• *des années-lumière, des gardes-chasse*
• Nom + préposition + nom	Seul le **premier nom** prend un **-s** au pluriel. Ex. : *des arcs-en-ciel*	• *des pot-au-feu, des tête-à-tête*
• Verbe + verbe	**Invariable.** Ex. : *des laissez-passer*	

LE PLURIEL DES ADJECTIFS QUALIFICATIFS

	Pluriel	Exceptions
Règle générale	Ajout d'un **-s**. Ex. : *des vents glacials*	• La plupart des adjectifs en **-al** fait son pluriel en **-aux**, sauf *final, fatal, banal, bancal, glacial, natal, naval.*
Adjectifs composés avec trait d'union	Les **deux adjectifs** prennent un **-s** au pluriel. Ex. : *des paroles douces-amères*	
Adjectifs de couleur	**Invariable** quand : – ils viennent d'un **nom** employé comme **adjectif**. Ex. : *des étoffes turquoise, marron, orange, prune.* – ils sont composés d'un **adjectif** et d'un **nom**. Ex. : *des lunettes bleu océan* – ils sont composés de **deux adjectifs**. Ex. : *des lunettes bleu clair*	• *des volets roses*

Exercices

ACCORDER AU PLURIEL UN NOM

1 Accordez au pluriel les noms composés suivants.
l'arrière-ban – un pied-de-biche – un coffre-fort – un procès-verbal – un coupe-faim – un faire-valoir – une porte-fenêtre – une contre-expertise

2 Les expressions suivantes peuvent être employées dans le cadre du cours de Français : définissez-les et employez-les dans une phrase, où ils se trouveront au pluriel.
un champ lexical – une tragi-comédie – une pièce héroï-comique – une mise en abyme – le contre-rejet – un Don Juan – un *incipit* – un mot-valise – un anti-héros – un quiproquo

3 Lisez ce texte.

[…]
un buffet Henri II deux buffets Henri III trois buffets Henri IV
un tiroir dépareillé
une pelote de ficelle deux épingles de sûreté un monsieur âgé
une Victoire de Samothrace un comptable deux aides-comptables un homme du monde deux chirurgiens trois végétariens
un cannibale
une expédition coloniale un cheval entier une demi-pinte de bon sang une mouche tsé-tsé
[…]

Jacques Prévert, « Inventaire », *Paroles* (1948),
© Éditions Gallimard

a. Justifiez l'orthographe adoptée pour les expressions « deux épingles de sûreté » et « deux aides-comptables ».
b. Mettez au pluriel le dernier vers.
c. Le poème, rédigé intégralement au pluriel, vous semblerait-il posséder la même force évocatrice ?
d. À votre tour, composez un « inventaire » poétique, comportant exclusivement des noms composés au pluriel, dont le rapprochement peut être justifié par les sonorités ou les idées véhiculées.

4 Rédigez une description dans un texte romanesque en vous fixant deux contraintes :
a. Employez les noms suivants, au pluriel : une contre-allée – une grand-route – un canal – un mobil-home – un rez-de-chaussée – un œil-de-bœuf – un vitrail
b. Proposez des adjectifs pour les qualifier. Veillez aux accords.

ACCORDER AU PLURIEL UN ADJECTIF

5 Accordez les adjectifs entre parenthèses.
Les tons (*vert émeraude*), (*bleu turquoise*), (*rose éclatant*) ruisselaient à l'intérieur des rayons *(déserté)*. Les tissus rayés de traits (*vertical*) s'épanchaient des comptoirs (*acajou*). Mais le soir venu, l'éclat des robes (*vermillon*) s'affadissait, tandis qu'à l'extérieur, les vents (*glacial*) dispersaient les (*dernier*) clients.

6 a. Accordez les adjectifs entre parenthèses.
b. Comment le narrateur, adoptant le point de vue du personnage, fait-il vivre la description ?
Dans ce passage, le personnage principal, Des Esseintes, cherche les tons adéquats pour sa nouvelle demeure.

D'un autre côté, les *(gris fer)* se renfrognent encore et s'alourdissent ; les *(gris de perle)* perdent leur azur et se métamorphosent en un blanc sale ; les (*brun*) s'endorment et se froidissent ; quant aux *(vert foncé)*, ainsi que les *(vert empereur)* et les *(vert myrte)*, ils agissent de même que les (*gros bleu*) et fusionnent avec les *(noir)* ; restaient donc les *(vert plus pâle)*, tels que le vert paon, les (*cinabre*) et les laques, mais alors la lumière exile leur bleu et ne détient plus que leur jaune qui ne garde, à son tour, qu'un ton faux, qu'une saveur trouble.

J.-K. Huysmans, *À Rebours* (1884)

7 Lisez le texte suivant et répondez aux questions.

M. Gudin a fait retraite, le peintre de marine des bourgeois, le grand consommateur de jaune de chrome, de jaune de Naples, d'orpin*, et en général de tous les jaunes possibles. Nous sommes délivrés pour cette année de ses ciels de potiron ; le soleil peut se coucher et se lever tranquille, il n'est pas trahi sur toile par M. Gudin. M. Isabey est certainement un coloriste, même il abuse un peu trop de cette précieuse faculté : ses poutres, à force d'être brillantes, ont l'air d'être de feldspath ou d'angélique confite. Ses pierres font diamant, il y a presque un prisme à chaque arête ; sa touche ressemble trop souvent à un paraphe ; elle est fébrile et saccadée. Dans sa grande marine, il y a certains tons roses et vert pomme que nous croyons plus brillants que naturels ; tout cela n'empêche pas M. Isabey d'être un artiste distingué, et le premier du genre.

Théophile Gautier, « Salon de 1833 »,
article paru dans *La France littéraire*

* Plante.

a. Déterminez le genre de ce texte. Aidez-vous du titre, des thèmes abordés et de l'intention de l'auteur.
b. Relevez les différents adjectifs de couleur, et justifiez la présence ou l'absence d'un « -s » au pluriel.
c. Quels jugements l'auteur porte-t-il sur M. Gudin et M. Isabey ? Justifiez votre réponse.

FICHE 24

MAÎTRISER L'ACCORD DU VERBE

OBJECTIF
- Éviter les fautes d'orthographe

CAS GÉNÉRAL

Accord sujet-verbe

Un verbe conjugué s'accorde avec son **sujet** en **nombre** et en **personne**. L'accord se fait avec le mot **principal** du groupe. Le verbe s'accorde en **genre** lorsqu'il est conjugué à un **temps composé** avec l'auxiliaire « **être** ».

Ex. : *Le printemps chante. Les gros orages **sont** éloignés.*

Deux sujets au singulier

S'il y a **deux sujets** au **singulier**, le verbe s'accorde au **pluriel**.

Ex. : *Athènes et la Perse **étaient** des peuples ennemis.*

Un sujet pour plusieurs verbes

Le **même sujet** peut commander **plusieurs verbes juxtaposés** ou **coordonnés**.

Ex. : *Les traces de la dernière éruption **subsistent** sur les flancs du cratère et ne **laissent** aucune place à la végétation.*

Pronom personnel

- Quand le pronom **moi** ou **nous** est **coordonné** ou **juxtaposé** à un **nom**, le verbe s'accorde à la **1re personne** du **pluriel**.

Ex. : *Agathe et moi **sommes** du même avis.*

- Quand le pronom sujet est **toi** ou **vous**, **coordonné** ou **juxtaposé** à un **nom** ou à un **pronom** de la **3e personne**, le verbe s'accorde à la **2e personne du pluriel**.

Ex. : *Jean et toi **venez** rarement.*

Pronom relatif

Dans une **proposition subordonnée** introduite par le pronom **qui**, l'accord du verbe se fait avec **l'antécédent** du **pronom**.

Ex. : *On entend **ceux** qui **parlent** fort.*

CAS PARTICULIERS

Sujet séparé du verbe

Ex. : *Ils le **voient**. (le = COD)*

Sujet inversé

Ex. : ***Savent**-ils la nouvelle ?*

Verbe impersonnel

Il ne s'accorde pas avec le sujet réel mais avec le **sujet apparent**.

Ex. : *Il **court** des bruits alarmants.*

Nom collectif seul

- Si le sujet est un **nom collectif seul** : *un grand nombre, un groupe, tout le monde, la foule…*, l'accord se fait au **singulier**.

Ex. : *Tout le monde **pense** comme toi.*

- S'il est suivi d'un **complément**, le verbe peut s'accorder avec **ce dernier**.

Ex. : *Une foule de gens **diront** qu'il n'en est rien.*

Pronom indéfini

- Avec les indéfinis : **aucun, chacun, l'un, l'autre, nul, on, personne, rien…**, l'accord du verbe se fait au **singulier**.

Ex. : *Chacun **sait** à quoi s'en tenir.*

- Avec l'indéfini **la plupart**, le verbe s'accorde avec le **complément** ; s'il est **sous-entendu**, il est censé être au **pluriel**.

Ex. : *La plupart (des gens) **sont persuadés** que le bonheur réside dans la richesse.*

Présentatif

Avec le présentatif « **c'est** », l'accord est **libre**.

Ex. : *C'**était** de grands arbres.*
// *C'**étaient** de grands arbres.* (langue soutenue)

Exercices

1 Conjuguez les infinitifs entre parenthèses au présent de l'indicatif et accordez-les correctement. Justifiez vos choix.

1. Maupassant, Balzac et Zola *(être)* des romanciers du XIXe siècle.
2. Les lecteurs *(savoir)* maintenant pourquoi cet écrivain *(écrire)* autant de pages en si peu de temps !
3. Les auteurs, conscients des mutations de la société, *(mettre en scène)* des personnages emblématiques des changements les plus importants.
4. Les touristes à peine arrivés *(vouloir)* savoir où se *(trouver)* la poste et le musée des Beaux Arts.
5. Peu de personnes *(acheter)* ce type de presse.
6. Son recueil de poésies ? Ne le *(lire)* que ceux qui *(comprendre)* le grec.
7. Les gens que *(passionner)* l'informatique *(pouvoir)* se perfectionner grâce à des revues spécialisées.
8. L'intégralité des tomes d'*À la Recherche du temps perdu (être publié)* aux éditions Gallimard.
9. Tous les tomes d'*À la Recherche du temps perdu (être publié)* aux éditions Gallimard.

2 Conjuguez les infinitifs entre parenthèses au futur de l'indicatif et accordez-les correctement. Justifiez vos choix.

1. Lui et moi *(acheter)* un tableau de maître.
2. Nous *(partir)* à l'aventure le week-end prochain ; chacun *(devoir)* se préparer.
3. C'est nous qui *(signer)* le contrat.
4. Vous et moi *(déplorer)* leur absence
5. Cela leur *(permettre)* de faire des économies.
6. C'est moi qui vous *(faire)* visiter le musée.
7. Dès qu'on leur *(signaler)* une difficulté sur la route, ils *(devoir)* s'arrêter.
8. Vous n'êtes pas de ceux qui *(dire)* du mal d'autrui.

3 Conjuguez les infinitifs entre parenthèses au passé simple de l'indicatif et accordez-les correctement. Justifiez vos choix.

1. De nombreuses documentations *(permettre)* à Zola d'écrire des descriptions précises.
2. L'idée qu'elle puisse perdre la partie lui *(donner)* des angoisses.
3. Les informations qu'il *(obtenir)* l'*(aider)* à proposer une peinture réaliste des milieux ouvriers du Second Empire.
4. Avoir adopté dans son écriture le point de vue d'une femme adultère et avoir décrit précisément certains épisodes *(causer)* à Flaubert bien des ennuis.
5. Le fait d'avoir adopté dans son écriture le point de vue d'une femme adultère et d'avoir décrit précisément certains épisodes *(causer)* à Flaubert bien des ennuis.
6. L'idée que les faits se soient réellement déroulés *(émouvoir)* tous les lecteurs.

4 Complétez les formes verbales en conjuguant les verbes à l'imparfait de l'indicatif. Justifiez les accords.

Au début, c'ét... de belles automobiles qui arriv... en ville. Georges n'en av... jamais tant vu. La plupart ét... d'imposantes limousines noires au capot d'une longueur incroyable [...]. Des trains pass... également à la gare. Georges ét... allé les voir. Certains ét... bourrés de voyageurs, d'autres transport... les machines des usines démontées, d'autres encore ét... chargés de blessés.

Philippe Barbeau, *Juin 1940 – Peur sur la route* (2003), © Nathan

5 Conjuguez les infinitifs entre parenthèses à l'imparfait de l'indicatif en justifiant les accords.

Il n'*(être)* pas question pour nous de demeurer à Wilno, où les meilleures clientes de ma mère, celles qui la *(cajoler)* et la *(supplier)*, jadis, pour être servies les premières, *(lever)* à présent le nez et *(détourner)* la tête lorsqu'elle la (rencontrer) dans la rue, attitude d'autant plus commode et explicable de leur part que, souvent, elles nous *(devoir)* de l'argent : cela leur *(permettre)*, en somme, de faire d'une pierre deux coups.

Nous n'*(avoir)* pas assez d'argent pour aller nous installer à Nice et ma mère *(refuser)* de vendre sa précieuse argenterie sur laquelle tout mon avenir *(être)* fondé.

Romain Gary, *La Promesse de l'aube* (1960), © Éditions Gallimard

6 a. Justifiez la terminaison de chaque verbe.
b. Réécrivez chaque groupe sujet-verbe en modifiant le nombre (singulier-pluriel/pluriel-singulier) quand cela ne nuit pas au sens.

Trente hommes et vingt-trois femmes s'interpellaient dans l'antichambre dont les fenêtres entrechoquées laissaient libre entrée au vent qui courbait le jet d'eau autour duquel de pieux négociants discutaient agio avec des sourires agréables, portant en ce jour d'importance le ventre en avant. Tête couverte, ils déambulaient sur l'échiquier de marbre. Les femmes dandinantes et bijoutées arboraient d'agressives couleurs florales. Les habits des hommes avaient les tons éteints des sorbets aux fruits qu'ils ingurgitaient distraitement. Les courants d'air secouaient les chevelures d'astrakan des transpirantes qui clignaient des yeux aux rayons obliques.

Albert Cohen, *Solal* (1930), © Éditions Gallimard

FICHE 25

MAÎTRISER LES ACCORDS DES PARTICIPES PASSÉS

OBJECTIFS
- Distinguer les modes participe et infinitif
- Connaître les règles d'accord des participes passés
- Comprendre les textes lus et produire des énoncés pertinents

VERBES NON PRONOMINAUX

Auxiliaire « être »

Le participe passé s'accorde en **genre** et en **nombre** avec le **sujet**.
Ex. : *Elles sont parties.*

Auxiliaire « avoir »

Le participe passé **ne s'accorde pas** avec le sujet.
Il faut repérer le **COD**.

- Le **COD** placé **avant** le **participe** s'accorde en **genre** et en **nombre** avec le **COD**.
Ex. : *Les livres qu'elles ont lus.*
- Le **COD** placé **après** le **participe ne s'accorde pas.**
Ex. : *Elles ont* ***lu*** *ces livres.*

VERBES PRONOMINAUX

Le pronom réfléchi « **se** » est **COD.** Le participe s'accorde en **genre** et en **nombre** avec le **sujet**.
Ex. : *Ils se sont vus hier.*

Le **COD** est **différent** du pronom réfléchi « **se** ».
Il faut repérer le **COD.**

- Le **COD** placé **avant** le **participe** s'accorde en **genre** et en **nombre** avec le **COD.**
Ex. : *Les livres qu'elles se sont achetés.*
- Le **COD** placé **après** le **participe ne s'accorde pas.**
Ex. : *Elles se sont acheté des livres.*

Verbes essentiellement pronominaux

Le participe passé s'accorde toujours avec le **sujet**.
Ex. : *Elles se sont enfuies.*

Verbes pronominaux de sens passif

Le participe passé s'accorde toujours avec le **sujet**.
Ex. : *Ces livres se sont bien vendus.*

LE PARTICIPE EMPLOYÉ SANS AUXILIAIRE

Le participe passé s'accorde comme un **adjectif** avec **le nom qu'il qualifie**.
Ex. : *Elle ouvrit des yeux étonnés.*

Exercices

JUSTIFIER LES ACCORDS DES PARTICIPES PASSÉS

1 Repérez les verbes au participe et justifiez leur accord.

Soudain Esther a frissonné: la corde bougeait! Horrifiée, Esther regardait à travers les herbes les deux vipères enlacées qui glissaient et se tordaient sur la plage. À un moment, leurs têtes se sont détachées, leur mufle court, leurs yeux à la pupille verticale, leurs gueules entrouvertes. Les vipères restaient soudées l'une à l'autre, regardant fixement, comme en extase.

J.M.G. Le Clézio, *Étoile errante* (1992),
© Éditions Gallimard

ACCORDER LES PARTICIPES PASSÉS DES VERBES NON PRONOMINAUX

2 Accordez correctement les participes passés en gras et justifiez vos réponses.

Des hommes **affamé…** et **affaibli…** vivaient **tap…** au cœur de la forêt. On les appelait « partisans » dans les villes, « verts » dans les campagnes. Depuis longtemps ces hommes ne se battaient plus que contre la faim, le froid et le désespoir. Leur seul souci était de survivre. Ils vivotaient par petits groupes de six ou sept, dans les cachettes **creusé…** dans la terre, **dissimulé…** sous des broussailles, pareils à des bêtes **traqué…**.

Romain Gary, *Éducation européenne* (1945),
© Éditions Gallimard

3 a. Employez la forme juste du participe passé et effectuez les accords nécessaires.
b. Quels participes passés faudrait-il modifier si la narratrice voyageait avec une amie ?

La narratrice voyage au Japon avec son compagnon.

Notre guide nous a *(installer)* dans une des salles du temple, *(abriter)* mais *(ouvrir)* sur un jardin, et nous y avons *(manger)* le repas froid que nous avions *(apporter)*. Puis par une route de montagne toute neuve qui au départ domine de très haut la mer nous sommes *(descendre)* sur Shima, au bord du Pacifique. Nous y sommes *(arriver)* de nuit…

Simone de Beauvoir, *Tout compte fait* (1972),
© Éditions Gallimard

ACCORDER LES PARTICIPES PASSÉS DES VERBES PRONOMINAUX

4 a. Accordez chaque participe passé en justifiant votre réponse.

1. Elle s'est **regardé** dans le miroir.
2. Pendant l'entraînement, les coureurs se sont mutuellement **encouragé**.
3. Les journées se sont **succédé** inlassablement.
4. Après s'être **séparé**, les deux amies se jurèrent de se revoir.
5. Dans un film de science-fiction, j'ai vu des acteurs qui s'étaient **teint** les cheveux en vert et or.
6. Ils se sont **rendu** compte de leur erreur avant qu'elle ne soit **multiplié**.
7. Elle s'était **arrogé** des droits exorbitants.
8. Ces deux députés se sont **succédé** à l'assemblée.

b. Même consigne avec ces extraits littéraires.

1. « Ils se sont **donné** l'un à l'autre une promesse de mariage. » (Molière)
2. « Cette décision s'est **pris** très rapidement. » (Rousseau)
3. « Que de choses se sont **dit** sans ouvrir la bouche. » (Rousseau)
4. « C'est bien à tort que la douairière, par un contresens exorbitant, s'est **laissé** entraîner à prendre un râteau et qu'elle s'est **cru** obligée de frapper. » (Mérimée)

MAÎTRISER LES ACCORDS DES PARTICIPES PASSÉS

5 Conjuguez les verbes entre parenthèses au passé composé. Vous veillerez particulièrement aux accords des participes passés.

Je *(mettre)* la comtesse debout, et la *(tenir)* un moment dans mes bras, en passant l'autre autour de sa taille, pendant que M. de Mortsauf ôtait la fausse couverture, l'édredon, l'appareil du lit; puis nous la *(soulever)* et l'*(étendre)* tout habillée. En revenant à elle, Henriette nous *(prier)* par un geste de détacher sa ceinture; M. de Mortsauf *(trouver)* des ciseaux et *(couper)* tout, je lui *(faire)* respirer des sels, elle *(ouvrir)* les yeux […]. Le souvenir de ses peines passées joint à ses douleurs actuelles lui *(rendre)* des convulsions nerveuses que je ne *(calmer)* que par le magnétisme de l'amour; effet qui m'était inconnu, mais dont j'*(user)* par instinct. Je la *(maintenir)* avec une force tendrement adoucie; et pendant cette dernière crise, elle me *(jeter)* des regards qui me *(faire)* pleurer. Quand ces mouvements nerveux *(cesser)*, je *(rétablir)* ses cheveux en désordre, que je *(manier)* pour la seule et unique fois de ma vie.

Honoré de Balzac, *Le Lys dans la vallée* (1835)

6 Racontez au passé composé une scène de votre choix en utilisant au moins cinq verbes pronominaux parmi les suivants: s'apercevoir, s'indigner, se regarder, se suivre, s'imaginer, s'éloigner, se distinguer, se dérouler, s'exclamer.

FICHE 26

MAÎTRISER L'EMPLOI DES HOMOPHONES

OBJECTIFS
- S'interroger sur la forme et le sens des mots
- Employer la langue à bon escient à l'écrit comme à l'oral

Les **homophones** (*homo-* = semblable, *phonè* = son) sont des **mots** qui se **prononcent** de la **même manière**. **Cette fiche se concentre sur les cas particuliers.**

LES HOMOPHONES GRAMMATICAUX

TOUT/TOUS

- Devant un **nom**, le déterminant TOUT **s'accorde** avec le **nom**. Ex. : *Toute infraction sera sanctionnée.*
- Devant un **verbe**, le pronom indéfini TOUT prend les marques de **genre** et de **nombre** du **nom** qu'il **remplace**. Ex. : *Il fut fêté par ses concitoyens, **tous** vinrent au devant de lui.*
- Devant un **adjectif** ou un **adverbe**, TOUT est un **adverbe invariable** (= ***tout à fait***, ***complètement***, etc.). Ex. : *Je l'ai trouvée **tout** étonnée.*

⚠ Pour des raisons phonétiques, l'adverbe TOUT s'accorde devant un **adjectif féminin** commençant par une **consonne** ou un ***h* aspiré**. Ex. : *Je l'ai trouvée **toute** charmante et **toute** heureuse.*

MÊME/MÊMES

- Lorsque MÊME est un **déterminant**, il **s'accorde** avec le **nom**. Ex. : *Les **mêmes** fautes ne méritent pas toujours les **mêmes** châtiments.*
- Lorsque MÊME est un **pronom** ou lorsqu'il **renforce** un autre **pronom**, il **s'accorde** aussi. Ex. : *Ils sont restés eux-**mêmes**.*
- Lorsque MÊME est un adverbe (= ***également, aussi***), il est **invariable**. Ex. : *Les derniers purent **même** entrer.*

QUAND/QUANT/QU'EN

- QUAND exprime le **temps** dans une **subordonnée** ou une **question**. Ex. : ***Quand** (= **lorsque**) il est absent, on le remarque. **Quand** (= **À quel moment** ?) reviendra-t-il ?*
- Devant **au, aux** et **à**, QUANT signifie **« en ce qui concerne »**. Ex. : ***Quant** à moi, je préfère le piano.*
- QU'EN correspond au pronom « **que** » élidé devant le pronom adverbial « **en** ». Il équivaut à « **que… de cela** ». Ex. : ***Qu'en** savez-vous ? = **Que** savez-vous **de cela** ?*

SANS/SENS/SENT/CENT/C'EN/S'EN

- SANS est une préposition. Ex. : ***sans** foi ni loi.*
- SENS peut être un **nom**, ou le verbe « **sentir** » à la 2e personne du singulier du présent de l'indicatif Ex. : *Quel est le **sens** de cette question ? **Sens**-tu ce parfum de jasmin ?*
- SENT est la 3e personne du singulier du présent de l'indicatif. Ex. : *Il **sent** bon le parfum.*
- CENT est un déterminant numéral. Ex. : ***cent** ans ; deux **cents** ans ; deux **cent** cinquante.*
- C'EN est la contraction du pronom démonstratif « **ce** » et du pronom adverbial « **en** ». Ex. : ***c'en** (= **ceci en**) est fini.*
- S'EN est la contraction du pronom réfléchi « **se** » et du pronom adverbial « **en** ». Il est toujours **suivi** d'un **verbe**. Ex. : *Il **s'en** va demain.*

Quoique/quoi que

- **Quoique** est une conjonction de subordination marquant la **concession**.
  Ex. : *Quoique (= **bien que**) le problème soit difficile, je l'ai résolu.*
- **Quoi que** est un pronom relatif suivi de « que » qui signifie « **quelque soit la chose que** ».
  Ex. : *Quoi que (= **quelle que soit la chose que**) vous fassiez, vous réussirez.*

Quelque(s)/ quel(les) que/ quelque que

- **Quelque(s)** est un déterminant indéfini qui s'accorde en nombre avec le nom.
  Ex. : *Quelques personnes connaissent la solution.*
- **Quel que** est composé d'un pronom indéfini attribut « **quel** », qui est **variable**, et de « **que** », conjonction de subordination. Il se place **devant** le verbe « **être** » au **subjonctif** et il **s'accorde** avec le **sujet**.
  Ex. : *Quelles que soient les conditions météorologiques, nous partirons.*
- **Quelque** est un adverbe (**invariable**) lorsqu'il est placé **devant** un **adjectif**.
  Ex. : *Quelque (= environ) deux cents personnes se sont rassemblées devant ce monument.*
  Ex. : *Quelque mignons qu'ils (= bien que) soient, ces enfants sont bien fatigants.*
- **Quelque** (+ nom) **que** équivaut à « **bien que** », « **n'importe quel** ». Il s'**accorde** avec le **nom**.
  Ex. : *Quelques tableaux que tu me présentes, ils ne me plaisent guère.*

LES HOMOPHONES VERBAUX

L'indicatif : terminaisons en -ez ou en -ai(s/t)

- **Présent** : *vous considérez.*
- **Imparfait** : *je pensais, tu croyais, il savait*
- **Passé simple** : *je pensai (mais tu estimas, il affirma)*

L'indicatif futur et le conditionnel : -ai(s)

- **Indicatif futur simple** : -ai (1re pers. sing.) : « *Demain dès l'aube … je partirai.* » (Hugo)
- **Conditionnel** : -ais (1re pers. sing.) : *Si je finissais à temps, je pourrais vous aider.*

Les participes passés en -é

- **-é(e)** : *Ce message est effacé* ***(présent)***.
- **-é(e)s** : *Les fleurs que tu as représentées* ***(passé composé)*** *rappellent un tableau célèbre.*

L'infinitif en -er

- Ex. : *Il vient de parler.*

LES HOMOPHONES LEXICAUX

Pour distinguer les homophones lexicaux, remettez le mot dans son **contexte** : analysez sa nature (nom, adverbe, verbe, etc.), sa fonction et son sens dans la phrase.
Ex. : *d'avantages/davantage ; plus tôt/plutôt*, etc.

Exercices

MAÎTRISER L'EMPLOI DES HOMOPHONES GRAMMATICAUX

1 Choisissez parmi ces homophones grammaticaux celui qui convient, en justifiant vos réponses.

a. Tout/tous

1. … est dit sur ce point.
2. … les hommes sont mortels.
3. Ces jeunes filles sont très sages. … sont bien élevées.
4. Hélène et Thomas sont allés … au musée.
5. Ce canapé est … neuf.

b. Sans/sens/sent/cent/c'en/s'en/

1. L'eau bout à … degrés.
2. Ce colosse ne … plus sa force.
3. Cette rue est en … interdit.
4. Je n'aurai pas mené à bien ce projet … votre aide.
5. Il a fait ce voyage dans sa jeunesse. … souvient-il encore ?
6. … est fait de vous !

c. Même/mêmes

1. Les derniers spectateurs purent … entrer dans la salle de concert.
2. Les personnages sont-ils restés les … à travers l'histoire des Rougon-Macquart ?
3. Vous-…, êtes-vous concerné par ce sujet ?

d. Quand/quant/qu'en

1. « … reverrai-je, hélas, de mon petit village/Fumer la cheminée ? » (Du Bellay)
2. Cette situation est complexe. … pensez-vous ?
3. … à vous, faites attention à ce que je vous ai dit !
4. Ces fleurs exotiques ne poussent… Afrique.

e. Quoique/quoi que

1. … il dise, il a toujours raison.
2. … elle n'ait pas vu ce film, elle l'a critiqué.
3. … il en soit, cela ne change rien à la situation.

f. Quelque(s)/ quel(les) que/quelque que

1. … soient les critiques sur ce projet, nous le soutiendrons jusqu'au bout.
2. … arguments qu'il ait avancé, il s'est heurté à un refus.
3. On a compté … vingt comédiens sur scène.
4. … épuisé qu'il soit, il doit continuer à travailler.

2 Orthographiez correctement les homophones verbaux en complétant les mots en gras par les terminaisons qui conviennent : é/és/er/ais/ait. Justifiez vos choix.

Et tout d'un coup le souvenir m'est apparu. Ce goût, c'**ét**… celui du petit morceau de madeleine que le dimanche matin à Combray (parce que ce jour-là je ne **sort**… pas avant l'heure de la messe), quand j'**all**… lui dire bonjour dans sa chambre, ma tante Léonie m'**offr**… après l'avoir **tremp**… dans son infusion de thé ou de tilleul. La vue de la petite madeleine ne m'**av**… rien **rappel**… avant que je n'y eusse **goût**… ; peut-être parce que, en ayant souvent aperçu depuis, sans en **mang**…, sur les tablettes des pâtissiers, leur image avait **quitt**… ces jours de Combray pour se **li**… à d'autres plus récents ; peut-être parce que, de ces souvenirs **abandonn**… si longtemps hors de la mémoire, rien ne **surviv**… ; tout s'était **désagrég**….

Marcel Proust, *Du côté de chez Swann* (1913)

MAÎTRISER L'EMPLOI DES HOMOPHONES LEXICAUX

3 a. Complétez les phrases suivantes en choisissant le mot juste.
b. Justifiez votre choix en faisant apparaître la signification du terme.

1. *Dessin/dessein*
Son … reflète une technique bien dominée. Il a le … de partir à l'étranger.
2. *Raisonner/résonner*
Dans ce long couloir le moindre bruit … . Il … déjà comme un adulte.
3. *Différent/différend*
Un … les oppose depuis leur enfance. Le résultat obtenu est ….

4 Choisissez le bon homophone lexical, et justifiez vos réponses.

a. Parti/partie

1. Les jurés ont pris … pour l'accusé.
2. Il faut savoir tirer … d'une situation complexe.
3. Ils font … d'un groupe de musiciens.
4. La plupart des hommes politiques adhèrent à ce …

b. D'avantages/davantage

1. Il faut réfléchir … avant de prendre une décision.
2. Combien … comporte cette carte de réduction ?
3. Je ne vois pas … à la solution proposée.
4. On m'a accordé une heure et pas …

c. Plus tôt/plutôt

1. Il aurait fallu se lever … .
2. Partons, … que de perdre notre temps.
3. Rodolphe n'avait pas … parlé qu'Emma se mit à rêver.

d. Saut/sot/seau(x)/sceau

1. Il pleuvait à ….
2. Je n'ai fait qu'un … pour vous rejoindre.
3. On m'a confié cette nouvelle sous le … du secret.

5 Rédigez une phrase avec chaque série d'homophones en faisant ressortir le sens de chaque mot. Vous pouvez vous aider d'un dictionnaire.

1. censé/sensé/Sensée
2. temps/tant/tend
3. scène/Seine/Cène
4. chair/chaire/cher/chère

ÉVALUATION

Améliorer la rédaction d'un devoir

SUJET : Pourquoi la poésie est-elle particulièrement propice à l'expression des sentiments ?

Exercice : Rédigez un paragraphe dans lequel vous montrerez la manière dont les images poétiques permettent aux poètes d'exprimer leurs sentiments.

La poésie c'est particulièrement bien pour l'expression des sentiments. Car Pierre Reverdy dit que « Le Poète est une fabrique d'images ». Dans la poésie il y a des images, et ces images peuvent exprimer les sentiments du poète. Un sentiment c'est par nature abstrait, et ce sentiment peut prendre forme, devenir « concret » grâce aux images, comparaison ou métaphore, qui rendent compte de sa nature, son intensité. Le lecteur doit vraiment mieux comprendre les sentiments du poète s'il emploierait des images. Il y a des images traditionnelles qui désigne tel ou tel sentiment ; le feu ou la flamme pour évoquer la passion amoureuse. Et en plus de ces images tradition-nelles il y a un nombre infini d'images que le poète peut proposer interprété ensuite par le lecteur, le langage poétique surtout depuis la fin du XIXe siècle et le début du XXe siècle offre une grande liberté et cela rend drô-lement plus facile l'expression des sentiments et de leurs nuances. Baudelaire est très connu pour son travail sur les images. Baudelaire, lorsqu'il chercha à exprimer le « spleen », employait peu de termes appartenant au voca-bulaire des sentiments, leur préférant des images plus concrètes. Dans le quatrième « spleen » des Fleurs du mal, Baudelaire compare le ciel à un « couvercle » pour suggérer le sentiment d'oppression, et les sentiments ne sont désignés directement que dans le cadre d'allégories (« l'Espoir, l'Angoisse »). Et aussi dans le deuxième « Spleen », Baudelaire compare sa mémoire à un « meuble », comme il écrit que Un gros meuble à tiroirs encom-bré de bilans, / De vers, de billets doux, de procès, de romances. Tout les sentiments sont d'avantage perceptibles pour le lecteur. Et il y a un autre exemple, « La courbe de tes yeux » de Paul Eluard ou il propose une énumé-ration d'images dingues qui témoigne de son admiration et de son amour. Ces images sont des éléments concrets, par exemple naturels, qui suggèrent les qualités de la femme et le lien qui l'unit au poète. Et leur polysémie témoigne aussi de l'intensité du sentiment amoureux. C'est sûr que les images poétiques permettent super bien de rendre compte des sentiments du poète, quelqu'ils soient. Et on peut se demander quels sentiments les poètes cherchent à exprimer ?

Cette copie comporte un certain nombre d'erreurs.

1 Corriger la ponctuation

2 Remplacer les verbes « passe-partout »
Remplacez les « il y a » et le verbe « être » par des verbes plus précis.

3 Éviter les répétitions
Remplacez le mot « images » et le nom « Baudelaire ».

4 Faire attention aux niveaux de langue employés
Remplacez les tournures de registre familier et orales.

5 Employer correctement les connecteurs logiques
Remplacez les emplois de « et ».

6 Corriger les fautes d'accords
Expliquez, puis corrigez les erreurs d'accords dans le groupe nominal et entre sujet et verbe.

7 Exprimer une opinion
a. Dans la phrase « Le lecteur doit vraiment mieux comprendre… », proposez un autre verbe modalisateur.
b. Dans l'avant-dernière phrase, remplacez l'expression « C'est sûr ».

8 Corriger l'insertion des paroles rapportées

9 Distinguer modes et temps
a. Dans la phrase « Le lecteur doit vraiment mieux comprendre… », identifiez et corrigez l'erreur de mode.
b. Dans la phrase « Baudelaire, lorsqu'il chercha… » expliquez l'erreur dans l'emploi des temps.

10 Corriger les erreurs sur les homophones

BILAN : réécrivez ce paragraphe en tenant compte des corrections opérées.

PARTIE II

Langue et culture

►►► David Teniers le jeune, *La Collection de tableaux du gouverneur des Pays-Bas espagnols* (vers 1651), huile sur toile (123 x 163 cm). Kunsthistorisches Museum, Vienne (Autriche).

LE MOYEN ÂGE

Parchemin illustrant le début de la « Quête du Graal » (vers 1480). Bnf, Paris.

Lecture d'image

1. Comment sont répartis les textes et les images sur cette page de livre médiéval ?
2. Montrez que le dessin central raconte une histoire.
3. Quels éléments propres à la culture et aux légendes du Moyen Âge reconnaissez-vous dans ce dessin central ?

Qu'est-ce que la littérature médiévale ?

Origines et évolution

- La littérature médiévale est d'abord composée en latin, langue officielle utilisée dans les universités et à la messe. Au XIe siècle apparaît une littérature en langue vulgaire (ancien français).
- Les œuvres sont longtemps composées par des clercs anonymes. La notion d'« auteur » se développe à la fin du Moyen Âge, lorsque certains poètes commencent à signer leurs œuvres de leur nom.
- Cette littérature est transmise oralement, par des jongleurs sur les places publiques, et par les troubadours et trouvères à la cour des princes. La transmission écrite, plus tardive, se fait par l'intermédiaire des copistes.

Genres privilégiés

- **Chanson de geste** (à partir du XIe siècle) : long poème épique racontant des exploits guerriers (« gestes ») collectifs.
- **Roman de chevalerie** (à partir du XIIe siècle) : récit héritier de la chanson de geste, mais relatant les aventures et la quête individuelle d'un chevalier.
- **Poésie courtoise** (à partir du XIIe siècle) : poésie lyrique composée par des poètes musiciens (trouvères et troubadours), inspirée par la « fin'amor ».
- **Lai** (à partir du XIIe siècle) : poème narratif en octosyllabes à rimes plates, s'inspirant de sujets épiques ou amoureux. Il est destiné à être chanté et accompagné à la harpe.
- **Littérature satirique** (à partir du XIIe siècle) : fabliaux et romans d'inspiration populaire, usant d'un comique souvent grivois.
- **Farce** (à partir du XVe siècle) : pièce de théâtre populaire, basée sur une intrigue stéréotypée et sur le procédé comique du retournement de situation.

Principales sources d'inspiration

- **Guerres :** nombreuses au Moyen Âge (guerre de Cent ans, croisades...), elles fournissent la matière des récits chevaleresques.
- **Légendes :** les histoires merveilleuses, les récits de la « Quête du Graal » sont au cœur de l'imaginaire médiéval.
- **Amour courtois (« fin'amor » en langue d'oc) :** l'amour fidèle et dévoué du chevalier pour sa Dame inspire la poésie lyrique.
- **Religion :** omniprésente dans le quotidien des hommes du Moyen Âge, elle imprègne tous les champs culturels (littérature, peinture...).

Dates clefs

- **Politique**

476 Chute de l'Empire romain d'Occident
800 Couronnement de Charlemagne
1095-1291 Croisades
1226-1270 Règne de Saint Louis (Louis IX)
1337-1453 Guerre de Cent ans
1431 Condamnation de Jeanne d'Arc
1453 Prise de Constantinople par les Turcs

- **Société**

XIe siècle *Tapisserie de Bayeux*
1030-1150 Art roman
1150-1500 Art gothique
1163 Première pierre de la cathédrale Notre-Dame de Paris
1455 Impression de la première Bible par Gutenberg

- **Œuvres majeures**

XIe siècle *La Chanson de Roland*
XIIe siècle *Lais*, Marie de France
1180 *Lancelot ou le chevalier de la charrette*, Chrétien de Troyes
XIIe siècle *Le Roman de Tristan*, Béroul
v. 1175-1250 *Le Roman de Renart*
v. 1230-1280 *Le Roman de la Rose*
1461 *Le Testament*, François Villon
v. 1464 *La Farce de maître Pathelin*
v. 1484-1500 *La Dame à la licorne*

• ŒUVRES CLEFS

La Chanson de Roland (XIe siècle)

Cette chanson de geste appartient à la *Geste du roi*, récit légendaire de la vie de Charlemagne. Composée au XIe siècle par un auteur inconnu, et publiée en 1837 par Francisque Michel, elle s'inspire de la Bataille de Roncevaux (15 août 778) opposant les troupes de Charlemagne, menées par Roland, aux Sarrasins tentant d'envahir la France par les Pyrénées. Ce long poème d'environ 4 000 vers, composé de décasyllabes assonancés, est essentiellement destiné à être récité et chanté. Comme l'épopée antique, elle utilise les procédés du registre épique pour célébrer les vertus chevaleresques, féodales et religieuses.

Le Roman de la Rose (v. 1230-1280)

Poème allégorique appartenant au genre de « l'art d'aimer », hérité du poète latin Ovide (texte didactique sur l'amour). La première partie composée par Guillaume de Lorris s'apparente à la poésie lyrique. Il y présente les valeurs de l'amour courtois : un amant, évoluant dans un jardin, rencontre les principaux obstacles au sentiment amoureux sous la forme de figures allégoriques : Danger, Jalousie, Faux-Semblant, etc. La seconde partie est une continuation de Jean de Meun, qui exalte un amour charnel libre. Ce texte sera au cœur d'une véritable querelle littéraire opposant les défenseurs des femmes (Christine de Pisan) aux amateurs de l'œuvre.

La Dame à la licorne (1484-1500)

Cette tapisserie, tissée dans les Flandres et conservée au Musée du Moyen Âge de Cluny (Paris), est composée de six panneaux distincts, comportant des motifs communs : une dame, une licorne et un lion. Dans un décor onirique, représentant une île verdoyante, une dame, entourée d'animaux fabuleux, se livre à diverses activités. Cette œuvre doit être lue de manière allégorique : chacune des scènes représentées évoque en fait l'un des cinq sens (ouïe, toucher…). Le sixième panneau, sur lequel est inscrite l'expression « À mon seul désir », reste plus mystérieuse quant à sa signification symbolique.

Le Roman de Renart (v. 1175-1250)

Il ne s'agit pas d'un roman comme on l'entend aujourd'hui (roman ne signifie pas encore « récit fictif », mais texte écrit en ancien français), mais d'un long poème en octosyllabes composé d'une trentaine de récits (« branches »). La branche de *Renart et les anguilles* figure parmi les plus connues. Écrit entre 1175 et 1250 par des clercs anonymes, ces récits mettent en scène des animaux personnifiés : doués de parole (comme cela est fréquent dans la littérature médiévale), ils représentent des comportements humains. À travers une satire de la société médiévale, les aventures du rusé Renart (goupil) et de son ennemi le loup Isengrin s'amusent des défauts et des vices des hommes.

La Farce de Maître Pathelin (v. 1464)

Pièce en vers d'un auteur anonyme, chef d'œuvre de la farce médiévale, et anticipant sur le genre de la comédie par son intrigue très rigoureusement construite. La pièce met en scène le stratagème imaginé par l'avocat Pathelin pour piéger Maître Guillaume, le drapier. N'ayant aucune intention d'honorer ses dettes, il feint une crise de délire devant le drapier venu réclamer la somme due. Toute l'intrigue repose sur le retournement de situation : tel est pris qui croyait prendre, et le mauvais payeur Pathelin deviendra le mauvais payé. Engagé par le berger à prendre sa défense devant le juge, Pathelin lui conseille de ne répondre que par des bêlements. Quand à son tour il lui réclame son dû, il se voit répondre par de simples bêlements…

Tristan et Iseult (XIIe siècle)

Légende celtique qui a inspiré de nombreux écrivains (Thomas d'Angleterre, Béroul, Marie de France) et musiciens (Richard Wagner, au XIXe siècle). La légende relate les aventures chevaleresques et courtoises de Tristan et Iseult qu'un philtre a rendus amoureux. La trame du récit repose sur l'impossibilité de cette liaison adultère, Iseult étant l'épouse du roi Marc. Les exploits accomplis par le chevalier sont donc seulement motivés par son désir de la retrouver secrètement. Mais ce n'est que la mort qui finalement les réunit.

● ARTISTES CLEFS

Charles d'ORLÉANS (1394-1465)

▶ **Comprendre son œuvre**

Capturé par les Anglais lors de la bataille d'Azincourt, ce poète français passe vingt-cinq ans en prison où il compose la majorité de ses poèmes. De retour au château de Blois, il organise des concours poétiques. Il se révèle très habile dans des formes qui allient concision et précision technique : la ballade (poème de strophes égales terminées par un refrain et avec un envoi, couplet final plus court) et le rondeau (poème à forme fixe de treize vers construit sur deux rimes). Sa poésie traduit un profond sentiment de mélancolie (en partie lié à son exil et la solitude de sa captivité), mais aussi le désir de jouir des plaisirs de l'existence.

Marie de FRANCE (1154-1189)

▶ **Comprendre son œuvre**

Première poétesse en langue française. « Marie ai nom, si suis de France » écrit-elle dans une de ses fables, livrant ainsi les seules informations qui nous soient parvenues à son sujet (*J'ai pour nom Marie, et je suis de France*). Elle s'adonne autant à la composition de fables inspirées d'Ésope que de lais en vers octosyllabiques qui s'inspirent de diverses légendes, d'origine bretonne pour la plupart. Le ***Lai du chèvrefeuille*** reprend par exemple la légende de Tristan et Iseult. Le charme de ces récits doit beaucoup à leur caractère merveilleux, féerique, et à la peinture qu'ils proposent des sentiments amoureux dans tout leur raffinement.

Christine de PISAN (1363-1460)

▶ **Comprendre son œuvre**

Écrivaine française connue pour avoir pris la défense des femmes (dans le ***Dit de la Rose*, 1402**) lors de la querelle entourant la continuation du *Roman de la Rose* par Jean de Meun. Première femme à avoir vécu de sa plume, et auteure d'une production riche et variée : elle s'adonne ainsi à la composition de genres moraux (***La Cité des dames*, 1405**), de poésies (***Cent ballades d'amant et de dame*, vers 1405**), et d'écrits historiques (***Le livre des faits et bonnes mœurs du roi Charles*, 1405**). Très appréciée à son époque, elle tombe rapidement dans l'oubli et le discrédit, et n'est redécouverte que dans les années 1980.

Chrétien de TROYES (v.1135 - v.1183)

▶ **Comprendre son œuvre**

Poète et clerc français. Dans ses romans de chevalerie en vers (octosyllabes), il relate les épisodes de la légende arthurienne et illustre les valeurs de l'amour courtois. Chaque roman prend pour personnage principal un chevalier de la Table Ronde (Lancelot dans ***Le Chevalier de la charrette***, Yvain dans ***Le Chevalier au lion***, Perceval dans ***Le Conte du Graal***) dont est raconté le parcours initiatique. Dans ce cadre épique, il décrit les différents moments de l'amour (éclosion des sentiments, aveux et révélation, espoirs et attente...) entre le chevalier et sa Dame, pour laquelle il surmonte toutes les épreuves et souffre les tourments d'un amour non partagé.

RUTEBEUF (v. 1230 - v. 1285)

▶ **Comprendre son œuvre**

Trouvère, poète et dramaturge, Rutebeuf est probablement devenu jongleur après avoir été clerc, et se serait placé au service de Louis IX. Rutebeuf se détourne de la poésie courtoise d'inspiration amoureuse, alors en vogue, pour composer des poèmes satiriques et polémiques, montrant les ridicules de la réalité de son temps. Il fait aussi entrer sa vie personnelle dans sa poésie, en évoquant avec humour la misère dans laquelle il vit ou bien ses nombreuses mésaventures dans le Paris médiéval. Devenant lui-même personnage de sa poésie, il contribue à la naissance de la notion d'auteur.

François VILLON (1431-1463)

▶ **Comprendre son œuvre**

Villon est l'un des rares auteurs du Moyen Âge dont on connaisse la vie : multipliant méfaits, vols, bagarres, il est plusieurs fois emprisonné et subit la torture. Protégé par le poète Charles d'Orléans et Louis XI, il échappe à plusieurs reprises à la potence. L'œuvre poétique de Villon inaugure la poésie personnelle et autobiographique : la vie étudiante et plus encore l'expérience de la prison y tiennent une place centrale. Avec cynisme et ironie, Villon fustige les tenants de l'autorité, et condamne les injustices. Ses œuvres poétiques, ***Le Lais* (1456)** et ***Le Testament* (1461)**, connaissent un succès immédiat et une postérité très grande.

OBJET D'ÉTUDE 1re **Écriture poétique et quête du sens**

1 LA BALLADE

Dites-moi où, n'[1] en quel pays
Est Flora[2] la belle Romaine ;
Archipiades[3] ne[1] Thaïs[4]
Qui fut sa cousine germaine ;
Écho[5], parlant quand bruit on mène
Dessus rivière ou sur étang,
Qui beauté eut trop plus qu'humaine ?
Mais où sont les neiges d'antan ?

Où est la très sage Héloïs[6]
Pour qui châtré fut et puis moine
Pierre Asbaillart[6] à Saint-Denis ?
Pour son amour eut cette essoine[7].
Semblablement, où est la reine
Qui commanda que Buridan[8]
Fût jeté en un sac en Seine ?
Mais où sont les neiges d'antan ?

La reine Blanche[9] comme lis
Qui chantait à voix de sirène,
Berthe au grand pied[10], Biétris[11], Alis[12],
Haremburgis[13] qui tint le Maine,
Et Jeanne[14] la bonne Lorraine
Qu'Anglais brûlèrent à Rouen ;
Où sont-ils, où, Vierge souveraine ?
Mais où sont les neiges d'antan ?

Prince, n'enquérez[15] de semaine
Où elles sont, ni de cet an,
Que ce refrain ne vous remaine[16] :
Mais où sont les neiges d'antan ?

François Villon, « Ballade des dames du temps jadis », *Le Testament* (1461), orthographe modernisée par l'auteur du manuel

1. Et. – 2. Courtisane romaine. – 3. Alcibiade, dont on ignorait à l'époque de Villon qu'il était un homme. – 4. Courtisane athénienne. – 5. Nymphe de la mythologie grecque. – 6. Héloïse et Abélard sont deux amants du XIIe, dont l'amour impossible s'est achevé tragiquement : la famille d'Héloïse a fait châtrer Abélard qui s'est retiré dans un monastère. – 7. Épreuve. – 8. Amant de Marguerite de Bourgogne, qui fut noyé dans la Seine par celle-ci. – 9. Blanche de Castille. – 10. Mère de Charlemagne. – 11. Béatrice, muse du poète Dante. – 12. Reine de France. – 13. Comtesse du Maine. – 14. Jeanne d'Arc. – 15. Ne demandez. – 16. Sans que ce refrain ne vous revienne en mémoire.

a. Observez les trois premières strophes du poème (types de vers et de strophes). Pourquoi parle-t-on de « strophes carrées » à propos de la ballade ?
b. La dernière strophe de la ballade est appelée « envoi ». À qui s'adresse-t-elle ? Quelle est sa particularité par rapport aux strophes précédentes ?
c. La ballade est initialement une chanson à danser. Quelles traces de cette fonction première pouvez-vous remarquer dans ce poème ?
d. À quelles époques les femmes évoquées dans ce poème ont-elles vécu ? Pourquoi sont-elles célèbres ?
e. Quels sont les points communs de ces « dames du temps jadis » ?
f. Quel type de phrase est employé dans ce poème ? Pourquoi ?
g. Quel sentiment ce poème exprime-t-il globalement ?
Pour conclure : montrez que Villon utilise la forme de la ballade, habituellement assez légère et dansante, pour développer une méditation plutôt pessimiste.

2 LE RONDEAU

Le temps a laissé son manteau
De vent, de froidure et de pluie,
Et s'est vêtu de broderie,
De soleil luisant, clair et beau.

Il n'y a bête ni oiseau
Qu'[1]en son jargon ne chante ou crie :
Le temps a laissé son manteau !

Rivière, fontaine et ruisseau
Portent en livrée jolie
Gouttes d'argent d'orfèvrerie ;
Chacun s'habille de nouveau[2].
Le temps a laissé son manteau.

Charles d'Orléans, *Rondeaux* (XVe siècle), orthographe modernisée par l'auteur du manuel

1. Qui. – 2. De vêtements neufs.

a. Observez les strophes, les rimes, et le refrain de ce poème. À partir de vos observations, définissez les caractéristiques du rondeau.
b. Quels éléments contribuent à donner une impression de « ronde » dans le rondeau ?
c. Quel moment de l'année ce poème évoque-t-il ? Comment la nature vit-elle ce moment ?
d. Comment la métaphore du premier vers est-elle filée tout au long du poème ?
Pour conclure : montrez que la forme poétique du rondeau est particulièrement adaptée pour évoquer le cycle des saisons.

3 L'HUMOUR

Lisez cet extrait d'un poème adressé à Louis IX, d'abord en ancien français, puis dans sa traduction en français moderne.

[…] Granz Rois, s'il avient qu'a vos faille
(A toz ai je failli sanz faille)
Vivres me faut et est failliz.
Nus ne me tent, nus ne me baille;
Je touz de froit, de faim baaille,
Dont je suis mors et maubailliz.
Je suis sans cotes et sans liz;
N'a si povre jusqu'à Senliz.
Sire, je ne sai quel part aille;
Mes costez conoit le pailliz,
Et liz de paille n'est pas liz,
Et en mon lit n'a fors la paille. […]

Rutebeuf, *La Pauvreté* (XIIIe siècle)

Grand roi, s'il arrive que je vous prie en vain,
(Avec tous j'ai prié en vain, sans erreur)
Il me faut vivre et les vivres me manquent.
Nul ne me soutient, nul ne me donne;
Je tousse de froid, je bâille de faim,
Dont je suis mort et en mauvais point.
Je suis sans couettes et sans lit;
Il n'y a si pauvre jusqu'à Senlis.
Sire, je ne sais où aller;
Mes flancs connaissent le paillis,
Et lit de paille n'est pas lit,
Et en mon lit il n'y a que de la paille.

Trad. André Mary, © Garnier-Flammarion

a. Que réclame Rutebeuf au roi dans ce poème ?
b. Comment le poète met-il en scène sa propre pauvreté ?
c. Sur quel détail de son quotidien insiste-t-il particulièrement ? Quel est l'effet produit sur le destinataire ?
d. Observez le texte en ancien français : quels jeux sur les mots ne peuvent être restitués dans la traduction ? Quels effets produisent-ils dans le texte initial ?
Pour conclure : montrez que Rutebeuf utilise l'humour dans ce poème pour s'attirer la bienveillance du roi.

4 LE REGISTRE LYRIQUE DANS LA POÉSIE COURTOISE

Riche d'espoir et pauvre d'autre bien,
Comblé de deuil[1] et vidé de liesse,
Je vous supplie, ma loyale maîtresse,
Ne me tolez[2] ce que je tiens pour mien.

Si je le perds, je n'aurai jamais bien :
C'est l'épargne de toute ma richesse,
Riche d'espoir et pauvre d'autre bien.

Souffrir pour vous, hélas, je le veux bien :
Je n'ai rien mieux que le mal qui me blesse;
J'aime trop mieux l'endurer qu'il me laisse,
Mais que Pitié me retienne pour sien,
Riche d'espoir et pauvre d'autre bien.

Alain Chartier, *Rondeaux* (XVe siècle),
orthographe modernisée par l'auteur du manuel

1. Affliction. – 2. Enlever.

a. De quelle forme poétique du Moyen Âge ce poème relève-t-il ? Justifiez votre réponse par une étude précise des strophes et des rimes.
b. Quel vers réapparaît comme un refrain ? Quel sentiment exprime-t-il ?
c. Étudiez les deux premiers vers du poème (structure, figure de style). Sur quel aspect de l'amour courtois mettent-ils l'accent ?
d. Comment la Dame est-elle désignée par le poète ?
e. Étudiez les marques d'énonciation et les sentiments exprimés dans l'ensemble du poème. Quel est le registre utilisé ?
f. Quelle attitude le poète-amant adopte-t-il à l'égard de sa Dame ? Justifiez votre réponse par une analyse précise.
Pour conclure : montrez que dans ce poème la plainte amoureuse s'exprime de manière courtoise et élégante.

SYNTHÈSE Le genre poétique au Moyen Âge

Formes poétiques	Principaux registres	Principaux procédés	Thèmes privilégiés
• Ballade • Chanson • Lai • Rondeau	• Élégiaque • Lyrique • Pathétique • Satirique	• Allégorie • Antithèse et chiasme • Figures de répétitions • Jeu de mots • Métaphore filée • Refrain	• Amour courtois • Mélancolie • Mésaventures (pauvreté, emprisonnement, exil…) • Temps qui passe, mort

Traditions orales et écrites au Moyen Âge

Le jongleur

Michel Zink, *Introduction à la littérature française du Moyen Âge* (1993)

Le mot *joculator* est attesté dès le VIe siècle, et son lien étymologique avec « jeu » dit assez que le jongleur est un amuseur itinérant. Héritier sans doute des acteurs ambulants de l'Antiquité tardive, mais peut-être aussi des bardes celtiques et germaniques chanteurs de poèmes épiques, le jongleur peut avoir les activités les plus variées : acrobate, montreur d'animaux, mime, musicien, danseur, chanteur. Tous les jongleurs ne se consacrent donc pas à la récitation ou au chant de poèmes, mais ceux qui l'ont fait ont joué un rôle considérable dans la diffusion, et peut-être dans l'élaboration, de certaines formes poétiques, en particulier les chansons de geste, mais aussi la poésie lyrique. [...] Interprètes, mais parfois aussi créateurs – la coupure entre les deux activités n'étant pas aussi nette qu'on l'a dit –, toujours en chemin à la recherche d'un mécène généreux, ce sont eux qui assurent le plus souvent l'actualisation orale et vocale nécessaire à l'œuvre médiévale.

Illustration réalisée au XIXe siècle d'après une image de 1490. Bibliothèque des Arts décoratifs, Paris.

Le Roman de Renart (v. 1175-1250)

Pour jouer un tour au loup Isengrin, Renart se déguise en jongleur étranger et prend le nom de Galopin. Isengrin propose de le présenter à la cour.

[...] Saurais-tu t'en tirer à la cour
mieux qu'aucun autre jongleur
et échapper aux critiques
des gens de ce pays ?
– Par monseigneur saint Jérusalem,
moi foutre[1] pas encore avoir trouvé mon maître[2].
– Alors, viens avec moi :
je te présenterai au roi
et à sa majesté la reine,
une très élégante jeune personne.
Comme je te vois beau et séduisant,
je te présenterai aux courtisans.
Si tu acceptes de venir à la cour,
Je me charge de t'y faire engager.
– Foutre grand merci, dit Galopin.
Moi savoir de foutus bon tours,
moi savoir aussi foutues bonnes blagues,
avec ça, moi être le coqueluche à la cour.
Si moi pouvoir avoir un vielle[3]
moi dire foutue bonne ritournelle
et chanter foutu couplet de chanson
pour toi qui sembler foutu homme de bien.

« Renart jongleur », traduction de Jean Dufournet et Andrée Méline (1985),

1. Imitant un accent étranger, Renart ajoute ce mot obscène à toutes ses phrases. – 2. Trouver plus fort que soi. – 3. Instrument à cordes.

Questions

1. D'après les deux textes proposés, quelles sont les différentes compétences du jongleur ?
2. Quels types d'œuvres littéraires récite-t-il ?
3. À quel autre art la littérature est-elle associée au Moyen Âge ?
4. Comment le déguisement de Renart contribue-t-il au comique ?

Synthèse

Montrez que le jongleur joue un rôle essentiel dans la création et la diffusion de la littérature au Moyen Âge.

▸ Comment la littérature est-elle diffusée au Moyen Âge ?

L'art du livre

Jacques Le Goff, *Les Intellectuels au Moyen Âge* (1985)

L'historien évoque les livres de l'époque carolingienne (VIIIe - IXe siècles).

Les magnifiques manuscrits de l'époque sont des ouvrages de luxe. Le temps qu'on passe à les écrire, en une belle écriture [...], à les orner splendidement pour le Palais ou quelques grands personnages laïcs ou ecclésiastiques, manifeste que la vitesse de circulation des livres est infime.

Mieux même, ils ne sont pas faits pour être lus. Ils vont grossir les trésors des églises, des riches particuliers. Ils sont un bien économique plutôt que spirituel. [...] Charlemagne vend une partie de ses beaux manuscrits pour distribuer les aumônes. Les livres ne sont pas considérés autrement que les vaisselles précieuses.

Au XIIIe siècle, devenu outil de travail pour les universitaires, le livre évolue.

Des progrès réalisés dans la confection du parchemin permettent d'obtenir des feuilles moins épaisses, plus souples et moins jaunes que celles des manuscrits antérieurs. [...] Le format du livre change. Auparavant il était sensiblement celui de nos in-folios. C'est une dimension qui ne peut convenir qu'à des manuscrits écrits dans des abbayes et qui doivent y rester. Désormais le livre est souvent consulté, transporté d'un endroit à un autre. Son format devient plus petit, plus maniable.

La minuscule gothique, plus rapide, remplace l'ancienne lettre*. [...] L'ornementation des livres diminue : lettrines et miniatures se font en série. [...] Une première révolution est faite : le livre n'est plus objet de luxe, il est devenu instrument.

* La « caroline », minuscule arrondie.

Umberto Eco, *Le Nom de la Rose* (1980)

En 1327, le jeune Adso et son maître enquêtent sur une série de meurtres survenus dans un monastère. Ils visitent le scriptorium, lieu de travail des moines.

Chaque table avait tout ce qui pouvait servir à enluminer et à copier : cornes à encre, plumes fines que certains moines affilaient à l'aide d'une lamelle de canif, pierre ponce pour rendre lisse le parchemin, règles pour tracer les lignes où coucher l'écriture. À côté de chaque scribe, ou au sommet du plan incliné de chaque table, se trouvait un lutrin, où était posé le manuscrit à copier, la page recouverte de caches qui encadraient la ligne qu'on était en train de transcrire. Et certains avaient des encres d'or et d'autres couleurs. D'autres au contraire ne faisaient que lire des livres, et transcrivaient des notes sur leurs tablettes ou carnets personnels.

Traduction Jean-Noël Schifano,

Le Nom de la Rose, film réalisé par Jean-Jacques Annaud en 1986.

Questions

5. Quels sont les usages et les destinataires du livre à l'époque carolingienne ? et à partir du XIIIe siècle ?

6. Pourquoi Le Goff parle-t-il d'une « révolution » dans l'usage du livre au XIIIe siècle ? Quelles sont ses conséquences ?

7. D'après l'extrait et la photographie du *Nom de la Rose*, quelles qualités le travail de copiste ou d'enlumineur requiert-il ?

Sur le site de l'exposition « L'aventure du livre » de la BnF, cliquez sur « livres ». Feuilletez et comparez le sacramentaire de Charles le Chauve et les *Chroniques* de Froissart.

Synthèse

Pourquoi peut-on dire qu'il existe un art du livre au Moyen Âge ?

1 QUI FAIT QUOI ?

Associez chaque personnage à sa fonction.

1. Jongleur
2. Clerc
3. Trouvère
4. Troubadour
5. Copiste
6. Enlumineur

a. Poète du nord de la France, qui compose des poèmes souvent lyriques en langue d'oïl.
b. Amuseur public, qui va de ville en ville, et récite des chansons de geste ou des poèmes.
c. Homme d'Église qui lit, copie et parfois écrit lui-même des textes en langue latine ou vulgaire.
d. Moine chargé de la reproduction manuscrite de documents écrits.
e. Poète du sud de la France, qui compose des poèmes souvent lyriques en langue d'oc.
f. Moine ou artisan chargé d'illustrer les manuscrits.

2 LES MOTS DE LA POÉSIE COURTOISE

a. **Que signifient les mots en gras dans les citations suivantes ?**

b. **Ces mots existent-ils toujours aujourd'hui ? Si oui, comment leur sens a-t-il évolué ?**

1. « De triste cœur chanter joyeusement/Et rire en **deuil** c'est chose fort à faire. » (Christine de Pisan)
2. « Si je ne suis digne d'avoir **merci**,/ À tout le moins regardez moi en passant. » (Jean Froissart)
3. « Or ai-je mis toutes à **nonchaloir**/Pour une seule à qui tout bien s'assemble. » (Alain Chartier)
4. « Allez-vous-en, allez, allez/Souci, **soin** et mélancolie. » (Charles d'Orléans)
5. « Je perds pour vous joie et **déduit**,/ Et vous l'avez et jour et nuit. » (Thomas)

3 DES MOTS MÉCONNUS

Cherchez le sens des mots en gras dans les phrases suivantes.

1. « Renart qui tant est plein d'**engin** et d'art [...] s'en vint courant à une ville. » *(Roman de Renart)*
2. « Femme ne sait porter écu/Ni ne sait de lance **férir**. » (Chrétien de Troyes)
3. « **Onques** feu ne fut sans fumée. » (Charles d'Orléans)
4. « Demoiselle, qui a **occis**/Le chevalier qui sur vous gît ? » (Chrétien de Troyes)
5. « Je fus de joie si ravi/Que pour tout vrai je **cuidai** être/Venu en Paradis terrestre. » (Guillaume de Lorris)
6. « Messire Yvain l'épée **trait**, / Dont il savait férir grands coups. » (Chrétien de Troyes)
7. « Je vous prie que vous me **bailliez** mon argent dès que j'y serai. » *(Farce de maître Pathelin)*

4 DE L'ANCIEN FRANÇAIS AU FRANÇAIS MODERNE

Le court récit suivant est proposé dans sa version originale. Lisez-le attentivement.

Il **ot** jadis un roy en Albanie qui fut moult vaillant homs. Et, dit l'hystoire, qu'il ot de sa première femme pluseurs enfans dont l'hystoire dit que Mataquas, qui fu père Florimont, fu ses premiers fils. Celluy roy ot a nom Elinas et fu moult puissant et preux chevaliers de sa main. Or advint que après le trespassement de sa femme que il chassoit en une forest pres de la **marine**, en laquelle forest il avoit une moult belle fontaine. En ce moment **print** grant soif au roy Elinas et tourna son chemin vers la fontaine. Et, quant il approucha de la dicte fontaine, il **entrouy** une voix qui chantoit si melodieusement que il ne **cuida** pas pour l'eure que ce ne feust voix angelique, mais touttefoiz il entendy assez par la grant doulçour de la voix que c'estoit voix femenine. [...] Et a l'approuchier de la fontaine apperceut la tresplus belle dame qu'il eust **oncques** jour veu a son adviz. Lors s'arresta tous esbahiz de la grant beauté qu'il perceust en celle qui tous jours chantoit si melodieusement que oncques **seraine**, **faee** ou nimphe ne chanta tant doulcement. Lors s'arresta ly roys tous esbahyz, tant de la beaute et du noble **atour** de la dicte dame comme de son doulz chant. Lors **se quaity** au mieulx qu'il pot de menus arbrissiaux de paour que la dame ne l'apparceust. Et **entroublia** toute sa chace et la soif qu'il avoit par devant. Et commença a penser au chant et a la beaute de la dame telement qu'il ne scet s'il est jour ou nuit ou s'il dort ou veille.

Jean d'Arras, *Mélusine ou La Noble Histoire de Lusignan* (1393)

a. **Cherchez le sens des mots en gras en vous aidant de leur construction, du contexte, ou des exercices précédents.**

b. **Relevez tous les verbes conjugués du texte et identifiez leur forme verbale.**

c. **Réécrivez les deux phrases surlignées, en faisant toutes les modifications nécessaires pour les moderniser.**

EXPRESSION ÉCRITE

Sujet 1

Poursuivez l'extrait de *Mélusine* proposé ci-dessus, en imaginant le premier échange entre le roi Élinas et la belle dame.

Sujet 2

Écrivez un court texte dans lequel vous expliquerez comment la littérature est composée et diffusée au Moyen Âge. Vous utiliserez pour cela les mots de l'exercice 1.

● VERS LE BAC

> Corpus bac, p. 239

S'ENTRAÎNER AU COMMENTAIRE

> Commenter la forme d'un poème

SUJET Vous commenterez ce poème de Charles d'Orléans.

Allez-vous-en, allez, allez,
Souci, Soin[1] et Mélancolie.
Me cuidez[2]-vous, toute ma vie,
Gouverner, comme fait avez ?

Je vous promets que non ferez :
Raison aura sur vous maîtrie[3].
Allez-vous-en, allez, allez,
Souci, Soin et Mélancolie.

Si jamais plus vous retournez
Avecques votre compagnie,
Je prie à Dieu qu'il vous maudie[4],
Et ce par qui vous reviendrez :
Allez-vous-en, allez, allez,
Souci, Soin et Mélancolie.

Charles d'Orléans, *Rondeaux* (XVe siècle),
orthographe modernisée par les auteurs du manuel

1. Souci. – 2. Croyez. – 3. Autorité. – 4. Forme archaïque du subjonctif présent de « maudire ».

Répondez aux questions suivantes :

a. Observez la composition de ce poème. À quelle forme poétique appartient-il ?
b. Quels vers reviennent à la manière d'un refrain ? Qu'évoquent-ils précisément ?
c. Sur quel mot le poème s'achève-t-il ? Qu'en concluez-vous ?

À partir de vos réponses, rédigez un paragraphe de commentaire dans lequel vous montrerez que la forme poétique adoptée permet de traduire la lutte intérieure du poète contre le retour obsédant de la mélancolie.

S'ENTRAÎNER À LA DISSERTATION

> Mobiliser ses connaissances en histoire littéraire

SUJET La poésie est-elle faite pour être lue à voix haute ?

Répondez aux questions suivantes :

a. Par qui et dans quel contexte la poésie du Moyen Âge était-elle lue ?
b. À quoi les noms des formes poétiques médiévales (chanson, ballade, rondeau) renvoient-ils ?
c. Quel élément contribue à la musicalité de la ballade et du rondeau ?
d. Michel Zink, spécialiste de la littérature médiévale, écrit à propos de la poésie du Moyen Âge : « C'est une poésie lyrique au sens propre du terme, c'est-à-dire une poésie chantée ». Comment comprenez-vous cette phrase ? Comment pouvez-vous l'exploiter pour répondre au sujet ?

À partir de vos réponses, rédigez un paragraphe argumentatif dans lequel vous montrerez que la poésie médiévale est faite pour être lue à voix haute parce qu'elle est musicale.

S'ENTRAÎNER À L'ÉPREUVE ORALE

> Préparer la lecture expressive

Préparez la lecture expressive du poème de Charles d'Orléans ci-dessus, en identifiant les « e » muets qui doivent être prononcés, les enjambements ou rejets, et en prévoyant les effets à mettre en valeur.

Lire un texte poétique du Moyen Age

Marie de France, « Le Chèvrefeuille », *Lais* (XIIe siècle)

Récit inspiré par la légende celtique de Tristan et Iseult.

[…] Ce que disait le message
écrit par Tristan
c'était qu'il attendait
depuis longtemps dans la forêt
à épier et à guetter
le moyen de la voir
car il ne pouvait pas vivre sans elle.
Ils étaient tous deux
comme le chèvrefeuille
qui s'enroule autour du noisetier :
quand il s'y est enlacé
et qu'il entoure la tige,
ils peuvent ainsi continuer à vivre longtemps.
Mais si l'on veut ensuite les séparer,
le noisetier a tôt fait de mourir,
tout comme le chèvrefeuille.
« Belle amie, ainsi en va-t-il de nous :
ni vous sans moi, ni moi sans vous ! »

Comparaison longuement filée.

La reine s'avance à cheval,
regardant devant elle.
Elle aperçoit le bâton
et en reconnaît toutes les lettres. […]
S'écartant un peu du chemin,
elle découvre dans la forêt
l'être qu'elle aime le plus au monde.
Ils ont enfin la joie de se retrouver !
Il peut lui parler à son aise
et elle, lui dire tout ce qu'elle veut. […]
Puis il lui faut partir, laisser son ami :
au moment de se séparer,
ils se mettent à pleurer. […]

Rapprochement de la joie et des larmes : la rencontre est très brève, et la séparation des deux amants suscite la mélancolie.

Trad. Laurence Harf-Lancner, © Librairie Générale Française

Questions

1. Quel est l'intérêt de l'image du chèvrefeuille donnant son titre à ce lai ?
2. Analysez le vers : « ni vous sans moi, ni moi sans vous ! » (figure de style, structure du vers). Quel effet produit-il ?
3. Pourquoi peut-on dire que ce passage évoque une relation d'amour tragique et annonce le dénouement ?
Synthèse : montrez que ce texte est représentatif du lyrisme courtois.

Tester ses connaissances sur la poésie du Moyen Âge

1 Associez chaque poète à ses principales sources d'inspiration.

Poètes	Sources d'inspiration
Rutebeuf	Déboires personnels
	Mélancolie
Charles d'Orléans	Légendes
	Injustices
Villon	Nostalgie
	Amour courtois
Marie de France	Vie quotidienne
	Douleur personnelle

2 À quelle forme poétique médiévale appartient ce poème de Christine de Pisan ?

De triste cœur chanter joyeusement
Et rire en deuil c'est chose fort à faire,
De son penser montrer tout le contraire
N'issir doux ris de dolant sentiment.

Ainsi me faut faire communément,
Et me convient, pour celer mon affaire,
De triste cœur chanter joyeusement.

Car en mon cœur couvertement
Le deuil qui soit qui plus me peut déplaire,
Et si me faut, pour les gens faire taire,
Rire en pleurant et très amèrement
De triste cœur chanter joyeusement.

Orthographe modernisée par les auteurs du manuel

3 Qui suis-je ?

a. Capturé par les Anglais, j'ai composé la plupart de mes poèmes en exil.

b. J'ai échappé de peu à la pendaison et ai tiré de cette expérience une ballade restée célèbre.

c. Sur le navire me conduisant jusqu'à mon futur époux, le roi Marc, j'ai bu un philtre d'amour qui m'a liée éternellement à Tristan.

d. Précepteur d'Héloïse, j'ai été châtré par sa famille en châtiment pour notre passion interdite.

e. Je suis la première poétesse en langue française, « si suis de France ».

f. Poète miséreux, j'ai composé des poèmes satiriques, inspirés par mes déboires parisiens.

4 À quelle forme poétique médiévale correspond chacune des définitions suivantes ?

a. Poème composé de trois strophes carrées puis d'une demi-strophe (l'envoi), et caractérisé par le retour d'un vers-refrain à la fin de chaque strophe.

b. Poème narratif généralement assez long et souvent inspiré de légendes celtiques.

c. Poème composé de trois strophes à deux rimes, et caractérisé par la reprise du 1er vers de la 1re strophe à la fin des 2e et 3e strophes.

5 Quels sont les principes de l'amour courtois parmi les propositions suivantes ?

a. Le chevalier doit rendre des services à sa dame et accomplir des exploits pour elle.

b. La quête de l'amour compte plus que la possession de la dame.

c. L'amour du chevalier pour sa dame n'implique pas nécessairement la fidélité absolue.

d. Le chevalier est prêt à mourir pour sa dame.

e. L'amour est essentiellement physique, charnel.

f. La dame fait la cour au chevalier.

6 Définissez l'amour courtois à partir de cette tapisserie.

Scène galante : « l'offrande du cœur » (v. 1400), tapisserie de laine et de soie provenant d'un atelier d'Arras (240 x 200 cm). Musée du Louvre, Paris.

L'HUMANISME

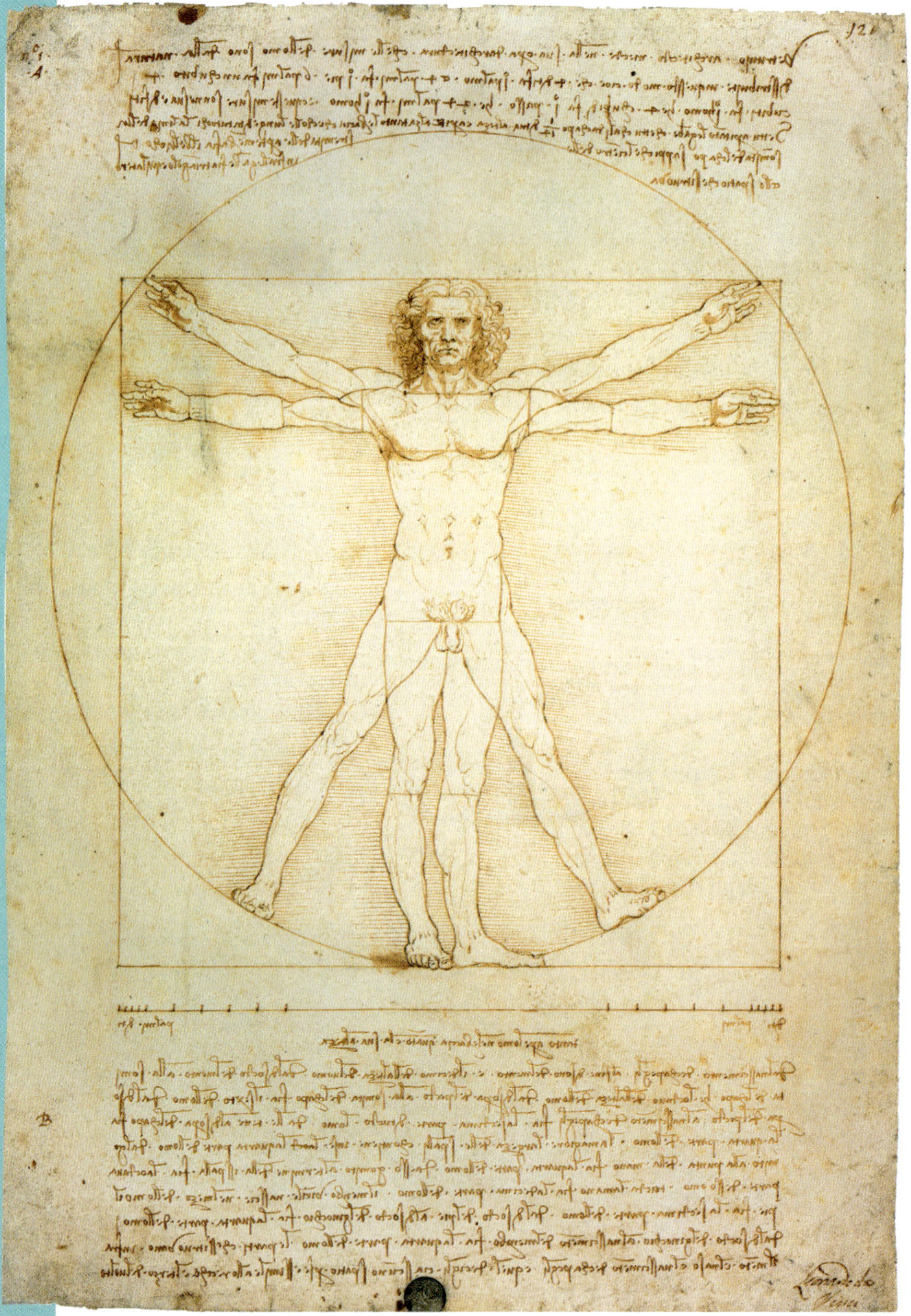

Léonard de Vinci, *L'Homme de Vitruve* (1492), plume, encre et aquarelle sur pointe d'argent, galleria dell'Accademia, Venise.

Lecture d'image

1. Comment ce dessin suggère-t-il que les proportions du corps humain sont parfaites ?

2. Pourquoi peut-on dire que ce dessin place l'homme au centre du monde ?

3. Léonard de Vinci est-il seulement un artiste d'après ce dessin ? Justifiez votre réponse.

Qu'est-ce que l'humanisme ?

Origines et évolution

- Période de « Renaissance » des arts, des sciences et de la pensée, d'abord en Italie, puis en France.
- Redécouverte des textes grecs et latins, et regain d'intérêt pour la sagesse antique.
- Diffusion d'idées nouvelles grâce aux échanges entre les intellectuels européens, dits « humanistes » (mot qui désigne initialement celui qui se consacre à l'étude des textes antiques).

Particularités d'écriture

- Écriture souvent argumentative, utilisant des procédés didactiques pour mettre le savoir à la portée du lecteur.
- Référence à la sagesse des Anciens (arguments d'autorité).
- Recherche d'une connivence intellectuelle avec le lecteur : utilisation de l'ironie, du paradoxe, du double sens, de la polyphonie pour éviter l'attaque directe.

Principaux thèmes

- **Religion :** développement du courant évangélique qui prône la lecture directe des textes bibliques, la prière personnelle et la méditation.
- **Institution du prince :** conseils concernant le rôle du prince et la meilleure façon de régner sur ses sujets.
- **Éducation :** proposition de nouvelles méthodes pédagogiques visant au développement de l'esprit critique et à l'extension du champ des connaissances.
- **Paix :** dénonciation de la guerre, et idéal d'Europe unifiée.
- **Homme :** interrogation sur les différences culturelles et les moyens de perfectionner l'Homme.
- **Société :** réflexion sur la société idéale (utopie).

La Pléiade

La Pléiade est un groupe de sept poètes, qui se nomment ainsi en référence à une constellation. Ils renouvellent la poésie française, en important le sonnet (Ronsard), en s'inspirant de la littérature antique, en revendiquant et en illustrant les potentialités littéraires de la langue française (Du Bellay).

Dates clefs

Politique

- **1494-1559** Guerres d'Italie
- **1515-1547** Règne de François Ier
- **1515** Victoire de Marignan
- **1517** Réforme protestante
- **1539** Ordonnance de Villers-Cotterêt : le français devient la langue officielle
- **1598** Édit de Nantes

Société

- **1492** Découverte de l'Amérique
- **1519-1522** Voyage de Magellan
- **1543** Publication des thèses de Copernic
- **1572** Massacre de la St Barthélémy

Œuvres majeures

- **1503-1506** *La Joconde*, Léonard de Vinci
- **1508-1512** Plafond de la Chapelle Sixtine, Michel Ange
- **1509** *Éloge de la folie*, Érasme
- **1516** *L'Utopie*, Thomas More
- **1532** *Pantagruel*, Rabelais
- **1549** *Défense et illustration…*, Du Bellay
- **1552** *Les Amours de Cassandre*, Ronsard
- **1580-1595** *Essais*, Montaigne

Moyen Âge · XVIe siècle · XVIIe siècle · XVIIIe siècle · XIXe siècle · XXe siècle · XXIe siècle

ARTISTES ET ŒUVRES CLEFS

Joachim du BELLAY (1522-1560)

▶ **Comprendre son œuvre**

Du Bellay appartient au groupe de la Pléiade. Il œuvre pour la reconnaissance de la richesse et de la qualité littéraire de la langue française dans ***Défense et Illustration de la langue française*** **(1549)**. Après un premier recueil d'inspiration amoureuse et savante, ***L'Olive*** **(1549)**, il publie, en **1558**, ***Les Regrets***, ***Les Antiquités de Rome***, et ***Le Songe*** qui évoquent son séjour à Rome. Ces trois recueils oscillent entre la nostalgie provoquée par l'éloignement de la terre natale, et la satire de la société et des mœurs de Rome. La papauté corrompue est l'une des principales cibles de ses poèmes sur le Vatican.

Jérôme BOSCH (v. 1450-1516)

▶ **Comprendre son œuvre**

Artiste flamand, Jérôme Bosch acquiert rapidement une renommée européenne par ses peintures étranges et habitées d'images fantastiques qui sont imitées dès le milieu du XVIe siècle. Son œuvre picturale, satirique et moralisatrice, se nourrit d'une double inspiration : religieuse et alchimique. Ses toiles grouillent de créatures monstrueuses et caricaturales, mi-humaines mi-animales, issues des croyances populaires et de la littérature mystique. Les démons intérieurs de l'homme s'incarnent dans ces êtres surnaturels, comme dans ***Le Jugement dernier*** **(1504)** ou ***La Tentation de saint Antoine*** **(v. 1505)**.

Sandro BOTTICELLI (1445-1510)

▶ **Comprendre son œuvre**

Peintre florentin, Sandro Botticelli appartient au « Quattrocento », la Renaissance italienne. Il est proche de la famille Médicis, et le Pape fait appel à lui pour décorer la Chapelle Sixtine. Ses tableaux allégoriques, notamment ***Le Printemps*** **(1482)**, sont loués pour l'élégance et la grâce de leurs figures féminines. Influencé par les idées humanistes qui se diffusent autour des Médicis, Botticelli vise à donner chair au Beau, idéal défini par le philosophe antique Platon, et incarné par Vénus sortant des flots marins dans ***La Naissance de Vénus*** **(1485)**.

Desiderius ÉRASME (v. 1469-1536)

▶ **Comprendre son œuvre**

Humaniste hollandais, Desiderius Érasme consacre sa vie aux voyages, à l'étude, et à la diffusion de l'Évangélisme (lecture de la Bible en langue vulgaire, importance de la prière personnelle). Il exerce une influence considérable partout en Europe. Le projet d'***Éloge de la folie*** **(1509)** est paradoxal, puisque ici ce ne sont pas la raison et la sagesse qui sont louées, mais la Folie qui prend la parole pour faire son propre éloge. De manière ironique, l'auteur montre que l'ensemble de la société est dominé par la folie. Érasme publie aussi des textes sur l'éducation et des recueils d'adages (formules proverbiales) très en vogue.

Clément MAROT (1496-1544)

▶ **Comprendre son œuvre**

Clément Marot est un poète français qui cultive le goût pour les rimes complexes et les jeux poétiques. Malgré la protection de Marguerite de Navarre, il est plusieurs fois emprisonné pour sympathie envers la Réforme protestante. Ses poèmes jouent avec les mots, sur un ton souvent léger et badin. Il renouvelle ainsi les formes poétiques du blason et du contre-blason, poèmes à rimes plates d'éloge ou de blâme, et renoue avec le « coq-à-l'âne », forme poétique qui passe d'un sujet à un autre. Pourtant, ses recueils comme ***L'Adolescence clémentine*** **(1532)** reflètent aussi une inspiration religieuse et l'influence de l'Évangélisme.

MICHEL-ANGE (1475-1564)

▶ **Comprendre son œuvre**

Peintre, sculpteur, poète, architecte, Michel-Ange devient très jeune le protégé de Laurent de Médicis qui favorise l'essor de sa carrière. Il s'impose rapidement comme l'un des plus grands artistes de son temps, et répond à de nombreuses commandes officielles du Vatican. Il manifeste sa connaissance de l'anatomie humaine, son génie technique et son admiration pour l'art antique, aussi bien dans la sculpture que dans la peinture ou le dessin. Il sculpte son premier chef d'œuvre, la ***Pietà*** **(entre 1498 et 1499)**, pour la Basilique Saint-Pierre, et réalise des œuvres monumentales comme **la voûte de la Chapelle Sixtine (1504-1512)** représentant les épisodes de la Genèse.

Michel Eyquem de MONTAIGNE (1533-1592)

▶ **Comprendre son œuvre**

Montaigne reçoit une éducation humaniste qui le familiarise avec les langues anciennes et la sagesse antique. Magistrat puis maire de Bordeaux, il consacre son temps libre à la rédaction des ***Essais*** **(1580-1595)**, œuvre fondatrice du genre. Ces *Essais*, sans cesse remaniés et corrigés, sont l'œuvre d'une vie. Dialoguant avec les auteurs de l'Antiquité, Montaigne y élabore sa propre pensée, toujours mesurée et ouverte au débat, guidée par le doute et la devise : « Que sais-je ? ». Dans une écriture très libre, « à sauts et à gambades », Montaigne passe d'un sujet à un autre : l'éducation, la découverte des peuples d'Amérique, l'amitié, la mort…

François RABELAIS (1483 ou 1494-1553)

▶ **Comprendre son œuvre**

Rabelais a plusieurs visages : moine, médecin, botaniste, écrivain. À travers l'histoire burlesque d'un géant bon vivant dans ***Pantagruel*** **(1532)**, puis du père de celui-ci dans ***Gargantua*** **(1534)**, Rabelais livre ses réflexions sur l'éducation, le rôle du prince, la guerre, la religion. Convaincu que « rire est le propre de l'homme », l'auteur utilise le comique (démesure du langage, effets de grossissement, parodie) pour attaquer diverses cibles (la Sorbonne notamment), et défendre des idées humanistes. Celles-ci constituent la « substantifique moelle » de ses romans, à lire à double voire triple sens.

Thomas MORE (1478-1535)

▶ **Comprendre son œuvre**

Humaniste anglais, Thomas More joue un rôle politique important auprès d'Henri VIII. Mais il est exécuté pour trahison, après avoir refusé de reconnaître l'église anglicane. Son œuvre majeure écrite en latin ***L'Utopie*** **(1516)** aura une importante postérité en fondant le genre littéraire de l'utopie et son pendant, la contre-utopie. More y décrit une société idéale, un non-lieu (*u-topos* en grec) égalitaire et communautaire. L'auteur propose indirectement une critique de la société contemporaine et un autre modèle politique.

Pierre de RONSARD (1524-1585)

▶ **Comprendre son œuvre**

Ronsard est l'un des plus célèbres poètes de la Pléiade. Considéré comme le « prince des poètes » de son vivant, il est apprécié par tous les rois qui se succèdent sur le trône de France.

La poésie amoureuse de Ronsard s'inspire des auteurs antiques ainsi que du poète italien Pétrarque, auquel il emprunte notamment la forme du sonnet. Dans ***Les Amours de Cassandre*** **(1552)**, ***Les Amours de Marie*** **(1555)** ou les ***Sonnets pour Hélène*** **(1572)**, Ronsard évoque la douleur de l'amour non partagé et invite la femme aimée ainsi que le lecteur à « cueillir les roses de la vie », conformément au « Carpe diem » du poète latin Horace.

Marguerite DE NAVARRE (1492-1549)

▶ **Comprendre son œuvre**

Sœur de François Ier, Marguerite de Navarre est l'une des premières femmes de lettres françaises. Elle protège les humanistes et favorise leurs échanges. Son recueil de nouvelles, ***L'Heptaméron*** **(1558)**, s'inspire du *Décaméron* de l'auteur italien Boccace. Dix personnages, immobilisés dans une abbaye par un violent orage, racontent tour à tour des histoires pour tuer l'ennui. Ces nouvelles souvent grivoises dénoncent indirectement les abus et les vices du bas clergé, conformément aux idées évangéliques.

Léonard de VINCI (1452-1519)

▶ **Comprendre son œuvre**

Peintre, poète mais aussi ingénieur, architecte et anatomiste, Léonard de Vinci est considéré comme un génie universel. Il met son génie au service des princes. Son œuvre picturale s'accompagne d'un grand nombre de dessins (préparatoires, anatomiques etc.) et de textes philosophiques. Il lie en effet la théorie à sa pratique pour renouveler l'art de peindre. La technique du *sfumato* reste la plus connue de ses innovations, permettant de créer une atmosphère vaporeuse et mystérieuse dans laquelle personnages et paysages paraissent intimement reliés, comme dans le célèbre portrait de ***La Joconde*** **(1503-1506)**.

OBJET D'ÉTUDE 1re **Écriture poétique et quête du sens**

1 L'ÉPÎTRE

Petite épître au Roi

En m'ébattant je fais Rondeaux en rime,
Et en rimant bien souvent je m'enrime :
Bref, c'est pitié d'entre nous Rimailleurs,
Car vous[1] trouvez assez de rime ailleurs,
Et quand vous plaît, mieux que moi, rimassez,
Des biens avez, et de la rime assez.
Mais moi à tout ma rime, et ma rimaille
Je ne soutiens (dont je suis marri[2]) maille[3].
Or ce me dit, un jour, quelque Rimart,
Viens çà, Marot, trouves-tu en rime art,
Qui serve aux gens, toi qui as rimassé :
Oui vraiment (réponds-je) Henri Macé.
Car vois-tu bien, la personne rimante,
Qui au jardin de son sens la rime ente[4],
Si elle n'a de biens en rimoyant,
Elle prendra plaisir en rime oyant[5] :
Et m'est avis, que si je ne rimois,
Mon pauvre corps ne serait nourri mois,
Ni demi-jour. Car la moindre rimette
C'est le plaisir, où faut que mon ris mette.
Si vous supplie qu'à ce jeune Rimeur
Fassiez avoir un jour par sa rime heur[6].
Afin qu'on dise, en prose, ou en rimant,
Ce Rimailleur, qui s'allait enrimant,
Tant rimassa, rima et rimonna,
Qu'il a connu, quel bien par rime on a.

Clément Marot, « Petite épître au Roi »,
L'Adolescence clémentine (1532),
orthographe modernisée par les auteurs du manuel

1. Marot s'adresse à François Ier, lui-même poète. – 2. Ennuyé. – 3. Argent. – 4. Greffer. – 5. Entendre. – 6. Chance, fortune.

a. Pourquoi ce poème est-il intitulé « épître » ? À qui s'adresse-t-il ?
b. De quoi Marot se plaint-il auprès de son destinataire ? Qu'espère-t-il obtenir ?
c. Comment Marot flatte-t-il son destinataire ? Dans quel but ?
d. Observez les rimes de ce poème. Que constatez-vous ?
e. Relevez tous les jeux de mots basés sur le mot « rime » dans l'ensemble du poème. Quels sont les différents procédés ludiques utilisés par Marot ?
f. Au quotidien, qu'apporte la poésie à Marot d'après ce poème ? Que ne lui apporte-t-elle pas néanmoins ?
Pour conclure : pourquoi Marot utilise-t-il l'humour dans cette épître ?

2 LE BLASON

Le Sourcil

Sourcil tractif[1] en voûte fléchissant
Trop plus qu'ébène, ou jayet[2] noircissant.
Haut forgeté[3] pour ombrager les yeux,
Quand ils font signe, ou de mort ou de mieux.
Sourcil qui rend peureux les plus hardis,
Et courageux les plus accouardis[4].
Sourcil qui fait l'air clair, obscur soudain,
Quand il froncit[5] par ire[6], ou par dédain,
Et puis le rend serein, clair et joyeux
Quand il est doux, plaisant et gracieux.
Sourcil qui chasse et qui provoque les nues[7]
Selon que sont ses archées[8] tenues.
Sourcil assis au lieu haut pour enseigne
Nous découvrant sa profonde pensée :
Ou soit de paix, ou de guerre offensée.
Sourcil, non pas sourcil, mais un sous-ciel
Qui est le dixième et superficiel,
Où l'on peut voir deux étoiles ardantes,
Lesquelles sont de son arc dépendantes,
Etincelant plus souvent et plus clair
Qu'en été chaud un bien soudain éclair.
Sourcil qui fait mon espoir prospérer,
Et tout à coup me fait désespérer.
Sourcil sur qui amour prit le portrait
Et le patron[9] de son arc, qui attrait[10]
Hommes et Dieux à son obéissance,
Par triste mort ou douce jouissance.
O sourcil brun sous tes noires ténèbres
J'ensevelis en désirs trop funèbres
Ma liberté et ma dolente[11] vie,
Qui doucement par toi me fut ravie.

Maurice Scève, « Le Sourcil » (1536)
orthographe modernisée par les auteurs du manuel

1. Bien fait. – 2. Jais. – 3. Construit en saillie. – 4. Lâches. – 5. Froncer. – 6. Colère. – 7. Nuage. – 8. Arc. – 9. Modèle. – 10. Attirer. – 11. Douloureux.

a. Sur quelle figure de répétition ce poème est-il fondé ? Quel est l'effet produit ?
b. Quels procédés caractéristiques de l'éloge le poète utilise-t-il ?
c. À quelles images l'arc des sourcils est-il associé dans l'ensemble du poème ?
d. Étudiez les procédés employés pour montrer que le sourcil exprime le caractère changeant de la femme.
e. À quel moment le poète apparaît-il personnellement ? Quels sentiments exprime-t-il ?
Pour conclure : montrez que ce poème est un blason permettant l'expression du sentiment amoureux.

3 LE SONNET

Déjà la nuit en son parc amassait
Un grand troupeau d'étoiles vagabondes,
Et pour entrer aux cavernes profondes
Fuyant le jour, ses noirs chevaux chassait.

Déjà le ciel aux Indes rougissait,
Et l'Aube encor de ses tresses tant blondes
Faisant grêler mille perlettes rondes,
De ses trésors les prés enrichissait.

Quand d'occident, comme une étoile vive,
Je vis sortir dessus ta verte rive,
Ô fleuve mien[1] ! une Nymphe en riant.

Alors voyant cette nouvelle Aurore,
Le jour honteux d'un double teint colore
Et l'Angevin[2], et l'Indique[3] orient.

Joachim du Bellay, *L'Olive* (1549),
orthographe modernisée par les auteurs du manuel

1. Loire.
2. Pays de l'Anjou.
3. Des Indes.

a. Observez les strophes et les rimes de ce poème. Est-ce un sonnet régulier ? Justifiez votre réponse de manière précise.
b. Quels procédés mettent en valeur l'unité des deux quatrains ?
c. Quel phénomène naturel les deux quatrains évoquent-ils ? Par quels procédés poétiques ?
d. Comment le premier tercet produit-il un effet de rupture et de surprise ?
e. De quelle « nouvelle Aurore » est-il question dans les deux tercets ? Quel effet son apparition a-t-elle sur la nature ?
f. Comment les images utilisées dans les quatrains pour décrire l'aube contribuent-elles à annoncer l'apparition évoquée dans les deux tercets ?
Pour conclure : comment Du Bellay exploite-t-il la forme du sonnet pour produire un effet de surprise poétique ?

4 L'ODE ET LE THÈME DU « CARPE DIEM »

Mignonne, allons voir si la rose
Qui ce matin avait déclose
Sa robe de pourpre au Soleil,
À point perdu cette vêprée[1]
Les plis de sa robe pourprée,
Et son teint au vôtre pareil.

Las ! voyez comme un peu d'espace[2],
Mignonne, elle a dessus la place
Las ! las ! ses beautés laissé choir !
Ô vraiment marâtre Nature,
Puisqu'une telle fleur ne dure
Que du matin jusques au soir !

Donc, si vous me croyez, mignonne,
Tandis que votre âge fleuronne[3]
En sa plus verte nouveauté,
Cueillez, cueillez votre jeunesse :
Comme à cette fleur, la vieillesse
Fera ternir votre beauté.

Pierre de Ronsard, *Odes* (1550-1552),
orthographe modernisée par les auteurs du manuel

1. Ce soir.
2. En peu de temps.
3. Fleurir.

a. Étudiez les types de strophes, de vers et les rimes de ce poème.
b. Dans les deux premières strophes, quels procédés soulignent la rapidité avec laquelle la rose se fane ?
c. Quel est le registre de la deuxième strophe ? Justifiez votre réponse par une analyse.
d. Quel vers introduit l'analogie entre la rose et la femme ? Quels procédés filent cette image dans la dernière strophe ?
e. Quels conseils le poète donne-t-il à la femme dans cette dernière strophe ? Quels procédés utilise-t-il pour cela ?
Pour conclure : montrez que ce poème illustre la philosophie du « Carpe diem » (« Cueille le jour ») héritée d'Horace.

SYNTHÈSE Le genre poétique au XVIe siècle

Formes poétiques	Principaux registres	Principaux procédés
• Ballade • Blason • Épître • Ode • Rondeau • Sonnet	• Élégiaque • Lyrique • Satirique	• Humour (jeux de mots) • Métaphore filée ou analogie • Personnification ou allégorie

OBJET D'ÉTUDE 1re

La question de l'Homme dans les genres de l'argumentation

1 L'ESSAI

Les autres forment l'homme, je le récite : et en représente un particulier, bien mal formé : et lequel si j'avais à façonner de nouveau, je ferais vraiment bien autre qu'il n'est : meshui[1] c'est fait. Or les traits de ma peinture, ne se fourvoient point, quoiqu'ils se changent et diversifient. Le monde n'est qu'une branloire pérenne[2] : Toutes choses y branlent sans cesse, la terre, les rochers du Caucase, les pyramides d'Égypte : et du branle public, et du leur. La constance même n'est autre chose qu'un branle plus languissant. Je ne puis assurer mon objet : il va trouble et chancelant, d'une ivresse naturelle. Je le prends en ce point, comme il est, en l'instant que je m'amuse à lui. Je ne peins pas l'être, je peins le passage : non un passage d'âge en autre, ou, comme dit le peuple, de sept en sept ans, mais de jour en jour, de minute en minute. [...] Tant y a que[3] je me contredis bien à l'aventure, mais la vérité, comme disait Demades[4], je ne la contredis point. Si mon âme pouvait prendre pied, je ne m'essaierais pas, je me résoudrais : elle est toujours en apprentissage, et en épreuve.

Montaigne, « Du repentir », *Essais*, III, 2 (1580-1595), orthographe modernisée par les auteurs du manuel

1. Pour aujourd'hui. – 2. Mouvement perpétuel. – 3. Quoi qu'il en soit. – 4. Orateur grec.

a. Quel est l'homme « particulier bien mal formé » décrit par Montaigne dans ses *Essais* ?
b. Expliquez pourquoi cet homme est « trouble et chancelant ».
c. Cette instabilité est-elle seulement propre à l'individu décrit par Montaigne, ou relève-t-elle d'une loi universelle ? Justifiez votre réponse.
d. Comment la fin de cet extrait explique-t-elle le titre, *Essais*, choisi par Montaigne pour son œuvre ?
Pour conclure : montrez que le genre de l'essai propose une pensée en mouvement.

2 LE REGISTRE DIDACTIQUE DANS L'ESSAI

Nous prenons en garde* les opinions et le savoir d'autrui, et puis c'est tout : il les faut faire nôtres. Nous semblons proprement celui, qui ayant besoin de feu, en irait quérir chez son voisin, et y en ayant trouvé un beau et grand, s'arrêterait là à se chauffer, sans plus se souvenir d'en rapporter chez soi. Que nous sert-il d'avoir la panse pleine de viande, si elle ne se digère, si elle ne se transforme en nous ? si elle ne nous augmente et fortifie ?

Montaigne, « Du pédantisme », *Essais*, I, 24 (1580-1595), orthographe modernisée par les auteurs du manuel

* Retenir, emmagasiner.

a. Reformulez la thèse de Montaigne.
b. Quelles images Montaigne utilise-t-il pour illustrer cette thèse ? Quel est leur intérêt ?
c. Observez l'énonciation et la ponctuation : comment Montaigne inclut-il son destinataire dans son argumentation ?
Pour conclure : comment Montaigne amène-t-il son lecteur à réfléchir par lui-même, au lieu de recevoir passivement un savoir ?

3 L'ÉLOGE PARADOXAL

La Folie s'adresse ici à la communauté des hommes.

Que serait la vie, en effet, et mériterait-elle son nom, si le plaisir manquait ? Vos applaudissements m'assurent que je dis vrai. Pas un de vous n'est assez sage, ou plutôt assez fou, – non, disons assez sage, – pour être d'un autre avis. [...] Toute heure de la vie serait triste, ennuyeuse, insipide, assommante, s'il ne s'y joignait le plaisir, c'est-à-dire si la Folie n'y mettait son piquant. Je peux invoquer ici le témoignage de Sophocle*, jamais assez loué, qui dit à mon sujet : « Moins on a de sagesse, plus on est heureux. »

Érasme, *Éloge de la folie* (1509), trad. P. de Nolhac

* Dramaturge grec.

a. D'après ce texte, qu'apporte la Folie au quotidien ?
b. Expliquez en quoi la thèse défendue ici est contraire aux idées communément admises.
c. Qu'est-ce qu'être sage et être fou d'après ce texte ?
d. Pourquoi peut-on parler de paradoxe à propos de l'aphorisme de Sophocle ?
Pour conclure : quelle réflexion sur la folie humaine cet extrait propose-t-il ?

4 L'UTOPIE

En dehors de l'agriculture, que tous connaissent ainsi que je l'ai dit, chacun apprend le métier qui lui plaît et qui sera le sien. C'est surtout le tissage de la laine ou du lin, le travail du maçon, ou du forgeron, ou du charpentier. [...] La principale et presque la seule fonction des syphograntes* est de veiller que personne ne demeure inactif, mais s'adonne activement à son métier, non pas cependant jusqu'à s'y épuiser du point du jour à la nuit tombante, comme une bête de somme, existence pire que celle des esclaves, et qui est cependant celle des ouvriers dans presque tous les pays, sauf en Utopie.

Le jour solaire y est divisé en vingt-quatre heures d'égale durée dont six sont consacrées au travail : trois avant le repas de midi, suivies de deux heures de repos, puis de trois autres heures de travail terminées par le repas du soir. À la huitième heure, qu'ils comptent à partir de midi, ils vont se coucher et accordent huit heures au sommeil.

Thomas More, *L'Utopie* (1516),
trad. M. Delcourt, © Flammarion

* Magistrat, dans la langue d'Utopie.

a. Quels métiers les habitants d'Utopie exercent-ils ?
b. Comment la liberté des Utopiens est-elle soulignée ?
c. Les Utopiens sont-ils désignés individuellement ou collectivement ? Qu'en déduisez-vous quant à l'organisation de cette société ?
d. Quel passage dévoile une critique indirecte de la société réelle de la part de l'auteur ?
Pour conclure : pourquoi cette société peut-elle paraître idéale à un lecteur du XVIe siècle ?

5 LA VANITÉ DE L'HOMME

C'est par la vanité de cette même imagination qu'il [l'homme] s'égale à Dieu, qu'il s'attribue les conditions divines, qu'il se trie[1] soi-même et sépare de la presse[2] des autres créatures, taille les parts aux animaux ses confrères et compagnons, et leur distribue telle portion de facultés et de forces que bon lui semble. Comment connaît-il, par l'effort de son intelligence, les branles[3] internes et secrets des animaux ? Par quelle comparaison d'eux à nous conclut-il la bêtise qu'il leur attribue ? Quand je me joue à ma chatte, qui sait si elle passe son temps de moi[4] plus que je ne fais d'elle ?

Montaigne, « Apologie de Raymond Sebond », *Essais*, II, 12
(1580-1595),
orthographe modernisée par les auteurs du manuel

1. Se distinguer. – 2. Foule. – 3. Mouvements, transformations. – 4. Me prend pour passe-temps.

a. Quelle place l'homme s'octroie-t-il dans la création ?
b. Montaigne adhère-t-il à l'idée reçue selon laquelle l'homme est supérieur à l'animal ? Justifiez votre réponse.
c. Quel paradoxe la dernière phrase propose-t-elle ?
d. Quels procédés didactiques Montaigne utilise-t-il pour convaincre son lecteur ?
Pour conclure : quelle leçon philosophique sur la nature humaine Montaigne invite-t-il son lecteur à dégager ?

6 LES PRINCIPES ÉDUCATIFS HUMANISTES

Texte A

Combien qu'en enseignant[1] les choses que nous avons dit, il faut que le maître ne soit trop pressant ni trop sévère, mais assidu et continuel plutôt que trop chargeant. La continuation ne nuit point si elle est modérée, si elle est assaisonnée de diversité ensemble et de joyeuseté, finalement, si ces choses sont baillées[2] tellement qu'il n'y ait point d'imagination[3] que ce soit labeur, mais que l'enfant estime que tout est fait par ébat[4].

Érasme, *De l'éducation des enfants* (1529),
trad. P. Saliat, 1537

1. Tout en enseignant… – 2. Amenées.
3. Impression. – 4. Jeu.

Texte B

Ce fait, on apportait des cartes, non pour jouer, mais pour y apprendre mille petites gentillesses[1] et inventions nouvelles, lesquelles toutes issaient[2] d'Arithmétique. En ce moyen entra[3] en affection de icelle science numérale, et tous les jours, après dîner et souper, y passait temps aussi plaisantement qu'il soulait[4] en dés ou ès[5] cartes. […] Et non seulement d'icelle, mais des autres sciences mathématiques, comme Géométrie, Astronomie et Musique ; car, attendant la concoction et digestion de son past[6], ils faisaient mille joyeux instruments et figures Géométriques, et de même pratiquaient les canons Astronomiques.

François Rabelais, *Gargantua* (1534),
orthographe modernisée par les auteurs du manuel

1. Amusements. – 2. Être issu de. – 3. Gargantua entra –
4. Avoir l'habitude. – 5. Aux. – 6. Repas.

a. Pour Érasme, comment le maître doit-il se comporter avec son élève ?
b. Selon lui, quelles méthodes pédagogiques le maître doit-il employer ? Dans quel but ?
c. Dans le roman de Rabelais, comment l'apprentissage de l'arithmétique par Gargantua illustre-t-il la théorie d'Érasme ?
d. Comment les précepteurs donnent-ils à Gargantua l'envie d'apprendre ?
Pour conclure : formulez en une phrase le principe éducatif défendu par Érasme et Rabelais.

SYNTHÈSE Les genres argumentatifs au XVIe siècle

Genres argumentatifs	Principaux registres	Principaux procédés
• Éloge paradoxal • Essai • Utopie	• Didactique • Ironique	• Aphorisme • Argument d'autorité • Paradoxe • Raisonnement par analogie

DOSSIER CULTUREL (I)

La découverte du Nouveau Monde

Les voyages à la Renaissance

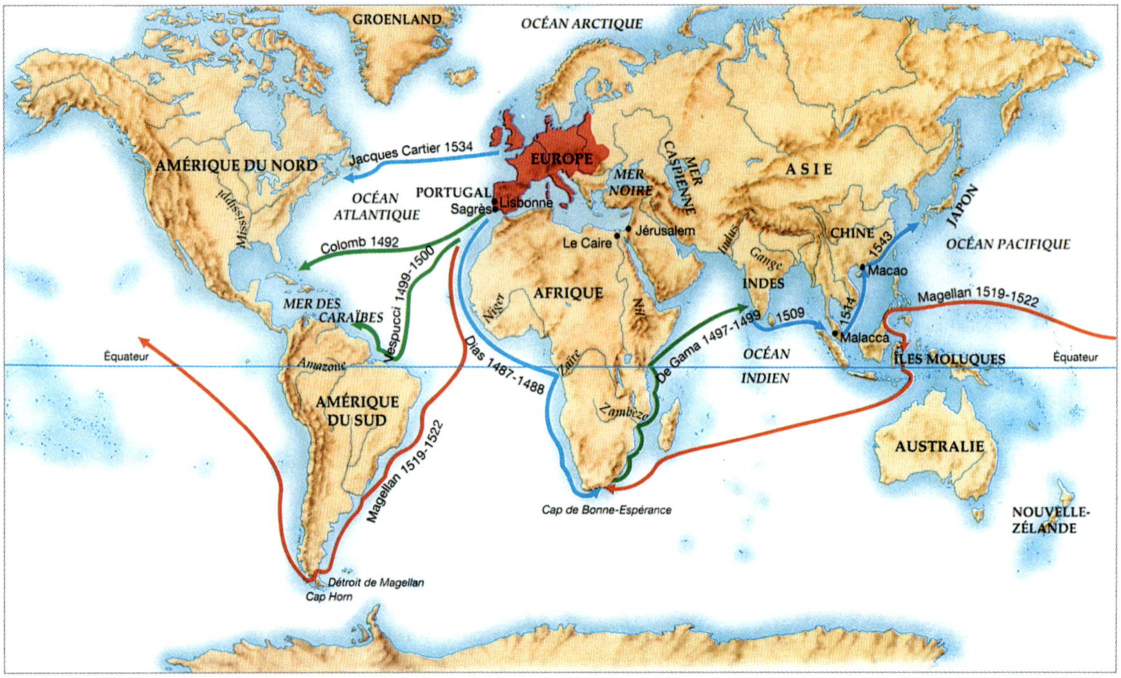

Carte des principaux voyages maritimes.
Antony Mason, *Atlas des explorations*, édition française par Casterman, 1994, © Quarto Publishing 1991.

Stefan Zweig, *Érasme* (1935)

Soudain s'élargit la place qu'occupait l'Europe dans le monde ; une découverte est suivie d'une autre et en l'espace de quelques années, grâce à la hardiesse d'une race nouvelle de navigateurs, les lacunes imputables à l'indifférence ou à la timidité des siècles passés se trouvent comblées. [...] Du jour au lendemain la machine ronde, la *terra incognita*, sur laquelle l'humanité pensante promenait sa marche incertaine et inquiète, est devenue une réalité, un espace que l'on peut étudier et parcourir ; l'Océan, qui n'était que ce désert infini de flots bleus dont parle la légende antique, est devenu un élément mesurable, mesuré, un des plus précieux auxiliaires de l'homme. Le goût de l'aventure s'empare soudain de l'Europe ; on ne s'arrête plus, on ne souffle plus dans cette course effrénée à la découverte du « Cosmos ». Chaque fois que les salves des canons de Cadix ou Lisbonne saluent le retour d'un galion, une foule curieuse afflue dans le port pour avoir des nouvelles de ces pays récemment explorés, pour admirer ces oiseaux, ces animaux, ces hommes qu'elle n'a jamais vus ; elle frémit d'étonnement devant ces énormes chargements d'or et d'argent ; les nouvelles font le tour de l'Europe qui est maintenant, grâce à l'héroïsme de ses enfants, le centre du monde, la maîtresse de l'univers.

Trad. A. Hella © Grasset

Questions

1. Dans quelles directions les navigateurs européens voyagent-ils à l'époque de la Renaissance ? Pourquoi ?
2. D'après la carte, quel exploit Magellan réussit-il à accomplir ? Quelle théorie ce voyage vient-il confirmer ?
3. Comment Zweig décrit-il les réactions des Européens au retour des bateaux venant d'Amérique ?
4. Quels sont les différents apports des voyages d'après ce texte ?
5. Pour Stefan Zweig, quelle évolution ces grands voyages provoquent-ils dans les mentalités ?

▸ Quels bouleversements la découverte du Nouveau Monde a-t-elle entraînés ?

Les peuples d'Amérique

Christophe Colomb est accueilli par les Indiens à son arrivée dans le Nouveau Monde, gravure de Theodore De Bry extraite de *Histoire de l'Amérique* datant du XVIe siècle.

Montaigne, « Des coches », *Essais*, III, 6 (1580-1595)

Notre monde vient d'en trouver un autre [...] non moins grand, plein, et membru, que lui : toutefois si nouveau et si enfant, qu'on lui apprend encore son a, b, c : Il n'y a pas cinquante ans, qu'il ne savait, ni lettres, ni poids, ni mesure, ni vêtements, ni blés, ni vignes. Il était encore tout nu, au giron, et ne vivait que des moyens de sa mère nourrice. [...] C'était un monde enfant : si[1] ne l'avons-nous pas fouetté et soumis à notre discipline, par l'avantage de notre valeur, et forces naturelles : ni ne l'avons pratiqué par notre justice et bonté : ni subjugué[2] par notre magnanimité[3]. [...] Mais quant à la dévotion, observance des lois, bonté, libéralité, loyauté, franchise, il nous a bien servi, de n'en avoir pas tant qu'eux : Ils se sont perdus par cet avantage, et vendus, et trahis eux-mêmes.

Orthographe modernisée par les auteurs du manuel

1. Pourtant. – 2. Soumettre. – 3. Clémence, générosité.

Naviguez sur le site du musée du Quai Branly consacré aux explorateurs :
- D'après le journal de Christophe Colomb, *La Découverte des Amériques*, quelles richesses les indigènes possèdent-ils ?
- Quel conquistador a entrepris la conquête du Mexique ? Comment les Mexicains ont-ils réagi dans le conflit qui les a opposés aux Européens ?

Questions

6. Comment sont représentés les Amérindiens sur la gravure illustrant l'arrivée de Christophe Colomb ? Comment accueillent-ils les Européens ?
7. D'après l'attitude de Christophe Colomb et de ses compagnons, quelles sont les intentions des Européens débarquant sur ces terres ? Quel contraste Théodore De Bry veut-il suggérer entre les Européens et les indigènes ?
8. Pourquoi le Nouveau Monde est-il un « monde enfant » aux yeux de Montaigne ?
9. Selon lui, les Amérindiens sont-ils inférieurs ou supérieurs aux Européens ?
10. À votre avis, l'image des Amérindiens proposée dans ces documents est-elle fidèle à la réalité ?

Synthèse

Comment la découverte du Nouveau Monde a-t-elle bouleversé la représentation que l'homme se faisait de lui-même et du monde ? Appuyez-vous sur l'ensemble des documents de ce dossier.

L'humanisme et la folie

Érasme, *Éloge de la folie* (1509)

Dans cette œuvre, Érasme donne la parole à la Folie, qui parle ici des fous ou bouffons dont s'entourent les rois.

Les plus grands rois les goûtent si fort que plus d'un, sans eux, ne saurait se mettre à table ou faire un pas, ni se passer d'eux pendant une heure. Ils prisent leurs fous bien plus que les sages austères, qu'ils ont l'habitude d'entretenir par ostentation. Cette préférence s'explique aisément et n'étonne point, quand on voit ces sages n'apporter aux princes que tristesse. Pleins de leur savoir, ils ne craignent pas de blesser par des vérités ces oreilles délicates. Les bouffons, eux, procurent ce que les princes recherchent partout et à tout prix : l'amusement, le sourire, l'éclat de rire, le plaisir. Accordez aussi aux fous une qualité qui n'est pas à dédaigner : seuls, ils sont francs et véridiques. Et quoi de plus louable que la vérité ? Bien qu'un proverbe d'Alcibiade[1], chez Platon[2], la mette dans le vin et dans la bouche de l'enfance, c'est à moi qu'en doit revenir tout le mérite. Euripide[3] le reconnaît par ce mot fameux : « Le fou débite des folies. » Tout ce que le fou a dans le cœur, il le montre sur son visage, l'exprime dans son discours ; les sages, au contraire, ont deux langues, que mentionne le même Euripide : l'une pour dire la vérité, l'autre pour dire ce qui est opportun. Ils savent « changer le noir en blanc », souffler de la même bouche le froid et le chaud, éviter de mettre d'accord leurs sentiments et leurs paroles. [...]

Je le reconnais, la vérité n'est pas aimée des rois. Et pourtant, mes fous réussissent cette chose étonnante de la leur faire accepter, et même de leur causer du plaisir en les injuriant ouvertement. Le même mot, qui, dans la bouche d'un sage, lui vaudra la mort, prononcé par un fou réjouira prodigieusement le maître. C'est donc que la vérité a bien quelque pouvoir de plaire, si elle ne contient rien d'offensant, mais les Dieux l'ont réservée aux fous.

Trad. P. de Nolhac

1. Élève de Socrate. – 2. Philosophe grec. – 3. Dramaturge grec.

Anonyme, *Portrait de fou regardant à travers ses doigts* (1537), huile sur bois. Musée de Flandres, Cassel.

Questions

1. Pour quelle raison les rois préfèrent-ils les fous aux sages ?
2. Que signifie la phrase d'Euripide citée par Érasme ?
3. Pourquoi la vérité est-elle le privilège du fou ? Montrez que cette idée est paradoxale.
4. Relevez et commentez les éléments traditionnels du costume du fou d'après l'illustration proposée.

Jérome Bosch, *La Nef des fous* (vers 1490), huile sur bois (58 x 32 cm). Musée du Louvre, Paris.

Questions

5. Observez les différents personnages et expliquez pourquoi le tableau s'intitule *La Nef des fous.*
6. Quel personnage ne prend pas part aux réjouissances ? Commentez son attitude.
7. Observez le costume de ce personnage et comparez-le à l'illustration en page de gauche. Que constatez-vous ?
8. Montrez que dans ce tableau Bosch suggère que le plus fou n'est pas celui que l'on croit.

Michel Foucault, *Histoire de la folie à l'âge classique* (1961)

Le premier chapitre évoque la folie à la fin du Moyen Âge et à la Renaissance. Il s'agit ici de sa place au théâtre.

[...] le personnage du Fou, du Niais, ou du Sot prend de plus en plus d'importance. Il n'est plus simplement, dans les marges, la silhouette ridicule et familière : il prend place au centre du théâtre, comme le détenteur de la vérité [...]. Si la folie entraîne chacun dans un aveuglement où il se perd, le fou, au contraire, rappelle à chacun sa vérité ; dans la comédie où chacun trompe les autres et se dupe lui-même, il est la comédie au second degré, la tromperie de la tromperie ; il dit dans son langage de niais, qui n'a pas figure de raison, les paroles de raison qui dénouent, dans le comique, la comédie : il dit l'amour aux amoureux, la vérité de la vie aux jeunes gens, la médiocre réalité des choses aux orgueilleux, aux insolents et aux menteurs.

Questions

9. Quelle évolution Michel Foucault constate-t-il dans la place du fou au théâtre ?
10. D'après lui, quel rôle le fou joue-t-il dans la comédie ?

Synthèse

En vous appuyant sur l'ensemble des documents de ce dossier, montrez que la folie est garante d'une forme de vérité à la Renaissance.

1 ÉCARTS DE SENS

Cherchez le sens des mots ou expressions en gras.

1. « C'est **merveille** combien peu il faut à nature pour se contenter, combien peu elle nous a laissé à désirer. » (Montaigne)

2. « Ponocrates et Eudemon s'esclaffèrent de rire tant profondément que en **cuidèrent** perdre l'âme à Dieu. » (Rabelais)

3. « Soyez certain qu'au partir dudit lieu/N'oublia rien, **fors** à me dire adieu. » (Marot)

4. « Le plus sage homme qui fut **onques** répondit cela qu'il ne savait rien. » (Montaigne)

5. « Puis par trois bonnes heures lui était faite lecture. Ce fait **issaient** hors, toujours conférant des propos de la lecture. » (Rabelais)

2 CONNECTEURS ILLOGIQUES ?

Quel est le sens des connecteurs en gras ?

1. « Mieux est de ris que de larmes écrire./ **Pource que** rire est le propre de l'homme. » (Rabelais)

2. « Notre fantaisie ne s'applique pas aux choses étrangères, **ains** elle est conçue par l'entremise des sens. » (Montaigne)

3. « Nous avons tant rechargé la beauté et richesse de[s] ouvrages [de la nature] par nos inventions, que nous l'avons du tout étouffée. **Si est-ce que** partout où sa pureté reluit, elle fait une merveilleuse honte à nos vaines et frivoles entreprises. » (Montaigne)

4. « **Combien qu'**elle eût pris résolution de laisser entièrement le monde, **si** feignit-elle tout le contraire. » (Navarre)

5. « Aimez-moi, **cependant qu'**êtes belle. » (Ronsard)

6. « Tout cela est vrai : **et si pourtant** ne saurai revoir si souvent le tombeau de cette ville [Rome], si grande, et si puissante, que je ne l'admire et révère. » (Montaigne)

3 DÉMONSTRATIFS

a. **Dans les phrases suivantes, précisez à quoi renvoie chacun des démonstratifs en gras.**

b. **Donnez leur forme correspondante en français moderne.**

1. « Et si notre langue n'est si copieuse et riche que la grecque ou latine, cela ne doit être imputé au défaut d'**icelle**. » (Du Bellay)

2. « Il vaut mieux soupçonner le mal qui n'est point, que de tomber, par sottement croire, en **icelluy** qui est. » (Navarre)

3. « Les couleurs de Gargantua furent blanc et bleu, [...] et par **icelles** voulait son père qu'on entendît que ce lui était une joie céleste. » (Rabelais)

4 DU MOYEN FRANÇAIS AU FRANÇAIS MODERNE

Le texte suivant est proposé dans sa version originale. Lisez-le attentivement.

Ainsi croissoit Pantagruel de jour en jour et prouffitoit à veue d'œil, dont son pere s'esjouyssoit par affection naturelle, et luy feist faire, comme il estoit petit, une arbaleste pour s'esbatre après les oysillons, qu'on appelle de present la grand arbaleste de Chantelle ; puis l'**envoya** à l'eschole pour apprendre et passer son jeune eage. De faict vint à Poictiers pour estudier, et y proffita beaucoup ; auquel lieu voyant que les escoliers estoyent aulcunes foys de loysir et ne sçavoient à quoy passer temps, il en eut compassion. Et, un jour, **print** d'un grand rochier qu'on nomme Passelourdin, une grosse roche ayant environ de douze toizes en quarré, et d'espesseur quatorze pans, la mist sur quatre pilliers au milieu d'un champ, bien à son ayse ; affin que lesdictz escoliers, quand ilz ne sçauroyent aultre chose faire, passassent le temps à monter sur ladicte pierre et là banqueter à force flacons, jambons et pastez, et escripre leurs noms dessus avec un cousteau, et, de present, l'appelle-on la *Pierre levée*. Et, en memoire de ce, n'est aujourd'huy passé aulcun en la matricule de ladicte université de Poictiers, sinon qu'il ait beu en la fontaine Caballine de Croustelles, passé à Passelourdin et monté sur la Pierre levée.

François Rabelais, *Pantagruel* (1532), chapitre V

a. **Relevez tous les mots du texte commençant par la syllabe « es » et donnez leur équivalent moderne. Que constatez-vous ?**

b. **Relevez plusieurs mots dont l'orthographe a changé en français moderne. Dans quel sens cette évolution s'est-elle faite ?**

c. **Relevez plusieurs verbes conjugués à l'imparfait. Quelles sont leurs terminaisons ?**

d. **Retrouvez le sujet grammatical de chacun des verbes en gras.**

e. **Expliquez avec vos propres mots ce que Pantagruel a imaginé pour distraire les écoliers de Poitiers.**

EXPRESSION ÉCRITE

Sujet 1

Racontez la naissance du géant Gargantua en utilisant des mots proposés dans les exercices précédents.

Sujet 2

Rédigez un paragraphe argumentatif sur l'importance de l'éducation pour les humanistes, en utilisant des connecteurs logiques de l'exercice 2.

● Vers le Bac

> Corpus BAC, p. 239

S'ENTRAÎNER AU COMMENTAIRE

> Rédiger l'introduction

Sujet Vous commenterez ce poème de Ronsard.

Je vous envoie un bouquet, que ma main
Vient de trier de ces fleurs épanies[1] ;
Qui ne les eût à ce vêpre[2] cueillies,
Chutes[3] à terre elles fussent demain.

Cela vous soit un exemple certain,
Que vos beautés, bien qu'elles soient fleuries,
En peu de temps cherront[3] toutes flétries,
Et, comme fleurs, périront tout soudain.

Le temps s'en va, le temps s'en va, ma Dame,
Las ! le temps non, mais nous nous en allons,
Et tôt serons étendus sous la lame,

Et des amours, desquelles nous parlons,
Quand serons morts, n'en sera plus nouvelle :
Pour ce aimez-moi, cependant[4] qu'êtes belle.

Pierre de Ronsard, *Continuation des Amours* (1555),
orthographe modernisée par les auteurs du manuel

1. Épanouies. – 2. Soir. – 3. Du verbe choir (tomber). – 4. Pendant que.

Rédigez l'introduction de ce commentaire, en sélectionnant parmi vos connaissances (sur l'auteur, l'œuvre, le mouvement littéraire) celles qui peuvent être utiles à l'analyse du texte. Vous annoncerez le plan suivant :

I. L'analogie entre la femme et la fleur
II. La méditation sur le temps

S'ENTRAÎNER À LA DISSERTATION

> Élaborer le plan

Sujet Est-il plus efficace d'argumenter par le biais du rire et de l'ironie ?

Préparez le plan de cette dissertation, en vous aidant des questions suivantes :

a. Quelle thèse est suggérée par cette question ?
b. Par quel autre biais que le rire et l'ironie est-il possible d'argumenter ? Quelle pourra donc être votre antithèse ?
c. Êtes-vous plutôt convaincu par la thèse ou l'antithèse implicite ? Laquelle défendrez-vous par conséquent dans la dernière partie de votre devoir ?
d. Quels arguments et quels exemples peuvent défendre chacune de ces deux thèses ?

S'ENTRAÎNER À L'ÉCRITURE D'INVENTION

> Analyser un sujet

Sujet À la manière d'Érasme dans l'*Éloge de la folie*, composez l'éloge paradoxal d'un trait de caractère habituellement méprisé. Vous donnerez pour cela la parole à une allégorie de ce trait de caractère, comme le fait Érasme.

Préparez ce devoir en répondant aux questions suivantes :

a. Qu'est-ce qu'un éloge paradoxal ?
b. Quels traits de caractère pourront faire l'objet d'un tel éloge ?
Choisissez l'un de ces traits de caractère. Quels arguments pourrez-vous utiliser pour en faire l'éloge ?
c. Qu'est-ce qu'une allégorie ?
d. Qui devra être l'énonciateur dans votre production écrite ?

Lire un texte humaniste

Énonciation personnelle caractéristique du genre de l'essai.

Leçon de relativisme culturel, sous la forme d'un aphorisme.

Argument d'analogie renvoyant à quelque chose de concret et familier, dans un but didactique.

Référence à un auteur antique pour étayer l'argumentation (argument d'autorité).

Michel de Montaigne, « Des Cannibales », *Essais*, I, 30 (1580-1595)

Or je trouve, pour revenir à mon propos, qu'il n'y a rien de barbare et de sauvage en cette nation[1], à ce qu'on m'en a rapporté : sinon que chacun appelle barbarie, ce qui n'est pas de son usage. Comme de vrai nous n'avons autre mire[2] de la vérité, et de la raison, que l'exemple et idée des opinions et usances[3] du pays où nous sommes. Là est toujours la parfaite religion, la parfaite police[4], parfait et accompli usage de toutes choses. Ils sont sauvages de même, que nous appelons sauvages les fruits, que nature de soi et de son progrès ordinaire a produits : là où à la vérité ce sont ceux que nous avons altérés par notre artifice, et détournés de l'ordre commun, que nous devrions appeler plutôt sauvages. En ceux-là[5] sont vives et vigoureuses, les vraies, et plus utiles et naturelles, vertus et propriétés ; lesquelles nous avons abâtardies en ceux-ci[6], les accommodant au plaisir de notre goût corrompu. Et si pourtant[7] la saveur même et délicatesse se trouve à notre goût même excellente à l'envi des nôtres[8], en divers fruits de ces contrées là, sans culture : ce n'est pas raison[9] que l'art gagne le point d'honneur sur notre grande et puissante mère nature. Nous avons tant rechargé la beauté et richesse de ses ouvrages par nos inventions, que nous l'avons du tout étouffée. Si est-ce que[10] partout où sa pureté reluit, elle fait une merveilleuse honte à nos vaines et frivoles entreprises.

Et veniunt hederæ sponte sua melius,
Surgit et in solis formosior arbutus antris,
Et volucres nulla dulcius arte canunt.[11]

Tous nos efforts ne peuvent seulement arriver à représenter le nid du moindre oiselet, sa contexture, sa beauté, et l'utilité de son usage : non pas la tissure de la chétive araignée.

Orthographe modernisée par les auteurs du manuel

1. Il s'agit des Indiens d'Amérique. – 2. Point de mire, référence. – 3. Coutumes. – 4. Système de gouvernement. 5. Les fruits naturels. – 6. Les fruits cultivés. – 7. Et pourtant. – 8. Plus que dans les nôtres (fruits). 9. Il n'y a pas de raison. – 10. Néanmoins. – 11. Properce, *Élégies* : « Le lierre pousse mieux de lui-même, / L'arbousier pousse plus beau dans les antres solitaires, / Et le chant des oiseaux est plus beau parce qu'il est sans art. »

Questions

1. Montrez que l'organisation du texte s'articule sur les deux adjectifs : « barbare » et « sauvage ».
2. Quelle est l'étymologie latine du mot « sauvage » ? Comment Montaigne tire-t-il parti du double sens (étymologique et commun) de ce mot ?
3. Sur quelle analogie s'appuie l'argumentation de Montaigne pour défendre les peuples d'Amérique ? Quelles conclusions l'auteur dégage-t-il de cette analogie ?
4. D'après Montaigne, la culture est-elle supérieure à la nature, ou l'inverse ? Quels arguments et quels exemples utilise-t-il pour étayer sa thèse ?

Synthèse : montrez que dans ce texte Montaigne développe une thèse que l'on peut qualifier d'« humaniste ».

Tester ses connaissances sur l'humanisme

1 Associez chacune de ces œuvres à son auteur.

Essais	Rabelais
Pantagruel	More
Les Regrets	Érasme
Utopie	Du Bellay
Éloge de la folie	Ronsard
Sonnets pour Hélène	Montaigne

2 À quel humaniste est emprunté chacun de ces aphorismes : Érasme, Rabelais ou Montaigne ?

a. « Rire est le propre de l'homme. »

b. « Chacun appelle barbarie ce qui n'est pas de son usage. »

c. « Rien n'est plus sot que de traiter avec sérieux de choses frivoles ; mais rien n'est plus spirituel que de faire servir les frivolités à des choses sérieuses. »

d. « Nous troublons la vie par le soin de la mort, et la mort par le soin de la vie. »

e. « De vin divin on devient. »

f. « Science sans conscience n'est que ruine de l'âme. »

3 Qui suis-je ?

a. Je suis originaire d'Anjou. J'ai défendu la langue française dans un texte resté célèbre.

b. Je suis un célèbre géant. J'ai lutté contre Picrochole et son armée, et fondé l'abbaye de Thélème.

c. On m'appelle en latin « Stultitia ». C'est moi qui domine le monde, contrairement aux apparences.

d. Je suis un humaniste britannique. Mon œuvre principale a inspiré des romans comme *1984* de George Orwell ou *Le Meilleur des mondes* de Aldous Huxley.

e. Je suis considéré comme « le prince des poètes ». Mon œuvre s'inspire de la poésie de Pétrarque.

f. Je suis un artiste italien très célèbre. J'ai réalisé la fresque de la Chapelle Sixtine.

4 Parmi les idées suivantes, retrouvez celles des humanistes.

a. Un bon éducateur doit faire répéter ses leçons à l'enfant, car il finira par les assimiler, même s'il ne les comprend pas tout de suite.

b. L'homme doit être placé au centre de la réflexion.

c. La foi véritable se vit personnellement, dans la prière et la lecture de la Bible.

d. La religion relève de la pure superstition.

e. Un bon prince agit avec modération et tolérance.

f. La monarchie absolue doit être abolie.

g. Une éducation saine épanouit l'esprit et le corps.

h. La langue française n'est pas aussi riche que la langue latine.

5 Indiquez si chacune des propositions suivantes est vraie ou fausse. Justifiez.

a. Après avoir écrit la vie de Pantagruel, Rabelais raconte celle de son fils dans *Gargantua*.

b. Dans *Éloge de la folie* Érasme fait lui-même l'éloge de la folie.

c. Montaigne a retravaillé ses *Essais* jusqu'à sa mort.

d. L'œuvre de Thomas More, *L'Utopie*, décrit l'organisation sociale d'un peuple découvert en Amérique.

e. Ronsard a composé des poèmes en hommage à une femme nommée Laure.

f. Du Bellay critique la corruption qui règne au Vatican dans *Les Antiquités de Rome*.

6 Quel roman humaniste Gustave Doré illustre-t-il ci-dessous ?

Gravure de Gustave Doré réalisée en 1854.

LE BAROQUE

Pierre Paul Rubens, *Échange des deux princesses de France et d'Espagne sur le fleuve Bidassoa à Hendaye, le 9 novembre 1615* (XVIIe siècle), huile sur toile (295 x 384 cm). Musée du Louvre, Paris.

Lecture d'image

1. Étudiez la composition du tableau : quels éléments contribuent à théâtraliser la scène ?
2. Identifiez les différents personnages : comment le peintre a-t-il transformé cet épisode historique ?
3. Comment rois et princesses sont-ils mis en valeur ? Décrivez leur attitude.
4. Fruits, fleurs, angelots, couleurs : quelle impression ce tableau crée-t-il chez celui qui le regarde ?

Qu'est-ce que le baroque ?

Origine et évolution

- C'est au XIXe siècle que le terme « baroque » (nom issu du portugais *barroco* qui signifie « perle de forme irrégulière ») désigne un mouvement qui en littérature, architecture, sculpture et musique privilégie un style ornementé.
- Ce mouvement se répand en Europe (Italie, France, Allemagne, Espagne) au début du XVIIe siècle, resurgit au XVIIIe siècle avec le rococo, s'affirmant comme une libération de l'imagination et des émotions et comme un refus de toute codification des genres.
- Suite aux guerres de religion et à l'instabilité politique, des interrogations métaphysiques et artistiques animent la scène culturelle européenne et rompent avec l'austérité des réformistes religieux.

Genres privilégiés

Le théâtre (pastorale, tragi-comédie, pièces à machines), la poésie (ode, stance, épigramme), le roman.

Particularités d'écriture

- Antithèses et jeux d'opposition : association des contraires et création d'effets de contrastes (eau/feu…).
- Hyperboles qui poussent le sentiment à son paroxysme.
- Métaphores, comparaisons, allégories qui rapprochent des éléments *a priori* très éloignés les uns des autres pour provoquer l'étonnement.
- Mélange des tonalités, en particulier dans le genre théâtral de la tragi-comédie.
- Burlesque employé parfois pour railler et parodier.
- Théâtre dans le théâtre : mise en abyme de l'illusion théâtrale, construction d'intrigues complexes.

Principaux thèmes

- **Instabilité du monde** : incertitudes des écrivains face à un monde en proie aux bouleversements, aux métamorphoses ; expression du doute.
- **Illusions** : jeux de miroir, déguisements, trompe-l'œil suscitant le vertige.
- **Fugacité du temps** : réflexions sur la condition mortelle de l'homme et l'inconstance du monde.
- **Nature** : source d'inspiration pour des poètes, cadre des amours champêtres de bergers, dans des romans pastoraux.

La préciosité

Mouvement de la deuxième moitié du XVIIe siècle, composé de femmes, la préciosité est à la fois une attitude face à l'amour et à la galanterie, et un style, caractérisé par l'emploi de tournures métaphoriques et emphatiques, allié à une volonté d'exactitude et de pureté dans le langage.

Dates clefs

- **Politique**
  - 1610 Assassinat d'Henri IV
  - 1642 Mort de Richelieu
  - 1643-1651 La Régence d'Anne d'Autriche
  - 1648-1653 La Fronde
- **Société**
  - 1616 Condamnation des théories de Galilée
  - 1623 Construction du château de Versailles
  - 1635 Fondation de l'Académie française
- **Œuvres majeures**
  - 1595 *Le Songe d'une nuit d'été*, Shakespeare
  - 1607-1628 *L'Astrée*, Urfé
  - 1617 *La Solitude*, Saint-Amant
  - 1636 *L'Illusion comique*, Corneille

Cyrano de BERGERAC (1619-1655)

▶ **Comprendre son œuvre**

Écrivain libertin, il est surtout connu pour ses romans, ***L'Autre Monde ou les États et Empires de la Lune*** **(posth. 1657)** et *Les États et Empires du Soleil* **(posth. 1662)**. Ces deux romans construisent des utopies, prétextes à des réflexions philosophiques et scientifiques emblématiques du XVIIe siècle, de l'influence de Gassendi (libertin) et de la découverte copernicienne (héliocentrisme) encore considérée comme une hérésie. Cyrano de Bergerac est aussi l'auteur d'une comédie, ***Le Pédant joué*** **(1654)** dont Molière s'inspire pour *Les Fourberies de Scapin*. Sa tragédie ***La Mort d'Agrippine*** **(1653, publ. 1654)** est presque aussitôt interdite pour son caractère trop libertin. Dans ses lettres, il manifeste son goût pour les pointes, les jeux de mots et les antithèses baroques.

Pierre CORNEILLE (1606-1684)

▶ **Comprendre son œuvre**

Avocat de profession, parallèlement, Pierre Corneille compose des poèmes et des comédies. Ses études jésuites ont fortement marqué son œuvre dramatique, par le choix de sujets antiques et sa confiance en l'homme. Ses premières pièces suivent les genres à la mode : des comédies enlevées (***La Place Royale*, 1634**), des tragi-comédies comme la pièce baroque ***L'Illusion comique*** **(1636)**, et des pièces à machines avec ***Médée*** **(1635)** qui lui fait connaître la gloire. La pièce du ***Cid*** **(1637)**, à l'origine une tragi-comédie, provoque de nombreuses critiques car elle ne respecte pas la règle des trois unités, la vraisemblance et les bienséances. La querelle qui suit marque une rupture dans son théâtre : Corneille, par la suite, compose des tragédies plus classiques comme ***Horace*** **(1641)**. Le héros cornélien est en proie à un dilemme qui oppose devoir et amour.

Gian Lorenzo Bernini dit LE BERNIN (1598-1680)

▶ **Comprendre son œuvre**

Sculpteur florentin parti s'installer à Rome, Le Bernin est considéré comme le créateur de la sculpture baroque. Il est l'auteur de nombreux portraits de papes (***Scipion Borghèse*, 1622**), et d'une vaste œuvre décorative pour les places (***Fontaine des Quatre-Fleuves*, place Navone de Rome, 1648-1651**), les tombeaux des papes, et les églises romaines. Ses sculptures illustrent sa quête de l'effet dynamique avec des colonnes torses, des statues posées au sommet, et un jeu contrasté sur la matière. Formé au maniérisme et à la sculpture hellénistique, héritier de Michel-Ange, il témoigne d'une grande virtuosité dans son rendu des tissus, des cheveux et de la chair, choisissant de montrer ses personnages en mouvement, les yeux levés, les lèvres ouvertes, les bras tendus, comme dans sa sculpture d'inspiration mythologique ***Apollon et Daphné*** **(1622-1624)** montrant le moment de la métamorphose de Daphné en arbre.

REMBRANDT (1606-1669)

▶ **Comprendre son œuvre**

Peintre et graveur hollandais, Rembrandt acquiert très tôt une grande renommée, et répond à de nombreuses commandes. Critiqué à son époque pour son style de peinture, juxtaposant des couches de peintures fondues, il cherche à représenter la réalité sans idéalisation, sans l'outrance qui caractérise la peinture baroque de son siècle. Les nombreux **Autoportraits** qu'il a laissés constituent autant de témoignages sur sa vie qui soulignent les détails du visage, de la tenue et du regard, amplifiés par un jeu de clair-obscur. S'inspirant autant de sujets religieux que mythologiques, historiques ou intimes, il produit un grand nombre de portraits, comme celui de son épouse Saskia (***Saskia en Flore*, 1634**), ainsi que des grandes compositions bibliques (***Le Sacrifice d'Abraham*, 1635**). Il transforme le genre du portrait de groupe, dans lequel chaque personnage occupe une place importante pour l'action représentée (***La Ronde de nuit*, 1642**).

Pierre-Paul RUBENS (1577-1640)

▶ **Comprendre son œuvre**

Peintre flamand, Paul Rubens représente le baroque nordique, et s'illustre surtout comme l'un des grands peintres décorateurs du XVIIe siècle. Il peint les palais et décore les plus grandes villes d'Europe, illustrant l'actualité politique de son temps (***Entrée triomphale d'Henri IV à Paris*, 1627-1630**). Formé à la peinture des grands maîtres italiens comme Véronèse ou Titien, il invente une nouvelle esthétique : des formes opulentes et généreuses représentées en mouvement. Dans des tonalités chaudes, dorées et nacrées, sa peinture s'inspire de sujets mythologiques, ***Les Trois Grâces*** et religieux ***Descente de Croix*** **(1610)**. Refusant la netteté des contours, il recouvre ses formes d'ombres et de reflets transparents.

SAINT-AMANT (1594-1661)

▶ **Comprendre son œuvre**

Marin et poète voyageur, Saint-Amant fréquente l'Hôtel de Rambouillet à Paris et participe à ses jeux littéraires. Déconsidéré par la critique, il compte pourtant parmi les plus grands poètes baroques et entre à l'Académie française. Il est l'auteur d'une idylle héroïque, poème racontant les aventures merveilleuses du héros éponyme de ***Moïse sauvé*** **(1647-1653)**. Il compose aussi des poèmes variés très souvent descriptifs, inspirés de l'Italien Marino, qui comportent des images inattendues et exagérées. Son ode, ***La Solitude*** **(1617)** chante les émotions du poète face à une nature sauvage en mouvement.

Paul SCARRON (1610-1660)

▶ Comprendre son œuvre

Marié à Françoise d'Aubigné, la future Mme de Maintenon et épouse du roi Louis XIV, Paul Scarron est auteur de comédies burlesques. Il s'illustre par un comique verbal et bouffon dans des pièces comme ***Jodelet ou le Maître valet*** **(1645)** ou ***Don Japhet d'Arménie*** **(1653)**. Son ouvrage le plus connu reste surtout le ***Roman comique*** **(1651-1657)**, qu'il écrit en contrepoint aux romans sentimentaux en vogue à l'époque; il enchâsse de multiples histoires d'amour dans des scènes hautement comiques, notamment avec le personnage du nain Ragotin, double ridicule de Scarron lui-même. Il compose aussi une parodie de l'*Énéide* avec ***Le Virgile travesti*** **(1648-1652)**.

TRISTAN L'HERMITE (1601-1665)

▶ Comprendre son œuvre

Tristan L'Hermite est surtout connu comme auteur d'un roman autobiographique, ***Le Page disgracié*** **(1643)** inspiré par les récits de formation et la littérature picaresque. Mais il connaît aussi une grande renommée en tant qu'auteur dramatique, avec sa tragédie en vers, ***Marianne*** **(1636)** qui détrône le *Cid* de Corneille joué en décembre 1636. Il compose aussi des recueils poétiques s'illustrant par une forte musicalité avec des poèmes aux tonalités variées, allant du burlesque au lyrisme amoureux. « Le Promenoir des deux amants », ode qui paraît dans le recueil ***Les Amours de Tristan*** **(1638)**, sera mise en musique par le compositeur Claude Debussy (1862-1918).

Honoré d'URFÉ (1567-1625)

▶ Comprendre son œuvre

Engagé dans les luttes politiques qui frappent le début du XVIIe siècle, Honoré d'Urfé est aussi l'un des plus célèbres écrivains du mouvement baroque. Son roman ***L'Astrée***, composé de six parties (publiées en **1607**, **1610**, **1619**, **1627**, et **1628**), a un succès retentissant dans toute l'Europe, il est même traduit en plusieurs langues, et lance la mode des romans pastoraux. Le cadre choisi, la plaine du Forez (au nord de Saint Etienne), voit éclore l'amour des bergers Astrée et Céladon. L'intrigue fourmille de péripéties et de rebondissements, ce qui a fait de ***L'Astrée*** le premier « roman fleuve » de la littérature française. Véritable dissertation sur l'amour (inconstance, jalousie, doutes…), ce roman explore aussi les thèmes de la justice et de la paix.

Théophile de VIAU (1590-1626)

▶ Comprendre son œuvre

Tournant le dos à son éducation protestante, Théophile de Viau épouse une philosophie libertine, et compose un poème érotique publié dans un recueil de vers licencieux. Condamné pour impiété et « mœurs indignes » à être brûlé vif (1623), il échappe à la mort mais passe les dernières années de sa vie en prison. Il est l'auteur d'une tragédie racontant les amours de ***Pyrame et Thisbé*** **(1621)** qui remporte un vif succès, il compose des satires, et également des sonnets et élégies chantant sa condition malheureuse et l'amour. Mais c'est surtout avec ses odes intimes et personnelles (***La Solitude*, 1620**; ou ***Le Matin*, 1621** par exemple) qui célèbrent le mouvement, l'instabilité, et la nature qu'il connaît la gloire auprès de ses contemporains.

Antonio VIVALDI (1678-1741)

▶ Comprendre son œuvre

Vivaldi, compositeur italien, est très tôt initié au violon, puis à l'orgue. Entré dans les ordres et surnommé « Le prêtre roux », il se consacre à la composition d'œuvres instrumentales, puis d'opéras. Vivaldi appartient à la dernière génération de compositeurs baroques. Ses premières compositions sont essentiellement religieuses et instrumentales (ses douze concertos pour violon et les ***Quatre Saisons*** en 1725 triomphent), puis il se consacre à l'opéra (***Orlando furioso*, 1727**), pièces alternant récitatifs, accompagnés du clavecin, et airs, où l'orchestre est plus présent.

Vincent VOITURE (1597-1648)

▶ Comprendre son œuvre

Poète et habitué de l'Hôtel de Rambouillet, entré à l'Académie française en 1634, Vincent Voiture connaît une grande renommée dans la société mondaine et littéraire de son temps. Il s'amuse volontiers avec les jeux de mots et les équivoques. La dimension spirituelle de ses poésies (***Œuvres*, posth. 1650**), sa langue précieuse et affectée, et son art du badinage sont au cœur de véritables controverses et querelles littéraires qui durent jusqu'à la fin du XVIIe siècle.

OBJET D'ÉTUDE 1re **Le texte théâtral et sa représentation**

1 UNE COMÉDIE AUX TONS VARIÉS

Dom Juan et son valet Jodelet se rendant chez Isabelle voient un homme s'échapper par la fenêtre.

[...]

DOM JUAN : Je suis né dans Burgos, pauvre mais d'une race
Exempte jusqu'à moi de honte et de disgrâce.
JODELET : Fort bien.
DOM JUAN : À mon retour de la guerre à Burgos
Je me trouve attaqué de deux différents maux :
Le meurtre de mon frère, et ma sœur enlevée,
Quoique soigneusement dans l'honneur élevée,
Me causent un chagrin qui n'eut jamais d'égal.
JODELET : Fort mal, fort mal, fort mal, et quatre fois fort mal !
DOM JUAN : Dom Fernand me choisit pour époux [d'Isabelle ;
Ton portrait pour le mien est reçu de la belle.
JODELET : Pas trop mal !
DOM JUAN : Nous traitons cette affaire sans bruit,
Et je pars pour Madrid où j'arrive de nuit.
JODELET : Un peu mal !
DOM JUAN : Sans songer à me chercher un gîte,
Mon amour droit ici m'amène.
JODELET : Un peu trop vite !
[...]

Paul Scarron, *Jodelet ou le Maître valet*,
Acte I, Scène 3, vers 219 à 232 (1645)

a. Étudiez les paroles de Dom Juan : quel intérêt présentent-elles pour le spectateur ?
b. Quels éléments rendent Dom Juan attachant ?
c. Quel effet produisent les répliques de Jodelet sur le spectateur ? Quelles indications scéniques pourriez-vous donner au comédien interprétant ce personnage ?
Pour conclure : quels sentiments divers ce dialogue fait-il naître chez le spectateur ?

2 LE SPECTACLE DES PIÈCES À MACHINES

Fille maudite de Céphée, aimée de Phinée, Andromède est destinée à un monstre marin. Eole et huit vents descendent du ciel, dans un roulement de tonnerre.

[...]

ÉOLE (*au milieu de l'air*) : Téméraire mortel, n'en dis [pas davantage,
Tu n'obliges que trop les Dieux à te haïr :
Quoi que pense attenter l'orgueil de ton courage,
Ils ont trop de moyens pour se faire obéir.
Connais-moi pour ton infortune,
Je suis Éole, roi des vents.
Partez, mes orageux suivants,
Faites ce qu'ordonne Neptune.

Ce commandement d'Éole produit un spectacle étrange et merveilleux tout ensemble. Les deux vents qui étaient à ses côtés suspendus en l'air s'envolent, l'un à gauche et l'autre à droite ; deux autres remontent avec lui dans le ciel sur le même nuage qui les vient d'apporter ; deux autres, qui étaient à sa main gauche sur les ailes du théâtre, s'avancent au milieu de l'air, où ayant fait un tour, ainsi que deux tourbillons, ils passent au côté droit du théâtre, d'où les deux derniers fondent sur Andromède et l'ayant saisie chacun par un bras, ils l'enlèvent de l'autre côté jusque dans les nues.

ANDROMÈDE : O Ciel !
CÉPHÉE : Ils l'ont saisie, et l'enlèvent en l'air.
PHINÉE : Ah ! ne présumez pas ainsi me la voler :
Je vous suivrai partout malgré votre surprise.

Pierre Corneille, *Andromède*,
Acte II, Scène 5, vers 750 à 760 (1650)

a. Comment le texte théâtral souligne-t-il la majesté du dieu qui apparaît ? Répondez en vous appuyant sur les paroles et les indications scéniques.
b. Quelles contraintes impose la représentation de cette scène ?
Pour conclure : pourquoi ce genre de pièce de théâtre, dite « à machines », a-t-elle pu combler les attentes des spectateurs ?

3 UNE TIRADE FANTASTIQUE

La bergère Silvanire raconte son rêve à son ami Tirinte.

[...]

SILVANIRE : Pour te le faire court, il m'a semblé, Tirinte,
Que nous étions tous deux au fond d'un labyrinthe
Qui dedans ses erreurs et ses chemins perdus
Avec nos jugements a nos pas confondus ;
Ayant passé du jour la meilleure partie
À chercher les moyens d'une heureuse sortie,
Nous trouvons un sépulcre* ombragé de cyprès
Au bord d'un bel étang qui dormait tout auprès ;
À l'aspect de cette eau qu'on eût considérée
Comme le seul plaisir d'une bouche altérée,
Approche, m'as-tu dit, Silvanire, et viens voir
Celle qui sur Tirinte a le plus de pouvoir.
Là presque malgré moi jetant les yeux sur l'onde,
J'aperçois des objets les plus affreux du monde ;
Quantité de serpents et d'énormes poissons,
De ce perfide étang monstrueux nourrissons,
Ont sauté hors des flots, et la gueule béante
M'ont soufflé le venin d'une haleine puante ;
Soudain le cœur me bat, j'ai des frémissements
Suivis de maux de tête et de vomissements ;

De l'esprit et du corps la souffrance inouïe
Me presse tant qu'enfin je tombe évanouie ;
En quelques temps après, mes syncopes passées,
Je me trouve vivante au rang des trépassés ;
[…]

Jean Mairet, *Silvanire, ou la Morte vive*, Acte II, Scène 2 (1631)

* Tombeau.

a. Quel sentiment ce récit inspire-t-il ?
b. Comment le spectateur est-il amené à participer au rêve de Silvanire ? Observez en particulier les verbes.
c. Pourquoi le songe narré par Silvanire peut-il renvoyer à l'esthétique baroque ?
Pour conclure : quel intérêt un tel récit peut-il présenter au théâtre ?

4 DES DÉCORS BAROQUES

Lisez ces notes de mise en scène.

***L'Amaranthe* (1631), pastorale de Jean Ogier de Gombauld**

Au premier acte et première scène, l'on fait paraître l'Aurore dans un char et sur un pivot tirée par des chevaux ; des rossignols ; mais, au commencement de la pièce, il faut une nuit. Il faut que le théâtre soit tout en pastorale, antres, verdure et fleurs ; un myrte en arbre où l'on lie un berger, un bois. Des dards, des carquois, des arcs, des flèches, des houlettes[1], un carcan[2] et deux chapeaux de fleurs.

1. Instrument du berger qui sert à guider. – 2. Sorte de collier.

***La Bague de l'oubli* (1635), tragi-comédie de Jean de Rotrou**

Il faut un palais, au milieu du théâtre, qui soit en rotonde avec des balustres[1]. Il faut une chambre garnie d'une table avec un tapis dessus, un tableau dans la chambre, un bassin à laver avec une aiguière[2] ou vase, une serviette. Pour l'autre côté du théâtre, il faut qu'il y ait une grotte, fontaine, jardin, fleurs. À côté du jardin et du palais, il faut un échafaud tendu de noir qui soit caché ; il s'ouvre au cinquième acte, à la première scène.

Le Mémoire de Mahelot, Laurent et d'autres décorateurs de l'Hôtel de Bourgogne et de la Comédie-Française au XVIIe siècle, Université de Toronto, orthographe modernisée par les auteurs du manuel

1. Colonnettes. – 2. Vase qui sert à la toilette.

a. À qui ces indications sont-elles destinées ?
b. Pastorale et tragi-comédie possèdent-elles une unité de lieu ?
c. Quelles sont les contraintes respectives de ces deux genres pour la représentation ?
Pour conclure : quelles sont les caractéristiques de la pastorale et de la tragi-comédie ?

5 L'ILLUSION THÉÂTRALE

Le magicien Alcandre a dévoilé aux yeux de Pridamant la destinée de son fils, Clindor, qui s'était enfui. Il vient de lui montrer sa mort, en prison.

[…]

Ici, on relève la toile, et tous les comédiens paraissent avec leur portier, qui comptent de l'argent sur une table, et en prennent chacun leur part.

PRIDAMANT : Que vois-je ? chez les morts compte-t-on [de l'argent ?
ALCANDRE : Voyez si pas un d'eux s'y montre négligent.
PRIDAMANT : Je vois Clindor ! ah Dieux ! quelle étrange [surprise !
Je vois ses assassins, je vois sa femme et Lyse !
Quel charme en un moment étouffe leurs discords[1],
Pour assembler ainsi les vivants et les morts ?
ALCANDRE : Ainsi tous les acteurs d'une troupe comique,
Leur poème récité, partagent leur pratique :
L'un tue, et l'autre meurt, l'autre vous fait pitié ;
Mais la scène préside à leur inimitié[2].
Leurs vers font leurs combats, leur mort suit leurs [paroles
Et, sans prendre intérêt en pas un de leurs rôles,
Le traître et le trahi, le mort et le vivant,
Se trouvent à la fin amis comme devant.
[…]

Pierre Corneille, *L'Illusion comique*, Acte V, Scène 5, vers 1611 à 1624 (1636)

1. Dispute. – 2. Hostilité.

a. Pourquoi peut-on parler d'un « coup de théâtre » ?
b. Quelle définition Alcandre donne-t-il du théâtre ? Repérez les procédés de généralisation dans sa réplique.
c. Par quels procédés stylistiques Corneille montre-t-il le paradoxe du théâtre ?
Pour conclure : à la lumière de cet extrait, comment comprenez-vous le titre, *L'Illusion comique* ?

SYNTHÈSE Le théâtre baroque

Genres dramatiques	Principaux registres	Principaux procédés
• Comédie • Pastorale • Tragédie à machines • Tragi-comédie	• Comique • Fantastique • Tragique	• Antithèses • Hyperboles • Répétitions

OBJET D'ÉTUDE 1re **Écriture poétique et quête du sens**

1 DESCRIPTIONS FANTASTIQUES DANS L'ODE

Poème A

Un corbeau devant moi croasse,
Une ombre offusque mes regards,
Deux belettes, et deux renards,
Traversent l'endroit où je passe;
Les pieds faillent à mon cheval,
Mon laquais tombe du haut mal,
J'entends craqueter le tonnerre,
Un esprit se présente à moi,
J'ois Charon* qui m'appelle à soi,
Je vois le centre de la terre.

Ce ruisseau remonte en sa source,
Un bœuf gravit sur un clocher,
Le sang coule de ce rocher,
Un aspic s'accouple d'une ourse,
Sur le haut d'une vieille tour
Un serpent déchire un vautour,
Le feu brûle dedans la glace,
Le Soleil est devenu noir,
Je vois la Lune qui va choir,
Cet arbre est sorti de sa place.

Théophile de Viau, *Œuvres* (1621), orthographe modernisée par les auteurs du manuel

* Passeur des Enfers.

Poème B

[…] Par un triste changement
Que produisent les ténèbres,
Les bois et les éléments
Ont pris des habits funèbres.
Je suis comme dans un four;
Que la nuit est peu sereine;
Plût aux bons dieux qu'il fît jour
Et que je fusse en Lorraine,
Dussé-je y vivre en la peine
D'y mourir bientôt d'amour.

Une ronce m'a piqué,
Sous mes pas la terre tremble,
Et mon cheval a manqué
Des quatre pieds tout ensemble.
Nous voilà tout embourbés
En une mare invisible:
Mes pistolets sont tombés,
Par cette chute terrible;
Et quelque lutin possible
Me les aura dérobés. […]

Tristan L'Hermite, *Vers héroïques* (1648), orthographe modernisée par les auteurs du manuel

a. **En comparant la structure métrique des poèmes, définissez le genre de l'ode.**
b. **Quelle figure de style parcourt la deuxième strophe du poème de Viau ? Quel est l'effet produit ?**
c. **Quels thèmes Tristan l'Hermite reprend-il ? Quelle image nous donne-t-il de lui ?**
Pour conclure : comment les deux poètes créent-ils un monde fantastique ?

2 LA DESCRIPTION DANS LE SONNET ET L'ÉPIGRAMME

L'hiver des Alpes

Ces atomes de feu qui sur la neige brillent,
Ces étincelles d'or, d'azur et de cristal
Dont l'hiver, au soleil, d'un lustre oriental
Pare ses cheveux blancs que les vents éparpillent;

Ce beau coton du ciel de quoi les monts s'habillent,
Ce pavé transparent fait du second métal[1]
Et cet air net et sain, propre à l'esprit vital,
Sont si doux à mes yeux que d'aise ils en pétillent.

Cette saison me plaît, j'en aime la froideur;
Sa robe d'innocence et de pure candeur
Couvre en quelque façon les crimes de la terre.

Aussi l'Olympien[2] la voit d'un front humain;
Sa colère l'épargne, et jamais le tonnerre
Pour désoler ses jours ne partit de sa main.

Saint-Amant, *Œuvres* (1643), orthographe modernisée par les auteurs du manuel

1. L'argent. – 2. Zeus, dieu habitant le mont Olympe.

De l'hiver du nord

Que l'air en cette ville est cruel en Décembre,
Encore qu'il s'y montre et lumineux et beau:
Lorsqu'on y veut le soir vider un pot de chambre,
On y commet un meurtre, et le sang vient de l'eau.

Saint-Amant, *Dernier recueil de diverses poésies* (1658), orthographe modernisée par les auteurs du manuel

a. **Quel est le thème commun de ces deux poèmes ?**
b. **Quels jugements chaque poète porte-t-il sur cette saison ?**
c. **Quelles images parcourent le premier poème ? Quelles impressions contribuent-elles à créer ?**
d. **Quels procédés stylistiques apparaissent dans le dernier vers de l'épigramme ? Quel est l'effet produit ?**
Pour conclure : montrez que les deux formes poétiques employées correspondent à des intentions différentes du poète.

3 L'EXPRESSION DES SENTIMENTS DANS LES STANCES

Poème A

Stances pour une grande Dame

Tibre, le plus fameux des fleuves,
Qui caché parmi des roseaux,
As vu sur le bord de tes eaux,
Et la mort des Vainqueurs, et les larmes des Veuves.

Vis-tu jamais de beauté triste,
Conserver tant de majesté,
Tant de grâce, et tant de fierté,
Que l'on en voit briller, dans les yeux de Caliste ?

Dieux, que sa douleur a de charmes,
En se plaignant du sort fatal !
Tibre, ton urne de cristal
Est un vase trop laid, pour de si belles larmes. [...]

Georges de Scudéry, *Poésies diverses* (1649)
orthographe modernisée par les auteurs du manuel

Poème B

Stances du chevalier trahi par sa maîtresse

[...]
Elle a changé mon feu, la volage qu'elle est,
Pour une moindre flamme,
Pour faire voir à tous qu'elle est femme en effet,
Et que c'est qu'une femme.

Mais devais-je prétendre en cet esprit léger
Amour moins passagère ?
Car puisqu'elle était femme, il fallait bien juger
Qu'elle serait légère.

L'onde est moins agitée, et moins léger le vent,
Moins volage la flamme,
Moins prompt est le penser que l'on va concevant
Que le cœur d'une femme...

Honoré d'Urfé, *L'Astrée*, III, 6 (1607)
orthographe modernisée par les auteurs du manuel

a. Quels jugements les deux locuteurs portent-ils sur les femmes ?
b. Quelles relations les poètes établissent-ils entre les femmes et la nature ?
c. Quels sont les mètres employés dans ces poèmes ? Quels effets produisent leur alternance ?
Pour conclure : comment le choix des stances permet-il d'accentuer les sentiments du locuteur ?

4 UNE PROSE POÉTIQUE

Métamorphose de Julie en diamant

En la partie du monde où le soleil se lève, et où le ciel engendre les pierres précieuses, naquit, par un miracle, une Naïade* la plus accomplie que les dieux eussent jamais faite : et la mer n'avait jamais rien vu de si beau, non pas même le jour qu'elle fit naître Vénus. Neptune, pour l'amour d'elle, donna de la jalousie à Thétis et à toutes les nymphes de l'Océan. Mais lassé de ses mépris, il la changea en une pierre que les Grecs appellent unique, ou diamant. Comme elle fut incomparablement belle, d'un esprit divin, insensible, opiniâtre et impérieuse, cette pierre a une beauté qui efface toutes les autres, un feu qui semble venu du ciel ; elle ne se peut rompre par nulle force ; elle résiste au fer et au feu, et elle monte jusque sur la tête des rois. Comme elle fut aimée de tous ceux qui la connurent, les grands et les petits l'aiment encore, et elle est désirée de tout le monde. Enfin, le ciel et la terre ne font rien de si parfait, et les hommes ne connaissent aucune chose de si grand prix.

Vincent Voiture, *Œuvres* (posth. 1650),
orthographe modernisée par les auteurs du manuel

* Divinité aquatique.

a. Après avoir étudié les temps verbaux employés et leur valeur, indiquez quel type de texte est représenté ici.
b. Quels lieux sont évoqués ? Quelles figures de style l'auteur emploie-t-il pour les désigner ?
c. Relevez les adjectifs qui caractérisent le diamant et précisez leur signification : quelle est l'intention de l'auteur ? Aidez-vous du titre.
d. Par quelles tournures se marque l'exagération dans ce texte ?
e. Relevez dans le texte les références mythologiques : quels rôles jouent-elles ?
Pour conclure : pourquoi ce texte en prose peut-il être considéré comme poétique ?

SYNTHÈSE La poésie baroque

Genres poétique	Principaux registres	Principaux procédés
• Épigramme • Ode • Prose poétique • Sonnet • Stances	• Fantastique • Lyrique • Pathétique	• Antithèses • Hyperboles • Métaphores • Personnification

Vertiges et illusions baroques

De la pluralité des mondes

Cyrano de Bergerac, *L'Autre Monde ou les États et Empires de la Lune* (1657)

– [...] je crois que les planètes sont des mondes autour du Soleil, et que les étoiles fixes sont aussi des soleils qui ont des planètes autour d'eux, c'est-à-dire des mondes que nous ne voyons pas d'ici à cause de leur petitesse, et parce que leur lumière empruntée ne saurait venir jusques à nous. Car comment, en bonne foi, s'imaginer que ces globes si spacieux ne soient que de grandes campagnes désertes, et que le nôtre, à cause que nous y rampons, une douzaine de glorieux coquins, ait été bâti pour commander à tous ? Quoi ! parce que le Soleil compasse nos jours et nos années, est-ce à dire pour cela qu'il n'ait été construit qu'afin que nous ne cognions pas de la tête contre les murs ? Non, non, si ce Dieu visible éclaire l'homme, c'est par accident, comme le flambeau du roi éclaire par accident au crocheteur qui passe par la rue. [...].

Consultez sur le site de la « Cité des Sciences et de l'Industrie » l'exposition « Le Grand récit de l'univers » et ses « Repères en histoire des sciences ».

- Quel modèle est admis avant les théories de Copernic ?
- Quels scientifiques Kepler et Galilée, au XVIIe siècle, ont-ils influencés ?

Andreas Cellarius, « Copernican planisphere », *Harmonia macrocosmica seu atlas universalis et novus totius universi creati cosmographiam generalem et novam exhibens, Amstelodami, apud Ioannem Ianssonium* (1660). British Library, Londres.

Questions

1. Quelle théorie scientifique le narrateur-personnage de *L'Autre monde* explique-t-il ?

2. Comment ridiculise-t-il les théories adverses ?

3. Pourquoi la théorie défendue par le narrateur-personnage dans *L'Autre monde* a-t-elle pu poser problème aux autorités religieuses ?

4. Quelles sont les planètes représentées sur le planisphère ? Comment sont-elles agencées les unes par rapport aux autres ? Qu'indiquent les différents cercles ?

5. De quels instruments les personnages représentés sous le planisphère sont-ils pourvus ? À quoi servent-ils ?

▸ Comment l'« homme baroque » se perçoit-il sur terre et dans l'univers ?

Le théâtre du monde *(theatrum mundi)*

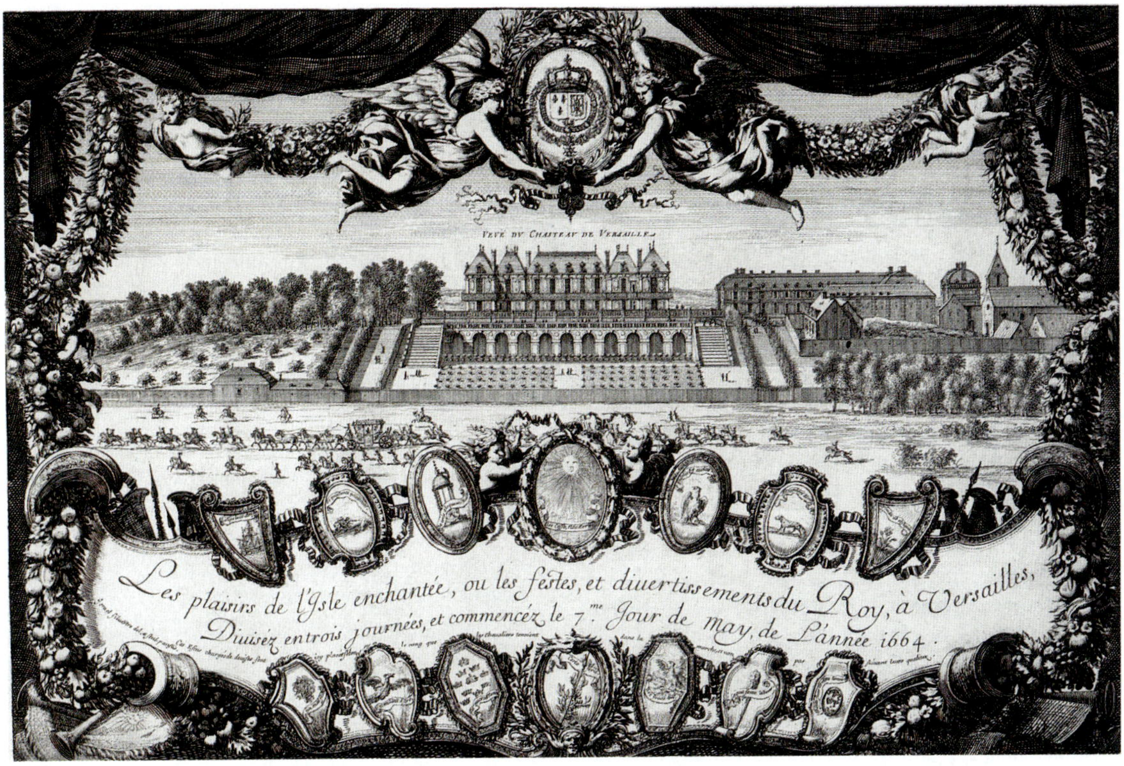

Israël Silvestre, *Les plaisirs de l'île enchantée ou les fêtes et divertissements du Roi à Versailles, divisés en trois journées et commencés le 7e jour de mai de l'année*, estampe (1664).

Miguel de Cervantès, *Don Quichotte* (1605-1615)

[…] « [Les comédiens] nous mettent à chaque pas devant les yeux un miroir où l'on voit au vif les actions de la vie humaine. Il n'y a comparaison qui nous représente plus au naturel ce que nous sommes et ce que nous devons être que la comédie et les comédiens. Car, dis-moi un peu, n'as-tu pas vu quelquefois une comédie où l'on introduit des rois, des empereurs, des papes, des chevaliers, des dames et divers autres personnages ? L'un fait le ruffian, un autre le fripon, celui-ci le marchand, celui-là le soldat ; l'un le simple prudent, et l'autre l'amoureux simple. Et, quand la comédie est achevée et que ces personnages ont dépouillé leurs accoutrements, tous se retrouvent égaux. – Oui, j'ai été quelquefois à la comédie, répondit Sancho. – Pareille chose arrive en la comédie de ce monde, dit Don Quichotte : les uns y font les empereurs, d'autres les papes, et finalement on y voit autant de personnages qu'on en saurait introduire en une comédie. Mais, quand la fin arrive, qui est lorsqu'on achève de vivre, la mort ôte tous les accoutrements qui rendaient les uns différents des autres, et tous demeurent égaux au sépulcre. » […]

Traduction de F. De Rosset, revue par J. Cassou (1949),

Questions

6. Décrivez la gravure :

a. Qu'est-ce qui assimile la vie à un théâtre ?

b. Quels éléments rappellent l'idée de « fête », de « divertissements » ?

c. Quelle représentation du pouvoir donne-t-elle ?

7. Quelles comparaisons Don Quichotte emploie-t-il pour désigner la comédie ? Quelle semble être alors la vocation du théâtre ?

8. Quel jugement Don Quichotte porte-t-il sur le pouvoir ? Pourquoi cette pensée est-elle baroque ?

9. D'après ces documents, pourquoi le monde peut-il être comparé à un théâtre (« *theatrum mundi* », ou « théâtre du monde ») ?

Synthèse

Comment les découvertes scientifiques ont-elles influencé la littérature baroque ?

1 ÉTYMOLOGIE

Associez chacun des mots suivants, employés au XVIIe siècle, à leur sens en français moderne. Vous expliquerez l'évolution qu'a pu connaître le mot, en vous fondant sur son étymologie.

1. fierté	a. violent emportement
2. gêne	b. le fait de trahir la parole donnée, la foi
3. fureur	c. secousse violente
4. étonnement	d. noble courage
5. perfidie	e. tourment

2 FAUX AMIS

Répondez aux questions suivantes en vérifiant le sens des mots en gras à l'époque baroque. Vous pouvez vous aider d'un dictionnaire étymologique.

1. La souffrance amoureuse, au XVIIe siècle, pouvait-elle rendre **débile** ?
2. Pouvait-on qualifier une femme de **superbe** au XVIIe siècle, afin de faire son éloge ?
3. Pourquoi le **mouvement** caractérise-t-il les jeunes gens amoureux ?
4. Si l'on vous déclare au XVIIe siècle que rien ne vous **seconde**, fait-on votre éloge ou souligne-t-on que vous êtes seul au monde ?
5. Quels sont les **ennuis** des jeunes gens amoureux, au XVIIe siècle ?
6. Qu'est-ce qu'un homme **ravi**, au XVIIe siècle ?

3 RÉÉCRITURE

Réécrivez ce texte en français moderne et en prose, en transformant les mots ou expressions en gras employés au XVIIe siècle.

ALCIDOR

Que cette nuit est longue et **fâcheuse à passer** !
Que de sortes d'**ennuis** me viennent **traverser** !
Depuis qu'**un bel objet** a ma raison blessée,
Incessamment je vois **des yeux de ma pensée**
Cet aimable soleil auteur de mon amour,
Qui fait qu'incessamment je pense qu'**il soit jour.**

Honorat de Bueil de Racan, *Les Bergeries*, I, 1 (1632)

4 RACINE COMMUNE

a. **Quelles distinctions le XVIIe siècle opère-t-il entre les mots de chaque liste ?**

b. **Quels sens ces termes ont-ils aujourd'hui ?**

1. amoureux ; amant ; aimable ; amitié – **2.** chagrin (adjectif) ; chagriner – **3.** mirer ; admirer – **4.** charmer ; charmant – **5.** art ; artifice

5 INTRUS

Parmi les mots suivants, déterminez quel est l'intrus et expliquez pourquoi.

fortune – hymen – destinée – funeste – fatalité

6 DÉFINITIONS

Associez chaque mot aux définitions données par Furetière.

1. entendre – 2. aigreur – 3. commerce – 4. amuser – 5. empire – 6. soin

a. Communication & correspondance ordinaire avec quelqu'un.
b. Arrêter inutilement, faire perdre le temps, repaître de vaines espérances.
c. Sollicitude, peine d'esprit, souci.
d. Il se dit figurément pour marquer ce qui déplaît, ce qui offense dans l'esprit, dans l'humeur, dans le discours.
e. Comprendre, concevoir en son esprit, avoir l'intelligence de quelque chose.
f. Commandement, puissance, autorité.

7 DOUBLETS

Les mots suivants sont des doublets : retrouvez leur signification commune au XVIIe siècle et expliquez le sens qu'ils ont actuellement.

1. affection / affectation – **2.** hôpital / hospice – **3.** hymen / hyménée – **4.** fauteuil / faldistoire

8 INSULTES

Les mots suivants correspondent à des insultes que l'on peut trouver au XVIIe siècle, dans des ouvrages burlesques, notamment. Cherchez leur signification.

cuistre – blondin – gredin – gueux – freluquet – fat – hobereau

EXPRESSION ÉCRITE

Sujet 1

Rédigez une scène de pastorale, dans laquelle un berger fait le récit de ses amours à un autre berger. Vous emploierez des mots appris dans les exercices précédents.

Sujet 2

Composez un poème en vers dans lequel vous évoquez vos joies et vos souffrances face à l'être aimé. Vous choisirez, à la rime, des mots issus des exercices précédents insistant sur le contraste des sentiments.

Vers le Bac

> Corpus BAC, p. 239

S'ENTRAÎNER AU COMMENTAIRE

> Commenter un procédé stylistique

Sujet Vous commenterez ce texte de Corneille.

Matamore, soldat fanfaron, s'adresse à Clindor, son valet.

Matamore : […]
D'un seul commandement que je fais aux trois Parques,
Je dépeuple l'État des plus heureux monarques ;
La foudre est mon canon, les destins mes soldats :
Je couche d'un revers mille ennemis à bas.
D'un souffle je réduis leurs projets en fumée ;
Et tu m'oses parler cependant d'une armée !
Tu n'auras plus l'honneur de voir un second Mars :
Je vais t'assassiner d'un seul de mes regards,
Veillaque. Toutefois je songe à ma maîtresse :
Ce penser m'adoucit : va, ma colère cesse,
Et ce petit archer qui dompte tous les dieux
Vient de chasser la mort qui logeait dans mes yeux.
Regarde, j'ai quitté cette effroyable mine
Qui massacre, détruit, brise, brûle, extermine ;
Et, pensant au bel œil qui tient ma liberté,
Je ne suis plus qu'amour, que grâce, que beauté.
[…]

Pierre Corneille, *L'Illusion comique*, II, 2 (1636)

Repérez le procédé stylistique dominant de cette tirade, proposez une interprétation et rédigez un paragraphe de commentaire qui lie ces deux éléments. Aidez-vous des questions suivantes :

a. Quelle figure de style parcourt la tirade de Matamore ? Relevez différents exemples.
b. À quels champs lexicaux est-elle liée ?
c. Qu'est-ce qu'un « matamore » dans la langue courante ?

S'ENTRAÎNER À LA DISSERTATION

> Formuler une problématique

Sujet Selon vous, le théâtre doit-il s'efforcer de représenter fidèlement la réalité ou constituer un véritable spectacle ?

Pour formuler la problématique, analysez le sujet et rattachez-le à vos connaissances sur le théâtre, en vous aidant des questions suivantes :

a. Analysez la formulation du sujet : la question vous invite-t-elle à formuler un avis unique ?
b. Quelle est la dimension du théâtre qui semble privilégiée dans ce sujet : le texte ou sa représentation ?
c. À quelles formes de théâtre du XVIIe siècle le sujet fait-il allusion ? Quels débats rappelle-t-il ?
d. Interrogez-vous sur les fonctions du théâtre et sur le rapport que ce genre entretient avec les spectateurs.

S'ENTRAÎNER À L'ÉCRITURE D'INVENTION

> Respecter la typologie du texte à produire

Sujet Vous entreprenez de composer une anthologie de poèmes baroques qui décrivent un monde vertigineux. Rédigez la préface.

Afin de n'oublier aucune caractéristique du genre à produire, aidez-vous des questions suivantes :

a. Définissez les termes « anthologie » et « préface ». Quelle démarche préalable le sujet invite-t-il à suivre ?
b. Quelle est la situation d'énonciation attendue ? Pouvez-vous vous impliquer personnellement dans votre écrit ?
c. Quelles intentions président à l'écriture d'une préface ?
d. Listez les procédés rhétoriques qui vous permettront d'appuyer votre propos.

Lire un texte baroque

Antoine Girard de Saint-Amant, *Œuvres* (1629)

Dans ce poème, Saint-Amant relate la rencontre du héros Persée avec Andromède, jeune fille condamnée à être livrée à un monstre marin, à cause de l'orgueil de sa mère.

Hyperbole traduisant la beauté exceptionnelle d'Andromède : par cette image, Saint-Amant compose un nouveau monde.

Personnification de l'élément liquide, vu dans son mouvement, et jeu de regards : l'eau réfléchit le regard amoureux de Persée.

Lexique galant : Persée est vu comme captif de la beauté d'Andromède, qui frappe les yeux du héros.

L'Andromède

[...]
Aux charmes de ce visage,
Où deux astres éclataient,
Il pensa perdre l'usage
Des plumes qui le portaient[1] ;
Et peu s'en fallut que l'onde,
D'une œillade vagabonde
Contemplant cet amoureux,
Ne lui vît, comme un Icare[2],
Noyer en son sein barbare
Ses désirs trop généreux.

Enfin, rappelant son âme
De ce long ravissement,
Devant l'objet qui l'enflamme
Il s'abaisse doucement ;
Puis, imprimant sur l'arène[3]
D'une allure autre qu'humaine
La distance de ses pas,
Plein de respect il s'approche
De l'impitoyable roche
Où l'on voyait tant d'appas.
[...]

Orthographe modernisée par les auteurs du manuel

1. Persée possède des sandales ailées. – 2. Personnage de la mythologie, pourvu d'ailes en cire, qui se noya après s'être approché du soleil. – 3. Le sable.

Questions

1. Selon quel point de vue s'effectue la rencontre entre Persée et Andromède ? Justifiez votre réponse.
2. Comment la force du sentiment amoureux se traduit-elle dans le poème ? Appuyez-vous, en particulier, sur les procédés stylistiques remarquables.
3. Comment le poète transcrit-il l'hostilité du décor ? Quelles figures de style accentuent cette impression ?
4. Quels éléments contribuent au merveilleux de la scène ?
Synthèse : vous montrerez comment ce récit mythologique contient les thématiques et les procédés caractéristiques du baroque.

Tester ses connaissances sur le baroque

1 Reliez chaque auteur à son œuvre.

Jodelet ou le maître valet	Cyrano de Bergerac
Andromède	Saint-Amant
Vers héroïques	Pierre Corneille
L'Autre Monde ou les États et Empires de la Lune	Paul Scarron
La Solitude	Tristan L'Hermite

2 Reliez ces citations au procédé stylistique qui les caractérise.

a. « Dedans un même temps nous voyons mille lieux,
Des ports, des ponts, des tours, des jardins spacieux. » (Vincent Voiture, « Sonnet sur la Comédie des Machines », *Œuvres*, 1650)

b. « Le firmament s'y voit, l'astre du jour y roule ;
Il s'admire, il éclate en ce miroir qui coule. » (Antoine Girard de Saint-Amant, *Moïse sauvé*, 1653)

c. « J'ai des vautours au sein, j'ai des serpents dans l'âme. » (Théophile de Viau, *Œuvres*, 1621)

d. « Quand je veux, j'épouvante, et quand je veux, je charme. » (Pierre Corneille, *L'Illusion comique*, 1636)

1. Antithèse – 2. Hyperbole – 3. Personnification – 4. Métaphore

3 Qui suis-je ?

a. Personnage éponyme d'une pièce d'Edmond Rostand, j'ai imaginé un voyage dans la Lune, prétexte pour exposer les théories scientifiques de l'époque.

b. Poète italien ayant fréquenté l'Hôtel de Rambouillet, mes écrits ont influencé de nombreux poètes, comme Saint-Amant ou Voiture.

c. Fille de la marquise de Rambouillet, les poètes m'offrirent une guirlande de madrigaux et me firent subir une métamorphose élogieuse.

d. Je suis une héroïne de la mythologie que des poètes, dramaturges et peintres baroques ont représentée, enchaînée et promise à un monstre marin à cause de sa beauté.

e. Astronome et mathématicien, mon invention me permit de corroborer des théories jugées hérétiques par l'Église.

4 Voici des définitions de genres appréciés à l'époque baroque. Quels sont-ils ?

a. Genre théâtral qui met en scène des bergers et dont le thème principal est l'amour.

b. Genre poétique présentant une alternance de vers courts et longs, et proposant une méditation sur l'amour et la souffrance.

c. Genre dramatique comportant de nombreux rebondissements, avec des passages comiques et tragiques.

d. Genre poétique court, je sers à railler.

5 Vrai ou faux ? Justifiez.

a. Le baroque se traduit par un foisonnement des figures de style en littérature.

b. Baroque et rococo correspondent à la même période.

c. Les conflits de religions n'ont joué aucun rôle dans le baroque : la France vit une ère de grande stabilité.

d. La préciosité, par ses images et outrances, peut s'apparenter à une tendance baroque.

e. Le baroque est né en France avant de rayonner sur toute l'Europe.

f. Les théories de Copernic reprises par Galilée ont eu une influence sur la littérature baroque.

g. Le genre théâtral voit l'élaboration de règles précises sous l'influence des dramaturges baroques.

6 Quelles caractéristiques du baroque retrouvez-vous dans cette sculpture ?

Le Char d'Apollon au château de Versailles.

LE CLASSICISME

Étienne Allegrain, *Promenade de Louis XIV dans les jardins de Versailles* (vers 1688), huile sur toile (234 x 295 cm), détail. Musée du Château, Versailles.

Lecture d'image

1. Décrivez les composantes du jardin de Versailles : comment se manifestent ordre et rigueur ?
2. Observez le groupe de personnes au premier plan : lesquelles sont mises en valeur ? Par quels procédés ?
3. Quelles caractéristiques du monde classique ce tableau souligne-t-il ?

Qu'est-ce que le classicisme ?

Origine et évolution

- Refusant les excès du mouvement baroque, le classicisme témoigne de la volonté des écrivains et des artistes de faire triompher la raison et la mesure dans les arts, les lettres et la langue française.
- Mouvement qui se développe dans la seconde moitié du XVIIe siècle, entre 1635 et 1715, et qui culmine entre 1660 et 1685. Le terme « classicisme » est inventé au XIXe siècle pour désigner le « siècle de Louis XIV ».

Genres privilégiés

Théâtre (tragédie et comédie), roman, nouvelle, lettre, fable, genres argumentatifs brefs (maxime).

Particularités d'écriture

- Maximes, présent de vérité générale pour faire réfléchir le lecteur et l'instruire.
- Utilisation de l'euphémisme et de la litote pour respecter la bienséance (sobriété et concision).
- Parallélisme et symétrie qui soulignent l'ordre et l'équilibre.

Principaux thèmes

- **Éloge du règne de Louis XIV** : symbolisé par le soleil, son règne est à l'image de Dieu.
- **« Honnête homme »** : notion née dans les salons, prônant l'idéal de mesure, d'élégance et de finesse d'esprit. L'honnête homme est un mondain de la cour du roi qui brille par sa culture et son art de la conversation.
- **Idéal de mesure** : dramaturges (Racine), moralistes (La Rochefoucauld) et philosophes (Pascal) condamnent tout excès et recherchent la modération dans les mœurs comme dans l'écriture.
- **Peinture de l'homme** : sentiments nobles et travers moraux sont peints avec naturel. Volonté de corriger les défauts des hommes par le charme de l'écriture (précepte d'Horace).
- **Imitation des Anciens** : les écrivains de l'Antiquité sont les modèles qu'on doit imiter ; contre cette idée, certains écrivains défendent la supériorité des modernes.

Dates clefs

• Politique

1654 Sacre de Louis XIV
1661-1715 Règne de Louis XIV
1672-1678 Guerre de Hollande
1685 Révocation de l'Édit de Nantes
1701-1714 Guerre de succession d'Espagne

• Société

1661-1669 Persécution de Port-Royal
1680 Fondation de la Comédie-Française
1682 Louis XIV et sa cour s'installent à Versailles

• Œuvres majeures

1637 *Discours de la méthode*, Descartes
1657 *La Pratique du théâtre*, Abbé d'Aubignac
1665 *Dom Juan*, Molière
1668-1694 *Les Fables*, La Fontaine
1670 *Pensées*, Pascal
1674 *L'Art poétique*, Boileau
1677 *Phèdre*, Racine
1678 *La Princesse de Clèves*, Mme de La Fayette
1688 *Les Caractères*, La Bruyère

Artistes et œuvres clefs

Nicolas BOILEAU (1636-1711)

▶ **Comprendre son œuvre**

Boileau se livre à la critique acérée des travers de ses contemporains dans ses *Satires* (1660-1667). Ses *Épîtres* (1669-1695) présentent sa conception du rôle du poète. Son poème didactique intitulé *L'Art poétique* (1674) expose sa théorie littéraire définissant l'art classique comme recherche du vrai. Admirateur des Anciens, il considère que le poète doit subordonner les mots à la raison. Son écriture, soucieuse de clarté, présente la pensée sous une forme concise et frappante.

Jacques BÉNIGNE BOSSUET (1627-1704)

▶ **Comprendre son œuvre**

Après des études chez les Jésuites, Bossuet devient homme d'Église. Remarqué pour la force de sa prédication, il prêche devant la cour et prononce l'oraison funèbre des Grands de son temps (*Henriette d'Angleterre*, 1670; *Condé*, 1687). Devenu évêque de Meaux, il combat avec vigueur le jansénisme, le protestantisme et le théâtre. Les *Sermons* et les *Oraisons funèbres* (1656-1687) puisent leur force dans un lyrisme épuré et vibrant. La dramatisation de ces discours, qui citent le texte biblique, est mise au service de la parole divine.

Jean de LA BRUYÈRE (1645-1696)

▶ **Comprendre son œuvre**

Nommé précepteur du duc d'Enghien, La Bruyère s'adonne à l'observation du milieu de la cour, qui a inspiré ses *Caractères* (1688), ouvrage réédité neuf fois. Se plaçant sous l'autorité de l'auteur grec Théophraste, il observe les mœurs des hommes de son temps avec le regard d'un sociologue et d'un moraliste amer; il choisit une forme brève pour moquer les ridicules ou dénoncer les injustices. Son écriture, discontinue, pleine d'imprévu, juxtapose des « remarques » aux formes diverses (sentence, réflexion, portrait, récit) dont le ton varie de l'ironie à la tendresse.

Madame de LA FAYETTE (1634-1693)

▶ **Comprendre son œuvre**

Aristocrate cultivée, Madame de La Fayette fréquente la cour de Louis XIV et les milieux mondains. Après avoir participé à la rédaction collective de deux romans, elle fait paraître anonymement son chef-d'œuvre, *La Princesse de Clèves* (1678). Ce roman d'analyse inaugure l'ère du roman moderne par sa quête de la vérité psychologique et a été imité jusqu'à aujourd'hui. Il met en scène la société raffinée et galante des princes et des princesses de la cour d'Henri II. On y voit l'œuvre destructrice de la passion, éclairée par le sombre jour d'une morale qui condamne au renoncement.

Jean de LA FONTAINE (1621-1695)

▶ **Comprendre son œuvre**

Après des études de droit et l'obtention d'une charge de maître des eaux et forêts, il se consacre à l'écriture. Auteur de contes galants que leur grivoiserie fait interdire, il est célèbre notamment pour ses *Fables*, publiées en plusieurs livres successifs (1668, 1678, 1694). Il renouvelle ce genre hérité de l'Antiquité par une écriture poétique qui mêle les styles et les rythmes, et joue volontiers avec les mots. En moraliste, il observe les hommes et la société dont il condamne les excès. Durant sa carrière, il fréquente surtout le salon de Madame de La Sablière; il rentre tardivement à l'Académie française (1684).

François LA ROCHEFOUCAULD (1613-1680)

▶ **Comprendre son œuvre**

Écrivain et prince français, La Rochefoucauld prend parti contre l'autorité royale pendant la Fronde. Il obtient le succès avec ses *Maximes* (1665-1678), qui font scandale. En moraliste, il exprime une vision pessimiste du monde et des hommes, sur lesquels règnent l'amour-propre, l'intérêt et l'égoïsme. Il met à la mode un genre argumentatif bref, la maxime, qui exprime de façon frappante une pensée générale sur l'homme. Il dénonce l'hypocrisie humaine, la fausseté des vertus et l'effondrement des valeurs héroïques. Il fréquente le cercle de Madame de Sablé, rencontre La Fontaine et Madame de La Fayette.

André LE NÔTRE (1613-1700)

▶ **Comprendre son œuvre**

Jardinier du roi à partir de 1645, il est chargé de redessiner les jardins des Tuileries en 1649, puis le parc de Vaux-le-Vicomte en 1661, où il applique sa science nouvelle de l'harmonie. Il invente le jardin dit « à la française », qu'il porte à sa perfection dans le parc de Versailles, conçu avec Louis XIV. Il agence le jardin suivant un plan parfaitement symétrique et rectiligne, soumettant la nature à une stricte discipline, et y installant de multiples jeux d'eau, des sculptures monumentales, et de nombreuses statues dans une ordonnance strictement géométrique.

François de MALHERBE (1555-1628)

▶ Comprendre son œuvre

Après des études de droit, François de Malherbe se consacre à la poésie. Il subordonne l'inspiration à la raison et à la technique et énonce des règles strictes, prônant une langue claire et une versification rigoureuse. Inspirée d'abord par le baroque (**Les *Larmes de saint Pierre*, 1587**), sa poésie devient classique, harmonieuse et oratoire, dominée par la quête du beau et de l'universel. Poète officiel d'Henri IV, puis de Louis XIII, il se consacre à la poésie de circonstance ; son lyrisme d'apparat célèbre les puissants du royaume et s'inspire des textes bibliques (***Imitation du psaume Lauda anima mea Dominum*, 1627**).

Jean-Baptiste POQUELIN, dit MOLIÈRE (1622-1673)

▶ Comprendre son œuvre

Molière se destine d'abord au métier d'avocat, auquel il renonce pour fonder « l'Illustre théâtre », qui fait faillite. Comédien, metteur en scène et écrivain, il compose un théâtre dont le but principal est de plaire au public et de peindre la nature humaine. Il obtient la faveur du roi Louis XIV grâce à ses comédies, qui mêlent les jeux de scène de la farce, le langage de la galanterie et la profondeur de la réflexion morale. Ces pièces font la satire des mœurs des hommes (***Le Misanthrope*, 1666 ; *Les Femmes savantes*, 1672**) et provoquent souvent des critiques virulentes : certaines sont censurées, comme ***Don Juan* (1665)**, d'autres sont interdites, comme ***Tartuffe* (1664 et 1669)** ; les dévots l'accusent d'impiété. Épuisé et malade, il s'éteint quelques heures après la quatrième représentation du ***Malade imaginaire*** (1673).

Nicolas POUSSIN (1594-1665)

▶ Comprendre son œuvre

Grand admirateur de la peinture italienne, Poussin se forme à Paris, puis s'installe en Italie, après plusieurs séjours. Il y obtient la reconnaissance de son talent, mais exerce aussi une grande influence sur les artistes français. Son œuvre témoigne d'une nostalgie du monde antique, auquel elle emprunte souvent ses sujets : son tableau ***Et in Arcadia ego* (1638-1639)**, met en scène des bergers grecs dans un pays idéal, où une nature accueillante garantit à l'homme une vie heureuse. Il a peint aussi des sujets mythologiques, historiques et religieux. Son œuvre se caractérise par une recherche de l'ordre et de l'harmonie.

Jean RACINE (1639-1699)

▶ Comprendre son œuvre

Disposant d'une excellente culture classique, fondée sur la lecture des auteurs antiques et des textes sacrés, Jean Racine rompt avec ses maîtres, pour se tourner vers le théâtre, que Port-Royal condamne comme source de toutes les corruptions. Il connaît son premier succès avec ***Andromaque* (1667)** et triomphe pendant une dizaine d'années avec ses tragédies. Ses héros sont victimes d'une fatalité intérieure, qui s'exprime dans l'embrasement de passions violentes et meurtrières. Il emprunte ses sujets au théâtre grec et à la mythologie (***Iphigénie*, 1674**) ou aux historiens latins (***Britannicus*, 1669**). Nommé historiographe du roi, il s'éloigne du théâtre après la création de ***Phèdre* (1677)**, et y revient avec deux tragédies bibliques (***Esther*, 1689 ; *Athalie*, 1691**). Sa langue, musicale et dépouillée, exploite le sens étymologique des mots et leur portée métaphorique.

Le Cardinal de RETZ (1613-1679)

▶ Comprendre son œuvre

Paul de Gondi, Cardinal de Retz, s'engage par ambition politique dans une carrière ecclésiastique et devient cardinal. Ses ***Mémoires* (posth. 1717)** font le récit de sa vie, embellissent son rôle pendant l'épisode troublé de la Fronde et font le portrait des Grands de son temps. Son pessimisme s'exprime dans un style concis et souvent ironique, qui traduit son pessimisme et révèle ses désillusions.

Madame de SÉVIGNÉ (1626-1696)

▶ Comprendre son œuvre

Devenue veuve à vingt-cinq ans, Madame de Sévigné se partage entre Paris, où elle fréquente la Cour et le salon de Madame de La Fayette, la Provence, où réside sa fille, et la Bretagne. Ses lettres, intimes et privées, disent très souvent l'amour d'une mère pour sa fille et constituent un témoignage sur les événements historiques et littéraires de son temps. La vivacité et l'inventivité qui caractérisent son écriture évoquent la spontanéité d'une conversation.

OBJET D'ÉTUDE 2e

La tragédie et la comédie

1 UNE SCÈNE D'EXPOSITION

La scène est à Paris. L'ouverture se fait par un grand assemblage d'instruments; et dans le milieu du théâtre on voit un élève du Maître de musique, qui compose sur une table un air que le Bourgeois a demandé pour une sérénade.

[…]

MAÎTRE À DANSER : Nos occupations, à vous, et à moi, ne sont pas petites maintenant.

MAÎTRE DE MUSIQUE : Il est vrai. Nous avons trouvé ici un homme comme il nous le faut à tous deux; ce nous est une douce rente que ce Monsieur Jourdain, avec les visions de noblesse et de galanterie qu'il est allé se mettre en tête; et votre danse et ma musique auraient à souhaiter que tout le monde lui ressemblât.

MAÎTRE À DANSER : Non pas entièrement; et je voudrais pour lui qu'il se connût mieux qu'il ne fait aux choses que nous lui donnons.

MAÎTRE DE MUSIQUE : Il est vrai qu'il les connaît mal, mais il les paye bien; et c'est de quoi maintenant nos arts ont plus besoin que de toute autre chose. […]

Molière, *Le Bourgeois gentilhomme*, Acte I, Scène 1 (1670)

a. Qui est le « Bourgeois Gentilhomme » d'après cet extrait ? Expliquez.

b. Quel jugement les personnages portent-ils sur lui ?

c. Quelle critique sociale Molière délivre-t-il ici ?

d. Quelle particularité la pièce de Molière semble-t-elle posséder, d'après ce début ?

Pour conclure : quelles sont les fonctions de ce dialogue ? Justifiez.

2 UN DÉNOUEMENT TRAGIQUE

Phèdre, épouse du roi Thésée, a convoité Hippolyte, son beau-fils, qui vient de mourir brutalement.

[…]

PHÈDRE (a) : Déjà jusqu'à mon cœur le venin parvenu
Dans ce cœur expirant jette un froid inconnu;
Déjà je ne vois plus qu'à travers un nuage
Et le ciel, et l'époux que ma présence outrage;
Et la mort, à mes yeux dérobant la clarté,
Rend au jour, qu'ils souillaient, toute sa pureté.

PANOPE [1] (b) : Elle expire, Seigneur.

THÉSÉE (c) : D'une action si noire
Que ne peut avec elle expirer la mémoire ! (d)
Allons, de mon erreur, hélas ! trop éclaircis,
Mêler nos pleurs au sang de mon malheureux fils !
Allons de ce cher fils embrasser ce qui reste,
Expier[2] la fureur d'un vœu que je déteste. (e)
Rendons-lui les honneurs qu'il a trop mérités;
Et pour mieux apaiser ses mânes[3] irrités,
Que, malgré les complots d'une injuste famille,
Son amante aujourd'hui me tienne lieu de fille.

Jean Racine, *Phèdre*, Acte V, Scène 7 (1677)

Les lettres entre parenthèses renvoient aux indications de mise en scène, page 132.

1. Servante de Phèdre. – 2. Effacer. – 3. Âme des morts.

a. Comment le dramaturge souligne-t-il l'imminence de la mort de Phèdre ?

b. Phèdre a-t-elle conscience de son « crime » ? Justifiez votre réponse.

c. Pour quelle raison Thésée invite-t-il les autres personnages à sortir ?

Pour conclure : montrez que ce dénouement est conforme aux tragédies classiques.

3 UN QUIPROQUO COMIQUE

GEORGE DANDIN : J'ai entendu descendre ma femme, et je me suis vite habillé pour descendre après elle. Où peut-elle être allée ? Serait-elle sortie ?

LUBIN[1] *(Il prend George Dandin pour Claudine[2].)* : Où es-tu donc, Claudine ? Ah ! te voilà. Par ma foi, ton maître est plaisamment attrapé, et je trouve ceci aussi drôle que les coups de bâton de tantôt dont on m'a fait récit. Ta maîtresse dit qu'il ronfle, à cette heure, comme tous les diantres[3], et il ne sait pas que Monsieur le Vicomte et elle sont ensemble pendant qu'il dort. Je voudrais bien savoir quel songe il fait maintenant. Cela est tout à fait risible ! De quoi s'avise-t-il aussi d'être jaloux de sa femme, et de vouloir qu'elle soit à lui tout seul ? C'est un impertinent, et Monsieur le Vicomte lui fait trop d'honneur. Tu ne dis mot, Claudine. Allons, suivons-les, et me donne ta petite menotte que je la baise. Ah ! que cela est doux ! il me semble que je mange des confitures. (*Comme il baise la main de Dandin, Dandin la lui pousse rudement au visage.*) […]

Molière, *George Dandin*, Acte III, Scène 3 (1668)

1. Valet du Vicomte, Clitandre. – 2. Servante de l'épouse de Dandin. – 3. Diables.

a. Relevez les marques de l'énonciation : à qui Lubin croit-il s'adresser ? Quelle relation entretient-il avec ce personnage ? À qui s'adresse-t-il en réalité ?

b. Comment George Dandin est-il désigné dans la réplique de Lubin ? Quelle image Lubin nous donne-t-il de lui ?

c. Relevez les indicateurs temporels : quelle information importante Lubin délivre-t-il à George Dandin ? aux spectateurs ?

Pour conclure : par quels moyens cette scène est-elle rendue comique ?

4 UN JEU DE SCÈNE COMIQUE

Elmire a demandé à son mari, Orgon, de se cacher sous la table pour qu'il puisse découvrir l'imposture de Tartuffe : celui-ci tente de séduire Elmire.

[...]
TARTUFFE : Contentez mon désir, et n'ayez point d'effroi :
Je vous réponds de tout, et prends le mal sur moi.
Vous toussez fort, Madame.
ELMIRE : Oui, je suis au supplice.
TARTUFFE : Vous plaît-il un morceau de ce jus de réglisse ?
ELMIRE : C'est un rhume obstiné, sans doute ; et je vois bien
Que tous les jus du monde ici ne feront rien.
TARTUFFE : Cela certes est fâcheux.
ELMIRE : Oui, plus qu'on ne peut dire.
TARTUFFE : Enfin votre scrupule est facile à détruire :
Vous êtes assurée ici d'un plein secret,
Et le mal n'est jamais que dans l'éclat qu'on fait ;
Le scandale du monde est ce qui fait l'offense,
Et ce n'est pas pécher que pécher en silence.
ELMIRE *(après avoir encore toussé)* : Enfin je vois qu'il
[faut se résoudre à céder,
Qu'il faut que je consente à vous tout accorder,
Et qu'à moins de cela je ne dois point prétendre
Qu'on puisse être content et qu'on veuille se rendre.
Sans doute il est fâcheux d'en venir jusque là,
Et c'est bien malgré moi que je franchis cela. [...]

Molière, *Le Tartuffe ou l'Imposteur*, Acte IV, Scène 5 (1669)

a. Quels arguments Tartuffe donne-t-il pour séduire Elmire ? Vous semblent-ils convaincants ?
b. Comment Elmire réagit-elle ? Comment le texte l'indique-t-il ? Pourquoi agit-elle ainsi ?
c. À qui les paroles d'Elmire sont-elles destinées ? Commentez les pronoms personnels employés.
Pour conclure : comment cette scène est-elle rendue comique ?

5 UN MONOLOGUE DE TRAGÉDIE

Titus, empereur romain, vient de signifier à Bérénice qu'il se séparait d'elle. Bérénice demande à sa servante, Phénice, d'obtenir un entretien avec lui.

BÉRÉNICE *(seule)* : Phénice ne vient point ! Moments
[trop rigoureux,
Que vous paraissez lents à mes rapides vœux !
Je m'agite, je cours, languissante, abattue ;
La force m'abandonne, et le repos me tue.
Phénice ne vient point ! Ah ! que cette longueur
D'un présage funeste épouvante mon cœur !
Phénice n'aura point de réponse à me rendre.
Titus, l'ingrat Titus, n'a point voulu l'entendre :
Il fuit, il se dérobe à ma juste fureur.

Jean Racine, *Bérénice*, Acte IV, Scène 1 (1670)

a. Comment l'impatience de Bérénice se lit-elle dans la syntaxe et les modalités de phrases employées ?
b. Relevez les verbes de mouvement : comment soulignent-ils la situation tragique des personnages ?
Pour conclure : montrez que ce monologue permet d'amplifier la tension dramatique.

6 UN MONOLOGUE COMIQUE

Arnolphe veut épouser Agnès, une jeune fille qu'il entend épouser. Mais elle a rencontré Horace, et lui a fait parvenir une lettre. Arnolphe vient de l'apprendre.

ARNOLPHE : J'ai peine, je l'avoue, à demeurer en place,
Et de mille soucis mon esprit s'embarrasse
Pour pouvoir mettre un ordre et dedans et dehors
Qui du godelureau[1] rompe tous les efforts.
De quel œil la traîtresse a soutenu ma vue !
De tout ce qu'elle a fait elle n'est point émue ;
Et, bien qu'elle me mette à deux doigts du trépas,
On dirait, à la voir, qu'elle n'y touche pas.
Plus, en la regardant, je la voyais tranquille,
Plus je sentais en moi s'échauffer une bile ;
Et ces bouillants transports[2] dont s'enflammait mon cœur
Y semblaient redoubler mon amoureuse ardeur.
J'étais aigri, fâché, désespéré contre elle ;
Et cependant jamais je ne la vis si belle,
Jamais ses yeux aux miens n'ont paru si perçants,
Jamais je n'eus pour eux des désirs si pressants ;
Et je sens là dedans qu'il faudra que je crève
Si de mon triste sort la disgrâce s'achève.
Quoi ! j'aurai dirigé son éducation
Avec tant de tendresse et de précaution ;
Je l'aurai fait passer chez moi dès son enfance,
Et j'en aurai chéri la plus tendre espérance ;
Mon cœur aura bâti sur ses attraits naissants,
Et cru la mitonner pour moi durant treize ans,
Afin qu'un jeune fou dont elle s'amourache
Me la vienne enlever jusque sur la moustache,
Lorsqu'elle est avec moi mariée à demi ! [...]

Molière, *L'École des femmes*, Acte IV, Scène 1 (1662)

1. Insulte désignant le rival d'Arnolphe. – 2. Sentiments.

a. Quels sentiments divers Arnolphe éprouve-t-il ? Comment souligne-t-il leur intensité ? Le personnage vous paraît-il sympathique ? Justifiez.
b. Relevez les termes appartenant à un niveau de langue soutenu et ceux appartenant à un niveau de langue courant : quel est l'effet produit par ce mélange ?
Pour conclure : pourquoi la confession permise par ce monologue apparaît-elle comique ?

OBJET D'ÉTUDE 1re **Le texte théâtral et sa représentation**

1 UN TEXTE : DEUX MISES EN SCÈNE

Alceste, misanthrope et opposé à toute hypocrisie, est amoureux de Célimène, une coquette médisante qui reçoit chez elle les petits marquis.

Le Misanthrope de Molière, pièce mise en scène par Stéphane Braunschweig au théâtre des Bouffes du Nord à Paris en 2004.

Le Misanthrope de Molière, pièce mise en scène par Jean Meyer au théâtre du Palais-Royal à Paris en 1961.

a. Dans chaque mise en scène, identifiez Alceste et Célimène : comment les metteurs en scène ont-ils choisi d'isoler Alceste ?

b. Décrivez le décor dans la mise en scène de S. Braunschweig ? Comment expliquez-vous ce choix ?

Pour conclure : quelle mise en scène vous paraît la plus apte à rendre compte des relations entre les personnages ? Justifiez votre réponse.

2 MISE EN SCÈNE D'UN DÉNOUEMENT TRAGIQUE

Les notes suivantes correspondent aux indications de mise en scène de *Phèdre*, en regard du texte page 130 :

(a) Peu à peu, toujours debout, mais par quel miracle d'équilibre ! elle se résorbe, elle disparaît, elle tend vers zéro.

Panope, anxieuse, s'approche d'elle insensiblement et la recueille à la fin de sa réplique.

(b) Phèdre s'incline vers la gauche, soutenue sous les aisselles par Panope.

(c) Phèdre, maintenant, gît à terre, entièrement consumée.

(d) Tous regardent Thésée qui, après un temps très court, se détourne et, gravement, change intentionnellement de timbre. […]

(e) Il s'est dirigé vers la sortie (1er plan droite). […]

Jean-Louis Barrault, *Mise en scène de Phèdre de Racine*, © Éditions du Seuil (1946)

a. Dans les notes de Jean-Louis Barrault, comment la lente agonie de Phèdre est-elle suggérée ?

b. Dans l'extrait de *Phèdre* proposé page 130, justifiez le jeu du comédien souligné par la note (d.).

c. Patrice Chéreau montre-t-il, comme le voulait Barrault, Phèdre « entièrement consumée » (note c.) ?

Pour conclure : comment les deux metteurs en scène soulignent-ils le tragique de ce dénouement ?

Phèdre de Jean Racine, pièce mise en scène par Patrice Chéreau au théâtre de l'Odéon à Paris en 2003.

OBJET D'ÉTUDE 1re **Le personnage de roman**

1 L'EXPRESSION DES SENTIMENTS

Madame de Clèves avoue à son mari qu'elle est tombée amoureuse d'un autre homme.

« Hé bien ! Monsieur, lui répondit-elle en se jetant à ses genoux, je vais vous faire un aveu que l'on n'a jamais fait à son mari ; mais l'innocence de ma conduite et de mes intentions m'en donne la force. Il est vrai que j'ai des raisons de m'éloigner de la Cour, et que je veux éviter les périls où se trouvent quelquefois les personnes de mon âge. Je n'ai jamais donné nulle marque de faiblesse, et je ne craindrais pas d'en laisser paraître, si vous me laissiez la liberté de me retirer de la Cour, ou si j'avais encore Madame de Chartres* pour aider à me conduire. Quelque dangereux que soit le parti que je prends, je le prends avec joie pour me conserver digne d'être à vous. Je vous demande mille pardons si j'ai des sentiments qui vous déplaisent ; du moins je ne vous déplairai jamais par mes actions. Songez que, pour faire ce que je fais, il faut avoir plus d'amitié et plus d'estime pour un mari que l'on n'en a jamais eu. Conduisez-moi, ayez pitié de moi, et aimez-moi encore si vous pouvez. »

Madame de La Fayette, *La Princesse de Clèves* (1678)

* Mère de Madame de Clèves.

a. Quelle demande Madame de Clèves adresse-t-elle à son mari ? Pourquoi cette demande est-elle aussi un aveu ?
b. Étudiez l'énonciation et les termes qui font référence aux sentiments de Madame de Clèves : quelle image de l'amour est présentée ici ?
Pour conclure : la conduite de ce personnage vous semble-t-elle héroïque ? Justifiez.

2 LA SATIRE DANS LE ROMAN

L'avocat Nicodème est épris de Javotte, fille du procureur Vollichon, inquiet du train de vie du jeune homme.

Il se plaignait aussi que telle pièce d'ajustement coûtait la valeur de plus de vingt plaidoyers. Néanmoins l'estime qu'il avait conçue pour Nicodème effaçait tout ce dégoût ; et, devenant indulgent en sa faveur, il disait qu'il fallait que la jeunesse se passât ; mais, ne croyant pas qu'elle s'étendît au-delà du temps qu'il fallait pour rechercher une fille, il espérait dans trois mois de le voir aussi crasseux que lui.

Enfin, après qu'il eut examiné l'inventaire, les partages et tous les titres de la famille, dressé et contesté tous les articles du mariage, le contrat en fut passé, et on permit alors à Nicodème de voir sa maîtresse un peu plus librement, c'est-à-dire en un bout de la chambre, en présence de sa mère, qui était un peu à quartier* occupée à quelque travail. Ce bonheur ne lui dura pas longtemps, car peu de jours après Vollichon voulut qu'on se préparât pour les fiançailles, et même il fit publier les bans à l'Église.

Je me doute bien qu'il n'y aura pas un lecteur (tant soit-il bénévole) qui ne dise ici en lui-même : « Voici un méchant Romaniste ! Cette histoire n'est pas fort longue ni fort intriguée. Comment ! il conclut d'abord un mariage, et on n'a coutume de les faire qu'à la fin du dixième tome ! »

Antoine Furetière, *Le Roman bourgeois* (1666), orthographe modernisé par les auteurs du manuel

* À quelque distance.

a. Étudiez les paroles rapportées : que révèlent-elles du personnage de Vollichon ? Quel effet produisent-elles sur le lecteur ?
b. À quel lexique la question du mariage est-elle associée ? Quelle représentation de la société apparaît dans ce passage ?
c. Étudiez les pronoms personnels qui apparaissent dans la fin du passage : qui est désigné par « je » ? Quelle question le passage aborde-t-il ? Quelle intention peut-on percevoir chez le romancier ?
Pour conclure : comment le narrateur fait-il la satire du monde de la magistrature ?

3 LA VISÉE DIDACTIQUE DU ROMAN

Télémaque est sur l'île de Calypso où son père Ulysse a séjourné ; son guide Mentor l'avertit.

– Craignez – repartit Mentor – qu'elle ne vous accable de maux ; craignez ses trompeuses douceurs plus que les écueils qui ont brisé votre navire : le naufrage et la mort sont moins affreux que les plaisirs qui attaquent la vertu. Gardez-vous bien de croire ce qu'elle vous racontera. La jeunesse est présomptueuse, elle se promet tout d'elle-même : quoique fragile, elle croit pouvoir tout et n'avoir jamais rien à craindre ; elle se confie légèrement et sans précaution. Gardez-vous d'écouter les paroles douces et flatteuses de Calypso, qui se glisseront comme un serpent sous les fleurs ; craignez le poison caché ; défiez-vous de vous-même, et attendez toujours mes conseils.

Fénelon, *Les Aventures de Télémaque* (1699)

a. Analysez temps et modes verbaux : pourquoi révèlent-ils une intention didactique et morale ?
b. Comment Mentor juge-t-il les paroles de Calypso ?
Pour conclure : quelles leçons délivre le personnage ?

OBJET D'ÉTUDE 2e

Genres et formes de l'argumentation

1 LA RIGUEUR DE L'ESSAI

Ce qui fait que si peu de personnes sont agréables dans la conversation, c'est que chacun songe plus à ce qu'il veut dire qu'à ce que les autres disent. Il faut écouter ceux qui parlent, si on en veut être écouté; il faut leur laisser la liberté de se faire entendre, et même de dire des choses inutiles. Au lieu de les contredire ou de les interrompre, comme on fait souvent, on doit, au contraire, entrer dans leur esprit et dans leur goût, montrer qu'on les entend, leur parler de ce qui les touche, louer ce qu'ils disent autant qu'il mérite d'être loué, et faire voir que c'est plutôt par choix qu'on le loue que par complaisance.

François de La Rochefoucauld, « De la conversation », *Réflexions diverses* (éd. posthume, 1731)

a. Sur quel constat débute cette argumentation ?
b. Relevez une phrase qui pourrait constituer la thèse de l'auteur. Quel verbe permet de la souligner ?
c. Quelles attitudes l'auteur oppose-t-il ?
Pour conclure : comment l'essai rend-il compte d'une vision classique du monde ?

2 LES MAXIMES

2. C'est le rôle d'un sot d'être importun : un homme habile sent s'il convient ou s'il ennuie; il sait disparaître le moment qui précède celui où il serait de trop quelque part.
18. C'est une grande misère que de n'avoir pas assez d'esprit pour bien parler, ni assez de jugement pour se taire. Voilà le principe de toute impertinence.
48. Il est souvent plus court et plus utile de cadrer aux autres que de faire que les autres s'ajustent à nous.

Jean de La Bruyère, « De la société et de la conversation », *Les Caractères* (1688)

a. Par quels procédés l'auteur généralise-t-il son propos ?
b. Relevez les marques de jugement dans chaque maxime, puis reformulez la thèse de l'auteur.
Pour conclure : pourquoi les maximes sont-elles convaincantes ?

3 LA PORTÉE CRITIQUE D'UNE FABLE

Les grands, pour la plupart, sont masques de théâtre;
Leur apparence impose au vulgaire idolâtre*.
L'Âne n'en sait juger que par ce qu'il en voit :
Le Renard, au contraire, à fond les examine,
Les tourne de tout sens; et quand il s'aperçoit
Que leur fait n'est que bonne mine,
Il leur applique un mot qu'un buste de héros
Lui fit dire fort à propos.
C'était un buste creux, et plus grand que nature.
Le Renard, en louant l'effort de la sculpture :
« Belle tête, dit-il; mais de cervelle point. »
Combien de grands seigneurs sont bustes en ce point !

Jean de La Fontaine, « Le Renard et le Buste », *Fables*, IV, 14 (1668)

* Le peuple est impressionné.

a. Qu'est-ce qui assimile les animaux à des hommes ?
b. Que critique l'auteur ? Justifiez votre réponse.
Pour conclure : quels moyens le fabuliste emploie-t-il pour adresser ses critiques ?

4 LA PORTÉE MORALE DU CONTE

[Le magicien] le pria ensuite de lui apprendre par quelle aventure il était devenu oiseau, et qui l'avait blessé si cruellement. Le roi contenta sa curiosité : il lui dit que c'était Florine* qui avait décelé le mystère amoureux des visites secrètes qu'il lui rendait, et que, pour faire sa paix avec la reine, elle avait consenti à laisser garnir le cyprès de poignards et de rasoirs, par lesquels il avait été presque haché; il se récria mille fois sur l'infidélité de cette princesse, et dit qu'il s'estimerait heureux d'être mort avant d'avoir connu son méchant cœur. Le magicien se déchaîna contre elle et contre toutes les femmes; il conseilla au roi de l'oublier. [...]

L'oiseau bleu n'en put demeurer d'accord, il aimait encore trop chèrement Florine; et l'enchanteur, qui connut ses sentiments malgré le soin qu'il prenait de les cacher, lui dit d'une manière agréable :

Accablé d'un cruel malheur,
En vain l'on parle et l'on raisonne;
On n'écoute que sa douleur,
Et point les conseils qu'on nous donne.
Il faut laisser faire le temps,
Chaque chose a son point de vue;
Et, quand l'heure n'est pas venue,
On se tourmente vainement.

Madame d'Aulnoy, « L'Oiseau bleu », *Contes de fées* (1697-1698)

* Princesse aimée du roi, enfermée dans une tour.

a. Quels éléments merveilleux apparaissent ici ?
b. Quels enseignements ce passage du conte veut-il nous délivrer ? Comment l'auteur les met-il en évidence ?
c. Quel lien établissez-vous entre les paroles du prince et l'enseignement délivré ?
Pour conclure : comment le conte permet-il d'inculquer habilement des préceptes moraux ?

1 LA QUESTION DE LA CRÉATION

Texte A

Que penseraient Homère ou Démosthène de ce que je dis, s'ils m'écoutaient, et quel jugement feraient-ils de moi ? En effet, nous ne croirons pas avoir un médiocre prix à disputer, si nous pouvons nous figurer que nous allons, mais sérieusement, rendre compte de nos écrits devant un si célèbre tribunal, et sur un théâtre où nous avons de tels héros pour juges et pour témoins ? Mais un motif encore plus puissant pour nous exciter, c'est de songer au jugement que toute la postérité fera de nos écrits. Car si un homme, dans la défiance de ce jugement, a peur, pour ainsi dire, d'avoir dit quelque chose qui vive plus que lui, son esprit ne saurait jamais produire que des avortons aveugles et imparfaits ; et il ne se donnera jamais la peine d'achever des ouvrages qu'il ne fait point pour passer jusqu'à la dernière postérité.

Nicolas Boileau, *Traité du sublime*, XII (1674)

Texte B

Comme rien ne peut arriver d'abord à sa perfection dernière ; qu'Homère à notre égard, a vécu dans l'enfance du monde, ainsi que nous l'avons déjà remarqué ; et qu'il est un des premiers qui s'est mêlé de Poésie, je n'aurai pas de peine à faire voir que quelque grand génie qu'il ait reçu de la Nature, car c'est peut-être le plus vaste et le plus bel esprit qui ait jamais été, il a néanmoins commis un très grand nombre de fautes, dont les Poètes, qui l'ont suivi, quoiqu'inférieurs en force de génie, se sont corrigés dans la suite des temps.

Charles Perrault, *Parallèle des Anciens et des Modernes* (1688-1692)

a. Quelle préoccupation commune repérez-vous ?
b. Comment ces auteurs jugent-ils Homère ?
c. Quelle relation chaque texte établit-il entre écrivains modernes et écrivains anciens ?
d. Quelles théories littéraires s'opposent ici ?
Pour conclure : pourquoi ces textes et le débat qu'ils soulèvent sont-il révélateurs de l'époque classique ?

2 L'ART CLASSIQUE DE LA PROSE ORATOIRE

Sœur du roi d'Angleterre, Henriette-Anne Stuart épouse Monsieur, frère de Louis XIV. Brillante et très admirée à la cour, elle meurt brutalement du choléra.

Ô nuit désastreuse ! ô nuit effroyable ! où retentit tout à coup, comme un éclat de tonnerre, cette étonnante[1] nouvelle : Madame se meurt ! Madame est morte ! Qui de nous ne se sentit frappé à ce coup, comme si quelque tragique accident avait désolé sa famille ? Au premier bruit d'un mal si étrange, on accourut à Saint-Cloud de toutes parts ; on trouve tout consterné, excepté le cœur de cette princesse. Partout on entend des cris ; partout on voit la douleur et le désespoir, et l'image de la mort. Le Roi, la Reine, Monsieur, toute la cour, tout le peuple, tout est abattu, tout est désespéré ; et il me semble que je vois l'accomplissement de cette parole du prophète : *le roi pleurera, le prince sera désolé, et les mains tomberont au peuple*[2]. [...]

Jacques Bénigne Bossuet, *Oraison funèbre de Henriette-Anne d'Angleterre* (prononcée le 21 août 1670)

1. Terrifiante. – 2. Dans l'Ancien Testament.

a. Observez les types de phrases : quelle émotion ce discours cherche-t-il à susciter ?
b. Étudiez les termes répétés, les parallélismes : quel caractère donnent-ils à l'événement raconté ?
c. Qu'apporte la citation à la situation évoquée ?
Pour conclure : comment l'écriture classique de ce texte parvient-elle à propager l'émotion ?

3 MÉDITATION ÉPISTOLAIRE

Madame de Sévigné écrit à sa fille, en Provence.

Vous me demandez, ma chère enfant, si j'aime toujours bien la vie. Je vous avoue que j'y trouve des chagrins cuisants ; mais je suis encore plus dégoûtée de la mort : je me trouve si malheureuse d'avoir à finir tout ceci par elle, que si je pouvais retourner en arrière, je ne demanderais pas mieux. Je me trouve dans un engagement qui m'embarrasse : je suis embarquée dans la vie sans mon consentement ; il faut que j'en sorte, cela m'assomme ; et comment en sortirai-je ? Par où ? par quelle porte ? quand sera-ce ? en quelle disposition ? Souffrirai-je mille et mille douleurs, qui me feront mourir désespérée ? aurai-je un transport au cerveau ? mourrai-je d'un accident ? Comment serai-je avec Dieu ? qu'aurai-je à lui présenter ? la crainte, la nécessité feront-elles mon retour vers lui ? N'aurai-je aucun autre sentiment que celui de la peur ? Que puis-je espérer ? suis-je digne du paradis ? suis-je digne de l'enfer ? Quelle alternative ! Quel embarras ! Rien n'est si fou que de mettre son salut dans l'incertitude ; mais rien n'est si naturel, et la sotte vie que je mène est la chose du monde la plus aisée à comprendre. Je m'abîme dans ces pensées, et je trouve la mort si terrible, que je hais plus la vie parce qu'elle m'y mène, que par les épines qui s'y rencontrent.

Madame de Sévigné, *Lettres*, à Madame de Grignan, de Paris, le mercredi 16 mars 1672

a. Qu'est-ce qui fait l'intimité de cette lettre ?
b. À partir des temps verbaux et des types de phrases, commentez cette attitude face à la mort.
Pour conclure : pourquoi peut-on parler ici d'argumentation sur la condition humaine ?

Dossier culturel (I)

Arts et sciences au service du pouvoir

Des Sciences aux Beaux-Arts

Henri Testelin, *Louis XIV âgé de 10 ans* (1648), huile sur toile (205 x 152 cm). Châteaux de Versailles et de Trianon, Versailles.

François Lebrun, *La Puissance et la Guerre* (1661-1715)

« Ce jour*, rapporte le procès-verbal, il a été arrêté dans la Compagnie : **1.** Qu'elle s'assemblera deux fois la semaine, le mercredi et le samedi ; **2.** Que l'un de ces deux jours, savoir le mercredi, on traitera des mathématiques ; le samedi, on travaillera à la physique ; **3.** Comme il y a une grande liaison entre ces deux sciences, on a jugé à propos que la Compagnie ne se partage point et que tous se trouvent à l'assemblée les mêmes jours. » Dans le dernier tiers du siècle, l'Académie, dont les membres reçoivent du roi une gratification annuelle, contribue plus ou moins directement aux progrès scientifiques, inégaux d'ailleurs selon les branches.

* En 1666.

Félibien, *Entretiens sur les vies et les ouvrages des plus excellents peintres anciens et modernes ; augmentée des Conférences de l'Académie royale de peinture et de sculpture* (1666) – Épître à Colbert

Mais vos soins ne s'arrêtent pas seulement à pourvoir à tous les besoins du Royaume, vous les étendez encore plus loin : car, dans le désir que vous avez de voir cette Monarchie florissante, vous ne vous contentez pas de travailler pour l'honneur du siècle présent, vous songez encore aux siècles à venir. Vous établissez des Académies pour les plus beaux Arts, afin que la France surpassant, comme elle fait, les autres Nations en grandeur de courage, ne manque pas aussi d'excellents Ouvriers pour représenter les actions de notre auguste Monarque, pour immortaliser tous les grands hommes qui ont l'honneur de servir sous lui, et pour se voir un jour embellie de travaux qui soient dignes d'un si grand Empire.

Questions

1. Quels objets Louis XIV tient-il dans ses mains ? Que symbolisent-ils ?
2. Comment le tableau suggère-t-il l'autorité de Louis XIV sur les arts et les sciences ?
3. D'après le texte de Lebrun, comment le roi règne-t-il sur l'Académie des Sciences ?
4. D'après le texte de Félibien, quel lien Colbert a-t-il entretenu avec l'Académie royale de Peinture et de Sculpture ? Quel rôle a-t-il joué dans la monarchie de Louis XIV ?
5. Dans quels buts le pouvoir monarchique garde-t-il la mainmise sur les arts et les sciences ?

▸ Comment la monarchie de Louis XIV a-t-elle encouragé les arts et les sciences ?

Louis XIV et la littérature

Le Malade imaginaire, de Molière représentée dans le jardin de Versailles, devant la grotte, en 1676. Gravure réalisée par Pierre Lepautre.

Nicolas Boileau, *Remerciement à Messieurs de l'Académie française* (1er juillet 1684)

Permettez pourtant que je vous désabuse, si vous vous êtes persuadés que ce grand Prince, en m'accordant cette grâce, ait cru rencontrer en moi un écrivain capable de soutenir en quelque sorte par la beauté du style et par la magnificence des paroles, la grandeur de ses exploits. C'est à vous, Messieurs, c'est à des plumes comme les vôtres, qu'il appartient de faire de tels chefs-d'œuvre, et il n'a jamais conçu de moi une si avantageuse pensée. Mais comme tout ce qui s'est fait sous son règne, tient beaucoup du miracle et du prodige, il n'a pas trouvé mauvais, qu'au milieu de tant d'écrivains célèbres qui s'apprêtent à l'envi à peindre ses actions dans tout leur éclat, et avec tous les ornements de l'éloquence la plus sublime, un Homme sans fard, et accusé plutôt de trop de sincérité que de flatterie contribuât de son travail et de ses conseils à bien mettre en jour, et dans toute la naïveté du style le plus simple, la vérité de ses actions [...].

Lettre de cachet de Louis XIV au Lieutenant général de police créant la Comédie-Française le 21 octobre 1680

Sa Majesté ayant estimé à propos de réunir les troupes de Comédiens établis à l'hôtel de Bourgogne et dans la rue Guénégaud à Paris, pour n'en faire qu'une seule, afin de rendre les représentations des comédies plus parfaites par le moyen des acteurs et des actrices auxquels elle a donné place dans ladite troupe, sa Majesté a ordonné et ordonne qu'à l'avenir lesdites troupes de Comédiens français seront réunies pour ne faire qu'une seule et même troupe, et sera composée des acteurs et actrices dont la liste sera arrêtée par sa Majesté.

Questions

6. D'après la gravure, comment les spectateurs sont-ils placés dans ce lieu ? Quelle semble être la place réservée au roi ?
7. Comment souligne-t-on la magnificence des divertissements royaux ?
8. Comment Boileau fait-il l'éloge de Louis XIV ?

- Consultez le site de la Comédie-Française. À quelle troupe de comédiens Molière a-t-il appartenu ? Quelles ont été les troupes rivales ?
- Comment, de nos jours, les comédiens deviennent-ils « sociétaires » de la Comédie-Française ?

Synthèse

Comment les arts et les sciences participent-ils au rayonnement de la France et de Louis XIV ?

Port-Royal des Champs

Les idées de Jansénius

Louise-Magdeleine Horthemels, *Vue de Port-Royal*, gouache du XVIIe siècle. Musée Lambinet, Versailles.

Paul Bénichou, « La Métaphysique du jansénisme », *Morales du grand siècle* (1948)

[...] Les jansénistes pensaient que le salut de l'homme depuis le péché d'Adam et la chute ne peut résulter que d'une faveur gratuite de Dieu, et non de l'effort humain, aussi incapable d'obtenir par lui-même la grâce que d'y résister ; penser autrement c'était mettre l'homme au niveau de Dieu et rendre inutiles la venue et les souffrances du Christ, en attribuant à la créature le pouvoir de se sauver seule. En morale, les jansénistes étaient partisans de la thèse la plus rigoureuse ; qu'il s'agît de la vie individuelle ou de l'organisation de l'Église, ils s'en prenaient au relâchement des mœurs et à la corruption des principes du christianisme. Ils se heurtaient, dans ce double domaine de la théologie et de la morale, à la société de Jésus, promotrice d'une religion et d'une morale plus accommodantes, inspirées des vues du théologien jésuite Molina et des casuistes. La royauté et le haut clergé dans son ensemble persécutèrent presque sans arrêt le jansénisme et Louis XIV finit par faire raser le couvent de Port-Royal en 1710.

Questions

1. D'après le tableau de Port-Royal, à quelles activités se livrent les religieuses ? Comment le peintre montre-t-il que leur vie est réglée selon des principes stricts ?
2. Que représente la dernière vignette, en bas à droite ? À quel épisode historique fait-elle allusion ?
3. Selon les jansénistes, pour quelles raisons l'homme est-il incapable d'obtenir la grâce par ses actions ?

▸ Comment la religion a-t-elle influencé la littérature classique ?

L'influence du jansénisme sur les écrivains

Blaise Pascal, *Les « Pensées » de Port-Royal*, XXVIII, 36 (1678)

Le passé ne nous doit point embarrasser, puisque nous n'avons qu'à avoir regret de nos fautes. Mais l'avenir nous doit encore moins toucher, puisqu'il n'est point du tout à notre égard, et que nous n'y arriverons peut-être jamais. Le présent est le seul temps qui est véritablement à nous et dont nous devons user selon Dieu. C'est là où nos pensées doivent être principalement rapportées. Cependant le monde est si inquiet qu'on ne pense presque jamais à la vie présente, et à l'instant où l'on vit, mais à celui où l'on vivra. De sorte qu'on est toujours en état de vivre à l'avenir, et jamais de vivre maintenant.

Charles Augustin Sainte-Beuve, *Portraits littéraires*, « Racine » (1876-1878)

Depuis quelque temps, et le premier feu de l'âge, la première ferveur de l'esprit et des sens étant dissipée, le souvenir de son enfance, de ses maîtres, de sa tante religieuse à Port-Royal, avait ressaisi le cœur de Racine ; et la comparaison involontaire qui s'établissait en lui entre sa paisible satisfaction d'autrefois et sa gloire présente, si amère et si troublée, ne pouvait que le ramener au regret d'une vie régulière. Cette pensée secrète qui le travaillait perce déjà dans la préface de *Phèdre*, et dut le soutenir, plus qu'on ne croit, dans l'analyse profonde qu'il fit de cette *douleur vertueuse* d'une âme qui maudit le mal et s'y livre. [...] Quoi qu'il en soit, le but moral de *Phèdre* est hors de doute ; le grand Arnauld ne put s'empêcher lui-même de le reconnaître, et ainsi fut presque vérifié le mot de l'auteur « qui espéroit, au moyen de cette pièce, réconcilier la tragédie avec quantité de personnes célèbres par leur piété et par leur doctrine ».

Philippe de Champaigne, *Jean-Ambroise Duvergier de Hauranne, abbé de Saint Cyran* (XVIIe siècle), huile sur toile (130 x 105 cm). Châteaux de Versailles et de Trianon, Versailles.

Questions

1. Observez le tableau de Champaigne :
a. Quelle relation le jansénisme entretient-il avec le savoir ?
b. Comment est traduite l'austérité du jansénisme ?
2. Les jansénistes ont compilé les *Pensées* de Pascal, après sa mort : pourquoi l'extrait proposé a-t-il été choisi ?
3. Pourquoi Sainte-Beuve considère-t-il que la pièce *Phèdre* de Racine a pu être inspirée par le jansénisme ?

Synthèse

Quelles idées du jansénisme ont pu exercer une influence sur les idées et le style classiques ?

Consultez le site du musée de Port-Royal des Champs.
- À quel ordre appartient l'abbaye de Port-Royal des Champs, à l'arrivée de Mère Angélique ?
- Quel peintre s'est attaché à Port-Royal des Champs ? Consultez quelques-uns de ses tableaux : quels sont les thèmes privilégiés ?

1 RETOUR AUX ORIGINES

Les mots suivants proviennent du latin ou d'autres langues : retrouvez leur origine et expliquez leur sens.
insidieux – incognito – comparse – carrousel – chocolat – romantique – dioptrique

2 POINTS COMMUNS

Définissez ces termes. Qu'ont-ils en commun ?
barbon – soubrette – matamore – aparté – burlesque – opéra – péripétie

3 MASCULIN OU FÉMININ ?

Les mots suivants ont vu leur genre fluctuer au XVIIe siècle, avant d'être fixé par Vaugelas, en 1647, dans ses *Remarques sur la langue française*.

a. **Retrouvez le genre de chacun de ces mots.**

b. **Associez un adjectif à chacun d'eux et faites l'accord adéquat.**

épithète – foudre – anagramme – hémistiche – épigramme – épitaphe – aigle

4 DES SONORITÉS PROCHES

Dans le même ouvrage, Vaugelas évoque les substitutions ou erreurs fréquentes au XVIIe siècle.

a. **Cherchez le sens des mots suivants.**

b. **Employez chaque couple de mots dans une phrase qui mettra en valeur la distinction de sens des deux mots.**

1. recouvrir – recouvrer
2. subvenir – survenir
3. exactitude – exaction
4. fond – fonds
5. créance – croyance
6. chaire – chaise

5 UNE LANGUE PRÉCISE

Pour s'exprimer dans un vocabulaire précis et clair, les Classiques inventent des expressions. En voici quelques exemples :
avoir l'âme sombre – perdre son sérieux – être brouillé avec le bon sens – laisser mourir la conversation – être d'une vertu commode

a. **Comment ces expressions sont-elles formées ?**

b. **Employez chacune d'elles dans une phrase.**

6 INFLUENCE DU GENRE SUR LE VOCABULAIRE

a. **À quel genre chaque texte appartient-il ? Quels hommes sont visés par ces deux extraits ?**

b. **Ces deux textes emploient-ils un vocabulaire conforme à l'idéal de mesure de la conversation entre honnêtes gens ? Justifiez votre réponse.**

c. **À votre tour, rédigez le portrait d'un vice, en puisant tour à tour dans le vocabulaire employé par Boileau, puis Molière.**

Texte A

C'est sur ce beau principe, admis si follement,
Qu'aussitôt tu* posas l'énorme fondement
De la plus dangereuse et terrible Morale,
Que Lucifer, assis dans la Chaire infernale,
Vomissant contre Dieu ses monstrueux sermons,
Ait jamais enseignée aux Novices Démons,
Soudain, au grand honneur de l'école païenne,
On entendit prêcher dans l'École Chrétienne
Que sous le joug du vice un pécheur abattu
Pouvait sans aimer Dieu ni même la vertu,
Par la seule frayeur au Sacrement unie,
Admis au Ciel jouir de la gloire infinie.

Nicolas Boileau, *Satires*, XII (1660-1667)

* Désigne l'homme condamné par Boileau.

Texte B

CLÉANTE : Aussi ne vois-je rien qui soit plus odieux
Que le dehors plâtré d'un zèle spécieux,
Que ces francs charlatans, que ces dévots de place,
De qui la sacrilège et trompeuse grimace
Abuse impunément et se joue à leur gré
De ce qu'ont les mortels de plus saint et sacré. […]

Molière, *Tartuffe*, Acte I, Scène 5 (1664)

EXPRESSION ÉCRITE

Sujet 1

En vous inspirant de La Bruyère, composez le portrait d'un personnage qui attache trop d'importance à la mode. Vous veillerez à utiliser des mots qui appartiennent à la langue du XVIIe siècle.

Sujet 2

Au XVIIe siècle, Vaugelas édicte des règles qui permettent de fixer la langue française. Rédigez la préface d'un de ses ouvrages dans laquelle vous démontrerez l'utilité des normes, en cette période classique. Vous illustrerez votre propos d'exemples choisis dans cette page.

• Vers le Bac

> Corpus BAC, p. 239

S'ENTRAÎNER AU COMMENTAIRE

> Formuler une problématique

Sujet Vous commenterez ce texte de Racine.

Agamemnon, roi et guerrier, s'apprête à sacrifier sa fille Iphigénie, pour se conformer aux ordres des dieux. Son épouse Clytemnestre intervient.

Clytemnestre : […] Barbare ! C'est donc là cet heureux sacrifice
Que vos soins préparaient avec tant d'artifice.
Quoi ! l'horreur de souscrire à cet ordre inhumain
N'a pas, en le traçant, arrêté votre main ?
Pourquoi feindre à nos yeux une fausse tristesse ?
Pensez-vous par des pleurs prouver votre tendresse ?
Où sont-ils, ces combats que vous avez rendus ?
Quels flots de sang pour elle avez-vous répandus ?
Quel débris parle ici de votre résistance ?
Quel champ couvert de morts me condamne au silence ?
Voilà par quels témoins il fallait me prouver,
Cruel, que votre amour a voulu la sauver.
Un oracle fatal ordonne qu'elle expire !
Un oracle dit-il tout ce qu'il semble dire ? […]

Jean Racine, *Iphigénie*, Acte IV, Scène 4 (1674)

Après avoir établi les caractéristiques du texte et analysé les axes d'étude suivants, vous énoncerez en une phrase la problématique qui pourrait présider à l'étude de ce texte.

Axes d'étude

I. Quel sentiment de Clytemnestre cette tirade souligne-t-elle ?

II. Quelles accusations Clytemnestre formule-t-elle contre Agamemnon ?

S'ENTRAÎNER À LA DISSERTATION

> Établir une hiérarchie entre les arguments

Sujet Dans la préface de ses *Fables morales et nouvelles* parues en 1671, Furetière écrit : « Les Fables s'étant trouvées du goût des honnêtes gens, aussi bien que des personnes les moins éclairées, une même leçon a profité aux uns et aux autres. » Expliquez cette définition.

Organisez vos arguments en vous aidant des questions suivantes :

a. Quelle démarche la consigne invite-t-elle à suivre ?

b. Soulignez les mots importants de la citation : quelles sont les caractéristiques des fables, selon Furetière ?

c. Suivre le déroulement de la citation ou partir de l'idée la plus évidente pour aboutir à l'idée la plus complexe : quel cheminement vous paraît préférable ici ?

S'ENTRAÎNER À L'ÉCRITURE D'INVENTION

> Respecter les situations de communication imposées

Sujet Lisez le texte de Madame de La Fayette (Exercice 1, page 133). Madame de Clèves rencontre le duc de Nemours et lui signifie son intention de partir. Écrivez leur dialogue.

Après avoir lu ce sujet attentivement, préparez ce devoir en répondant aux questions suivantes :

a. Quel genre est attendu ? Quelles formes de parole pouvez-vous utiliser ?

b. Délimitez le cadre spatio-temporel de votre écrit.

c. L'héroïne classique qu'est Madame de Clèves peut-elle avouer son amour au duc de Nemours ?

Lire un texte classique

Généralité sur le personnage d'Arrias, qui représente ainsi le type du prétentieux, que dénonce La Bruyère.

Discours narrativisé : le personnage, vu en société, monopolise la parole.

Exagérations du personnage dans ses actions, qui ne respecte pas les règles de vie en société.

Jean de La Bruyère, *Les Caractères* (1688)

Arrias a tout lu, a tout vu, il veut le persuader ainsi, c'est un homme universel, et il se donne pour tel ; il aime mieux mentir que de se taire ou de paraître ignorer quelque chose : on parle à la table d'un Grand d'une cour du Nord, il prend la parole, et l'ôte à ceux qui allaient dire ce qu'ils en savent ; il s'oriente dans cette région lointaine comme s'il en était originaire ; il discourt des mœurs de cette cour, des femmes du pays, de ses lois et de ses coutumes ; il récite des historiettes qui y sont arrivées, il les trouve plaisantes et il en rit le premier jusqu'à éclater : quelqu'un se hasarde de le contredire et lui prouve nettement qu'il dit des choses qui ne sont pas vraies ; Arrias ne se trouble point, prend feu au contraire contre l'interrupteur ; je n'avance, lui dit-il, je ne raconte rien que je ne sache d'original : je l'ai appris de Sethon ambassadeur de France dans cette cour, revenu à Paris depuis quelques jours, que je connais familièrement, que j'ai fort interrogé, et qui ne m'a caché aucune circonstance ; il reprenait le fil de sa narration avec plus de confiance qu'il ne l'avait commencée, lorsque l'un des conviés lui dit, c'est Sethon à qui vous parlez, lui-même, et qui arrive de son ambassade.

« De la société et de la conversation »

Questions

1. Relevez les verbes de paroles : quelle caractéristique d'Arrias soulignent-ils ?
2. « Il s'oriente dans cette région lointaine » : comment comprenez-vous cette phrase ?
3. Relevez les paroles rapportées au discours direct et précisez l'identité des locuteurs : quelles différences remarquez-vous, dans leur longueur, leur structure ?
4. Qui est « l'interrupteur » d'Arrias ? Comment le lecteur le comprend-il ? Commentez l'effet produit.
5. Comment Arrias prend-il vie sous les yeux du lecteur ?
6. Quel double sens peut prendre la formule « c'est un homme universel » ?
Synthèse : montrez qu'Arrias représente un personnage contraire à l'idéal classique de l'honnête homme.

Tester ses connaissances sur le classicisme

1 Associez auteur, œuvre et personnage.

Fénelon	*La Princesse de Clèves*	Ratapon
Racine	*Les Aventures de Télémaque*	Mlle de Chartres
Molière	*Le Combat des Rats et des Belettes*	Pyrrhus
La Fontaine	*Andromaque*	Alceste
Mme de La Fayette	*Le Misanthrope*	Mentor

2 Qui suis-je ?

a. Héroïne de la mythologie grecque, ma passion incestueuse pour le fils de mon époux m'a perdue.

b. Moraliste, élu à l'Académie Française, mes maximes et portraits ont instruit et diverti mes contemporains.

c. Présenté comme un idéal par les auteurs classiques, je sais manier l'art de la conversation en société et mes manières ravissent ceux qui me fréquentent.

d. Je suis présentée comme une véritable beauté aux yeux de la cour, dans ce roman, qui relate mon renoncement au monde et à l'amour.

e. Brillant prédicateur, mes sermons et mes oraisons ont été considérés comme des modèles d'éloquence.

3 Attribuez chaque moralité à la fable de La Fontaine correspondante.

a. « La raison du plus fort est toujours la meilleure. »

b. « C'est double plaisir de tromper le trompeur. »

c. « Patience et longueur de temps font plus que force ni que rage. »

d. « Rien ne sert de courir, il faut partir à point. »

e. « Tel est pris qui croyait prendre. »

1. « Le Lion et le Rat »
2. « Le Rat et l'Huître »
3. « Le Lièvre et la Tortue »
4. « Le Loup et l'Agneau »
5. « Le Coq et le Renard »

4 De quel auteur provient chaque citation ?

a. « Le naufrage et la mort sont moins affreux que les plaisirs qui attaquent la vertu. »

b. « Madame se meurt ! Madame est morte ! »

c. « Et le mal n'est jamais que dans l'éclat qu'on fait. »

d. « Ce nous est une douce rente que ce Monsieur Jourdain. »

e. « Belle tête, dit-il ; mais de cervelle point. »

5 Indiquez si chacune des propositions suivantes est vraie ou fausse. Justifiez votre réponse.

a. La troupe des Comédiens Français est formée de la réunion des troupes de l'Hôtel de Bourgogne et du Marais, par opposition aux Comédiens Italiens.

b. La règle des trois unités, au théâtre, a été édictée par Nicolas Boileau, dans *L'Art dramatique*.

c. Louis XIV a permis la création d'une Académie Française, d'une Académie de Peinture, mais refusé de créer une Académie des Sciences.

d. Le style classique en littérature se caractérise par l'emploi fréquent de litotes, d'euphémismes et de parallélismes de construction.

e. Le Nôtre et Le Brun ont embelli les jardins et l'intérieur du château de Versailles, à la demande de Louis XIV.

6 Comment le château et les jardins de Vaux-le-Vicomte manifestent-ils l'esthétique classique ?

Vue du château de Vaux-le-Vicomte, du côté des jardins, estampe du XVIIe siècle. Châteaux de Versailles et de Trianon.

LES LUMIÈRES

François Boucher, *La marquise de Pompadour* (XVIIIe siècle), huile sur papier marouflé (60 x 45 cm). Musée du Louvre, Paris.

Lecture d'image

1. À quelle classe sociale appartient le personnage représenté ici ? Où ce personnage se trouve-t-il ?
2. Observez les objets représentés sur ce tableau : quelles activités symbolisent-ils ? Quelle impression crée leur distribution dans l'espace ?
3. Quels aspects de la période des Lumières ce tableau souligne-t-il ?

Qu'est-ce que les Lumières ?

Origine et évolution

- Mouvement européen né à la fin du XVIIe siècle, nommé *Aufklärung* en Allemagne, *Enlightment* en Angleterre, *Illuminismo* en Italie.
- Volonté de faire la synthèse des connaissances accumulées depuis l'Antiquité dans tous les domaines : loi, mœurs, sciences, arts et métiers.
- Les écrivains des Lumières combattent l'ignorance en diffusant le savoir. Ils font de la raison une arme contre l'obscurantisme religieux, le fanatisme, et l'exercice arbitraire du pouvoir politique.

Genres privilégiés

Dictionnaire, conte philosophique, utopie, comédie, roman, essai, pamphlet, critiques d'art.

Particularités d'écriture

- Écriture argumentative : argumentation directe ou indirecte (insérée dans une fiction). Recours à l'ironie : emploi de figures de style (notamment l'antiphrase, l'hyperbole, l'oxymore et l'antithèse) et de procédés (comme le mélange des registres) pour que le lecteur construise le « second sens ».
- Roman à la première personne : naissance et évolution de l'individu.
- Roman épistolaire pour révéler la diversité des points de vue et le caractère relatif des connaissances.

Principaux thèmes

- **Le voyage** : l'homme voyage pour accumuler des connaissances sur les autres peuples, et ainsi comparer sa culture à d'autres civilisations dans le but de remettre en question ses coutumes et d'améliorer les lois qui le gouvernent **(relativisme)**.
- **Religion et raison** : la raison humaine est le moyen d'accéder à Dieu. La tolérance est un devoir.
- **Science et esprit critique** : mise en doute des connaissances acquises, des préjugés et des traditions. Les réalités naturelles sont soumises à un effort de classification, qui distingue les ordres, les genres, les espèces, les variétés.
- **Refus de l'arbitraire** : remise en cause de toute autorité politique absolue, et aspiration à des régimes modérés protégeant les libertés individuelles.
- **Philosophie** : l'homme est responsable de son bonheur, et doit l'atteindre en alliant sa raison à ses émotions, son intelligence, ses sensations.

Dates clefs

- **Politique**

1715 Mort de Louis XIV

1723-1774 Règne de Louis XV

1774 Mort de Louis XV, avènement de Louis XVI

1776 Déclaration d'indépendance des États-Unis d'Amérique

1789 Révolution française, prise de la Bastille, Déclaration des droits de l'homme

1792 Proclamation de la République

1799 Coup d'État de Bonaparte

- **Société**

1757 Déclaration menaçant de mort les auteurs d'écrits contraires à la religion et à l'État

1759 Interdiction par le conseil d'État des volumes parus dans l'*Encyclopédie*

1762 Exécution de Jean Calas

1765 Le *Dictionnaire philosophique* de Voltaire est condamné à être brûlé

- **Œuvres majeures**

1721 *Lettres persanes*, Montesquieu

1734 *Lettres philosophiques*, Voltaire

1747 *Zadig*, Voltaire

1751-1772 *L'Encyclopédie*, Diderot, d'Alembert, …

1754 *Discours sur l'origine et les fondements de l'inégalité parmi les hommes*, Rousseau

1761 *La Nouvelle Héloïse*, Rousseau

1767 *L'Ingénu*, Voltaire

1784 *Le Mariage de Figaro*, Beaumarchais

1796 *Jacques le fataliste*, Diderot

Abbé PRÉVOST (1697-1763)

▶ Comprendre son œuvre

Parallèlement à une carrière ecclésiastique, Antoine François Prévost dit l'abbé Prévost est l'auteur de romans de mœurs rassemblés dans ses ***Mémoires d'un homme de qualité*** (1728-1731). Il est surtout connu pour le tome VII, ***L'Histoire du chevalier des Grieux et de Manon Lescaut***. L'intrigue commence *in medias res*, quand le narrateur découvre les deux amants, que la déportation de Manon en Amérique, pour débauche, doit séparer. Des Grieux prend la parole, et raconte son amour tourmenté pour cette jeune femme qui le trahit plusieurs fois, et ses tentatives pour la retrouver malgré le refus de sa famille, l'interdit religieux et les difficultés financières. Les critiques contraignent l'auteur à corriger ce roman pour le faire échapper au bûcher.

Pierre-Caron de BEAUMARCHAIS (1732-1799)

▶ Comprendre son œuvre

Soucieux de renouveler le genre de la comédie et de l'adapter au goût de son temps, il s'affranchit des contraintes et joue avec les traditions dans ses drames qui mêlent le pathétique au comique. Ses pièces critiquent les abus de la noblesse, mais leur ton gai et satirique la séduit. Ce ton s'incarne dans le personnage de Figaro, valet contestataire qu'il met en scène dans sa trilogie, ***Le Barbier de Séville*** (1775), ***Le Mariage de Figaro*** (1784) et ***La Mère coupable*** (1792). Les pièces de Beaumarchais reposent sur un canevas traditionnel ***(Le Barbier de Séville)*** ou sur une intrigue complexe ***(Le Mariage de Figaro)***, et sont parcourues par un rythme haletant.

Jean-Baptiste Siméon CHARDIN (1699-1779)

▶ Comprendre son œuvre

Peintre français, Chardin est célébré pour être parvenu à représenter « la nature même » (Diderot), sans emphase et sans pathétique. Il connaît la renommée avec ses deux natures mortes, ***La Raie*** et ***Le Dressoir*** (v. 1728), puis se consacre à la représentation de scènes domestiques remplies de sérénité et de tendresse. Il s'intéresse aussi à la sensation tactile : grâce à une observation rigoureuse, à une maîtrise de la touche et de la couleur, il parvient à rendre avec vigueur les formes de la réalité. Il excelle dans les scènes de genre (***La Récureuse***, 1738) et dans les portraits (***L'Enfant au toton***, vers 1738).

Denis DIDEROT (1713-1784)

▶ Comprendre son œuvre

À l'origine de l'entreprise de l'***Encyclopédie*** aux côtés de D'Alembert, Diderot fait figure de libre penseur, n'hésitant pas à se mettre en danger pour défendre ses opinions. Sa production narrative renouvelle les genres : dans ***Jacques le fataliste*** (1796), il parodie le roman d'aventures et critique ses conventions. Sa narration sert souvent une pensée philosophique, politique ou morale (***Le Neveu de Rameau*, 1823 ; *Le Supplément au Voyage de Bougainville*, 1796**). Il expose sa théorie esthétique qui fait de l'artiste un créateur lucide dans les ***Salons*** (1765-1767), comptes rendus d'expositions de peinture, de gravure et de sculpture organisées au Louvre.

Bernard le Bovier de FONTENELLE (1657-1757)

▶ Comprendre son œuvre

Écrivain, philosophe et savant, Fontenelle, par sa foi en la raison, annonce les Lumières. Soucieux de plaire et d'instruire, il use d'une écriture littéraire ingénieuse qui permet la vulgarisation des sciences (***Entretiens sur la pluralité des mondes*, 1686**) ou la critique des opinions des hommes (***Dialogues des morts*, 1683**), et qui annonce le style de Montesquieu. Lors de la querelle des Anciens et des Modernes, il se range dans le camp des modernes aux côtés de Perrault (***Digression sur les Anciens et les Modernes*, 1687**). Il a également rédigé des éloges des grandes figures scientifiques de son temps, comme Newton.

Jean-Honoré FRAGONARD (1732-1806)

▶ Comprendre son œuvre

Peintre français, qui se forme auprès des peintres Chardin et Boucher, Fragonard est l'un des derniers représentants du style rococo. Sa peinture emploie des couleurs vives ou pastel pour représenter des thèmes légers, comme les jeux amoureux. Ses toiles, qui montrent souvent des scènes libertines (***Le Verrou*, vers 1770**) ou des scènes galantes ayant pour cadre des jardins ou des parcs (***Les Hasards heureux de l'escarpolette*, 1767**), jettent un éclairage inquiet sur la fête amoureuse. Son œuvre correspond aux goûts de l'aristocratie et de la bourgeoisie du Siècle des Lumières pour la frivolité et la vivacité.

Pierre Choderlos de LACLOS
(1741-1803)

▶ **Comprendre son œuvre**

Laclos s'adonne à la littérature parallèlement à sa carrière militaire et à son action politique pendant la Révolution française. Le roman épistolaire, ***Les Liaisons dangereuses* (1782)**, est couronné d'un succès au parfum de scandale. La succession des lettres y entrelace les voix des libertins qui font de la séduction un jeu, et celles de leurs victimes ; cette polyphonie favorise l'analyse psychologique. Ce roman reflète son engagement pour l'émancipation des femmes, et sert une critique de l'éducation qui leur est alors dispensée, simple préparation selon lui, à la servitude qui les attend dans le mariage (***L'Éducation des femmes***, 1783).

Pierre Carlet de Chamblain de MARIVAUX (1688-1763)

▶ **Comprendre son œuvre**

Romancier, dramaturge et journaliste, Marivaux est surtout connu pour son théâtre dans lequel il se fait l'observateur attentif des hommes. Auteur de nombreuses comédies, il analyse notamment la naissance de l'amour, dont il révèle les secrets et les souffrances (***Le Jeu de l'amour et du hasard***, 1730) ; il propose une critique des mœurs de ses contemporains (***La Fausse suivante***, 1724), combat les conventions sociales, et défend l'égalité des sexes (***La Nouvelle Colonie ou la Ligue des femmes***, 1729). On appelle « marivaudage » le jeu de séduction par lequel deux jeunes gens s'échangent des propos galants.

Charles-Louis de Secondat, baron de MONTESQUIEU (1689-1755)

▶ **Comprendre son œuvre**

Président du Parlement de Bordeaux, Montesquieu est aussi l'auteur d'une œuvre étendue, comportant des analyses politiques, économiques et philosophiques. Il devient célèbre avec la publication des ***Lettres persanes* (1721)**, roman épistolaire dans lequel il livre une observation de la société française du point de vue de deux Persans. Le choix d'un regard extérieur et faussement naïf lui permet d'aborder des questions sociales, politiques et morales, et de faire la satire des mœurs de son temps. Dans son traité ***De l'esprit des Lois* (1748)**, il renouvelle la réflexion politique en analysant les formes de gouvernement et l'intention qui préside à l'écriture des lois.

Wolfgang Amadeus MOZART
(1756-1791)

▶ **Comprendre son œuvre**

Musicien autrichien ; son talent précoce le conduit dans toute l'Europe. À onze ans, Mozart compose son premier opéra. Son œuvre compte 626 compositions (opéras, symphonies, concertos, sonates…). Il met la rigueur de la composition au service de la fantaisie. Dans ses opéras, il exprime sa vision de l'homme : ***Don Giovanni* (1787)** montre le désir insatiable et égoïste d'un homme sur une musique aux accents suaves et tragiques. ***La Flûte enchantée* (1790-1791)** célèbre la foi dans l'humanité. ***Les Noces de Figaro* (1786)** font résonner l'ironie de la pièce de Beaumarchais (1784).

Jean-Jacques ROUSSEAU
(1712-1778)

▶ **Comprendre son œuvre**

Compositeur, écrivain et philosophe, Rousseau collabore à l'*Encyclopédie*, et apparaît comme un partisan de la démocratie (***Du Contrat social*, 1762**). Il recherche une foi délivrée des dogmes (***Profession de foi du vicaire savoyard***, 1762). Il fait scandale avec un roman épistolaire, ***Julie ou La Nouvelle Héloïse* (1761)**, qui exalte un retour à une vie naturelle, à travers la peinture d'un amour passionné, mais vertueux. Dans le récit autobiographique ***Les Confessions* (posth. 1782 et 1789)**, il s'efforce de se justifier avec sincérité contre une accusation d'impiété et centre son écriture sur l'expression de la sensibilité et sur l'étude de la formation de soi.

François-Marie Arouet dit VOLTAIRE (1694-1778)

▶ **Comprendre son œuvre**

Philosophe lucide et subversif, Voltaire prend part aux débats philosophiques de son temps. Engagé dans l'entreprise de l'*Encyclopédie*, il combat l'obscurantisme et défend une pensée critique, libérée des préjugés sociaux et religieux. Ses œuvres comportent des tragédies (***Zaïre*, 1733**), des traités philosophiques, des dictionnaires (***Dictionnaire philosophique portatif***, 1769), des œuvres de fiction, comme le conte philosophique (***Candide ou l'optimisme***, 1759 ; ***L'Ingénu***, 1767). Maniant l'art de la polémique, sa prose, souvent ironique, combat les abus de la religion et du pouvoir politique, et, en particulier, l'intolérance (***Traité sur la tolérance*** 1753).

OBJET D'ÉTUDE 2e

Genres et formes de l'argumentation

1 L'ENGAGEMENT DANS L'ESSAI

Un autre sujet d'admiration pour moi c'est l'air de confiance avec lequel nous faisons la brillante énumération de tous les grands hommes que l'histoire a célébrés pour les mettre en parallèle avec le petit nombre d'Héroïnes dont elle a daigné se souvenir, et nous croyons bien trouver notre compte à cette comparaison. Eh, Messieurs, laissez venir aux femmes la fantaisie de transmettre leurs fastes à la postérité, et vous verrez à quel rang on vous y pourra mettre et si elles ne s'adjugeront point peut-être sur de plus justes raisons la prééminence* que vous usurpez avec tant d'orgueil.

Et après tout, si nous entrions équitablement dans le détail de toutes les belles actions que les temps ont fait éclore et que nous examinassions les véritables raisons qui ont pu en augmenter ou en diminuer le nombre, je ne doute point que nous n'y trouvassions beaucoup plus de proportion que nous n'en trouvons d'abord et que la balance ne restât à peu près dans l'équilibre.

Jean-Jacques Rousseau, *Sur les femmes* (vers 1738)

* Supériorité.

a. Quelle thèse Rousseau défend-il ? Quels arguments met-il au service de cette thèse ?
b. Observez l'énonciation : quels termes rattachent ce texte au genre de l'essai ?
Pour conclure : pourquoi le genre adopté dans cette argumentation est-il particulièrement efficace ?

2 LES ENJEUX DU CONTE PHILOSOPHIQUE

Candide fuit la brutalité de l'Europe et arrive au royaume d'Eldorado, où il rencontre un savant.

Candide ne se lassait pas de faire interroger ce bon vieillard; il voulut savoir comment on priait Dieu dans Eldorado. « Nous ne le prions point, dit le bon et respectable sage; nous n'avons rien à lui demander, il nous a donné tout ce qu'il nous faut; nous le remercions sans cesse. » Candide eut la curiosité de voir des prêtres; il fit demander où ils étaient. Le bon vieillard sourit. « Mes amis, dit-il, nous sommes tous prêtres; le roi et tous les chefs de famille chantent des cantiques d'actions de grâces solennellement tous les matins, et cinq ou six mille musiciens les accompagnent. – Quoi ! vous n'avez point de moines qui enseignent, qui disputent, qui gouvernent, qui cabalent, et qui font brûler les gens qui ne sont pas de leur avis ? – Il faudrait que nous fussions fous, dit le vieillard; nous sommes tous ici du même avis, et nous n'entendons pas ce que vous voulez dire avec vos moines. »

Voltaire, *Candide* (1759)

a. Par quels aspects ce texte relève-t-il du conte ?
b. Quels éléments donnent à ce texte une dimension philosophique ? Que veut montrer Voltaire ?
Pour conclure : comment le récit permet-il à l'auteur de faire passer ses propres idées ?

3 LA DIMENSION ARGUMENTATIVE D'UN ROMAN ÉPISTOLAIRE

Rica, un Persan venu séjourner à Paris, entretient une correspondance avec un ami resté en Perse.

Les habitants de Paris sont d'une curiosité qui va jusqu'à l'extravagance. Lorsque j'arrivai, je fus regardé comme si j'avais été envoyé du ciel : vieillards, hommes, femmes, enfants, tous voulaient me voir. Si je sortais, tout le monde se mettait aux fenêtres; si j'étais aux Tuileries, je voyais aussitôt un cercle se former autour de moi; les femmes mêmes faisaient un arc-en-ciel nuancé de mille couleurs, qui m'entourait. Si j'étais aux spectacles, je trouvais d'abord cent lorgnettes dressées contre ma figure : enfin jamais homme n'a tant été vu que moi. Je souriais quelquefois d'entendre des gens qui n'étaient presque jamais sortis de leur chambre, qui disaient entre eux : « Il faut avouer qu'il a l'air bien persan. » Chose admirable ! Je trouvais de mes portraits partout; je me voyais multiplié dans toutes les boutiques, sur toutes les cheminées, tant on craignait de ne m'avoir pas assez vu.

Tant d'honneurs ne laissent pas d'être à charge : je ne me croyais pas un homme si curieux et si rare ; et, quoique j'aie très bonne opinion de moi, je ne me serais jamais imaginé que je dusse troubler le repos d'une grande ville où je n'étais point connu. Cela me fit résoudre à quitter l'habit persan et à en endosser un à l'européenne, pour voir s'il resterait encore dans ma physionomie quelque chose d'admirable. Cet essai me fit connaître ce que je valais réellement : libre de tous les ornements étrangers, je me vis apprécié au plus juste. J'eus sujet de me plaindre de mon tailleur, qui m'avait fait perdre en un instant l'attention et l'estime publique. [...]

Montesquieu, *Les Lettres persanes*, lettre XXX (1721)

a. Observez le lexique : quel est le sujet de cette lettre ? Quelle est l'intention de Rica ?
b. Quels éléments donnent à cette lettre un caractère fictif ?
c. Pourquoi Montesquieu a-t-il confié à Rica le soin d'observer les « habitants de Paris » ?
Pour conclure : comment le roman épistolaire permet-il à l'auteur de poser un regard critique sur sa société ?

OBJET D'ÉTUDE 1re La question de l'Homme dans les genres de l'argumentation

1 LES ENJEUX D'UN DÉBAT SOCIAL

Les hommes sont déclarés libres, mais ne sait-on pas que l'instruction agrandit sans cesse la sphère de la liberté civile, et, seule, peut maintenir la liberté politique contre toutes les espèces de despotisme ? Ne sait-on pas que, même sous la Constitution la plus libre, l'homme ignorant est à la merci du charlatan, et beaucoup trop dépendant de l'homme instruit ; et qu'une instruction générale, bien distribuée, peut seule empêcher, non pas la supériorité des esprits qui est nécessaire, et qui même concourt au bien de tous, mais le trop grand empire que cette supériorité donnerait, si l'on condamnait à l'ignorance une classe quelconque de la société ? Celui qui ne sait ni lire ni compter dépend de tout ce qui l'environne ; celui qui connaît les premiers éléments du calcul ne dépendrait pas du génie de Newton, et pourrait même profiter de ses découvertes.

Les hommes sont reconnus égaux ; et pourtant combien cette égalité de droits serait peu sentie, serait peu réelle, au milieu de tant d'inégalités de fait, si l'instruction ne faisait sans cesse effort pour rétablir le niveau, et pour affaiblir du moins les funestes disparités qu'elle ne peut détruire !

Talleyrand, *Rapport sur l'instruction publique* (10 septembre 1791)

a. À quel texte célèbre est-il fait référence ?
b. Sous quelles conditions les principes évoqués sont-ils suivis ? Quels connecteurs apportent une nuance ?
c. Observez les types de phrases et les parallélismes : que révèlent-ils de l'état d'esprit de Talleyrand ?
Pour conclure : pourquoi retrouve-t-on ici les aspirations de la philosophie des Lumières ?

2 LA MISE EN SCÈNE D'UN DÉBAT MORAL

MOI : Non ; mais permettez, docteur, que je change un peu la thèse, en supposant un malade dont les crimes soient de notoriété publique. On vous appelle ; vous accourez, vous ouvrez les rideaux, et vous reconnaissez Cartouche ou Nivet[1]. Guérirez-vous Cartouche ou Nivet ?...
Le docteur Bissei, après un moment d'incertitude, répondit ferme qu'il le guérirait ; qu'il oublierait le nom du malade, pour ne s'occuper que du caractère de la maladie ; que c'était la seule chose dont il lui fût permis de connaître ; que s'il faisait un pas au-delà, bientôt il ne saurait plus où s'arrêter ; que ce serait abandonner la vie des hommes à la merci de l'ignorance, des passions, du préjugé, si l'ordonnance devait être précédée de l'examen de la vie et des mœurs du malade. « Ce que vous me dites de Nivet, un janséniste me le dira d'un moliniste[2], un catholique d'un protestant. Si vous m'écartez du lit de Cartouche, un fanatique m'écartera du lit d'un athée. C'est bien assez que d'avoir à doser le remède, sans avoir encore à doser la méchanceté qui permettrait ou non de l'administrer...
– Mais, docteur, lui répondis-je, si après votre belle cure, le premier essai que le scélérat fera de sa convalescence, c'est d'assassiner votre ami, que direz-vous ? Mettez la main sur la conscience ; ne vous repentirez-vous point de l'avoir guéri ?

Denis Diderot, *Entretien d'un père avec ses enfants* (1773)

1. Célèbres criminels. – 2. Jésuites, ennemis des jansénistes.

a. Quelle question est débattue ici ? Quelles thèses s'opposent ?
b. Comment Diderot donne-t-il vie à cette réflexion ?
c. Étudiez l'argumentation des personnages et les paroles rapportées : quelle thèse semble préférer l'auteur ?
Pour conclure : quelle contribution à la réflexion sur l'homme la forme dialoguée apporte-t-elle ?

3 LA NOTION D'ÉGALITÉ

Rousseau évoque le temps où, pour la première fois, les hommes voulurent être respectés.

De là sortirent les premiers devoirs de la civilité, même parmi les Sauvages, et de là tout tort volontaire devint un outrage, parce qu'avec le mal qui résultait de l'injure, l'offensé y voyait le mépris de sa personne souvent plus insupportable que le mal même. C'est ainsi que chacun punissant le mépris qu'on lui avait témoigné d'une manière proportionnée au cas qu'il faisait de lui-même, les vengeances devinrent terribles, et les hommes sanguinaires et cruels. Voilà précisément le degré où étaient parvenus la plupart des Peuples Sauvages qui nous sont connus ; et c'est faute d'avoir suffisamment distingué les idées, et remarqué combien ces Peuples étaient déjà loin du premier état de Nature, que plusieurs se sont hâtés de conclure que l'homme est naturellement cruel et qu'il a besoin de police pour l'adoucir, tandis que rien n'est si doux que lui dans son état primitif [...]

Jean-Jacques Rousseau, *Discours sur l'origine et les fondements de l'inégalité parmi les hommes* (1754)

a. Quelle thèse Rousseau défend-il ? Quelle thèse réfute-t-il ?
b. Observez temps verbaux et connecteurs : comment l'argumentation progresse-t-elle ?
c. Quels éléments font de ce texte un discours ? Cette forme vous semble-t-elle efficace ? Justifiez.
Pour conclure : quelle image de l'homme dans la société Rousseau nous propose-t-il ?

OBJET D'ÉTUDE 1re

Le personnage de roman

1 LA NARRATION À LA PREMIÈRE PERSONNE

Renversée par le carrosse de Valville, Marianne est portée chez le jeune homme.

Nos regards même l'*entamaient déjà ; il n'en jetait pas un sur moi qui ne signifiât : *Je vous aime* ; et moi je ne savais que faire des miens, parce qu'ils lui en auraient dit autant.

Nous en étions, lui et moi, à ce muet entretien de nos cœurs, quand nous vîmes entrer le chirurgien, qui, sur le récit que lui fit Valville de mon accident, débuta par dire qu'il fallait voir mon pied.

À cette proposition, je rougis d'abord par un sentiment de pudeur ; et puis en rougissant, pourtant je songeai que j'avais le plus joli petit pied du monde ; que Valville allait le voir, que ce ne serait point ma faute, puisque la nécessité voulait que je le montrasse devant lui ; ce qui était une bonne fortune pour moi, bonne fortune honnête et faite à souhait : car on croyait qu'elle me faisait de la peine ; on tâchait de m'y résoudre, et j'allais en avoir le profit immodeste, en conservant tout le mérite de la modestie, puisqu'il me venait d'une aventure dont j'étais innocente : c'était ma chute qui avait tort.

Combien dans le monde y a-t-il d'honnêtes gens qui me ressemblent, et qui, pour pouvoir garder une chose qu'ils aiment, ne fondent pas mieux leur droit d'en jouir que je faisais le mien dans cette occasion-là !

Pierre Carlet de Chamblain de Marivaux, *La Vie de Marianne* (1734-1735)

* L'entretien.

a. Qu'apporte le mode de narration à la construction du personnage ?
b. Quelle relation paroles et pensées établissent-elles entre les personnages ?
Pour conclure : comment ce passage de roman permet-il de faire le portrait moral du personnage de Marianne ?

2 L'EXPRESSION ROMANESQUE DES SENTIMENTS

Des Grieux a appris que son amie lui était infidèle.

Nous ne pensions ni à parler, ni à manger. Enfin, je vis tomber des larmes de ses beaux yeux : perfides larmes ! Ah Dieux ! m'écriai-je, vous pleurez, ma chère Manon ; vous êtes affligée jusqu'à pleurer, et vous ne me dites pas un seul mot de vos peines. Elle ne me répondit que par quelques soupirs qui augmentèrent mon inquiétude. Je me levai en tremblant. Je la conjurai, avec tous les empressements de l'amour, de me découvrir le sujet de ses pleurs ; j'en versai moi-même en essuyant les siens ; j'étais plus mort que vif. Un barbare aurait été attendri des témoignages de ma douleur et de ma crainte. Dans le temps que j'étais ainsi tout occupé d'elle, j'entendis le bruit de plusieurs personnes qui montaient l'escalier. On frappa doucement à la porte. Manon me donna un baiser, et s'échappant de mes bras, elle entra rapidement dans le cabinet, qu'elle ferma aussitôt sur elle. Je me figurai qu'étant un peu en désordre, elle voulait se cacher aux yeux des étrangers qui avaient frappé. J'allai leur ouvrir moi-même. À peine avais-je ouvert, que je me vis saisir par trois hommes, que je reconnus pour les laquais de mon père.

L'Abbé Prévost, *Manon Lescaut* (1728)

a. Comment le narrateur parvient-il à nous faire pénétrer dans l'intimité d'un couple ?
b. Selon quel point de vue le récit est-il conduit ? Que savons-nous de Manon ?
c. Quels éléments rendent la scène pathétique ?
Pour conclure : quelle image de l'homme du XVIIIe siècle ce passage présente-t-il ?

3 LA CRITIQUE DU PERSONNAGE

Jacques et son maître ont dépouillé des brigands. Ils voient s'avancer une troupe d'hommes armés.

Vous allez croire que cette petite armée tombera sur Jacques et son maître, qu'il y aura une action sanglante, des coups de bâton donnés, des coups de pistolet tirés ; et il ne tiendrait qu'à moi que tout cela n'arrivât ; mais adieu la vérité de l'histoire, adieu le récit des amours de Jacques*. Nos deux voyageurs n'étaient point suivis : j'ignore ce qui se passa dans l'auberge après leur départ. Ils continuèrent leur route, allant toujours sans savoir où ils allaient, quoiqu'ils sussent à peu près où ils voulaient aller ; trompant l'ennui et la fatigue par le silence et le bavardage, comme c'est l'usage de ceux qui marchent, et quelquefois de ceux qui sont assis.

Il est bien évident que je ne fais pas un roman, puisque je néglige ce qu'un romancier ne manquerait pas d'employer. Celui qui prendrait ce que j'écris pour la vérité serait peut-être moins dans l'erreur que celui qui le prendrait pour une fable.

Denis Diderot, *Jacques le fataliste* (1796)

* En chemin, Jacques raconte l'histoire de ses amours.

a. Quels événements sont évoqués dans cet extrait ? Quels sont ceux qui ont lieu réellement ?
b. Observez les pronoms personnels sujets qui apparaissent dans ce passage : qui représentent-ils ? Montrez que les conventions romanesques sont transgressées.
Pour conclure : pourquoi peut-on dire que Diderot fait ici la critique du personnage romanesque ?

Le texte théâtral et sa représentation

1 UNE COMÉDIE DE MŒURS

Le chevalier a perdu au jeu un diamant que la baronne lui a remis; elle-même l'avait obtenu de Turcaret, amoureux d'elle. Turcaret vient d'offrir à la baronne un «billet» de «dix mille écus».

[...]

LE CHEVALIER: Oh! non. Si jamais je me brouille, ce ne sera qu'après la ruine totale de monsieur Turcaret.

FRONTIN: Qu'après sa destruction, là, son anéantissement!

LE CHEVALIER: Je ne rends des soins à la coquette que pour l'aider à ruiner le traitant[1].

FRONTIN: Fort bien: à ces sentiments généreux, je reconnais mon maître.

LE CHEVALIER: Paix, Frontin, voici la baronne.

LA BARONNE: Allez, chevalier, allez sans tarder davantage négocier ce billet, et me rendez ma bague le plus tôt que vous pourrez.

LE CHEVALIER: Frontin[2], madame, va vous la rapporter incessamment; mais avant que je vous quitte, souffrez que, charmé de vos manières généreuses, je vous fasse connaître que...

LA BARONNE: Non, je vous le défends; ne parlons point de cela.

LE CHEVALIER: Quelle contrainte pour un cœur aussi reconnaissant que le mien!

LA BARONNE *(s'en allant)*: Sans adieu, chevalier. Je crois que nous nous reverrons tantôt.

LE CHEVALIER *(s'en allant)*: Pourrais-je m'éloigner de vous sans une si douce espérance?

FRONTIN *(seul)*: J'admire le train de la vie humaine! Nous plumons une coquette, la coquette mange un homme d'affaires, l'homme d'affaires en pille d'autres; cela fait un ricochet de fourberies le plus plaisant du monde.

Alain-René Lesage, *Turcaret*, Acte I, Scènes 9 et 10 (1708)

1. Homme d'affaires. – 2. Valet du chevalier.

a. À quelle classe sociale appartiennent les personnages? Quelles relations entretiennent-ils entre eux? À quel personnage revient le soin de déchiffrer le sens de la scène?

b. Qui est «l'homme d'affaires» désigné par Frontin? Appartient-il au même monde que les autres? Justifiez votre réponse.

c. Quel tableau de la société du XVIIIe siècle apparaît ici?

Pour conclure: quels sentiments divers les mouvements des personnages et leurs répliques font-ils naître chez le spectateur?

2 UNE COMÉDIE SATIRIQUE

Le comte a entrepris de séduire Suzanne, la fiancée de son valet, Figaro. Il veille cependant jalousement sur sa femme, et est victime d'une habile manœuvre qui le couvre de ridicule.

[...]

LE COMTE: Quel motif avait la Comtesse, pour me jouer un pareil tour?

FIGARO: Ma foi, monseigneur, vous le savez mieux que moi.

LE COMTE: Je la préviens sur tout, et la comble de présents.

FIGARO: Vous lui donnez, mais vous êtes infidèle. Sait-on gré du superflu, à qui nous prive du nécessaire?

LE COMTE: ... Autrefois tu me disais tout.

FIGARO: Et maintenant je ne vous cache rien.

LE COMTE: Combien la Comtesse t'a-t-elle donné pour cette belle association?

FIGARO: Combien me donnâtes-vous pour la tirer des mains du docteur*? Tenez, monseigneur, n'humilions pas l'homme qui nous sert bien, crainte d'en faire un mauvais valet.

LE COMTE: Pourquoi faut-il qu'il y ait toujours du louche en ce que tu fais?

FIGARO: C'est qu'on en voit partout quand on cherche des torts.

LE COMTE: Une réputation détestable!

FIGARO: Et si je vaux mieux qu'elle? y a-t-il beaucoup de seigneurs qui puissent en dire autant?

LE COMTE: Cent fois je t'ai vu marcher à la fortune, et jamais aller droit.

FIGARO: Comment voulez-vous? la foule est là: chacun veut courir, on se presse, on pousse, on coudoie, on renverse, arrive qui peut; le reste est écrasé. Aussi, c'est fait pour moi, j'y renonce.[...]

Beaumarchais, *Le Mariage de Figaro*, Acte III, Scène 5 (1784)

* Allusion au *Barbier de Séville* où le comte séduit puis épouse Rosine, la pupille du docteur Bartholo, avec l'aide de Figaro.

a. Observez les types de phrases: quels sont les sujets d'inquiétude du comte?

b. Étudiez la succession des répliques: que révèle-t-elle du caractère de Figaro?

c. Quel jugement Figaro porte-t-il sur son maître?

d. Quelle réaction suscite chez le spectateur la vivacité du dialogue?

e. Comment voit-on que Figaro est le porte-parole de l'auteur?

Pour conclure: montrez que Beaumarchais met en scène les tensions sociales de son temps.

DOSSIER CULTUREL (I)

Le libertinage

Un mouvement philosophique et artistique, un comportement humain

Jean Honoré Fragonard,
Les Hasards heureux de l'escarpolette (1767),
huile sur toile (81 x 64 cm). Wallace Collection, Londres.

Questions

1. Comment les jeux de lumière permettent-ils d'éclairer le libertinage des personnages de Fragonard ?
2. Pourquoi le texte de Laclos présente-t-il le libertinage comme une pratique sociale ?
3. Que révèle cette lettre des relations qui s'établissent entre le Vicomte et la marquise ?
4. Quels lexiques se mêlent dans la lettre de Valmont ? Pourquoi peut-on dire que son âme est diabolique ?
5. Quels liens peut-on établir entre libertinage et beaux-arts ?

Choderlos de Laclos, *Les Liaisons dangereuses* (1782)

Conquérir est notre destin ; il faut le suivre : peut-être au bout de la carrière nous rencontrerons-nous encore ; car, soit dit sans vous fâcher, ma très belle marquise, vous me suivez au moins d'un pas égal. Et depuis que, nous séparant pour le bonheur du monde, nous prêchons la foi chacun de notre côté, il me semble que dans cette mission d'amour, vous avez fait plus de prosélytes que moi. Je connais votre zèle, votre ardente ferveur, et si ce Dieu-là nous jugeait sur nos œuvres, vous seriez un jour la patronne de quelque grande ville, tandis que votre ami serait tout au plus un saint de village. [...] Ce langage vous étonne, n'est-il pas vrai ? Mais depuis huit jours je n'en entends, je n'en parle pas d'autre ; et c'est pour m'y perfectionner que je me vois forcé de vous désobéir.

Ne vous fâchez pas et écoutez-moi. Dépositaire de tous les secrets de mon cœur, je vais vous confier le plus grand projet que j'aie jamais formé. Que me proposez-vous ? de séduire une jeune fille qui n'a rien vu, ne connaît rien ; qui, pour ainsi dire, me serait livrée sans défense ; qu'un premier hommage ne manquera pas d'enivrer, et que la curiosité mènera peut-être plus vite que l'amour. Vingt autres peuvent y réussir comme moi. Il n'en est pas ainsi de l'entreprise qui m'occupe ; son succès m'assure autant de gloire que de plaisir.

Lettre IV, Le Vicomte de Valmont à la marquise de Merteuil

▸ Quelles relations s'établissent entre libertinage et Lumières ?

Le plaisir noir et les Lumières

Jean Starobinski, *L'Invention de la liberté* (2006)

À l'heure où se répand, selon l'expression de Sénac de Meilhan[1], « l'esprit sexagénaire du siècle »[2], l'amateur cherche à raviver ses plaisirs en poursuivant des expériences insolites ou perverses. Car l'ennui suit de près le plaisir : c'est l'un des thèmes favoris de l'époque. Les mêmes sensations, trop souvent renouvelées, ne causent plus de surprise. Les attraits de l'exotisme géographique s'épuisent rapidement. Reste à exploiter une nouvelle ressource : l'exotisme du mal. Reste à pénétrer dans le continent noir de la terreur et des plaisirs interdits. « Convertir la douleur en volupté » : la formule pourrait être du marquis de Sade. Elle est de Jean-Jacques Rousseau. [...] À la fin du siècle, aux alentours de la crise révolutionnaire, le plaisir ne se trouve plus dans les aventures faciles et sans conséquence, mais par le déploiement d'une volonté rebelle qui brave le destin ou l'autorité divine.

1. Écrivain français (1736-1803). 2. Années 1760.

H. Biberstein, *Portrait imaginaire du Marquis de Sade*, in *L'Œuvre du marquis de Sade* de Guillaume Apollinaire (1912). Bibliothèque des Curieux.

Affiche du film *Don Giovanni* réalisé par Joseph Losey en 1979.

Consultez l'exposition consacrée par la Bnf à Casanova :
- Combien de livres comporte *L'Histoire de ma vie* de Casanova ? Quels en sont les quatre grands thèmes ? Quelles activités Casanova a-t-il exercées ?
- Par quels aspects Casanova est-il un homme des Lumières ? Par quels aspects s'en éloigne-t-il ?
- Quel lien la vie de Casanova établit-elle entre libertinage et liberté ?

Questions

6. a. D'après Jean Starobinski, quels sont les deux visages du libertinage ?
b. Quelle attitude est commune aux libertins et aux révolutionnaires ?
7. Quelle représentation du libertin se dégage du *Portrait imaginaire du marquis de Sade* et de l'affiche du film *Don Giovanni* ?
8. Quels arts se sont inspirés du mouvement libertin ?
9. Pourquoi peut-on dire que le libertinage jette une ombre sur les Lumières ?

Synthèse

Comment l'évolution des idées pendant la période des Lumières a-t-elle favorisé l'avènement du libertinage ?

Les Lumières, mouvement européen et planétaire

À l'origine des Lumières

André Zysberg, *La Monarchie des Lumières* (2002)

Les précurseurs

[...] La pensée de John Locke exerce une influence déterminante à double titre. Comme auteur de *l'Essai sur l'entendement humain* (1690), ce philosophe expose que nous appréhendons le monde grâce à nos sens. Cette faculté de perception constitue aussi le canal de la compréhension, ce qui signifie que les idées ou les concepts n'ont aucune existence innée. Locke s'est également interrogé sur la société politique, dans ses deux *Traités sur le gouvernement*, publiés au lendemain de la Glorieuse Révolution de 1688, qui refonde la monarchie non plus sur la transcendance d'un pouvoir absolu d'origine divine, mais sur un contrat de confiance, associant le roi et la nation. Traduits en français et édités en Hollande, les deux traités de Locke imprégneront la pensée politique de la France des Lumières. L'autre Anglais, Isaac Newton (1642-1727), bouleverse le monde savant avec ses *Philosophiae naturalis principia mathematica* (1687), où il démontre que les planètes, à l'instar des objets les plus ordinaires (une pomme), sont soumises à la gravitation universelle. On peut en déduire que le cosmos n'est pas hiérarchisé, puisque les mêmes principes de l'attraction des corps s'appliquent sur la terre comme au ciel, ce qui permet d'expliquer, par exemple, le phénomène des marées. L'univers n'apparaît plus régi par la providence, mais par des lois physiques et mathématiques : le monde selon Newton se traduit en équations. [...]

Newton étudie la réfraction de la lumière : il démontre qu'un prisme décompose la lumière blanche en un spectre de couleur, gravure colorisée datant du XVIIIe siècle.

Frontispice de l'*Entretien sur la pluralité des mondes* de Bernard de Fontenelle, dessin de Charles Natoire, gravure de Charles-Nicolas Cochin (1748). Réserve des livres rares, Bnf, Paris.

Questions

1. Pourquoi peut-on considérer John Locke et Isaac Newton comme les précurseurs du mouvement des Lumières ?
2. D'après André Zysberg, dans quels domaines la réflexion des Lumières s'exerce-t-elle ?
3. Quelle représentation de la femme pendant les Lumières est donnée par le dessin de Charles Natoire ?

La diffusion des idées

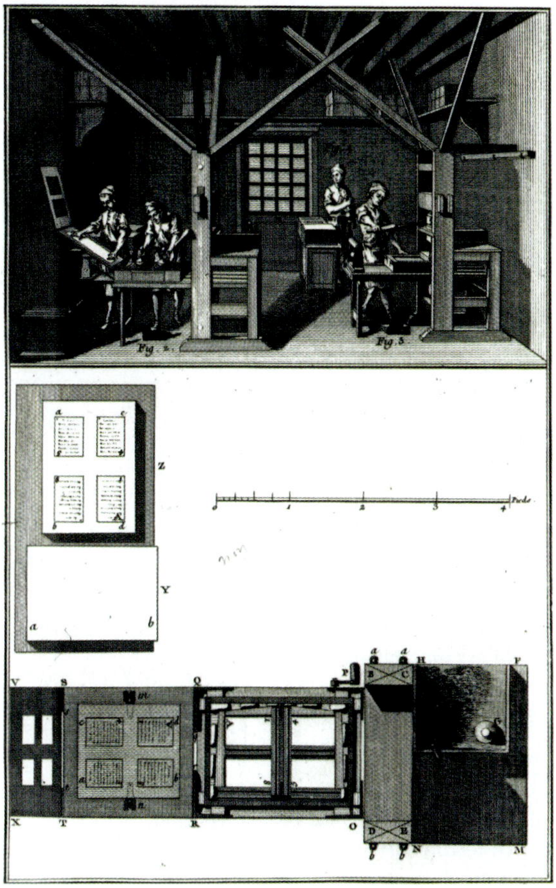

Planche de l'*Encyclopédie* représentant une imprimerie et l'imprimeur au travail : « imprimerie, opération d'imprimer et plan de la presse ».

Questions

4. Quels éléments matériels assurent la diffusion des idées des Lumières ? Quelles dispositions intellectuelles et politiques en favorisent la circulation ?
5. Pourquoi peut-on dire que l'*Encyclopédie* est le fruit d'un travail de collaboration ?
6. À quels domaines l'*Encyclopédie* ouvre-t-elle ses articles ?
7. Cherchez l'étymologie du mot « encyclopédie » : pourquoi peut-on dire que ce projet est encyclopédique ? Voltaire a-t-il raison de considérer que cet ouvrage est « peut-être le premier et le dernier exemple » d'un travail de ce genre ?

Voltaire, « Sur l'Encyclopédie », Lettre VIII (1767)

Votre altesse me demande quelques détails sur l'*Encyclopédie* ; j'obéis à vos ordres. Cet immense projet fut conçu par MM. Diderot et d'Alembert, deux philosophes qui font honneur à la France : l'un a été distingué par les générosités de l'impératrice de Russie ; et l'autre par le refus d'une fortune éclatante offerte par cette impératrice, mais que sa philosophie même ne lui a pas permis d'accepter. M. le chevalier de Jaucourt, d'une ancienne maison qu'il illustre par ses vastes connaissances comme par ses vertus, se joignit à ces deux savants, et se signala par un travail infatigable. Ils furent aidés par M. le comte d'Hérouville, lieutenant général des armées du roi, profondément instruit dans tous les arts qui peuvent tenir à votre grand art de la guerre [...] D'habiles ingénieurs ont enrichi ce dictionnaire de tout ce qui concerne l'attaque et la défense des places. Des présidents et des conseillers des parlements ont fourni plusieurs articles sur la jurisprudence. Enfin, il n'y a point d'art, de profession, dont les plus grands maîtres n'aient à l'envi enrichi ce dictionnaire. C'est le premier exemple et le dernier peut-être sur la terre qu'une foule d'hommes supérieurs se soient empressés sans aucun intérêt, sans aucune vue particulière, sans même celle de la gloire (puisque quelques-uns sont cachés), à former ce dépôt immortel des connaissances de l'esprit humain.

Voltaire, « Sur l'Encyclopédie », Lettre VIII (1767)

Consultez l'exposition consacrée par la Bnf aux Lumières :
- Quels domaines, quelles disciplines, sont représentés par les « figures des Lumières » ?
- Quelle religion a été adoptée par les Lumières ? Quels sont ses principaux caractères ?
- Quelles idées constituent le fondement de la philosophie des Lumières ?

Synthèse

Pourquoi peut-on considérer les Lumières comme un mouvement européen, planétaire, et universel ?

VOCABULAIRE

1 NÉOLOGISMES

Les philosophes des Lumières, soucieux de libérer la pensée par l'écriture, ont aussi senti la nécessité de libérer la langue en formant des mots nouveaux.

a. **Lisez les mots en italique cités par Voltaire dans son article. Quels mots sont dans le dictionnaire ? Quel est leur sens ?**

b. **Quelle transformation de la langue Voltaire suggère-t-il ici ? Quel pourrait être le sens des mots qu'il propose ?**

c. **Rédigez des phrases qui reprendront chacun des néologismes proposés par Voltaire et mettront leur sens en évidence.**

Nous avons des *architraves* et point de *traves*, des *architectes* et point de *tectes*, des *soubassements* et point de *bassements* ; il y a des choses *ineffables* et point *d'effable*. On est intrépide, on n'est pas *trépide*, *impotent* et jamais *potent* ; un fonds est *inépuisable*, sans pouvoir être *épuisable*. Il y a des *impudents*, des *insolents*, mais ni *pudents* ni *solents* : *nonchalant* signifie *paresseux*, et *chaland*, celui qui achète.

Voltaire, article « Langues », *Dictionnaire philosophique* (1764)

2 PRÉFIXES

Conscients des mérites de la langue française, mais aussi de ses insuffisances, traducteurs et philosophes français ont essayé d'imiter la souplesse lexicale d'autres langues européennes.

a. **Les mots suivants ont été employés au XVIIIe : quels sont leurs points communs ? Comment sont-ils formés ?**

b. **De quels mots existant déjà se rapprochent-ils ? Quel sens nouveau apportent ces préfixes ?**

introuvé – irrévoqué – inabordé – irréconcilié – irréparé – inamusant – inabondance – inassoupi – inconsistance – instable – inhabileté

c. **Quels mots avons-nous conservés aujourd'hui ?**

d. **Employez chaque mot dans une phrase qui fasse apparaître le sens du préfixe.**

3 SUFFIXES

a. **De nombreux mots terminés par les suffixes *-isme, -at, -ariat* ont été inventés au XVIIIe siècle : quel est le sens de ces suffixes ? Comment comprenez-vous leur succès au XVIIIe siècle ?**

b. **Établissez une liste d'une dizaine de termes présentant ces suffixes, puis définissez-les.**

4 ÉTYMOLOGIE

Le mouvement des Lumières, en s'étendant à l'Europe, a favorisé la circulation des idées, mais aussi des mots, par-delà frontières et cultures.

a. **Observez les mots suivants : quelle est leur étymologie ? Déterminez leur sens.**

b. **À quels domaines ces mots appartiennent-ils ? Pourquoi ces emprunts sont-ils révélateurs de l'esprit des Lumières ?**

c. **Proposez votre propre définition de ces mots en soulignant le sens et l'origine des éléments qui les composent.**

bénévolence – compétition – corporation – dicéphale – ethographie – gentleman – hécatomphonie – message – procrastiner – prohibiteur – pugnacité – spleen – subodorer – toast – transcendre – verdict – vote

5 ARTS ET MÉTIERS

Au XVIIIe siècle, on est fier de montrer sa connaissance du langage des métiers et des techniques.

a. **Lisez les expressions suivantes : quelle figure de style est employée ?**

b. **À quels métiers sont empruntées ces expressions ? À quels domaines sont-elles appliquées ? Quel en est le sens ?**

c. **Choisissez quatre expressions que vous utiliserez dans quatre phrases de votre invention.**

l'architecture sociale – la chaux et le sable du bâtiment politique – lancer un pont flottant de communication entre deux pays – la voûte sociale – la coupe des tragédies de Corneille – les coutures et les pièces d'un roman – l'ouvrage est encore en chantier

EXPRESSION ÉCRITE

Sujet 1

Imaginez une nouvelle *Lettre persane*, dans laquelle un persan observe la société française. Écrivez-la en employant le vocabulaire présent dans les exercices précédents.

Sujet 2

Rédigez un discours dans lequel vous défendrez les effets bénéfiques de la bonne entente sociale sur la vie de chaque homme. Vous aurez recours aux termes issus de ces exercices qui font référence à des réalités sociales.

Vers le Bac

> Corpus BAC, p. 239

S'ENTRAÎNER AU COMMENTAIRE

> Commenter l'ironie

Sujet Vous commenterez ce texte de Voltaire.

Contraints de fuir la France, Candide et son compagnon Martin embarquent pour l'Angleterre.

En causant ainsi ils abordèrent à Portsmouth ; une multitude de peuple couvrait le rivage, et regardait attentivement un assez gros homme qui était à genoux, les yeux bandés, sur le tillac d'un des vaisseaux de la flotte ; quatre soldats, postés vis-à-vis de cet homme, lui tirèrent chacun trois balles dans le crâne, le plus paisiblement du monde, et toute l'assemblée s'en retourna extrêmement satisfaite. « Qu'est-ce donc que tout ceci ? dit Candide, et quel démon exerce partout son empire ? » Il demanda qui était ce gros homme qu'on venait de tuer en cérémonie. « C'est un amiral, lui répondit-on. – Et pourquoi tuer cet amiral ? – C'est, lui dit-on, parce qu'il n'a pas fait tuer assez de monde ; il a livré un combat à un amiral français, et on a trouvé qu'il n'était pas assez près de lui. – Mais, dit Candide, l'amiral français était aussi loin de l'amiral anglais que celui-ci l'était de l'autre ! – Cela est incontestable, lui répliqua-t-on ; mais dans ce pays-ci il est bon de tuer de temps en temps un amiral pour encourager les autres. »

Voltaire, *Candide* (1759)

Mettez en évidence l'ironie qui donne son sens au texte, en vous aidant des questions suivantes :

a. Que raconte ce texte ? Quelle forme prend le récit ?

b. Quelle figure de style apparaît ici ? Quelle attitude suggère-t-elle de la part de Voltaire ?

c. Rédigez un paragraphe de commentaire pour ce texte, dans lequel vous montrerez que Voltaire agit sur le lecteur au moyen de l'ironie.

S'ENTRAÎNER À LA DISSERTATION

> Exprimer un avis personnel

Sujet Selon Diderot, « les comédiens font impression sur le public, non lorsqu'ils sont furieux, mais lorsqu'ils jouent bien la fureur » : pensez-vous, comme Diderot, que le meilleur comédien soit celui qui sait faire taire sa sensibilité naturelle ?

Analysez le sujet en vous aidant des questions suivantes :

a. « Pensez-vous » vous invite à identifier la thèse de Diderot : repérez-en les mots clefs.

b. Cherchez une thèse opposée et confrontez-la à celle de l'auteur pour prendre position.

c. Rédigez vos arguments en modalisant votre propos (lexique évaluatif, adverbes, verbes d'opinion, ponctuation…) et en l'appuyant par des figures (antithèses, antiphrases, hyperboles…).

S'ENTRAÎNER À L'ÉCRITURE D'INVENTION

> Mélanger les genres

Sujet Vous écrivez à un éditeur pour lui demander de publier dans sa collection davantage de romans du XVIIIe siècle ; vous lui montrez, par des exemples précis, que ces personnages sont proches du lecteur. Écrivez cette lettre.

Après avoir lu ce sujet attentivement, préparez ce devoir en répondant aux questions suivantes :

a. Quelle forme doit prendre l'écrit attendu de vous ? Quelle énonciation devez-vous adopter ?

b. Que signifie la formule « proche du lecteur » ? Quelles questions soulève-t-elle ?

c. Quels romanciers du XVIIIe siècle ont mis en scène des personnages qui nous ressemblent ? Quels extraits pourriez-vous exploiter ?

d. Rédigez un paragraphe de votre lettre, dans lequel vous insérerez une citation empruntée à un roman, en la commentant.

Lire un texte des Lumières

Montesquieu, *De l'esprit des Lois* (1748)

Formulation d'une thèse politique.

Il ne faut pas beaucoup de probité pour qu'un gouvernement monarchique ou un gouvernement despotique se maintiennent ou se soutiennent. La force des lois dans l'un, le bras du prince toujours levé dans l'autre, règlent ou contiennent tout.

Mais, dans un État populaire, il faut un ressort de plus, qui est la VERTU.

Justification de la thèse par une argumentation ; énonciation qui vise à l'objectivité ; présence du « je » très discrète.

Ce que je dis est confirmé par le corps entier de l'histoire et est très conforme à la nature des choses. Car il est clair que, dans une monarchie, où celui qui fait exécuter les lois se juge au-dessus des lois, on a besoin de moins de vertu que dans un gouvernement populaire, où celui qui fait exécuter les lois sent qu'il y est soumis lui-même, et qu'il en portera le poids.

Il est clair encore que le monarque qui, par mauvais conseil ou par négligence, cesse de faire exécuter les lois, peut aisément réparer le mal : il n'a qu'à changer de conseil, ou se corriger de cette négligence même. Mais lorsque, dans un gouvernement populaire, les lois ont cessé d'être exécutées, comme cela ne peut venir que de la corruption de la république, l'État est déjà perdu.

Recours à des exemples historiques récents et antiques.

Ce fut un assez beau spectacle, dans le siècle passé, de voir les efforts impuissants des Anglais pour établir parmi eux la démocratie. Comme ceux qui avaient part aux affaires n'avaient point de vertu, que leur ambition était irritée par le succès de celui qui avait le plus osé[1], que l'esprit d'une faction n'était réprimé que par l'esprit d'une autre, le gouvernement changeait sans cesse : le peuple, étonné, cherchait la démocratie, et ne la trouvait nulle part. Enfin, après bien des mouvements, des chocs et des secousses, il fallut se reposer dans le gouvernement même qu'on avait proscrit[2].

Quand Sylla[3] voulut rendre à Rome la liberté, elle ne put plus la recevoir : elle n'avait plus qu'un faible reste de vertu ; et comme elle en eut toujours moins, au lieu de se réveiller après César, Tibère, Caïus, Claude, Néron, Domitien[4], elle fut toujours plus esclave ; tous les coups portèrent sur les tyrans, aucun sur la tyrannie.

[…]

Ponctuation qui demande au lecteur de reconstituer lui-même la logique.

Lorsque cette vertu cesse, l'ambition entre dans les cœurs qui peuvent la recevoir, et l'avarice entre dans tous. Les désirs changent d'objets : ce qu'on aimait, on ne l'aime plus ; on était libre avec les lois, on veut être libre contre elles […].

1. Cromwell, homme politique qui exerça un pouvoir absolu. – 2. La monarchie. – 3. Dictateur qui renonça au pouvoir. – 4. Dictateurs et empereurs romains.

Questions

1. Montrez que ce texte suit une progression argumentative très étudiée.
2. Quels termes, relevant du lexique de la politique, désignent l'« état populaire » ?
3. Comment Montesquieu a-t-il choisi ses exemples ? Quel est l'intérêt d'un tel choix ?
4. Quelles sont les causes de l'échec des Anglais ? de l'échec des Romains ? Quelle définition du mot « vertu » peut-on déduire de ce texte ?

Synthèse : montrez que ce texte illustre la pensée des Lumières et annonce les idées de la Révolution.

Tester ses connaissances sur les Lumières

1 Rattachez chacune de ces œuvres à son auteur.

Candide	Montesquieu
La Vie de Marianne	Voltaire
De l'esprit des Lois	Laclos
Le Mariage de Figaro	Diderot
Les Liaisons dangereuses	Marivaux
Jacques le fataliste	Beaumarchais

2 Mots croisés.

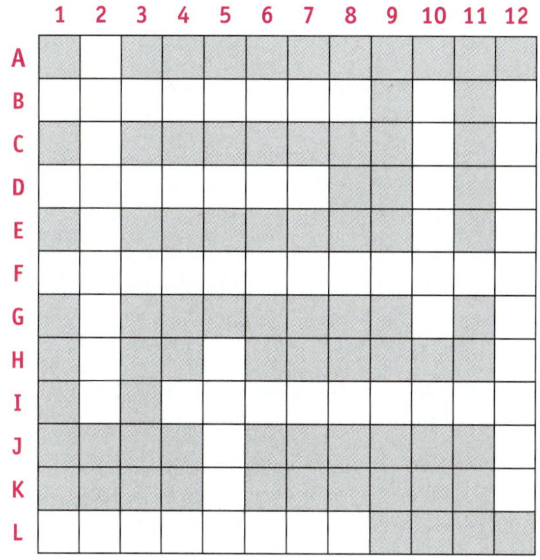

Horizontalement

B. Libertin, auteur de *l'Histoire de ma vie*.
D. Valet, dans un roman de Diderot.
F. Forme littéraire fréquemment adoptée par Voltaire et par les Lumières.
I. Idée défendue par les Lumières.
L. Mouvement culturel européen qui se développa en France entre la mort de Louis XIV et la Révolution française.

Verticalement

2. Attitude religieuse combattue par les Lumières.
5. Philosophe anglais qui mit en relation sensations et idées humaines.
10. Figure de style consistant à faire entendre le contraire de ce qu'on dit.
12. Brillant mathématicien, il prit part à l'entreprise de l'*Encyclopédie*.

3 Qui suis-je ?

a. Confiant dans la philosophie de mon maître, je pensais que tout sur terre était « arrangé pour le mieux. »

b. Grand d'Espagne, j'ai profité de la ruse de mon valet pour épouser celle que j'aimais ; je courtise maintenant la fiancée de mon valet.

c. Incarcéré plusieurs fois pour des affaires de mœurs, j'ai mis le dialogue philosophique au service du libertinage.

d. Considéré comme l'inventeur du roman moderne, je suis l'auteur des *Mémoires d'un homme de qualité*, récit plein d'histoires d'amour tragiques.

4 Parmi ces idées, retrouvez celles qui appartiennent au mouvement des Lumières.

a. La dépravation de la société a pour origine la dépravation morale des hommes.

b. L'existence humaine n'a pas de sens.

c. La morale est affaire de raison, non de religion.

d. La vie en société déprave l'homme.

e. Le génie individuel s'exprime dans la littérature.

f. La littérature doit célébrer la grandeur royale.

g. La littérature doit être mise au service d'un combat.

5 Quels aspects de la période des Lumières ce portrait souligne-t-il ?

Jean Siméon Chardin, *L'Enfant au toton* (vers 1738), huile sur toile (67 x 76 cm). Musée du Louvre, Paris.

LE ROMANTISME

Caspar David Friedrich, *L'Entrée du cimetière* (1826), huile sur toile (143 x 110 cm).
Staatliche Gemäldegalerie, Dresde (Allemagne).

Lecture d'image

1. Observez la place accordée à la nature et celle qui revient à l'homme. Qu'en déduisez-vous sur les intentions du peintre ?
2. Quelle impression se dégage des lignes de force et de la composition du tableau ?
3. Quels éléments contribuent au climat intrigant et mystérieux ?
4. Quels thèmes associeriez-vous à cette toile de Friedrich ?

Qu'est-ce que le romantisme ?

Origine et évolution

- Naissance en 1820 d'un mouvement culturel européen (Allemagne, Angleterre, France) qui prône l'expression d'une nouvelle sensibilité et l'exaltation du moi en harmonie avec la nature (influence de Rousseau).
- Refus par les écrivains et les artistes des règles classiques, jugées trop rigides, pour affirmer la libération de la langue.
- Perte de repères de la jeune génération qui ne se reconnaît pas dans le paysage politique et social issu de la Révolution de 1789, et manifestation de son sentiment d'impuissance suite à la défaite napoléonienne : lutte contre le pouvoir établi. Les écrivains jouent un rôle politique (Chateaubriand est ministre, Hugo et Lamartine députés).

Genres privilégiés

Le drame, la poésie lyrique et satirique, le roman autobiographique, le discours engagé.

Particularités d'écriture

- Mélange des genres et des registres, du « sublime et du grotesque » (Hugo).
- Lyrisme : expression spontanée de l'intimité du moi.
- Refus des règles strictes de versification (enjambements, rejets et contre-rejets) et des formes fixes (recours au rythme ternaire).
- Registres satirique et polémique pour dénoncer les hommes au pouvoir.

Principaux thèmes

- **Exaltation du moi** : libération de l'inspiration artistique et des sensations, privilège de l'individu sur la société.
- **Mélancolie :** nostalgie pour un passé idéal perdu, et solitude du moi hors d'un monde où il ne se reconnaît pas.
- **Harmonie avec la nature** : lieu de méditation et de communion, tour à tour protectrice et déchaînée, la nature est le fidèle reflet du « vague des passions » (Chateaubriand).
- **Spiritualité et aspiration au sacré** : trouver dans la religion et les textes sacrés des réponses au « mal du siècle » (Musset) et aux incertitudes.
- **L'exotisme et le rêve** : voyages réels ou rêvés (Amérique, Orient, Italie…) pour échapper à un réel désenchanté.

Dates clefs

- **Politique**

1804-1815 Empire de Napoléon Ier

1815-1830 Restauration – Louis XVIII puis Charles X

1830 Indépendance de la Grèce

1830 Révolution de Juillet

1830-1848 Monarchie de Juillet – Louis-Philippe

1848 Révolution de Février

1848 Proclamation de l'abolition de l'esclavage

1848-1852 IIe République – Louis-Napoléon Bonaparte

1851 Coup d'État de Louis-Napoléon Bonaparte

1852-1870 Second Empire – Napoléon III

1870 Proclamation de la IIIe République

- **Œuvres majeures**

1820 *Méditations poétiques*, Lamartine

1823 *Racine et Shakespeare*, Stendhal

1827 Préface de *Cromwell*, Hugo

1830 *Hernani*, Hugo

1836 *La Confession d'un enfant du siècle*, Musset

1849-1850 *Mémoires d'outre-tombe*, Chateaubriand

1856 *Les Contemplations*, Hugo

Moyen Âge | XVIe siècle | XVIIe siècle | XVIIIe siècle | XIXe siècle | XXe siècle | XXIe siècle

ARTISTES ET ŒUVRES CLEFS

Hector BERLIOZ (1803-1869)

▶ **Comprendre son œuvre**

Hector Berlioz est l'un des plus grands compositeurs romantiques, même s'il est resté ignoré à l'époque par la critique et le public. Son œuvre est étroitement liée aux textes romantiques européens : il fréquente les milieux littéraires, en particulier les écrivains Vigny, Hugo et Lamartine. Il subit aussi l'influence du théâtre shakespearien, de Beethoven, et surtout de Goethe dont il met en musique le *Faust* traduit par Nerval dans ***Huit scènes de Faust*** **(1828)** et ***La Damnation de Faust*** **(1846)** qui sera un échec cuisant. C'est surtout avec sa ***Symphonie fantastique*** **(1830)** qu'il donne ses lettres de noblesse à la musique romantique. Poème symphonique en cinq scènes composé pour séduire la femme qu'il aime, cette œuvre est une véritable révolution de l'orchestration traditionnelle.

François-René de CHATEAUBRIAND (1768-1848)

▶ **Comprendre son œuvre**

Chateaubriand incarne la mélancolie de l'époque romantique avec une existence torturée par un sentiment de désenchantement envers le monde, mais animée par le besoin d'aventures (politique, littérature, voyages). Son œuvre est à l'image de sa vie, ses héros comme dans ses romans ***Atala*** **(1801)** et ***René*** **(1802)**, expriment un ardent désir de gloire et d'honneur, l'aspiration à l'harmonie et à la paix avec la nature et la douleur des passions. L'exaltation lyrique, les paysages grandioses, l'abandon à Dieu sont autant de témoignages d'une âme désenchantée et rêveuse qu'on retrouve dans son apologie de la religion, ***Le Génie du christianisme*** (1802), et dans ses ***Mémoires d'outre-tombe*** composés dès 1809 et publiés suivant son dernier vœu après sa mort en douze volumes entre **1849** et **1850**.

Frédéric CHOPIN (1810-1849)

▶ **Comprendre son œuvre**

D'origine polonaise, Frédéric Chopin est professeur de français avant de devenir compositeur. Il participe à la vie mondaine et culturelle romantique, et il fréquente les cercles artistiques et littéraires (il entretient notamment une relation amoureuse avec l'écrivaine George Sand). Compositeur de musique de chambre et pour orchestre, Chopin est surtout un pianiste raffiné qui interprète ses partitions avec lyrisme. Il crée un nouveau langage au piano, se détachant des écoles classiques par ses mélodies ornées, le souvenir du folklore polonais ***(Mazurkas)***, et une grande variété de thèmes. Ses œuvres passent de l'expression intime ***(Nocturnes, Valses)*** à la fantaisie ***(Scherzos)*** et l'ardeur de l'héroïsme ***(Polonaises, Impromptus)***. Ses interprétations, jamais fixées, surprennent par leur spontanéité.

Eugène DELACROIX (1798-1863)

▶ **Comprendre son œuvre**

Influencé par Géricault et nourri par la littérature (Shakespeare et Goethe surtout), Delacroix se montre sensible aux effets de théâtralisation et aux palettes de couleurs vives. Il peint aussi des sujets historiques et s'engage en faveur de la liberté (***La Liberté guidant le peuple***, **1830** ; ***Scène des massacres de Scio***, **1824**). Lors de son séjour au Maroc (1832), le peintre découvre l'univers oriental. Les notes et croquis réalisés lui fournissent la matière documentaire nécessaire à la réalisation de ses tableaux les plus esthétiques. Fasciné par l'exotisme oriental, Delacroix en reproduit la luminosité et la sensualité (***Femmes d'Alger***, **1834**). Son tableau ***La Mort de Sardanapale*** **(1827)** est représentatif de son style, avec des couleurs éclatantes, un enchevêtrement de corps et de matières diverses, et une forte sensualité. Il recevra de vives critiques pour s'être éloigné des normes classiques. Delacroix préfère l'imagination au réalisme, et soumet la peinture à l'expression de ses émotions.

Caspar David FRIEDRICH (1774-1840)

▶ **Comprendre son œuvre**

Après avoir étudié à l'Académie de Copenhague, Friedrich devient le chef de file de la peinture romantique allemande. Travaillant directement à partir de l'observation de la nature, il considère que l'artiste doit dévoiler le sens et l'idée qui y sont cachés. Souvent empreintes d'une atmosphère inquiétante produite par l'utilisation de couleurs froides, notamment de nuances verdâtres, mêlées à des teintes plus chaudes, ses œuvres expriment l'angoisse et la solitude des hommes face aux éléments naturels (***L'Arbre aux corbeaux***, **1822**). Le paysagiste donne à ses toiles une dimension grandiose et symbolique (***Les Âges de la vie***, **1835**). Les tableaux de Friedrich sont construits autour de motifs récurrents : plaines ou plages désertiques, cimetières, ruines, paysage montagneux, mer et navires. L'homme y apparaît dans une attitude contemplative et méditative (***Le Moine au bord de la mer***, **1809** ; ***Femme dans le soleil du matin***, **1818**).

Théodore GÉRICAULT (1791-1824)

▶ **Comprendre son œuvre**

Peintre et sculpteur français, Géricault intègre l'école des beaux-arts de Paris en 1811. Il se montre très tôt passionné par le monde équestre et le rendu des mouvements des tableaux de Michel-Ange et de Rubens. Les toiles monumentales de Géricault ainsi que ses portraits à échelle plus réduite traduisent son goût pour les effets de dramatisation, de pathétique et l'expression tragique des émotions (*Cuirassier blessé quittant le feu*, 1814; *La Monomane de l'envie*, 1819-1829). *Le Radeau de la Méduse* (1817-1818) est considéré comme le manifeste de l'école romantique, et révèle Géricault au grand public fasciné par son gigantisme et ce sujet provocateur inspiré d'un fait divers. Exposé à Londres, ce tableau entraînera de vives polémiques et lui vaudra l'admiration de Delacroix.

Victor HUGO (1802-1885)

▶ Comprendre son œuvre

Dans ses premiers recueils poétiques (*Odes* et *Ballades*, 1822-1828), et son roman *Hans d'Islande*, Victor Hugo se situe entre l'esthétique classique et le nouveau romantisme. Mais rapidement, il devient l'un des chefs de file de l'école romantique dont il donne la théorie avec la *Préface de Cromwell* (1827). La bataille littéraire qui entoure *Hernani* (1830) consacre le drame romantique. Romancier, poète, dramaturge, député et sénateur, il dévoue sa plume à la défense d'idéaux moraux et politiques. Il publie ainsi le roman *Les Misérables* (1862), et une œuvre engagée contre la peine de mort, *Le dernier Jour d'un condamné* (1829) ou encore *Les Châtiments* (1853), satire du règne de Napoléon. En parallèle, la plainte d'un père meurtri par la disparition de sa fille Léopoldine (1843) s'exprime dans le recueil *Les Contemplations* (1856). Exilé durant près de vingt années, il ne renoncera jamais à ses fonctions de poète visionnaire.

Alphonse de LAMARTINE (1790-1869)

▶ Comprendre son œuvre

Lamartine mène de front une carrière littéraire et politique (après la Révolution de 1830). Ses poèmes sont essentiellement inspirés par les femmes qui ont partagé sa vie. Ses *Méditations poétiques* (1820) chantent la douleur éprouvée à la mort de la jeune Julie Charles rencontrée en 1816. Ce recueil lui fait connaître un succès presque immédiat. La nostalgie, le désespoir, le sentiment de solitude, et son mysticisme hanteront alors ses vers qui expriment les mouvements intimes de son cœur par des harmonies suggestives. C'est au contact de la nature que le poète cherche alors à exprimer son ineffable souffrance (*Nouvelles Méditations*, 1823; *Harmonies*, 1830).

Alfred de MUSSET (1810-1857)

▶ Comprendre son œuvre

Musset abandonne ses études pour fréquenter les cercles romantiques. Ignoré à l'époque, le théâtre de Musset passe à présent pour la plus originale création dramatique de l'école romantique. Prônant un théâtre lu et non joué (*Un Spectacle dans un fauteuil*, 1832), il renonce finalement à la scène en 1830 après l'échec de sa pièce *La Nuit vénitienne*. Ses œuvres chantent la violence de la passion dans un langage libre et fantaisiste qui mélange les genres. Sa liaison passionnelle avec George Sand inspire son roman *La Confession d'un enfant du siècle* (1836) et *Les Nuits* (1835-1837), marquées d'un lyrisme profond. Sa vie de débauche se retrouve chez les personnages ambivalents qu'il met en scène, habités d'idéaux mais hantés de pulsions destructrices tels Octave dans *Les Caprices de Marianne* (1833), ou Lorenzo dans *Lorenzaccio* (1834).

Gérard de NERVAL (1808-1855)

▶ Comprendre son œuvre

Au cœur de la création littéraire romantique, Nerval fréquente les cercles littéraires, il connaît Théophile Gautier et Hugo. Fortement influencé par les auteurs allemands, par le *Faust* de Goethe surtout qu'il traduit en 1827, il prend un pseudonyme et compose ses premiers vers mélancoliques (*Odelettes*, 1833). En proie à des crises de folie, il met fin à ses jours en janvier 1855. Son œuvre ne cesse de rendre compte de ses angoisses et de ses doutes. Son écriture tourmentée s'inspire à la fois de l'histoire, des mythes, de ses voyages et de ses songes. Annonçant Baudelaire, Mallarmé et même les surréalistes, il poursuit dans son œuvre une aventure spirituelle qui l'amène aux confins du rêve et de la folie, avec son roman *Les Filles du feu* (1854) ou ses sonnets *Les Chimères* (1854). Mais c'est aussi la quête d'un idéal féminin perdu qui hantera toute sa production (*Fantaisie*, 1832; *Aurélia*, 1853).

Alfred de VIGNY (1797-1863)

▶ Comprendre son œuvre

Poète et dramaturge français, Vigny se consacre rapidement à la littérature parallèlement à une carrière militaire décevante. Il compose d'abord des poèmes, qu'il rassemble dans le recueil *Poèmes antiques et modernes* (1822-1826, complété en 1837). Romantique, il donne sa vision désenchantée de la société à partir de son roman historique *Cinq Mars* (1826) qui représente les humiliations infligées par la monarchie absolue à la noblesse (dont il est issu). Il met en scène le thème de l'exclusion et de la solitude dans ses poèmes, ou le drame *Chatterton* (1835), et dans les nouvelles *Servitude et Grandeur militaires* (1835). Ses œuvres abondent de symboles religieux et de figures mythiques, et exposent une pensée humaniste qui voit le salut de l'homme dans la réflexion.

OBJET D'ÉTUDE 2e/1re **La poésie**

1 L'EXALTATION DU MOI

Plaintes de la jeune fille

La forêt de chênes mugit, les nuages s'amoncellent ; la jeune fille est assise sur le rivage ; l'onde se plaint, gémit ; la jeune fille soupire dans la nuit sombre, les yeux pleins de larmes :

« Mon cœur est mort, le monde est vide ; il n'a plus rien pour satisfaire à mes désirs. Dieu de bonté ! rappelez votre enfant. J'ai connu le bonheur terrestre, j'ai vécu, j'ai aimé.

« En vain mes larmes coulent, en vain je soupire, les soupirs ne réveillent pas les morts. Mais dites-moi ce qui console, ce qui guérit l'âme qui a perdu les joies de l'amour. Je ne veux pas, ô Dieu, renoncer à cette consolation.

– Laisse couler tes larmes. Les soupirs n'éveillent pas les morts. Le plus doux bonheur pour l'âme qui a perdu les joies de l'amour, c'est la douleur et la plainte de l'amour ».

Friedrich von Schiller, *Poésies de Schiller* (1798), trad. X. Marmier, 1854

Les séparés

N'écris pas – Je suis triste, et je voudrais m'éteindre
Les beaux étés sans toi, c'est la nuit sans flambeau
J'ai refermé mes bras qui ne peuvent t'atteindre,
Et frapper à mon cœur, c'est frapper au tombeau
N'écris pas !

N'écris pas – N'apprenons qu'à mourir à nous-mêmes
Ne demande qu'à Dieu… qu'à toi, si je t'aimais !
Au fond de ton silence écouter que tu m'aimes,
C'est entendre le ciel sans y monter jamais
N'écris pas ! […]

Marceline Desbordes-Valmore, *Poésies inédites* (posth. 1860)

À George Sand

Te voilà revenu, dans mes nuits étoilées,
Bel ange aux yeux d'azur, aux paupières voilées,
Amour, mon bien suprême, et que j'avais perdu !
J'ai cru, pendant trois ans, te vaincre et te maudire,
Et toi, les yeux en pleurs, avec ton doux sourire,
Au chevet de mon lit, te voilà revenu.

Eh bien, deux mots de toi m'ont fait le roi du monde,
Mets la main sur mon cœur, sa blessure est profonde ;
Élargis-la, bel ange, et qu'il en soit brisé !
Jamais amant aimé, mourant sur sa maîtresse,
N'a sur des yeux plus noirs bu la céleste ivresse,
Nul sur un plus beau front ne t'a jamais baisé !

Alfred de Musset, *Poésies posthumes* (1888)

a. Pourquoi les trois poèmes sont-ils représentatifs de l'exaltation du moi ?
b. Selon les poètes, le souvenir de l'amant perdu est-il doux ou terrible ? Justifiez votre réponse.
c. Alors que Franz Schubert s'est inspiré de Schiller pour composer un lied, plus récemment, Julien Clerc a mis en musique le texte de Desbordes-Valmore. Comment expliquez-vous l'influence de ces poèmes sur les compositeurs ? Étudiez en particulier les rythmes et les jeux sur les sonorités.
Pour conclure : quelles images traduisent l'intensité du sentiment amoureux dans les trois poèmes ?

2 LA NATURE, MIROIR DES ÉMOTIONS

Le Papillon

Naître avec le printemps, mourir avec les roses,
Sur l'aile du zéphyr* nager dans un ciel pur,
Balancé sur le sein des fleurs à peine écloses,
S'enivrer de parfums, de lumière et d'azur,
Secouant, jeune encor, la poudre de ses ailes,
S'envoler comme un souffle aux voûtes éternelles,
Voilà du papillon le destin enchanté !
Il ressemble au désir, qui jamais ne se pose,
Et sans se satisfaire, effleurant toute chose,
Retourne enfin au ciel chercher la volupté !

Alphonse de Lamartine, *Nouvelles Méditations poétiques* (1823)

* Vent doux et léger.

a. Analysez la comparaison qui se prolonge sur l'ensemble du poème.
b. Montrez que la structure et le rythme du poème s'accordent avec le thème évoqué.
c. Comment comprenez-vous le vers final ?
Pour conclure : quel sentiment le papillon incarne-t-il ?

3 LA VOCATION DU POÈTE ROMANTIQUE

Ce que le poète se disait en 1848

Tu ne dois pas chercher le pouvoir, tu dois faire
Ton œuvre ailleurs ; tu dois, esprit d'une autre sphère,
Devant l'occasion reculer chastement.
De la pensée en deuil doux et sévère amant,
Compris ou dédaigné des hommes, tu dois être
Pâtre pour les garder et pour les bénir prêtre.
Lorsque les citoyens, par la misère aigris,
Fils de la même France et du même Paris,
S'égorgent ; quand, sinistre, et soudain apparue,
La morne barricade au coin de chaque rue
Monte et vomit la mort de partout à la fois,
Tu dois y courir seul et désarmé ; tu dois

Dans cette guerre impie, abominable, infâme,
Présenter ta poitrine et répandre ton âme,
Parler, prier, sauver les faibles et les forts,
Sourire à la mitraille et pleurer sur les morts;
Puis remonter tranquille à ta place isolée,
Et là, défendre, au sein de l'ardente assemblée,
Et ceux qu'on veut proscrire et ceux qu'on croit juger,
Renverser l'échafaud, servir et protéger
L'ordre et la paix, qu'ébranle un parti téméraire,
Nos soldats trop aisés à tromper, et ton frère,
Le pauvre homme du peuple aux cabanons jeté,
Et les lois, et la triste et fière liberté;
Consoler dans ces jours d'anxiété funeste,
L'art divin qui frissonne et pleure, et pour le reste
Attendre le moment suprême et décisif.

Ton rôle est d'avertir et de rester pensif.

Victor Hugo, *Les Châtiments* (1853)

a. Comment expliquez-vous l'emploi de la deuxième personne du singulier ?
b. Quels éléments permettent de contextualiser le poème ?
c. Quelles images révèlent l'identité et la fonction du poète ?
Pour conclure : pourquoi peut-on dire que la place qu'occupe le poète dans la société est ambiguë ?

4 LE PORTRAIT DU POÈTE ROMANTIQUE

Chanson

J'ai dit à mon cœur, à mon faible cœur :
N'est-ce point assez d'aimer sa maîtresse ?
Et ne vois-tu pas que changer sans cesse,
C'est perdre en désirs le temps du bonheur ?

Il m'a répondu : Ce n'est point assez,
Ce n'est point assez d'aimer sa maîtresse ;
Et ne vois-tu pas que changer sans cesse
Nous rend doux et chers les plaisirs passés ?

J'ai dit à mon cœur, à mon faible cœur :
N'est-ce point assez de tant de tristesse ?
Et ne vois-tu pas que changer sans cesse,
C'est à chaque pas trouver la douleur ?

Il m'a répondu : Ce n'est point assez,
Ce n'est point assez de tant de tristesse ;
Et ne vois-tu pas que changer sans cesse
Nous rend doux et chers les chagrins passés ?

Alfred de Musset, *Poésies* (1833-1852)

a. Analysez les oppositions lexicales. Comment la structure du poème les met-elle en évidence ?
b. Quelle image du poète romantique la forme dialoguée révèle-t-elle au lecteur ?
c. Quels éléments nourrissent le lyrisme ?
Pour conclure : brosser le portrait du poète romantique au regard du dernier vers.

5 IDÉES NOIRES

Le point noir

Quiconque a regardé le soleil fixement
Croit voir devant ses yeux voler obstinément
Autour de lui, dans l'air, une tache livide.

Ainsi, tout jeune encore et plus audacieux,
Sur la gloire un instant j'osai fixer les yeux :
Un point noir est resté dans mon regard avide.

Depuis, mêlée à tout comme un signe de deuil,
Partout, sur quelque endroit que s'arrête mon œil,
Je la vois se poser aussi, la tache noire ! –

Quoi, toujours ? Entre moi sans cesse et le bonheur !
Oh ! c'est que l'aigle seul – malheur à nous, malheur !
Contemple impunément le Soleil et la Gloire.

Gérard de Nerval, *Odelettes* (1832-1835)

a. Étudiez les réseaux d'images construits autour de la lumière et de l'obscurité.
b. À quels éléments lexicaux et grammaticaux percevez-vous la souffrance du poète ?
c. Analysez les références à la fatalité. Quel registre s'en dégage ?
Pour conclure : pourquoi peut-on dire que l'ensemble du poème est construit autour de l'image de la mort ?

SYNTHÈSE La poésie romantique

Formes poétiques	Principaux registres	Principaux procédés
• Formes fixes (sonnet, ballade) • Vers libres	• Lyrique • Pathétique • Tragique	• Figures d'analogie • Musicalité (échos sonores, assonances, allitérations) • Oppositions lexicales • Personnifications • Ruptures de construction rythmiques et syntaxiques

OBJET D'ÉTUDE 1re Le personnage de roman

1 L'EXPRESSION DU SENTIMENT AMOUREUX

Le roman épistolaire de Goethe révèle son auteur en même temps que le type du héros romantique. L'œuvre s'inscrit dans le mouvement allemand Sturm und Drang *(« Tempête et Élan »), précurseur du romantisme.*

16 juillet.

Oh ! quel feu court dans toutes mes veines lorsque par hasard mon doigt touche le sien, lorsque nos pieds se rencontrent sous la table ! Je me retire comme du feu ; mais une force secrète m'attire de nouveau... il me prend un vertige... le trouble est dans tous mes sens. Ah ! son innocence, la pureté de son âme, ne lui permettent pas de concevoir combien les plus légères familiarités me mettent à la torture. Lorsqu'en parlant elle pose sa main sur la mienne, que dans la conversation elle se rapproche de moi, que son souffle céleste peut atteindre mes lèvres..., alors je crois que je vais m'anéantir, comme si j'étais frappé de la foudre... Et, Wilhelm, si j'osais jamais... cette pureté du ciel, cette confiance... Tu me comprends. Non, mon cœur n'est pas si corrompu ! mais faible ! bien faible !... et n'est-ce pas là de la corruption ?

Elle est sacrée pour moi ; tout désir se tait en sa présence. Je ne sais ce que je suis quand je suis auprès d'elle : c'est comme si mon âme se versait et coulait dans tous mes nerfs. Elle a un air qu'elle joue sur le clavecin avec une puissance angélique, si simplement et avec tant d'âme ! C'est son air favori, et il me remet de toute peine, de tout trouble, de toute idée sombre, dès qu'elle en joue seulement la première note.

Goethe, *Les Souffrances du jeune Werther* (1774), trad. B. Groethuysen, © Éditions Gallimard, 1954

a. Comment s'exprime l'exaltation du moi ?

b. Analysez les images associées à l'amour et à la femme aimée.

Pour conclure : montrez que le jeune Werther se trouve sous l'emprise de la passion amoureuse.

2 LE « VAGUE DES PASSIONS »

Mais comment exprimer cette foule de sensations fugitives, que j'éprouvais dans mes promenades ? Les sons que rendent les passions dans le vide d'un cœur solitaire ressemblent au murmure que les vents et les eaux font entendre dans le silence d'un désert ; on en jouit, mais on ne peut les peindre.

L'automne me surprit au milieu de ces incertitudes : j'entrai avec ravissement dans les mois des tempêtes. Tantôt j'aurais voulu être un de ces guerriers errant au milieu des vents, des nuages et des fantômes ; tantôt j'enviais jusqu'au sort du pâtre que je voyais réchauffer ses mains à l'humble feu de broussailles qu'il avait allumé au coin d'un bois. J'écoutais ses chants mélancoliques, qui me rappelaient que dans tout pays le chant naturel de l'homme est triste, lors même qu'il exprime le bonheur. Notre cœur est un instrument incomplet, une lyre où il manque des cordes, et où nous sommes forcés de rendre les accents de la joie sur le ton consacré aux soupirs.

Le jour, je m'égarais sur de grandes bruyères terminées par des forêts. Qu'il fallait peu de chose à ma rêverie ! une feuille séchée que le vent chassait devant moi, une cabane dont la fumée s'élevait dans la cime dépouillée des arbres, la mousse qui tremblait au souffle du Nord sur le tronc d'un chêne, une roche écartée, un étang désert où le jonc flétri murmurait ! Le clocher solitaire s'élevant au loin dans la vallée a souvent attiré mes regards ; souvent j'ai suivi des yeux les oiseaux de passage qui volaient au-dessus de ma tête. Je me figurais les bords ignorés, les climats lointains où ils se rendent ; j'aurais voulu être sur leurs ailes. Un secret instinct me tourmentait : je sentais que je n'étais moi-même qu'un voyageur, mais une voix du ciel semblait me dire : « Homme, la saison de ta migration n'est pas encore venue ; attends que le vent de la mort se lève, alors tu déploieras ton vol vers ces régions inconnues que ton cœur demande. »

« Levez-vous vite, orages désirés qui devez emporter René dans les espaces d'une autre vie ! » Ainsi disant, je marchais à grands pas, le visage enflammé, le vent sifflant dans ma chevelure, ne sentant ni pluie, ni frimas, enchanté, tourmenté, et comme possédé par le démon de mon cœur.

François-René de Chateaubriand, *René* (1802)

a. À quels sentiments René est-il confronté ?

b. Montrez le lien entre la saison automnale et la mélancolie du jeune héros.

c. Quels éléments expriment l'enthousiasme du personnage ?

d. Comment expliquez-vous les références au voyage et au vol ?

Pour conclure : montrez que cet extrait illustre le désenchantement éprouvé par le héros romantique.

3 L'INFLUENCE DE L'HISTOIRE

Le 18 juin 1815, vers midi, je sortis de Gand par la porte de Bruxelles ; j'allai seul achever ma promenade sur la grande route. J'avais emporté les *Commentaires de César** et je cheminais lentement, plongé dans ma lecture. J'étais déjà à plus d'une lieue de la ville, lorsque je crus ouïr un roulement sourd : je m'arrêtai, regardai le ciel assez chargé de nuées, délibérant en moi-même si je continuerais d'aller en avant, ou si je me rapprocherais de Gand dans la crainte d'un orage. Je prêtai l'oreille ; je n'entendis plus que le cri d'une poule d'eau dans des joncs et le son d'une horloge de village. Je poursuivis ma route : je n'avais pas fait trente pas que le roulement recommença, tantôt bref, tantôt long, et à intervalles inégaux ; quelquefois il n'était sensible que par une trépidation de l'air, laquelle se communiquait à la terre sur ces plaines immenses, tant il était éloigné. Ces détonations moins vastes, moins onduleuses, moins liées ensemble que celles de la foudre, firent naître dans mon esprit l'idée d'un combat. Je me trouvais devant un peuplier planté à l'angle d'un champ de houblon. Je traversai le chemin et je m'appuyai debout contre le tronc de l'arbre, le visage tourné du côté de Bruxelles. Un vent du sud s'étant levé m'apporta plus distinctement le bruit de l'artillerie. Cette grande bataille, encore sans nom, dont j'écoutais les échos au pied d'un peuplier, et dont une horloge de village venait de sonner les funérailles inconnues, était la bataille de Waterloo !

François-René de Chateaubriand,
Les Mémoires d'outre-tombe (1848)

* *Commentaires sur la guerre des Gaules* : ouvrage historique rédigé par Jules César au moment de ses opérations militaires.

a. Analysez le statut du narrateur et la place qu'il occupe par rapport à l'action évoquée.
b. Quel rôle jouent les perceptions sensorielles dans cet extrait ? Étudiez leur progression.
c. Comment la révélation finale est-elle progressivement amenée ?
d. Que révèle la présence symbolique de l'horloge et de l'orage ?
Pour conclure : montrez que le paragraphe est construit sur une opposition entre la guerre et la paix.

4 LE HÉROS FACE À LA SOCIÉTÉ

Julien prenait haleine un instant à l'ombre de ces grandes roches et puis se remettait à monter. Bientôt, par un étroit sentier à peine marqué et qui sert seulement aux gardiens des chèvres, il se trouva debout sur un roc immense et bien sûr d'être séparé de tous les hommes. Cette position physique le fit sourire, elle lui peignait la position qu'il brûlait d'atteindre au moral. L'air pur de ces montagnes élevées communiqua la sérénité et même la joie à son âme. Le maire de Verrières était bien toujours à ses yeux le représentant de tous les riches et de tous les insolents de la terre ; mais Julien sentait que la haine qui venait de l'agiter malgré la violence de ses mouvements n'avait rien de personnel. S'il eût cessé de voir M. de Rênal, en huit jours il l'eût oublié, lui, son château, ses chiens, ses enfants et toute sa famille. Je l'ai forcé, je ne sais comment, à faire le plus grand sacrifice. Quoi ! plus de cinquante louis par an ! Un instant auparavant, je m'étais tiré du plus grand danger*. Voilà deux victoires en un jour ; la seconde est sans mérite, il faudrait en deviner le comment. Mais à demain les pénibles recherches.

Julien, debout sur son grand rocher, regardait le ciel, embrasé par un soleil d'août. Les cigales chantaient dans le champ au-dessous du rocher ; quand elles se taisaient, tout était silence autour de lui. Il voyait à ses pieds vingt lieues de pays. Quelque épervier parti des grandes roches au-dessus de sa tête était aperçu par lui, de temps à autre, décrivant en silence ses cercles immenses. L'œil de Julien suivait machinalement l'oiseau de proie. Ses mouvements tranquilles et puissants le frappaient, il enviait cette force, il enviait cet isolement.

C'était la destinée de Napoléon, serait-ce un jour la sienne ?

Stendhal, *Le Rouge et le Noir* (1830)

* Julien est parvenu à dérober à la vue de M. de Rênal, maire ultra-royaliste qui l'emploie, le portrait de Napoléon qu'il conservait caché sous sa paillasse.

a. Étudiez la valeur symbolique de la marche et de l'ascension du jeune héros.
b. Analysez le regard de Julien et la référence à l'épervier.
Pour conclure : comment le héros exprime-t-il son sentiment de révolte à l'égard de la société ?

SYNTHÈSE Le personnage romantique

Genres romanesques	Principaux registres	Principaux procédés
• Mémoires • Roman autobiographique • Roman d'éducation	• Épique • Lyrique	• Descriptions • Discours direct et indirect libre • Focalisation interne • Présence du narrateur

OBJET D'ÉTUDE 1re **Le texte théâtral et sa représentation**

1 LA REPRÉSENTATION DES SENTIMENTS

Hernani sait qu'il ne pourra épouser Doña Sol. Apprenant que la jeune femme projette de se tuer par amour pour lui, il l'exhorte à accepter une autre union.

HERNANI

[…]
Doña Sol, prends le duc, prends l'enfer, prends le roi !
C'est bien. Tout ce qui n'est pas moi vaut mieux que moi !
Je n'ai plus un ami qui de moi se souvienne,
Tout me quitte, il est temps qu'à la fin ton tour vienne,
Car je dois être seul. Fuis ma contagion.
Ne te fais pas d'aimer une religion* !
Oh ! par pitié pour toi, fuis ! – Tu me crois peut-être,
Un homme comme sont tous les autres, un être
Intelligent, qui court droit au but qu'il rêva.
Détrompe-toi. Je suis une force qui va !
[…]

Victor Hugo, *Hernani*, Acte III, Scène 4 (1830)

* Scrupule.

a. Quels sentiments le héros exprime-t-il ? Comment se traduit son agitation ?
b. Expliquez pourquoi le choix de la forme théâtrale de la tirade est pertinent ?
c. Quels mouvements ou gestes conseilleriez-vous à l'acteur ? Pourquoi ?
Pour conclure : pourquoi la citation « Je suis une force qui va » suffit-elle à dresser le portrait d'Hernani ?

2 LA DUALITÉ DU HÉROS ROMANTIQUE

Lorenzo souhaite assassiner son cousin, le duc Alexandre de Médicis, qui règne en tyran sur la ville de Florence. Le jeune homme a pris le masque de la débauche pour mieux approcher le duc. Mais l'image du pur Lorenzo manque à sa mère Marie.

[…]
MARIE : Sais-tu le rêve que j'ai eu cette nuit, mon enfant ?
LORENZO : Quel rêve ?
MARIE : Ce n'était point un rêve, car je ne dormais pas. J'étais seule dans cette grande salle ; ma lampe était loin de moi, sur cette table auprès de la fenêtre. Je songeais aux jours où j'étais heureuse, aux jours de ton enfance, mon Lorenzino. Je regardais cette nuit obscure, et je me disais : il ne rentrera qu'au jour, lui qui passait autrefois les nuits à travailler. Mes yeux se remplissaient de larmes, et je secouais la tête en les sentant couler. J'ai entendu tout d'un coup marcher lentement dans la galerie ; je me suis retournée ; un homme vêtu de noir venait à moi, un livre sous le bras : c'était toi, Renzo : « Comme tu reviens de bonne heure ! » me suis-je écriée. Mais le spectre s'est assis auprès de la lampe sans me répondre ; il a ouvert son livre, et j'ai reconnu mon Lorenzino d'autrefois.
LORENZO : Vous l'avez vu ?
MARIE : Comme je te vois.
LORENZO : Quand s'en est-il allé ?
MARIE : Quand tu as tiré la cloche ce matin en rentrant.
LORENZO : Mon spectre, à moi ! Et il s'en est allé quand je suis rentré ?
MARIE : Il s'est levé d'un air mélancolique et s'est effacé comme une vapeur du matin.
[…]

Alfred de Musset, *Lorenzaccio*, Acte II, Scène 4 (1834)

a. Qu'apporte à l'extrait le thème du rêve et de l'hallucination ?
b. Comment la mise en scène et l'enchaînement des répliques traduisent-ils le trouble de Lorenzo ?
Pour conclure : pourquoi peut-on dire du héros romantique qu'il est un être insaisissable ?

3 LA MORT DU HÉROS SUR SCÈNE

[…]
LE QUAKER *(accourant)* : Vous êtes perdue… Que faites-vous ici ?
KITTY BELL *(renversée sur les marches de l'escalier)* : Montez vite ! montez, monsieur, il va mourir ; sauvez-le… s'il est temps. *Tandis que le Quaker s'achemine vers l'escalier, Kitty Bell cherche à voir, à travers les portes vitrées, s'il n'y a personne qui puisse donner du secours : puis, ne voyant rien, elle suit le Quaker avec terreur, en écoutant le bruit de la chambre de Chatterton.*
LE QUAKER *(en montant à grands pas, à Kitty Bell)* : Reste, reste, mon enfant, ne me suis pas. *Il entre chez Chatterton et s'enferme avec lui. On devine des soupirs de Chatterton et des paroles d'encouragement du quaker. Kitty Bell monte, à demi évanouie, en s'accrochant à la rampe de chaque marche : elle fait un effort pour tirer à elle la porte, qui résiste et s'ouvre enfin. On voit Chatterton mourant et tombé sur le bras du Quaker. Elle crie, glisse à demi morte sur la rampe de l'escalier, et tombe sur la dernière marche. On entend John Bell appeler de la salle voisine.*
JOHN BELL : Mistress Bell ! *Kitty se lève tout à coup comme par ressort.*
JOHN BELL *(une seconde fois)* : Mistress Bell ! *Elle se met en marche, vient s'asseoir, lisant sa Bible et balbutiant tout bas des paroles qu'on n'entend pas. Ses enfants accourent et s'attachent à sa robe.*
LE QUAKER *(du haut de l'escalier)* : L'a-t-elle vu mourir ? L'a-t-elle vu ? *(Il va près d'elle.)* Ma fille ! ma fille !

JOHN BELL *(entrant violemment et montant deux marches de l'escalier)*: Que fait-elle ici? Où est ce jeune homme? Ma volonté est qu'on l'emmène!
LE QUAKER: Dites qu'on l'emporte, il est mort.
JOHN BELL: Mort?
LE QUAKER: Oui, mort à dix-huit ans! Vous l'avez tous si bien reçu, étonnez-vous qu'il soit parti!
JOHN BELL: Mais...
LE QUAKER: Arrêtez, monsieur, c'est assez d'effroi pour une femme. *(Il la regarde et la voit mourante.)* Monsieur, emmenez ses enfants! Vite, qu'ils ne la voient pas. *(Il arrache les enfants des pieds de Kitty, les passe à John Bell, et prend leur mère dans ses bras. John Bell les prend à part, et reste stupéfait. Kitty Bell meurt dans les bras du quaker.)*
JOHN BELL *(avec épouvante)*: Eh bien! eh bien! Kitty, Kitty! qu'avez-vous? *Il s'arrête en voyant le Quaker s'agenouiller.*
LE QUAKER *(à genoux)*: Oh! dans ton sein! dans ton sein, Seigneur, reçois ces deux martyrs. *(Le quaker reste à genoux, les yeux tournés vers le ciel, jusqu'à ce que le rideau soit baissé.)*

Alfred de Vigny, *Chatterton*, Acte III, Scène 9 (1835)

a. Quels éléments de la scène s'opposent totalement aux règles du théâtre classique?
b. Analysez les didascalies et la façon dont elles nourrissent le registre dramatique de l'extrait.
Pour conclure: quelle condition du poète, incarné par le héros romantique Chatterton, cet extrait révèle-t-il?

4 LA « BATAILLE D'HERNANI »

L'orchestre et le balcon étaient pavés de crânes académiques et classiques. Une rumeur d'orage grondait sourdement dans la salle; il était temps que la toile se levât; on en serait peut-être venu aux mains avant la pièce, tant l'animosité était grande de part et d'autre. Enfin les trois coups retentirent. Le rideau se replia lentement sur lui-même, et l'on vit, dans une chambre à coucher du seizième siècle, éclairée par une petite lampe, doña Josepha Duarte[1], vieille en noir, avec le corps de sa jupe cousu de jais, à la mode d'Isabelle la Catholique, écoutant les coups que doit frapper à la porte secrète un galant attendu par sa maîtresse:

Serait-ce déjà lui? C'est bien à l'escalier
Dérobé...

La querelle était déjà engagée. Ce mot rejeté sans façon à l'autre vers, cet enjambement audacieux, impertinent même, semblait un spadassin de profession, allant donner une pichenette sur le nez du classicisme pour le provoquer en duel.

– Eh quoi! dès le premier mot l'orgie en est déjà là? On casse les vers et on les jette par les fenêtres! dit un classique admirateur de Voltaire[2] avec le sourire indulgent de la sagesse pour la folie.

Il était tolérant d'ailleurs, et ne se fût pas opposé à de prudentes innovations, pourvu que la langue fût respectée; mais de telles négligences au début d'un ouvrage devaient être condamnées chez un poète, quels que fussent ses principes, libéral ou royaliste.

– Mais ce n'est pas une négligence, c'est une beauté, répliquait un romantique de l'atelier de Devéria[3], fauve comme un cuir de Cordoue et coiffé d'épais cheveux rouges comme ceux d'un Giorgione[4].

... C'est bien à l'escalier
Dérobé...

Ne voyez-vous pas que ce mot *dérobé* rejeté, et comme suspendu en dehors du vers, peint admirablement l'escalier d'amour et de mystère qui enfonce sa spirale dans la muraille du manoir!

Théophile Gautier, *Victor Hugo* (1902)

1. Premier personnage d'*Hernani* à entrer en scène. – 2. Auteur de tragédies classiques très appréciées. – 3. Peintre et dessinateur romantique. – 4. Célèbre peintre dont les œuvres renouvellent l'art vénitien.

Grand combat entre le romantique et le classique à la porte du musée, gravure du XIXe siècle. Bibliothèque Nationale, Paris.

a. Quel est le sujet de la querelle?
b. Quels éléments du texte et de l'illustration contribuent au registre épique?
Pour conclure: pourquoi peut-on dire que la querelle se prolonge dans les textes et illustrations qui l'évoquent?

SYNTHÈSE Le théâtre romantique

Genre théâtral	Principaux registres	Principaux procédés
• Drame romantique	• Dramatique • Lyrique • Pathétique • Tragique	• Importance des didascalies • Oppositions lexicales • Ruptures de construction rythmiques et syntaxiques • Stichomythie

DOSSIER CULTUREL (I)

La mer, source d'inspiration pour les romantiques

Un environnement hostile

Victor Hugo, *Les Rayons et les Ombres* (1840)

Oceano Nox

Oh! combien de marins, combien de capitaines
Qui sont partis joyeux pour des courses lointaines,
Dans ce morne horizon se sont évanouis?
Combien ont disparu, dure et triste fortune?
Dans une mer sans fond, par une nuit sans lune,
Sous l'aveugle océan à jamais enfoui?
[...]

Ferdinand Victor Eugène Delacroix, *Christ sur le lac de Genezareth* (1854), huile sur toile (60 x 73 cm). Walters Art Museum, Baltimore (USA).

Questions

1. Décrivez le tableau de Delacroix (personnages, décor, contrastes, lignes de force) : quelle impression se dégage de cette toile ?
2. Lisez le poème de Hugo.
a. Relevez et analysez les champs lexicaux.
b. Analysez les types de phrases employés.
c. Quel est l'effet produit par ces choix d'écriture ?

Le gouffre marin : profondeur et néant

William Turner, *Négriers jetant par-dessus bord les morts et les mourants – approche d'un typhon* (exposé en 1840), huile sur toile (90,8 x 122,6 cm). Museum of Fine Arts, Boston (États-Unis).

Alors que les Anglais ont aboli l'esclavage depuis 1833, les navires espagnols et portugais multiplient le transport de la main-d'œuvre africaine aux Antilles. Les commandants de bord pris en chasse par la Royal Navy britannique (symbolisée par un typhon dans le tableau de Turner) ordonnaient alors que leurs esclaves soient jetés par-dessus bord afin de se délester et d'éviter les sanctions.

Questions

3. Observez le tableau de Turner : quels éléments du titre y repérez-vous ?
4. Analysez les couleurs (contrastes, jeux d'ombre et de lumière) : quels effets produisent les choix opérés par le peintre ?
5. Pourquoi peut-on dire de ce tableau qu'il est à la fois esthétique et engagé ?

Sur le site du musée du Louvre, trouvez d'autres représentations de naufrages : analysez les émotions qui s'en dégagent et la place accordée à l'homme.

▸ Quelle influence l'espace maritime a-t-il exercé sur les romantiques ?

La mer, lieu d'exil et de solitude

Victor Hugo, *Les Châtiments* (1853)

[...]
Le banni, debout sur la grève,
Contemplant l'étoile et le flot,
Comme ceux qu'on entend en rêve,
Parlera dans l'ombre tout haut ;

Et ses paroles qui menacent,
Ses paroles dont l'éclair luit,
Seront comme des mains qui passent
Tenant des glaives dans la nuit.
[...]

François Joseph Sandmann, *Portrait en pied de l'empereur Napoléon Ier* (1820), aquarelle (14 x19 cm). Musée de Malmaison, Rueil Malmaison.

Questions

6. Renseignez-vous sur les raisons politiques qui ont poussé Victor Hugo à s'exiler.

7. Résumez les étapes qui ont marqué la fin du règne de Napoléon Ier jusqu'à sa mort.

8. En quoi les vers de Victor Hugo font-ils écho au tableau ?

La mer, reflet de la condition humaine

Caspar David Friedrich, *Les Âges de la vie* (1834), huile sur toile (79 x 94 cm). Museum der bildenden Künste, Leipzig (Allemagne).

François-René de Chateaubriand, *Les Mémoires d'outre-tombe* (1848)

J'étais presque mort quand je vins au jour. Le mugissement des vagues soulevées par une bourrasque annonçant l'équinoxe d'automne, empêchait d'entendre mes cris : on m'a souvent conté ces détails ; leur tristesse ne s'est jamais effacée de ma mémoire. Il n'y a pas de jour où, rêvant à ce que j'ai été, je ne revoie en pensée le rocher sur lequel je suis né, la chambre où ma mère m'infligea la vie, la tempête dont le bruit berça mon premier sommeil, le frère infortuné qui me donna un nom que j'ai presque toujours traîné dans le malheur. Le Ciel sembla réunir ces diverses circonstances pour placer dans mon berceau une image de mes destinées.

Questions

9. Quels liens Chateaubriand établit-il entre le paysage maritime et sa destinée ?

10. Analysez le tableau de Friedrich : **a.** Expliquez le titre du tableau au regard des éléments représentés. **b.** Qu'évoque la place accordée au ciel et à la verticalité ? **c.** Expliquez le sens du tableau en le mettant en relation avec ces vers de Lamartine :

Ainsi, toujours poussés vers de nouveaux rivages,
Dans la nuit éternelle, emportés sans retour,
Ne pourrons-nous jamais, sur l'océan des âges
Jeter l'ancre un seul jour ?

Lamartine, « Le Lac », *Méditations poétiques* (1820)

Synthèse

Comment expliquez-vous que la mer soit un sujet d'inspiration inépuisable pour les auteurs et artistes romantiques ?

L'engagement des romantiques en faveur de l'indépendance de la Grèce

L'appel au combat

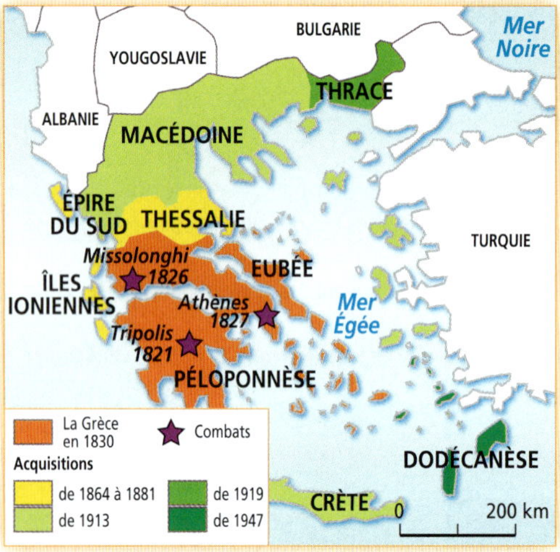

François-René de Chateaubriand, *Itinéraire de Paris à Jérusalem* (1811)

On aime encore à espérer que Missolonghi n'aura pas succombé, que ses habitants, par un nouveau prodige de courage, auront donné le temps à la chrétienté enfin éclairée de venir à leur secours. Mais s'il en était autrement, chrétiens héroïques, s'il était vrai que, près d'expirer, vous nous eussiez chargés du soin de votre mémoire, si notre nom avait obtenu l'honneur d'être au nombre des derniers mots que vous avez prononcés, que pourrions-nous faire pour nous montrer dignes d'exécuter le testament de votre gloire ? Que sont à tant de hauts faits, à tant d'adversités, d'inutiles discours ? Une seule épée tirée dans une cause si sainte aurait mieux valu que toutes les harangues de la terre : il n'y a que la parole divine qui soit un glaive.

Questions

1. Quels points communs relevez-vous entre les textes de Ferrand et de Chateaubriand ?
2. Comment s'exprime la force de conviction des locuteurs ?
3. Montrez que tous les documents de la page sont révélateurs de l'ampleur de la guerre et de l'engagement des romantiques. Est-ce conforme à l'idée que vous vous faites des artistes de ce mouvement ? Justifiez.

Hector Berlioz, *Scène héroïque (La Révolution grecque)* (1825-1826) pour solistes, chœur et orchestre, paroles de Humbert Ferrand

Héros, Prêtre, Chœur

[...] Ils s'avancent... et la victoire
Rayonne sur leurs fronts poudreux ;
La terre, belle encor de son antique gloire,
Retentit sous leurs pas nombreux.
Partons/Partez !... Des sommets, etc.
Aux armes !... le ciel résonne...
Harpes d'or, marquez nos pas !
Peuples !... guerriers !... l'airain tonne.
Nos fers ont soif de combats !
Aux armes !

Thomas Phillips, *Portrait de Lord George Byron en habit albanais* (1813), huile sur toile (76,5 x 64 cm), détail. National portrait Gallery, Londres.

• Cherchez sur Internet les différentes étapes qui ont marqué la guerre d'indépendance de la Grèce.
• Renseignez-vous sur les circonstances de la mort du poète Byron.
• En faveur de quelles autres luttes les romantiques se sont-ils engagés après la guerre d'indépendance de la Grèce ?

▸ Comment les romantiques ont-ils concilié art et engagement politique ?

L'expression de la souffrance

Victor Hugo, *Les Orientales* (1829)

L'enfant

"Ô horror ! horror ! horror !"

W. Shakespeare, *Macbeth*.

Les Turcs ont passé là. Tout est ruine et deuil.
Chio, l'île des vins, n'est plus qu'un sombre écueil,
Chio, qu'ombrageaient les charmilles,
Chio, qui dans les flots reflétait ses grands bois,
Ses coteaux, ses palais, et le soir quelquefois
Un chœur dansant de jeunes filles.

Tout est désert. Mais non ; seul près des murs noircis,
Un enfant aux yeux bleus, un enfant grec, assis,
Courbait sa tête humiliée ;
Il avait pour asile, il avait pour appui
Une blanche aubépine, une fleur, comme lui
Dans le grand ravage oubliée.
[…]

Questions

4. À quel épisode de la guerre ce poème fait-il allusion ? Quels éléments permettent d'identifier le contexte politique et géographique ?
5. D'où provient le lyrisme des vers ?

La force des images

Victor Hugo, *Les Orientales* (1829)

Les Têtes du Sérail

[…]
Frères, Missolonghi fumante nous réclame,
Les Turcs ont investi ses remparts généreux.
Renvoyons leurs vaisseaux à leurs villes lointaines,
Et que ma torche, ô capitaines !
Soit un phare pour vous, soit un foudre pour eux !
[…]

Eugène Delacroix, *La Grèce expirant sur les ruines de Missolonghi* (1826), huile sur toile (209 x 147 cm). Musée des Beaux-Arts, Bordeaux.

Questions

6. Pourquoi peut-on parler d'allégorie pour le tableau de Delacroix et les vers de Hugo ?
7. Observez le tableau de Delacroix : que nous apprend l'attitude de la figure féminine sur la situation du pays qu'elle incarne ?
8. Dans quel célèbre tableau engagé Delacroix exploite-t-il encore une allégorie ?

Synthèse

Montrez que les auteurs romantiques engagés multiplient les registres pour défendre la cause de la Grèce.

1 ÉTYMOLOGIE

a. **Recherchez l'étymologie des mots suivants en vous aidant, si besoin, d'un dictionnaire.**

passion – mélancolie – émotion – enthousiasme – se délecter – contemplation – exaltation – désillusion – dramatique – spleen

b. **Expliquez leur sens particulier dans un contexte romantique.**

2 ASSOCIATION D'IDÉES

Voici une liste de thèmes romantiques.
Trouvez trois éléments auxquels ils pourraient être associés dans un texte romantique.

Exemple : *nature : immensité ; miroir de l'âme ; immortalité*

tristesse – amour – combat – saison – voyage – mort – rêve

3 CHAMP LEXICAL

Dans ce poème de Lamartine, certains mots du champ lexical de la nature ont été supprimés. Réintégrez-les.

vent – onde – astre – rameaux – bruyères – feuilles – eau – aurore – forêts – hirondelle

Pensée des morts

Voilà les … sans sève
Qui tombent sur le gazon ;
Voilà le … qui s'élève
Et gémit dans le vallon ;
Voilà l'errante …
Qui rase du bout de l'aile
L'… dormante des marais ;
Voilà l'enfant des chaumières
Qui glane sur les …
Le bois tombé des …

L'… n'a plus le murmure
Dont elle enchantait les bois ;
Sous des … sans verdure
Les oiseaux n'ont plus de voix ;
Le soir est près de l'…,
L'… à peine vient d'éclore
Qu'il va terminer son tour,
Il jette par intervalle
Une heure de clarté pâle
Qu'on appelle encore un jour.
[…]

Alphonse de Lamartine, *Harmonies poétiques et religieuses* (1830)

4 DÉRIVATIONS

a. **À partir des mots suivants, composez des mots dérivés que l'on pourrait lire dans des textes romantiques.**

b. **Utilisez chacun d'eux dans une phrase de votre invention.**

Exemple : *chant : désenchantement*

ego – sens – goût – image – union – porter

5 ROMANTISME ET CLASSICISME

Le mouvement romantique ne peut se comprendre que par opposition au classicisme. Associez les mots suivants au mouvement culturel auquel ils se rapportent.

liberté – exaltation – vraisemblance – harmonieux – révolution – gothique – rigidité – bienséances – règles – épanchement – moralisateur – académie – drame – imagination – symétrie – engagement

- ROMANTISME : ………..
- CLASSICISME : ………..

6 SENTIMENTS NUANCÉS

Après avoir vérifié leur sens, replacez chacun des mots suivants dans le texte de Madame de Staël.

douloureux – l'imagination – l'ambition – exaltées – mélancoliques – l'âme – passions

Ce que l'homme a fait de plus grand, il le doit au sentiment …… de l'incomplet de sa destinée. Les esprits médiocres sont, en général, assez satisfaits de la vie commune : ils arrondissent, pour ainsi dire, leur existence, et suppléent à ce qui peut leur manquer encore par les illusions de la vanité : mais le sublime de l'esprit, des sentiments et des actions doit son essor au besoin d'échapper aux bornes qui circonscrivent …… . L'héroïsme de la morale, l'enthousiasme de l'éloquence, …… de la gloire donnent des jouissances surnaturelles qui ne sont nécessaires qu'aux âmes à la fois …… et ……, fatiguées de tout ce qui se mesure, de tout ce qui est passager, d'un terme enfin, à quelque distance qu'on le place. C'est cette disposition de ……, source de toutes les …… généreuses, comme de toutes les idées philosophiques, qu'inspire particulièrement la poésie du Nord.

Madame de Staël, *De la Littérature* (1800)

EXPRESSION ÉCRITE

Sujet 1

Décrivez l'un des tableaux romantiques présentés dans cet ouvrage en utilisant le vocabulaire ci-dessus.

Sujet 2

Rédigez une page de roman autobiographique où, à l'occasion d'un événement particulier, vous avez ressenti une forte émotion. Vous l'exprimerez à la manière des romantiques, avec force et enthousiasme.

Vers le Bac

> Corpus BAC, p. 239

S'ENTRAÎNER AU COMMENTAIRE

> Rédiger un axe de commentaire

Sujet Vous ferez le commentaire du texte de Musset.

Un sentiment de malaise inexprimable commença donc à fermenter dans tous les jeunes cœurs. Condamnés au repos par les souverains du monde, livrés aux cuistres de toute espèce, à l'oisiveté et à l'ennui, les jeunes gens voyaient se retirer d'eux les vagues écumantes contre lesquelles ils avaient préparé leurs bras. Tous ces gladiateurs frottés d'huile se sentaient au fond de l'âme une misère insupportable. Les plus riches se firent libertins; ceux d'une fortune médiocre prirent un état, et se résignèrent soit à la robe, soit à l'épée; les plus pauvres se jetèrent dans l'enthousiasme à froid, dans les grands mots, dans l'affreuse mer de l'action sans but. Comme la faiblesse humaine cherche l'association et que les hommes sont troupeaux de nature, la politique s'en mêla. On s'allait battre avec les gardes du corps sur les marches de la chambre législative, on courait à une pièce de théâtre où Talma[1] portait une perruque qui le faisait ressembler à César, on se ruait à l'enterrement d'un député libéral[2]. Mais des membres des deux partis opposés, il n'en était pas un qui, en rentrant chez lui, ne sentît amèrement le vide de son existence et la pauvreté de ses mains.

Alfred de Musset, *La Confession d'un enfant du siècle* (1836)

1. François-Joseph Talma est un comédien, favori de Napoléon Ier. – 2. Enterrement du Général Foy, défenseur de la liberté d'expression.

Rédigez un axe de commentaire présentant la situation sociale, politique et psychologique de la jeune génération du début du XIXe siècle, telle que la décrit Musset, alors âgé de 26 ans au moment où paraît *La Confession d'un enfant du siècle*.

S'ENTRAÎNER À LA DISSERTATION

> Exploiter une référence littéraire

Sujet Pensez-vous que la poésie soit le genre privilégié pour l'expression des sentiments personnels?

Exploitez le poème de Musset (p. 164) afin de justifier les richesses du genre poétique pour révéler des sentiments intimes. Aidez-vous des questions suivantes:

a. Analysez le jeu des pronoms.
b. Comment le rythme des vers traduit-il la spontanéité de l'expression?
c. Qu'apportent les répétitions et les jeux sur les sonorités?

S'ENTRAÎNER À L'ÉCRITURE D'INVENTION

> Rédiger un texte en s'inspirant d'un extrait d'auteur

Sujet En vous inspirant de Chateaubriand dans *René* (p. 166), décrivez un paysage qui vous ressemble et que vous affectionnez particulièrement en prenant soin de laisser paraître vos émotions.

Après avoir lu le sujet, préparez ce devoir en répondant aux questions suivantes:

a. Quels éléments de la nature, quelles saisons sont, selon vous, particulièrement expressifs?
b. Que connotent les éléments que vous avez choisi de décrire?
c. Complétez le champ lexical de l'émotion dominante que vous souhaitez développer.
d. Faîtes la liste des perceptions (liées aux cinq sens) et des sensations exprimées.

S'ENTRAÎNER À L'ÉPREUVE ORALE

> Lire de manière expressive

Entraînez-vous à lire la tirade d'*Hernani* (p. 168) en veillant à en respecter le rythme.

Lire un texte romantique

Étroite union du poète et de la nature. Thème romantique par excellence.

Références religieuses (christianisme, judaïsme et polythéisme) pour montrer la toute puissance divine, symbole de paix et de liberté.

Thème romantique du rêve, de la vision et de l'accès à une connaissance universelle et mystique.

Rythme accumulatif, fortement accentué et vif pour rendre compte d'une émotion intense tout en se détachant des règles de la versification classique.

Victor Hugo, *Les Châtiments* (1853)

Stella

Je m'étais endormi la nuit près de la grève.
Un vent frais m'éveilla, je sortis de mon rêve,
J'ouvris les yeux, je vis l'étoile du matin.
Elle resplendissait au fond du ciel lointain
Dans une blancheur molle, infinie et charmante.
Aquilon[1] s'enfuyait emportant la tourmente.
L'astre éclatant changeait la nuée en duvet.
C'était une clarté qui pensait, qui vivait;
Elle apaisait l'écueil où la vague déferle;
On croyait voir une âme à travers une perle.
Il faisait nuit encor, l'ombre régnait en vain,
Le ciel s'illuminait d'un sourire divin. [...]
L'herbe verte à mes pieds frissonnait éperdue,
Les oiseaux se parlaient dans les nids; une fleur
Qui s'éveillait me dit: C'est l'étoile ma sœur.
Et pendant qu'à longs plis l'ombre levait son voile,
J'entendis une voix qui venait de l'étoile
Et qui disait: – Je suis l'astre qui vient d'abord.
Je suis celle qu'on croit dans la tombe et qui sort[2].
J'ai lui sur le Sina, j'ai lui sur le Taygète[3];
Je suis le caillou d'or et de feu que Dieu jette,
Comme avec une fronde, au front noir de la nuit[4].
Je suis ce qui renaît quand un monde est détruit.
Ô nations! je suis la Poésie ardente.
J'ai brillé sur Moïse[5] et j'ai brillé sur Dante[6].
Le lion Océan est amoureux de moi.
J'arrive. Levez-vous, vertu, courage, foi!
Penseurs, esprits! montez sur la tour, sentinelles!
Paupières, ouvrez-vous! allumez-vous, prunelles!
Terre, émeus le sillon; vie, éveille le bruit;
Debout, vous qui dormez; – car celui qui me suit,
Car celui qui m'envoie en avant la première,
C'est l'ange Liberté, c'est le géant Lumière!

Jersey, juillet 1853

1. Le dieu des vents du nord dans la mythologie latine. – 2. Allusion à Lazare ressuscité dans le Nouveau Testament. – 3. Lieux sacrés où Dieu aurait transmis ses lois aux hommes. – 4. Allusion au combat de David contre Goliath. – 5. Prophète élu de Dieu, fondateur du judaïsme. – 6. Auteur de *La Divine Comédie*.

Questions

1. Pourquoi peut-on dire de ce poème qu'il est une célébration de la nature?
2. Analysez les jeux d'ombre et de lumière et dites ce qu'ils symbolisent.
3. À quoi percevez-vous le trouble de la nature et du poète?
4. Comment l'entrée en scène de l'étoile est-elle préparée?
5. Quel sens donnez-vous au message de l'étoile?

Synthèse: montrez que le poète romantique est à la fois témoin privilégié et prophète.

Tester ses connaissances sur le romantisme

1 Rattachez chacune de ces œuvres à son auteur.

Œuvres	Auteurs
Les Contemplations	Goethe
Le Génie du christianisme	Chateaubriand
Les Nuits	Nerval
Aurélia	Lamartine
Les Souffrances du jeune Werther	Hugo
Méditations poétiques	Musset

2 Qui suis-je ?

a. Je suis resté en exil près de vingt ans. Mes poèmes sont engagés et toute ma vie, j'ai lutté contre la tyrannie.

b. Les paysages que je peins sont inspirés de mon enfance passée en Allemagne. La nature que j'y représente est grandiose, immuable et divine.

c. Je suis né la même année que Chopin et nous nous sommes épris de la même femme. Nos œuvres sont imprégnées d'une sensibilité troublante.

d. La saison qui me représente le mieux est l'automne. J'aime me promener dans la plaine et la forêt. J'y puise mon inspiration et partage mes états d'âme avec les éléments de la nature.

e. Mes poèmes expriment avec force et contradiction les angoisses qui m'oppressent. L'on m'a qualifié de romantique noir. Pour ma part, je ne sais qui je suis.

f. Ma musique est le reflet de mon âme. Aussi changeante que mes humeurs. Je n'interprète jamais un morceau de la même manière.

3 Pourquoi peut-on dire que ce dessin de Goya est représentatif du romantisme noir ?

Francisco de Goya, *Le sommeil de la raison engendre des monstres*, in *Les Caprices* (1797), Musée du Prado, Madrid.

4 À quel auteur romantique est empruntée chacune de ces citations ?

a. « Il n'y a que la parole divine qui soit un glaive. »

b. « Tu ne dois pas chercher le pouvoir, tu dois faire
Ton œuvre ailleurs ; tu dois, esprit d'une autre sphère,
Devant l'occasion reculer chastement. »

c. « L'automne me surprit au milieu de ces incertitudes : j'entrai avec ravissement dans les mois des tempêtes. »

d. « Un sentiment de malaise inexprimable commença donc à fermenter dans tous les jeunes cœurs. »

e. « Je suis une force qui va ! »

f. « Le plus doux bonheur pour l'âme qui a perdu les joies de l'amour, c'est la douleur et la plainte de l'amour. »

5 Quels éléments propres aux artistes romantiques retrouvez-vous dans cette sculpture de Préault ?

Auguste Préault, *Ophélie* (1876), relief en bronze (75 x 200 x 2 cm), détail. Musée d'Orsay, Paris.

LE RÉALISME ET LE NATURALISM

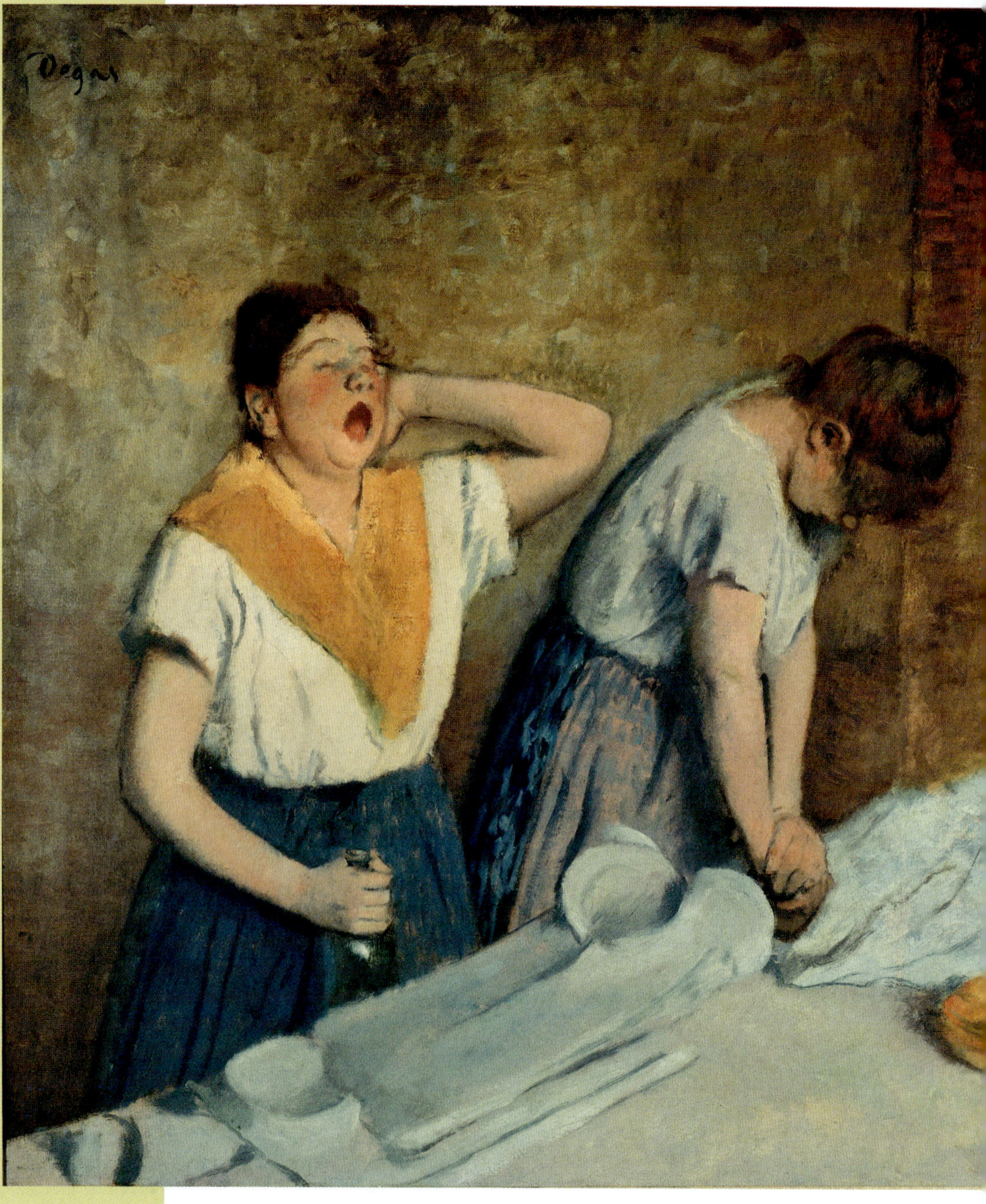

Edgar Degas, *Repasseuses* (vers 1884-1886), huile sur toile (81,5 x 76 cm). Collection privée.

Lecture d'image

1. Observez la composition du tableau : la place occupée par chacun des personnages, leurs attitudes, le décor. Qu'est-ce que l'artiste a cherché à mettre en valeur ?
2. À quel mouvement pictural rattachez-vous ce tableau ?

Qu'est-ce que le réalisme et le naturalisme ?

Origines des mouvements

- Dans les années 1850, des artistes condamnent les excès de l'esthétique romantique centrée sur l'expression du moi, refusant ainsi l'idéalisation romanesque, ils cherchent à représenter la réalité telle qu'elle est. Ils s'inspirent des progrès de la science, surtout de la théorie de l'évolution des espèces (travaux de Buffon ou Geoffroy de St Hilaire).
- À partir des années 1860-1865, les « naturalistes » reprennent cette ambition avec une démarche radicalement plus scientifique. Ils sont influencés par les nouvelles théories, la psychanalyse surtout (hystérie, névroses, hérédité…). Un groupe d'artistes se constitue autour d'Émile Zola, lors des soirées de Médan, et aboutit à la publication d'un recueil collectif qui définit l'écriture naturaliste (1880).

Genres privilégiés

Le roman, la nouvelle, le conte.

Le réalisme

Particularités d'écriture

- Importance de la description pour donner l'illusion du réel.
- Roman d'apprentissage : éducation sentimentale.
- Effort de documentation.
- Refus de l'intervention du narrateur pour plus d'objectivité.

Principaux thèmes

- **Ville et campagne** : observation de l'expansion des villes modernes (Paris).
- **L'ambition de la nouvelle bourgeoisie** : attraction de l'argent et du pouvoir politique.
- **L'échec** : personnages médiocres qui ne parviennent pas à leur fin.

Le naturalisme

Particularités d'écriture

- Recherche du langage vrai, parlé, pour une peinture vivante des couches populaires.
- Roman-laboratoire : roman fleuve qui montre le destin tragique de ses personnages, depuis leur naissance jusqu'à leur disparition.
- Vocabulaire technique.
- Roman « objectif » à la 3e personne.

Principaux thèmes

- **L'influence du milieu social et de l'hérédité** sur l'individu.
- **Le monde du travail et de l'argent** qui émerge de la Révolution industrielle.
- **Les destins tragiques** (alcool et folie) de personnages issus des classes populaires et ouvrières.

Dates clefs

Politique

- **1848** Révolution de Février
- **1848-1852** IIe République
- **1852-1870** Second Empire – Napoléon III
- **1870** Guerre avec la Prusse, Défaite de Sedan
- **1870** IIIe République
- **1871** La Commune
- **1898** Affaire Dreyfus

Société

- **1827** Première ligne de chemin de fer
- **1859** Théorie de l'évolution, Darwin
- **1864** Droit de Grève
- **1865** *Introduction à la médecine expérimentale*, Bernard
- **1867** *Le Capital*, Marx
- **1885** Vaccin antirabique, Pasteur

Œuvres majeures

- **1830** *Le Rouge et le Noir*, Stendhal
- **1842** *La Comédie humaine*, Balzac
- **1857** *Madame Bovary*, Flaubert
- **1869** *L'Éducation sentimentale*, Flaubert
- **1871-1893** Cycle des *Rougon-Macquart*, Zola
- **1880** *Boule de Suif*, Maupassant
- **1885** *Bel-Ami*, Maupassant

ARTISTES ET ŒUVRES CLEFS

Honoré de BALZAC (1799-1850)

▶ **Comprendre son œuvre**

Balzac construit en peu d'années une œuvre romanesque immense regroupée sous le titre de *La Comédie Humaine* (1842). Sa carrière mondaine, et celle, ratée, d'homme d'affaires contribuent à l'user prématurément et nourrit le regard lucide qu'il porte sur son époque. Balzac prétend refléter la réalité qui l'entoure, dans ses quatre-vingt-quinze romans qu'il publie en feuilletons. Avec la démarche d'un scientifique, et la méthode de l'observation et de la classification, il organise son œuvre en « Étude de mœurs », « Étude analytiques » et « philosophiques », et répertorie les hommes en différents types. À partir de son roman *Le Père Goriot* (1835), il invente le retour des personnages d'un roman à un autre. Mais il s'intéresse aussi beaucoup aux effets ravageurs de la passion sur les caractères qu'il décrit avec détails dans ses nombreuses descriptions et ses portraits. Les moteurs de ses intrigues sont l'argent et l'ambition.

Gustave CAILLEBOTTE (1848-1894)

▶ **Comprendre son œuvre**

Influencé par Courbet, Manet et Degas, autant que par Monet et Renoir, Caillebotte témoigne dans sa peinture d'une double inspiration, réaliste et impressionniste. Il représente des scènes de vie populaire, montrant les classes ouvrières au travail, comme dans sa toile *Les Raboteurs de parquet* (1875). Il peint aussi des paysages naturels lumineux (*Le bassin à Argentueil*, 1882), dévoilant les jardins et la campagne parisienne. Il est aussi un observateur avisé de Paris et de sa foule (*Boulevard des Italiens*, 1880).

Gustave COURBET (1819-1877)

▶ **Comprendre son œuvre**

Accusé d'être le « chef de file de l'école du laid », Courbet défend l'esthétique réaliste, une représentation fidèle des événements contemporains et de la réalité sociale, sans pathétique ni romantisme. Sa peinture *Un enterrement à Ornans* fait scandale au salon de 1850-1851 parce qu'elle donne à une scène de vie quotidienne autant d'importance qu'à un sujet historique. Refusant l'idéalisation des corps nus, sa toile *Les Baigneuses* (1853) est condamnée pour son caractère indécent et le non respect des conventions classiques. Peignant d'après observation de la nature ou représentation de modèles vivants, le peintre colore ses toiles d'un réalisme social (dans les vêtements, les scènes de vie...) et d'un réalisme naturel (portait de la nature en mouvement, de la roche, de la lumière...). Refusant de se soumettre aux règles, il invente sa propre technique, travaillant par exemple la matière de ses toiles avec un couteau.

Honoré DAUMIER (1808-1879)

▶ **Comprendre son œuvre**

Dans ses lithographies ou ses dessins publiés dans les journaux, Daumier exprime ses convictions politiques révolutionnaires contre la Monarchie de Juillet et le Second Empire. Face à la censure de la presse, il se tourne ensuite vers la caricature des mœurs de la bourgeoisie représentée dans sa vie quotidienne (*Les Bons Bourgeois*, quatre-vingt-deux planches publiées entre **mai 1846 – juin 1849**). Il croque aussi les travers de la justice (*Grand escalier du Palais de Justice. Vue de face*, 1848) et de la finance, et se moque des gens de théâtre. Proche de l'esthétique réaliste, il est reconnu comme le plus grand caricaturiste de son temps.

Gustave FLAUBERT (1821-1880)

▶ **Comprendre son œuvre**

Flaubert s'appuie sur des recherches documentaires minutieuses mais attache aussi une grande importance à la précision du style. Ecrivant et réécrivant sans cesse ses phrases, Flaubert cherche l'harmonie et la beauté de la forme dans ses romans réalistes. Ses œuvres majeures *Madame Bovary* (1857), et *L'Éducation sentimentale* (1869) témoignent d'une observation précise de la réalité historique et sociale avec la rigueur d'un scientifique analysant l'âme humaine et ses travers. Avec lui naît le roman objectif à la troisième personne. Il compose aussi des romans empreints d'un plus grand lyrisme et davantage en lien avec l'esthétique romantique, comme *Salammbô* (1862).

Les Frères GONCOURT (Edmond 1822-1896 et Jules 1830-1870)

▶ **Comprendre leur œuvre**

Les Frères Goncourt ont laissé l'exemple d'une collaboration littéraire exemplaire, jusqu'à la mort de Jules qui a fondé par testament le prix Goncourt. Ils adoptent l'esthétique naturaliste, dans des romans à clefs, qui présentent le plus souvent des personnalités pathologiques peintes d'après nature. Leur roman *Germinie Lacerteux* (1865) donne ainsi à voir les douleurs d'une servante souffrant d'hystérie. Par souci d'objectivité, ils s'appuient sur une documentation considérable et enquêtent sur tous les milieux de leur époque. Mais par l'intensité des portraits et des intrigues ils témoignent de leur indépendance vis-à-vis des autres écrivains naturalistes de l'époque.

Joris-Karl HUYSMANS (1848-1907)

▶ Comprendre son œuvre

Partageant sa vie entre son travail de fonctionnaire et sa passion d'écrivain, Huysmans s'illustre comme romancier naturaliste (*Les Sœurs Vatard*, **1879**) et comme critique d'art. Dans ses premières nouvelles, il partage le naturalisme de Zola qu'il fréquente lors des soirées de Medan. Mais son grand roman, ***À rebours*** (**1884**), marque une rupture avec son temps, et s'inscrit de manière novatrice dans l'esthétique, dite « décadente ». Le héros de ses romans, Des Esseintes, est un dandy névrosé, qui fuit l'ennui qu'il ressent dans la société, par la reconstruction mentale d'un monde imaginaire. Ses dernières œuvres sont marquées d'un grand souffle mystique : ***En route*** (**1895**), ***La Cathédrale*** (1898).

Guy de MAUPASSANT (1850-1893)

▶ Comprendre son œuvre

Maupassant définit le réalisme comme l'art de donner « l'illusion du vrai ». En une décennie, il écrit cinq romans comme ***Une vie*** (1883) et ***Bel-Ami*** (**1885**), et plus de trois cents nouvelles comme « La Maison Tellier » (**1881**) et les « Contes du jour et de la nuit » (**1885**). Il porte un regard souvent cruel sur la société de son époque qu'il embrasse dans sa diversité. Il fait la satire des hypocrisies. Son œuvre de romancier et de nouvelliste témoigne aussi de ses hantises personnelles : folie, dépression, mort. Ses nouvelles fantastiques mettent en scène des personnages angoissés et explorent la folie (« La Main », **1883** et « Le Horla », **1886** par exemple).

Jean-François MILLET (1814-1875)

▶ Comprendre son œuvre

Après une enfance dans une famille modeste de paysans, et des études d'art, Millet s'adonne au dessin et à la peinture. Il représente le quotidien des paysans au travail, dans des œuvres qui ont d'abord choqué la critique et la bourgeoisie d'époque pour leur « socialisme ». Empreintes de pathétique et d'une gravité solennelle, comme ***Les Glaneuses*** (**1857**) et l'***Angélus*** (**1857-1859**), ses peintures montrent des figures monumentales dans des paysages sombres, désertiques où joue la lumière naturelle du soleil. À la fin de son existence il se tourne davantage vers la peinture de paysages. S'il est identifié comme un réaliste, par ses sources d'inspiration et la représentation de la vie rurale, il annonce aussi l'impressionnisme par son travail sur la lumière.

Henri Beyle dit STENDHAL (1783-1842)

▶ Comprendre son œuvre

Après avoir combattu auprès de Napoléon en Italie, Stendhal mène en parallèle la carrière d'écrivain et celle de fonctionnaire impérial, puis de diplomate. Il compose des romans de formation, ***Le Rouge et le Noir*** (1830) et ***La Chartreuse de Parme*** (**1839**), deux chef-d'œuvre du roman réaliste, par la précision de l'étude psychologique des personnages et la justesse de l'analyse sociale nourrie de son expérience professionnelle et militaire. Le lecteur épouse le point de vue d'un héros jeune et enthousiaste, à la recherche du bonheur dans une société oppressante. Les intrusions de l'auteur sont nombreuses, pour commenter avec ironie et tendresse ses personnages. L'ensemble de ses romans forme une vaste fresque, miroir des mœurs de son temps.

Émile ZOLA (1840-1902)

▶ Comprendre son œuvre

Zola fonde l'école naturaliste lors des soirées de Medan qu'il organise après le succès de son roman ***L'Assommoir*** (1877). Avec le cycle romanesque des ***Rougon-Macquart***, qui en une vingtaine de romans, raconte l'« histoire naturelle et sociale d'une famille sous le Second Empire », Zola crée le roman expérimental. Il cherche à étudier l'influence croisée du milieu et de l'hérédité sur l'individu à partir d'une documentation précise, et de l'observation de toutes les classes sociales (les mineurs dans ***Germinal***, **1885**, ou les prostituées dans ***Nana***, **1880**). On peut y voir aussi une satire du Second Empire. Il s'engagera également en politique, prenant la défense de Dreyfus avec la célèbre lettre ouverte « **J'accuse** » publiée en **1898**.

GENRES ET REGISTRES

OBJET D'ÉTUDE 2e **Le roman et la nouvelle**

1 L'*INCIPIT* D'UNE NOUVELLE NATURALISTE

Devant la porte de la maison, demi-ferme, demi-manoir, une de ces habitations rurales mixtes qui furent presque seigneuriales et qu'occupent à présent de gros cultivateurs, les chiens, attachés aux pommiers de la cour, aboyaient et hurlaient à la vue des carnassières portées par le garde et des gamins. Dans la grande salle à manger-cuisine, Hautot père, Hautot fils, M. Bermont, le percepteur, et M. Mondaru, le notaire, cassaient une croûte et buvaient un verre avant de se mettre en chasse, car c'était jour d'ouverture.

Hautot père, tout fier de ce qu'il possédait, vantait d'avance le gibier que ses invités allaient trouver sur ses terres. C'était un grand Normand, un de ces hommes puissants, sanguins, osseux qui lèvent sur leurs épaules des voitures de pommes. Demi-paysan, demi-monsieur, riche, respecté, influent, autoritaire, il avait fait suivre ses classes, jusqu'en troisième, à son fils Hautot César, afin qu'il eût de l'instruction, et il avait arrêté là ses études de peur qu'il devînt un monsieur indifférent à la terre.

Guy de Maupassant, *Hautot père et fils* (1889)

a. Étudiez la composition de cet *incipit*.
b. Relevez et commentez les indices sur le milieu social décrit.
c. Relevez et classez les éléments de présentation du personnage principal de la nouvelle.
Pour conclure : montrez que cet *incipit* a une valeur documentaire précise.

2 L'*EXCIPIT* D'UNE NOUVELLE NATURALISTE

M. Bougran, un employé de bureau, n'a pas supporté sa mise à la retraite et a reconstitué son bureau chez lui, allant jusqu'à se payer un garçon de courses pour sa correspondance imaginaire.

M. Bougran mourut dans la nuit, pendant que le garçon et que la bonne s'insultaient et cherchaient réciproquement à s'éloigner pour fouiller les meubles.

Sur le bureau, dans la pièce maintenant déserte, s'étalait la feuille de papier sur laquelle M. Bougran avait, en hâte, se sentant mourir, griffonné les dernières lignes de son pourvoi :

« Pour ces motifs, je ne puis, Monsieur le Président, qu'émettre un avis défavorable sur la suite à donner au recours formé par M. un tel ».

Joris-Karl Huysmans, *La Retraite de M. Bougran* (1888)

a. Pourquoi ce dénouement constitue-t-il une chute ?
b. Sur quel contraste repose la première phrase ?
c. Commentez la dernière lettre de M. Bougran : que nous révèle-t-elle du personnage ?
Pour conclure : quelles sont les caractéristiques de l'*excipit* naturaliste ?

3 UNE DESCRIPTION RÉALISTE

Balzac fait ici la description de la propriétaire de la pension Vauquer.

Sa face vieillotte, grassouillette, du milieu de laquelle sort un nez à bec de perroquet ; ses petites mains potelées, sa personne dodue comme un rat d'église[1], son corsage trop plein et qui flotte, sont en harmonie avec cette salle où suinte[2] le malheur, où s'est blottie la spéculation et dont madame Vauquer respire l'air chaudement fétide[3] sans en être écœurée. Sa figure fraîche comme une première gelée d'automne, ses yeux ridés, dont l'expression passe du sourire prescrit aux danseuses à l'amer renfrognement de l'escompteur[4], enfin toute sa personne explique la pension, comme la pension implique sa personne.

Honoré de Balzac, *Le Père Goriot* (1835)

1. Expression péjorative qui désigne ceux qui fréquentent assidûment les églises. – 2. S'écoule, s'égoutte. – 3. Malsain. – 4. L'air bougon d'un usurier.

a. Quelles expressions marquent la laideur du personnage ?
b. Identifiez les marques d'ironie du narrateur.
c. Commentez la dernière phrase du texte : par quoi était-elle annoncée ?
Pour conclure : quelles sont les fonctions de la description réaliste, telle qu'on la découvre ici ?

4 LE RÉALISME HISTORIQUE

Pendant les journées révolutionnaires de 1848, Frédéric et son ami Hussonnet assistent au sac des Tuileries.

Tout à coup, la *Marseillaise* retentit. Hussonnet et Frédéric se penchèrent sur la rampe. C'était le peuple. Il se précipita dans l'escalier, en secouant à flots vertigineux des têtes nues, des casques, des bonnets rouges, des baïonnettes et des épaules, si impétueusement que des gens disparaissaient dans cette masse grouillante qui montait toujours, comme un fleuve refoulé par une marée d'équinoxe, avec un long mugissement, sous une impulsion irrésistible. En haut, elle se répandit, et le chant tomba.

On n'entendait plus que les piétinements de tous les souliers, avec le clapotement des voix. La foule inoffensive se contentait de regarder. Mais de temps à autre, un coude trop à l'étroit enfonçait une vitre ; ou bien un vase, une statuette déroulait d'une console, par terre. Les boiseries pressées craquaient. Tous les visages étaient rouges, la sueur en coulait à larges gouttes ; Hussonnet fit cette remarque :

– Les héros ne sentent pas bons !

Gustave Flaubert, *L'Éducation sentimentale* (1869)

a. Relevez les expressions qui qualifient les révolutionnaires : que remarquez-vous ?

b. Quels procédés font ressortir la puissance de la foule ?

c. Quels indices annoncent le passage au pillage et pourquoi ?

d. Quelle est la place des deux personnages par rapport à l'action racontée ?

Pour conclure : vous montrerez la valeur documentaire de ce texte.

5 LE RÉALISME SUBJECTIF

Fabrice Del Dongo, un jeune aristocrate italien, se retrouve, un peu par hasard, incorporé à une escorte militaire, sur le champ de bataille de Waterloo.

Le cheval laissé à lui-même partit ventre à terre et alla rejoindre l'escorte qui suivait les généraux. Fabrice compta quatre chapeaux bordés. Un quart d'heure après, par quelques mots que dit un hussard son voisin, Fabrice comprit qu'un de ces généraux était le célèbre maréchal Ney*. Son bonheur fut au comble ; toutefois il ne put deviner lequel des quatre généraux était le maréchal Ney ; il eût donné tout au monde pour le savoir, mais il se rappela qu'il ne fallait pas parler. L'escorte s'arrêta pour passer un large fossé rempli d'eau par la pluie de la veille ; il était bordé de grands arbres et terminait sur la gauche la prairie à l'entrée de laquelle Fabrice avait acheté le cheval. Presque tous les hussards avaient mis pied à terre ; le bord du fossé était à pic et fort glissant, et l'eau se trouvait bien à trois ou quatre pieds en contrebas au-dessous de la prairie. Fabrice, distrait par sa joie, songeait plus au maréchal Ney et à la gloire qu'à son cheval, lequel, étant fort animé, sauta dans le canal ; ce qui fit rejaillir l'eau à une hauteur considérable. Un des généraux fut entièrement mouillé par la nappe d'eau, et s'écria en jurant :

– Au diable la f… bête !

Stendhal, *La Chartreuse de Parme* (1839)

* Fabrice voue une profonde admiration à ce maréchal attaché à Napoléon.

a. En vous appuyant sur des indices précis, identifiez le point de vue utilisé dans le texte.

b. Quels sentiments du personnage sont mis en valeur ?

c. Relisez la quatrième phrase du texte : quel regard le narrateur porte-t-il sur son héros ?

d. Quelle vision de la bataille la dernière phrase révèle-t-elle ?

Pour conclure : montrez que la réalité historique est filtrée par la conscience du personnage.

6 LES ENJEUX DU NATURALISME

Le naturalisme, c'est le retour à la nature, c'est cette opération que les savants ont faite le jour où ils se sont avisés de partir de l'étude des corps et des phénomènes, de se baser sur l'expérience, de procéder par l'analyse. Le naturalisme, dans les lettres, c'est également le retour à la nature et à l'homme, l'observation directe, l'anatomie exacte, l'acceptation et la peinture de ce qui est. La besogne a été la même pour l'écrivain que pour le savant. L'un et l'autre ont dû remplacer les abstractions par des réalités, les formules empiriques par des analyses rigoureuses.

Ainsi plus de personnages abstraits dans les œuvres, plus d'inventions mensongères, plus d'absolu, mais des personnages réels, l'histoire vraie de chacun, le relatif de la vie quotidienne.

Émile Zola, *Le Naturalisme au théâtre* (1881)

a. Sur quelle comparaison sont construites les deux premières phrases du texte ?

b. Relevez et commentez les termes qui évoquent l'objectif principal de l'écrivain naturaliste.

c. À quel type de littérature Zola s'oppose-t-il dans la dernière phrase ?

Pour conclure : montrez qu'il définit « le roman expérimental ».

7 DU NATURALISME AU FANTASTIQUE

Le narrateur décrit ici un grand magasin.

On eût dit que le colosse, après ses agrandissements successifs, pris de honte et de répugnance pour le quartier noir, où il était né modestement, et qu'il avait plus tard égorgé, venait de lui tourner le dos, laissant la boue des rues étroites sur ses derrières, présentant sa face de parvenu à la voie tapageuse et ensoleillée du nouveau Paris. Maintenant, tel que le montrait la gravure des réclames, il s'était engraissé, pareil à l'ogre des contes, dont les épaules menacent de faire craquer les nuages. D'abord, au premier plan de cette gravure, la rue du Dix-Décembre, les rues de la Michodière et Monsigny, emplies de petites figures noires, s'élargissaient démesurément, comme pour donner passage à la clientèle du monde entier. Puis, c'étaient les bâtiments eux-mêmes, d'une immensité exagérée, vus à vol d'oiseau avec leurs corps de toitures qui dessinaient les galeries couvertes, leurs cours vitrées où l'on devinait les halls, tout l'infini de ce lac de verre et de zinc luisant au soleil.

Émile Zola, *Au bonheur des dames* (1883)

a. Quels indices contribuent à ancrer cette description dans une réalité d'époque ?

b. Commentez les expressions utilisées pour nommer le grand magasin : lesquelles insistent sur son gigantisme ?

Pour conclure : montrez que la poésie fantastique l'emporte sur l'entreprise naturaliste.

GENRES ET REGISTRES

OBJET D'ÉTUDE 1re **Le personnage de roman**

1 LA FORCE DE LA PASSION

Eugénie assiste son père dans son agonie : le vieil avare ne vit plus que dans l'obsession de l'or.

Enfin arrivèrent les jours d'agonie, pendant lesquels la forte charpente du bonhomme fut aux prises avec la destruction. Il voulut rester assis au coin de son feu, devant la porte de son cabinet. Il attirait à lui et roulait toutes les couvertures que l'on mettait sur lui, et disait à Nanon : « Serre, serre ça, pour qu'on ne me vole pas. » Quand il pouvait ouvrir les yeux, où toute sa vie s'était réfugiée, il les tournait aussitôt vers la porte du cabinet où gisaient ses trésors en disant à sa fille : « Y sont-ils ? y sont-ils ? » d'un son de voix qui dénotait une sorte de peur panique.

« Oui, mon père.

– Veille à l'or, mets de l'or devant moi. »

Eugénie lui étendait des louis sur une table, et il demeurait des heures entières les yeux attachés sur les louis, comme un enfant qui, au moment où il commence à voir, contemple stupidement le même objet ; et, comme à un enfant, il lui échappait un sourire pénible.

Honoré de Balzac, *Eugénie Grandet* (1833)

a. Relevez et commentez les indices illustrant la déchéance physique du personnage.
b. Quels éléments soulignent sa déchéance morale ?
c. Commentez les rapports entre père et fille tels qu'ils apparaissent dans le texte.
Pour conclure : montrez que le héros réaliste est dominé par sa passion jusqu'à la folie.

2 L'INFLUENCE DES SENSATIONS

Henriette a obtenu la permission de faire une promenade en canot, avec un quasi inconnu.

La jeune fille, assise dans le fauteuil du barreur, se laissait aller à la douceur d'être sur l'eau. Elle se sentait prise d'un renoncement de pensée, d'une quiétude de ses membres, d'un abandonnement d'elle-même, comme envahie par une ivresse multiple. Elle était devenue fort rouge, avec une respiration courte. Les étourdissements du vin, développés par la chaleur torrentielle qui ruisselait autour d'elle, faisaient saluer sur son passage tous les arbres de la berge. Un besoin vague de jouissance, une fermentation du sang parcouraient sa chair excitée par les ardeurs de ce jour ; et elle était aussi troublée dans ce tête-à-tête sur l'eau, au milieu de ce pays dépeuplé par l'incendie du ciel, avec ce jeune homme qui la trouvait belle, dont l'œil lui baisait la peau, dont le désir était pénétrant comme le soleil.

Guy de Maupassant, « Une partie de campagne » (1881)

a. Dans les deux premières phrases du texte, quels termes soulignent le trouble moral d'Henriette ?
b. Relevez le champ lexical du corps : comment le trouble physique d'Henriette est-il décrit ?
c. Relevez le champ lexical de la chaleur et du feu : dans quel but est-il employé ?
Pour conclure : montrez que l'écrivain réaliste privilégie une étude physiologique du personnage.

3 LE POIDS DE L'HÉRÉDITÉ

Jacques Lantier vient de tenter de tuer une jeune femme dans un coup de folie. Il revient ici sur lui-même et sa famille, celle des Macquart.

Lui, à certaines heures, la sentait bien cette fêlure héréditaire ; non pas qu'il fût d'une santé mauvaise, car l'appréhension et la honte de ses crises l'avaient seules maigri autrefois ; mais c'étaient, dans son être, de subites pertes d'équilibre, comme des cassures, des trous par lesquels son moi lui échappait, au milieu d'une sorte de grande fumée qui déformait tout. Il ne s'appartenait plus, il obéissait à ses muscles, à la bête enragée. Pourtant, il ne buvait pas, il se refusait même un petit verre d'eau-de-vie, ayant remarqué que la moindre goutte d'alcool le rendait fou. Et il en venait à penser qu'il payait pour les autres, les pères, les grands-pères, qui avaient bu, les générations d'ivrognes dont il était le sang gâté, un lent empoisonnement, une sauvagerie qui le ramenait avec les loups mangeurs de femmes, au fond des bois.

Émile Zola, *La Bête humaine* (1890)

a. Montrez que le narrateur nous fait entrer dans la conscience du personnage.
b. Relevez et commentez les métaphores utilisées pour exprimer le poids de l'hérédité.
c. Relisez la dernière phrase : comment Zola montre-t-il le poids de l'hérédité sur ses personnages ?
d. Mettez cet extrait en relation avec le titre du roman.
Pour conclure : montrez que l'écrivain naturaliste présente son personnage comme un cas médical.

4 MÉTIERS ET RELATIONS SOCIALES

Germineux Lacerteux est au service de Mademoiselle de Varendeuil, à qui elle cache une liaison honteuse, qui la ruine.

Il était bien arrivé quelquefois à Mademoiselle de Varendeuil de sentir à côté d'elle vaguement un secret dans sa bonne, quelque chose qu'elle lui cachait, une obscurité dans sa vie. Elle avait eu des instants de doute, de défiance, une inquiétude instinctive, des commencements de perception confuse, le flair d'une trace qui va en s'enfonçant et se perd dans du sombre. Elle avait cru par moments toucher dans cette fille à des choses fermées et froides, à un mystère, à de l'ombre. Par moments encore, il lui avait semblé que les yeux de sa bonne ne disaient pas ce que disait sa bouche. Sans le vouloir, elle avait retenu une phrase que Germinie répétait souvent : « Péché caché, péché à moitié pardonné. » Mais ce qui occupait surtout sa pensée, c'était l'étonnement de voir que malgré l'augmentation de ses gages, malgré les petits cadeaux journaliers qu'elle lui faisait, Germinie n'achetait plus rien pour sa toilette, n'avait plus de robes, n'avait plus de linge. Où son argent passait-il ?

Les Frères Goncourt, *Germinie Lacerteux* (1865)

a. Quels procédés utilise le narrateur pour faire ressortir le mystère qui entoure Germinie ?
b. Quels indices sont cependant révélateurs d'un secret honteux ?
Pour conclure : comment le romancier naturaliste montre-t-il la complexité des rapports entre maîtresse et servante ?

5 DESTINS D'HÉROÏNES

TEXTE A

Jeanne, trop vite mariée à un homme brutal, a été malmenée par la vie, malheureuse comme femme et comme mère. Dans cette dernière page du roman, elle vient de recueillir sa petite-fille après la mort de son fils.

Le soleil baissait vers l'horizon, inondant de clarté les plaines verdoyantes, tachées de place en place par l'or des colzas en fleur, et par le sang des coquelicots. [...] La carriole allait grand train, le paysan claquant de la langue pour exciter son cheval.

Et Jeanne regardait droit devant elle en l'air, dans le ciel que coupait, comme des fusées, le vol cintré des hirondelles. Et soudain une tiédeur douce, une chaleur de vie traversant ses robes, gagna ses jambes, pénétra sa chair : c'était la chaleur du petit être qui dormait sur ses genoux.

Alors, une émotion infinie l'envahit. Elle découvrit brusquement la figure de l'enfant qu'elle n'avait pas encore vue : la fille de son fils. Et comme la frêle créature, frappée par la lumière vive, ouvrait ses yeux bleus en remuant la bouche, Jeanne se mit à l'embrasser furieusement, la soulevant dans ses bras, la criblant de baisers.

Mais Rosalie*, contente et bourrue, l'arrêta : « Voyons, voyons, Madame Jeanne, finissez ; vous allez la faire crier. »

Puis elle ajouta, répondant sans doute à sa propre pensée : « La vie, voyez-vous, ça n'est jamais si bon ni si mauvais qu'on croit. »

Guy de Maupassant, *Une vie* (1883)

* Sa vieille et fidèle servante.

a. Commentez les éléments du décor et le rapport qui s'établit entre ces derniers et le personnage principal.
b. Étudiez la relation qui s'établit entre Jeanne et le nourrisson en insistant sur l'importance des sensations.
c. Commentez la dernière réplique de Rosalie : que diriez-vous de la leçon qu'elle exprime ?

TEXTE B

Nana, courtisane qui a eu à ses pieds toutes les gloires du Second Empire, finit atteinte par la syphilis.

Nana restait seule, la face en l'air, dans la clarté de la bougie. C'était un charnier, un tas d'humeur et de sang, une pelletée de chair corrompue, jetée là, sur un coussin. Les pustules avaient envahi la figure entière, un bouton touchant l'autre ; et, flétries, affaissées, d'un aspect grisâtre de boue, elles semblaient déjà une moisissure de la terre sur cette bouillie informe où l'on ne retrouvait plus les traits. Un œil, celui de gauche, avait complètement sombré dans le bouillonnement de la purulence ; l'autre, à demi ouvert, s'enfonçait, comme un trou noir et gâté. Le nez suppurait encore. Toute une croûte rougeâtre partait d'une joue, envahissait la bouche qu'elle tirait dans un rire abominable. Et, sur ce masque horrible et grotesque du néant, les cheveux, les beaux cheveux, gardant leur flambée de soleil, coulaient en un ruissellement d'or. Vénus se décomposait.

Émile Zola, *Nana* (1880)

a. Relevez les procédés qui signalent la déchéance physique de Nana : procédés lexicaux, syntaxiques, stylistiques...
b. Sur quels contrastes reposent les deux dernières phrases du portait ?
Pour conclure : montrez que ces extraits opposent deux destins d'héroïnes.

SYNTHÈSE Récits réalistes et naturalistes

Genres littéraires	Principaux registres	Principaux procédés
• Nouvelle • Roman	• Épique • Fantastique • Polémique • Réaliste • Satirique	• Comparaison et métaphore • Lexique physiologique • Lexique technique

Dossier culturel (I)

La révolution industrielle et le développement de la classe ouvrière

▸ Quelles mutations sociales la révolution industrielle provoque-t-elle ?

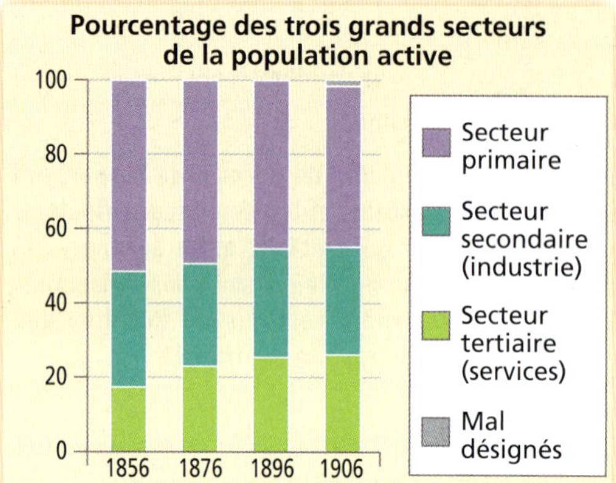

Source : *Histoire de la France*, G. Duby, Librairie Larousse – 1970.

Georges Duby, *Histoire de la France* (1970)

On l'a en effet bien oublié : l'entrée progressive de millions de travailleurs dans les usines a signifié un très dur apprentissage de la discipline du travail, un apprentissage de nouveaux comportements et de nouvelles manières de vivre. Il s'agissait pour la plupart d'entre eux, qui quittaient le champ ou l'atelier, le village ou le bourg, un milieu professionnel ancien ou la cellule familiale, d'abandonner toute autre occupation, en particulier la traditionnelle combinaison du travail des champs et de celui des métiers, de s'insérer dans un mécanisme réglé, pour lequel le temps, unité de mesure, était la valeur première, de s'adapter à un travail parcellaire, répété et monotone, de respecter des horaires nouveaux, d'y conformer les modes d'alimentation.

Questions

1. Quelle évolution des métiers permet de faire ressortir le diagramme ? Mettez vos constats en relation avec le texte d'Émile Zola.

2. Quelles difficultés liées à la révolution industrielle et au changement des métiers l'historien Georges Duby évoque-t-il ?

Jean Gabin (Jacques Lantier),
La Bête humaine, film réalisé par Jean Renoir en 1938.

Émile Zola, *La Bête humaine* (1890)

Jacques Lantier est un mécanicien, employé des chemins de fer.

Il l'aimait donc en mâle reconnaissant, la Lison, qui partait et s'arrêtait vite, ainsi qu'une cavale vigoureuse et docile ; il l'aimait parce que, en dehors des appointements fixes, elle lui gagnait des sous, grâce aux primes de chauffage. Elle vaporisait si bien, qu'elle faisait en effet de grosses économies de charbon. Et il n'avait qu'un reproche à lui adresser, un trop grand besoin de graissage : les cylindres surtout dévoraient des quantités de graisse déraisonnables, une faim continue, une vraie débauche. Vainement, il avait tâché de la modérer. Mais elle s'essoufflait aussitôt, il fallait ça à son tempérament. Il s'était résigné à lui tolérer cette passion gloutonne, de même qu'on ferme les yeux sur un vice, chez les personnes qui sont, d'autre part, pétries de qualités ; et il se contentait de dire, avec son chauffeur, en manière de plaisanterie, qu'elle avait, à l'exemple des belles femmes, le besoin d'être graissée trop souvent.

Questions

3. Dans le texte de Zola : **a.** relevez les images associées à la locomotive conduite par Jacques : que remarquez-vous ?
b. Relevez et commentez les expressions qui évoquent la relation du mécanicien avec sa locomotive.

4. Comment le réalisateur magnifie-t-il le personnage du mécanicien décrit dans le texte de Zola ?

Synthèse

Au regard des documents proposés dans ce dossier, quelles mutations sociales la révolution industrielle provoque-t-elle ?

Dossier culturel (II)

Des courtisanes aux maisons de tolérance

▸ Quelle est la condition des filles de joie au XIXe siècle ?

Alain Corbin, *Les Filles de noce, misère sexuelle et prostitution au XIXe siècle* (1982)

Toutes ces femmes opèrent isolément, chez elles, et selon l'horaire qui leur convient, qu'elles soient logées en appartement, et c'est le cas le plus fréquent, ou qu'elles habitent des hôtels particuliers, comme les plus huppées d'entre elles. [...]

Bien entendu, on ne rencontre ces femmes galantes, que dans les grandes villes, plus précisément à Paris, à Lyon et dans quelques stations thermales et balnéaires ; elles ne hantent que les quartiers chics du centre de la capitale, où elles déploient parfois, aux dépens de leurs amants, un luxe indispensable au maintien de leur rang.

Joris-Karl Huysmans, *Marthe, Histoire d'une fille* (1876)

Le personnage éponyme sombre dans la prostitution, dans une « buvette d'amour[1] », après une aventure malheureuse.

Encore qu'elle bût jusqu'à en mourir, pour oublier l'abominable vie qu'elle menait, elle n'avait pu se résigner à cette abdication d'elle même, à cette geôle infrangible[2], à cet odieux métier qui n'admettait ni répugnance, ni lassitude.

Elle n'avait pu oublier encore, dans le morne abrutissement des ripailles, cette terrible vie qui vous jette, de huit heures du soir à trois heures du matin, sur un divan ; qui vous force à sourire, qu'on soit gaie ou triste, malade ou non, qui vous force à vous étendre près d'un affreux ivrogne, à le subir, à le contenter, vie plus effroyable que toutes les géhennes[3] rêvées par les poètes, que toutes les galères, que tous les pontons, car il n'existe pas d'état si avilissant, si misérable qu'il puisse être, qui égale en abjects labeurs, en sinistres fatigues, le métier de ces malheureuses.

1. La vente de l'alcool y couvre la prostitution.
2. Indestructible.
3. Tortures (ancien).

Édouard Manet, *Nana* (1877), huile sur toile (3,73 x 5 m). Kunsthalle, Hambourg.

Questions

1. Observez le tableau de Manet : quels éléments vous permettent d'identifier la figure d'une courtisane de luxe ?
2. Quels liens pouvez-vous établir entre le tableau de Manet et l'analyse sociologique de l'historien Alain Corbin ?
3. a. Identifiez le point de vue utilisé dans l'extrait du roman de Huysmans : quel est l'effet recherché par le narrateur ?
b. Quels procédés lexicaux et syntaxiques sont utilisés pour dénoncer l'horreur du sort de Marthe ?

Synthèse

En vous appuyant sur l'ensemble des documents, montrez les contrastes de la condition des filles de joie au XIXe siècle.

VOCABULAIRE

1 DÉRIVATIONS

a. **À l'aide d'un dictionnaire, distinguez le sens de ces mots.**

naturalisme – naturaliste – naturisme – naturalisé – naturel

b. **Employez chacun d'eux dans une phrase.**

2 ÉTYMOLOGIE

Recherchez l'étymologie du mot « race » et précisez le sens qu'il prend dans la phrase d'Émile Zola.

« Je ne veux pas peindre la société contemporaine, mais une seule famille, en montrant le jeu de la race modifiée par les milieux. Si j'accepte un cadre historique, c'est uniquement pour avoir un milieu qui réagisse… »

3 MÉTALANGAGE

Cherchez le sens de l'adjectif « référentiel » et expliquez pourquoi, au sujet des œuvres réalistes et naturalistes on parle de « vocabulaire référentiel ».

4 CHAMP LEXICAL

Dans quel mouvement classez-vous ce texte ? Justifiez votre réponse en relevant un champ lexical significatif.

Ovoïde et renflée de baleines, elle commençait par trois boudins circulaires ; puis, s'alternaient, séparés par une bande rouge, des losanges de velours et de poils de lapin ; venait ensuite une façon de sac qui se terminait par un polygone cartonné, couvert d'une broderie en soutache compliquée, et d'où pendait, au bout d'un long cordon trop mince, un petit croisillon de fils d'or, en manière de gland. Elle était neuve ; la visière brillait.

Gustave Flaubert, *Madame Bovary* (1857)

5 MÉTAPHORES

Relevez un champ lexical technique. À quel autre champ lexical est-il associé par métaphore ? Pourquoi cette association est-elle étonnante ? Qu'apporte-t-elle à la description ?

On avait changé le rayon en une chapelle blanche. Des tulles, des guipures tombant de haut, faisaient un ciel blanc, un de ces voiles de nuages dont le fin réseau pâlit le soleil matinal. Autour des colonnes, descendaient des volants de malines et de valenciennes, des jupes blanches de danseuse, déroulées en un frisson blanc, jusqu'à terre. Puis, de toutes parts, sur tous les comptoirs, le blanc neigeait, les blondes espagnoles légères comme un souffle, les applications de Bruxelles avec leurs fleurs larges sur les mailles fines, les points à l'aiguille et les points de Venise aux dessins plus lourds, les points d'Alençon et les dentelles de Bruges d'une richesse royale et comme religieuse. Il semblait que le dieu du chiffon eût là son tabernacle blanc.

Émile Zola, *Au bonheur des dames* (1883)

6 NIVEAUX DE LANGUE

Pendant la guerre de 1870 contre les Prussiens, des soldats français sont tués régulièrement dans la campagne normande : les soupçons se portent sur un vieux paysan qui finit par avouer.

« C'est mé. […] Je r'venais un soir, qu'il était p't-être dis heures, le lend'main que vus étiez ici. Vous, et pi vos soldats, vous m'aviez pris pour pu de chinquante écus de fourrage avec une vaque et deux moutons. Je me dis : tant qu'i me prendront de fois vingt écus, tant que je leur y revaudrai ça. Et pi, j'avais d'autres choses itou su l'cœur, que j'vous dirai. V'la qu'j'en aperçois un d'vos cavaliers qui fumait sa pipe su mon fossé, derrière ma grange. J'allai décrocher ma faux et je r'vins à p'tits pas par-derrière, qu'il n'entendit seulement rien. Et j'li coupai la tête d'un coup, d'un seul, comme un épi, qu'il n'a pas seulement dit 'ouf' ! ».

Guy de Maupassant, « Le Père Milon » (1899)

a. **Relevez tous les termes ou expressions propres au dialecte paysan de Normandie.**

b. **Réécrivez ce passage dans un niveau de langue courant.**

7 SUBSTANTIFS

Quel nom commun correspond à chacun de ces verbes ?

expertiser – expérimenter – essayer – tenter – entreprendre – caractériser – expliciter

8 NUANCES

a. **Donnez une définition des termes suivants, qui permettra de les distinguer :**

faits divers – anecdote – évènement – accident – phénomène – incident – réalité

b. **Employez-les dans une phrase qui illustrera leur sens.**

EXPRESSION ÉCRITE

Choisissez un métier et le lexique qui lui est associé. Décrivez un personnage en train d'exercer ce métier.

Vers le Bac

> Corpus BAC, p. 239

S'ENTRAÎNER AU COMMENTAIRE

> Élaborer un plan de commentaire

Sujet Vous commenterez ce texte de Flaubert.

Le 15 septembre 1840, vers six heures du matin, la *Ville-de-Montereau**, près de partir, fumait à gros tourbillons devant le quai Saint-Bernard.

Des gens arrivaient hors d'haleine ; des barriques, des câbles, des corbeilles de linge gênaient la circulation ; les matelots ne répondaient à personne ; on se heurtait ; les colis montaient entre les deux tambours, et le tapage s'absorbait dans le bruissement de la vapeur, qui, s'échappant par des plaques de tôle, enveloppait tout d'une nuée blanchâtre, tandis que la cloche, à l'avant, tintait sans discontinuer.

Enfin, le navire partit ; et les deux berges, peuplées de magasins, de chantiers et d'usines, filèrent comme deux larges rubans que l'on déroule.

Un jeune homme de dix-huit ans, à longs cheveux et qui tenait un album sous son bras, restait auprès du gouvernail, immobile. À travers le brouillard, il contemplait des clochers, des édifices dont il ne connaissait pas les noms ; puis il embrassa, dans un dernier coup d'œil, l'île Saint-Louis, la Cité, Notre-Dame ; et bientôt, Paris disparaissant, il poussa un grand soupir.

M. Frédéric Moreau, nouvellement reçu bachelier, s'en retournait à Nogent-sur-Seine où il devait languir pendant deux mois avant d'aller *faire son droit*.

Gustave Flaubert, *L'Éducation sentimentale* (1869)

* Bateau.

Déterminez la problématique qui pourrait permettre l'étude de cet *incipit*. Proposez les grandes lignes d'un plan répondant à cette problématique.

S'ENTRAÎNER À LA DISSERTATION

> Analyser un sujet

Sujet Dans un roman, la description des lieux et des milieux ne sert-elle qu'à apporter des informations sur le monde où vivent les personnages ? Pour répondre à cette question, vous vous appuierez sur les textes du corpus et les romans que vous avez lus ou étudiés cette année.

Menez l'analyse de ce sujet en répondant aux questions suivantes :

a. Repérez les étapes du sujet : distinguez questions et consignes, entourez les mots clefs.
b. La question posée propose-t-elle une thèse ? Reformulez-la.
c. Quels indices présents dans la question vous invitent à débattre ? Qu'attend-on de vous ?

S'ENTRAÎNER À L'ÉCRITURE D'INVENTION

> Préparer un brouillon

Sujet En vous inspirant du portrait de Goriot par Balzac (p. 190), brossez le portrait d'un personnage qui au contraire est en pleine ascension sociale. Vous réutiliserez certains des procédés caractéristiques de l'écriture réaliste, tout en transposant votre texte dans une situation contemporaine.

Après avoir lu ce sujet attentivement, préparez au brouillon le scénario de votre écriture d'invention, en tenant compte des questions suivantes :

a. Quel personnage choisir ? Construisez son identité (sexe, âge, métier, habitation, voire situation familiale) tout en respectant la consigne d'actualisation et d'opposition.
b. Relisez le texte de Balzac pour déterminer le type de focalisation choisi par le narrateur. Quel point de vue allez-vous utiliser ?
c. La déchéance sociale de Goriot retentit sur son mode de vie et sur son physique. De même, notez les éléments que vous allez utiliser pour montrer comment votre personnage est déterminé par son ascension sociale.
d. Quels procédés de l'écriture réaliste comptez-vous utiliser ? Préparez une liste d'éléments significatifs, à inclure dans votre description.

BILAN

Lire un texte réaliste

Ancrage dans une réalité sociale : les classes moyennes, la bourgeoisie.

Importance des notations chiffrées : l'argent entre en littérature.

Importance des petits faits vrais, qui ancrent la fiction dans la réalité.

Récit objectif à la troisième personne : le narrateur décrit l'évolution du héros sans entrer dans sa conscience.

Honoré de Balzac, *Le Père Goriot* (1835)

M. Goriot, ancien négociant, s'est retiré dans une pension bourgeoise. Mais la paix de cette retraite est menacée par les exigences de ses filles qu'il adore, qu'il a richement mariées et qui le conduisent progressivement à la ruine.

Vers la fin de la troisième année, le père Goriot réduisit encore ses dépenses, en montant au troisième étage et en se mettant à quarante-cinq francs de pension par mois. Il se passa de tabac, congédia son perruquier et ne mit plus de poudre. Quand le père Goriot parut pour la première fois sans être poudré, son hôtesse[1] laissa échapper une exclamation de surprise en apercevant la couleur de ses cheveux, ils étaient d'un gris sale et verdâtre. Sa physionomie, que des chagrins secrets avaient insensiblement rendue plus triste de jour en jour, semblait la plus désolée de toutes celles qui garnissaient la table. Il n'y eut alors plus aucun doute. Le père Goriot était un vieux libertin, dont les yeux n'avaient été préservés de la maligne influence des remèdes nécessités par ses maladies que par l'habileté d'un médecin. La couleur dégoûtante de ses cheveux provenait de ses excès et des drogues qu'il avait prises pour les continuer. L'état physique et moral du bonhomme donnait raison à ces radotages. Quand son trousseau fut usé, il acheta du calicot à quatorze sous l'aune[2] pour remplacer son beau linge. [...] Il avait quitté l'habit bleu-barbeau, tout son costume cossu, pour porter, été comme hiver, une redingote de drap marron grossier, un gilet en poil de chèvre, et un pantalon gris en cuir de laine. Il devint progressivement maigre ; ses mollets tombèrent ; sa figure, bouffie par le contentement d'un bonheur bourgeois, se rida démesurément ; son front se plissa, sa mâchoire se dessina. Durant la quatrième année de son établissement rue Neuve-Sainte-Geneviève, il ne se ressemblait plus. Le bon vermicellier[3] de soixante-deux ans qui ne paraissait pas en avoir quarante, le bourgeois gros et gras, frais de bêtise, dont la tenue égrillarde[4] réjouissait les passants, qui avait quelque chose de jeune dans le sourire, semblait être un septuagénaire hébété, vacillant, blafard. Ses yeux bleus si vivaces prirent des teintes ternes et gris-de-fer, ils avaient pâli, ne larmoyaient plus, et leur bordure rouge semblait pleurer du sang.

1. Madame Vauquer, la directrice de la pension. – 2. Ancienne unité de mesure de longueur. – 3. Goriot a fait fortune dans le commerce des pâtes. – 4. Sens ancien : plein d'allégresse et de vivacité.

Questions

1. Relevez et commentez les indices concrets qui révèlent la déchéance sociale de Goriot. Pourquoi le changement d'étage dans la pension est-il révélateur ?

2. Cette déchéance sociale s'accompagne d'une métamorphose physique : relevez et commentez les procédés utilisés par le narrateur pour la souligner. Quelle expression forte résume ces changements ?

3. Montrez que le narrateur établit un lien entre cette métamorphose physique et l'état moral du personnage. Relisez la dernière phrase du texte : à qui le narrateur assimile-t-il son personnage ?

4. Quel jugement les autres pensionnaires portent-ils sur Goriot ? Comment le narrateur les rapporte-t-il ? Quelle expression lui permet de condamner ces jugements ?

Synthèse : montrez que cette description de personnage est caractéristique du réalisme balzacien.

Tester ses connaissances sur le réalisme et le naturalisme

1 Rattachez chacune de ces œuvres à son auteur.

Germinal	Gustave Flaubert
Le Père Goriot	Stendhal
Une partie de campagne	Émile Zola
L'Éducation sentimentale	Honoré de Balzac
La Chartreuse de Parme	Guy de Maupassant

2 Qui suis-je ?

a. J'ai composé une œuvre romanesque immense, qui contient plus de 2000 personnages en 90 romans.

b. Je suis le personnage mélancolique et désabusé d'un grand roman d'amour. Je découvre les affres de la révolution de 1848 sans parvenir à forger mon destin.

c. Je suis un romancier et un journaliste engagé. Fasciné par la médecine, j'ai imaginé un cycle romanesque qui décline les ravages de l'hérédité.

d. Auteur de nouvelles à succès, je mets souvent en scène ma Normandie natale, je connais bien les paysans et leurs mœurs mais aussi le milieu des fonctionnaires.

3 Indiquez si chacune des propositions suivantes est vraie ou fausse. Corrigez les propositions fausses.

a. Balzac, dans son œuvre majeure, *La Comédie humaine,* analyse les ravages de l'hérédité au sein d'une même famille.

b. Maupassant a consacré un grand roman à une figure de prostituée.

c. Les écrivains réalistes et naturalistes mettent l'expression personnelle du « moi » au cœur de leurs œuvres.

d. Balzac défend l'idée d'une interaction entre le personnage et son milieu, qui explique la place des descriptions dans ses romans.

4 Parmi ces affirmations, lesquelles permettent de caractériser le mouvement réaliste ?

a. L'écrivain s'appuie sur une somme de recherches documentaires préalables.

b. Le romancier aime à décrire des lieux exotiques.

c. Le héros est en proie à des émotions fortes et des aventures tumultueuses.

d. Le héros est ancré dans un milieu social et politique très précis.

5 Parmi ces affirmations, lesquelles permettent de caractériser le mouvement naturaliste ?

a. Les personnages appartiennent surtout aux classes populaires.

b. Le romancier n'accepte aucune censure morale et aborde même librement des sujets tabous.

c. L'argent n'est pas une préoccupation du héros de roman.

d. L'écrivain s'appuie sur tous les lexiques spécialisés, et s'ouvre même au langage populaire.

e. Le romancier privilégie les milieux ruraux.

6 Quels éléments caractéristiques du réalisme et du naturalisme observez-vous sur ce tableau ?

Gustave Caillebotte, *Les Périssoires* (1878), huile sur toile (157 x 113 cm). Musée des Beaux-Arts, Rennes.

LE SYMBOLISME

Gustave Moreau, *Poète mort porté par un centaure* (vers 1890), aquarelle (33,5 x 24,5 cm).
Musée Gustave Moreau, Paris.

Lecture d'image

1. Identifiez les mondes que le peintre fait coexister dans son œuvre.
2. Pourquoi la réunion du poète et du Centaure peut-elle paraître paradoxale ?
3. Quelles significations peut-on attribuer à la présence de la lyre ?

Qu'est-ce que le symbolisme ?

Origine et évolution

- Le terme « symbolisme » apparaît pour la première fois dans le manifeste de Jean Moréas publié le 18 septembre 1886 dans *Le Figaro*. Le symbole désigne à l'origine un objet coupé en deux et dont les deux parties ont été éloignées l'une de l'autre. L'écriture poétique symboliste vise à réunir ce qui a été séparé.
- Ce mouvement apparaît au XIXe siècle en réaction au mouvement naturaliste et à une vision trop rationaliste du monde.
- De nombreux écrivains et artistes revendiquent une vision idéaliste du monde, issue de l'Antiquité, et qui considère qu'il y a un monde supérieur, invisible, et seulement accessible par la pensée, dont le réel n'est qu'un pâle reflet. L'artiste est le seul à pouvoir le déchiffrer et le suggérer.

Genres privilégiés

La poésie, le roman, le théâtre.

Particularités d'écriture

- Analogies pour évoquer les correspondances entre des réalités sensibles mais aussi entre des réalités visibles et invisibles.
- L'hermétisme (revendication de la polysémie et du mystère). Le sens immédiat tend à disparaître. Cela se traduit par un culte du mot rare, de la syntaxe disloquée.
- La musicalité du langage pour suggérer et susciter la vision d'une réalité souvent invisible, retrouver le pouvoir évocateur des mots.
- Le vers classique et le vers libre pour créer des rythmes et des réseaux sonores singuliers.

Principaux thèmes

- **Le passé** : volonté de retrouver un monde originel, de retourner au commencement du monde, d'où l'utilisation de figures mythologiques, de légendes dans lesquelles le poète éprouve la trace de l'unité perdue.
- **L'amour** : la relation à l'être aimé permet d'accéder à une réalité idéale, spirituelle.
- **La mélancolie, l'angoisse du néant** : le poète rejette une société où il n'a pas sa place, et exprime sa solitude.
- **Le mysticisme et le rêve** : conception d'une réalité complexe et mystérieuse.
- **La puissance évocatrice du langage** : le poète interroge explicitement ou implicitement le pouvoir du langage dans son écriture poétique.

Dates clefs

- **Politique**
  - 1852-1870 Second Empire
  - 1870 IIIe République
  - 1871 La Commune
- **Société**
  - 1873 *Impression, soleil levant*, Claude Monet
  - 1889 Tour Eiffel
  - 1900 Exposition universelle
  - 1900 *L'Interprétation des rêves*, Sigmund Freud
- **Œuvres majeures**
  - 1857 *Les Fleurs du mal*, Baudelaire
  - 1871 *Poésies*, Rimbaud
  - 1884 *Jadis et Naguère*, Verlaine
  - 1886 « Un manifeste littéraire », Moréas
  - 1886 « Traité du verbe », René Ghil
  - 1886 *Illuminations*, Rimbaud
  - 1887 *Poésies*, Mallarmé

Précurseur

Charles BAUDELAIRE (1821-1867)

▶ Comprendre son œuvre

Poète français mais aussi essayiste et critique d'art, Charles Baudelaire ouvre la voie à la poésie moderne en France. Il cherche à faire naître la beauté de la laideur. Il prend aussi parti pour une poésie en prose (***Petits Poèmes en prose*, posth. 1869**). Il exerce une influence considérable sur la poésie française. Son recueil le plus célèbre ***Les Fleurs du mal*** (1857) sera aussitôt censuré après un fameux procès. Romantique mais aussi Parnassien et précurseur du symbolisme il mêle dans son œuvre une double aspiration: l'élévation vers l'Idéal et la chute dans l'angoisse (le spleen). Le sonnet « **Correspondances** » annonce les principes du symbolisme.

Claude DEBUSSY (1862-1918)

▶ Comprendre son œuvre

Entré au Conservatoire de Paris à l'âge de dix ans, et gratifié du premier Prix de Rome en 1884, Claude de Debussy compose ses premières œuvres à 17 ans. Il met alors en musique les textes d'Alfred de Musset ou de Théophile Gautier. S'affranchissant de l'influence de Wagner ou de Schumann, il développe un nouveau langage musical, formé par l'esthétique symboliste. Il compose ensuite à partir des poèmes de Verlaine (***Ariettes oubliées*, 1888**) et de Baudelaire (***Cinq poèmes de Baudelaire*, 1890**). Puis il met en musique l'œuvre dramatique la plus importante du théâtre symboliste, sur un livret de l'écrivain belge Maeterlinck, ***Pelléas et Mélisande*** **(1902)** dont il apprécie le lyrisme et les images chargées en symboles. Ses harmonies fluides et complexes, se donnent l'allure libre d'une improvisation, avec de nombreux motifs et des thèmes enchevêtrés. On considère Debussy comme un compositeur original qui renouvelle la musique de son temps.

Stéphane MALLARMÉ (1842-1898)

▶ Comprendre son œuvre

Stéphane Mallarmé découvre véritablement la poésie à la lecture des *Fleurs du mal* (1857) de Charles Baudelaire. Il est le maître de la poésie symboliste comme le proclament en 1884 Verlaine dans *Les Poètes maudits* et Huysmans dans son roman *À rebours*. Ses premiers poèmes, en vers et en prose, sont influencés par Baudelaire et c'est avec ***Hérodiade*** **(1869)** que son œuvre se fait plus personnelle. Il y exprime la volonté de trouver, par l'esprit, l'harmonie et la vérité du monde. Jouant sur les sens et les sons, il cherche à produire une poésie musicale; et il s'attache à retrouver la signification étymologique des mots, revendiquant une poésie obscure et hermétique. Dans les poèmes de sa maturité comme dans le « **Sonnet en yx** », le poète vise à s'effacer pour créer une poésie pure capable de suggérer l'unité du monde.

Jean MORÉAS (1856-1910)

▶ Comprendre son œuvre

Poète d'origine grecque qui compose en français, Jean Moréas s'intalle à Paris en 1882 et s'adonne à la composition poétique. Il passe à la postérité littéraire en publiant en **1886** un « ***Un manifeste littéraire*** » dans *Le Figaro* qui sert de texte fondateur au mouvement symboliste. Moréas illustre sa théorie dans un roman ***Les Cantilènes*** **(1886)**, puis dans un recueil poétique ***Le Pèlerin passionné*** **(1891)**, aujourd'hui oublié, et dans lequel il exploite notamment les ressources du vers libre. Ses recueils suivants comme ***Stances*** **(1899-1901)** rompent avec l'hermétisme et marquent un retour à une écriture poétique plus académique.

Gustave MOREAU (1826-1898)

▶ Comprendre son œuvre

Peintre français, Gustave Moreau est un des représentants de la peinture symboliste. Son œuvre frappe d'abord par ses sujets et son univers si particulier: elle est peuplée de figures mythologiques comme Œdipe ou Médée, et de créatures fantastiques (centaures et licornes). Héritier de l'art des miniatures de l'époque médiévale, il remplit ses œuvres d'images allégoriques, qui ont souvent une signification obscure et très personnelle. Pour Moreau la peinture n'est pas réaliste, et ne cherche pas à représenter la nature ou les beautés physiques, elle s'adresse d'abord à l'esprit et doit transporter le spectateur vers un autre monde. C'est avec ***Œdipe et le Sphinx*** qu'il acquiert sa renommée au Salon de **1869**.

Les NABIS (1888-1900)

▶ **Comprendre son œuvre**

Le groupe des « nabis », qui signifie « prophète » en hébreu, se constitue en 1888 autour de Maurice Denis et Paul Sérusier. Il regroupe des sculpteurs tels Aristide Maillol et des artistes peintres comme Félix Valloton, Pierre Bonnard, Paul Ranson, Henri-Gabriel Ibels, et Édouard Vuillard. Ils s'affirment en réaction à l'esthétique naturaliste, à l'académisme et à l'impressionnisme, cherchant dans la création artistique à dépasser la simple reproduction du réel. Ils se réunissent autour des mêmes conceptions esthétiques qu'ils défendent dans leurs œuvres aussi bien que dans des ouvrages théoriques : expression personnelle du monde, refus de la perspective, aplats de couleurs, importance des sensations… Proches des symbolistes, les nabis affirment le caractère sacré de la peinture. Si les sujets religieux sont présents dans leur peinture, ils s'attachent aussi à la représentation de la vie profane. La définition du tableau formulée par Maurice Denis paraît annoncer l'avant-garde et la peinture abstraite : « Se rappeler qu'un tableau – avant d'être un cheval de bataille, une femme nue, ou une quelconque anecdote – est essentiellement une surface plane recouverte de couleurs en un certain ordre assemblées ».

Odilon REDON (1840-1916)

▶ **Comprendre son œuvre**

Très jeune, Odilon Redon découvre la peinture d'Eugène Delacroix, Jean-Baptiste Corot ou Gustave Moreau et se forme aux techniques de l'eau-forte, du dessin, de l'aquarelle et du fusain. À Paris, il côtoie les peintres et les poètes et expose ses œuvres dans les Salons. L'œuvre de Redon est représentative de la peinture symboliste. On y rencontre un univers étrange et onirique, qui refuse de se limiter à l'imitation du réel, et accorde toute sa place à l'inconscient et à l'imaginaire. Redon est d'abord l'auteur d'une œuvre graphique dominée par le noir qui semble hantée de cauchemars et de rêves. Il s'intéresse ensuite au pastel, à la lumière et à la plénitude des couleurs, révélant ainsi ses talents de coloriste.

Arthur RIMBAUD (1854-1891)

▶ **Comprendre son œuvre**

« L'homme aux semelles de vent », c'est ainsi que Verlaine caractérise son ami Arthur Rimbaud. Sa rencontre avec Verlaine est déterminante pour sa vie comme pour son œuvre. C'est sur ses conseils qu'il part à Paris en 1870, et poursuit son œuvre. Si « **La lettre du voyant** » et le sonnet « **Voyelles** » annoncent le symbolisme, c'est avec le recueil de poèmes en prose ***Illuminations*** **(1886)** que Rimbaud touche au plus près des ambitions de ce mouvement qui s'affirme quelques années plus tard. Dans ce recueil, il rompt avec la tradition, et cherche déjà, comme les poètes symbolistes, à se libérer du vers. Les poèmes « **Marine** » et « **Mouvement** » constituent les premiers poèmes en vers libres. Très tôt cependant, il cesse d'écrire – sans doute en 1875 – pour devenir un aventurier. En 1880, il s'installe en Afrique où il espère faire fortune.

Émile VERHAEREN (1855-1916)

▶ **Comprendre son œuvre**

Poète belge d'origine flamande, d'expression française, Émile Verhaeren renonce à sa carrière juridique pour devenir écrivain. Après des premiers recueils d'inspiration réaliste et naturaliste, dont ***Les Flamandes*****, (1884)** qui fait scandale, il se tourne vers une poésie symboliste : ***Les Moines*** **(1886)**, ***Les Soirs*** **(1857)** et ***Les Flambeaux noirs*** **(1890)**. Dans les années 1890, il se tourne vers les questions sociales, et dans ses recueils, il dépeint la grande ville (***Les Villes tentaculaires*****, 1895**) et son opposé, la vie à la campagne (***Les Campagnes hallucinées*****, 1893**). Sa poésie se caractérise surtout par un goût pour l'image et l'usage du vers libre qui le rapprochent du mouvement symboliste.

Paul VERLAINE (1844-1896)

▶ **Comprendre son œuvre**

Poète profondément mélancolique qui se dit né sous le signe de Saturne, Paul Verlaine incarne la figure du poète maudit, incompris et rejeté par la société de la seconde partie du XIXe siècle. Son œuvre se compose d'une dizaine de recueils publiés entre 1866 et 1893. Sa poésie s'inspire d'abord des romantiques et du Parnasse, pour se faire ensuite l'expression de l'esthétique symboliste qu'il définit dans son « **Art poétique** » **(écrit en 1874 et publié dans le recueil** ***Jadis et Naguère*** **en 1884)**. La rencontre avec Rimbaud (1871) a une influence décisive pour sa vie personnelle et ses aspirations poétiques. Elle le conduira à passer deux années en prison, durant lesquelles il compose ***Romances sans paroles*** **(1874)**, recueil de plaintes poétiques et de regrets adressés à sa femme et son ancien amant. Accordant une importance essentielle à la musicalité de ses vers, il écrit dans une syntaxe libre, qui multiplie les effets sonores et les échos discrets. Dans son recueil, ***Les Poètes maudits*** **(1884)**, il rend hommage aux poètes symbolistes Stéphane Mallarmé et Arthur Rimbaud entre autres.

OBJET D'ÉTUDE 2e/1re **La poésie**

1 DES PRÉCURSEURS

Vers dorés

Eh quoi ! tout est sensible !
PYTHAGORE.

Homme, libre penseur ! te crois-tu seul pensant
Dans ce monde où la vie éclate en toute chose ?
Des forces que tu tiens ta liberté dispose,
Mais de tous tes conseils l'univers est absent.

Respecte dans la bête un esprit agissant :
Chaque fleur est une âme à la Nature éclose ;
Un mystère d'amour dans le métal repose ;
« Tout est sensible ! » Et tout sur ton être est puissant.

Crains, dans le mur aveugle, un regard qui t'épie :
À la matière même un verbe est attaché...
Ne la fais pas servir à quelque usage impie !

Souvent dans l'être obscur habite un Dieu caché ;
Et comme un œil naissant couvert par ses paupières,
Un pur esprit s'accroît sous l'écorce des pierres !

Gérard de Nerval, *Les Chimères* (1854)

a. À quel mouvement littéraire Nerval est-il attaché ?
b. Quelle conception de la Nature et du monde dévoile-t-il dans ces vers ?
c. Quels reproches le poète adresse-t-il à l'homme ? À quel rôle l'invite-t-il ?
Pour conclure : en quoi ce sonnet peut-il être relié au symbolisme ?

Correspondances

La Nature est un temple où de vivants piliers
Laissent parfois sortir de confuses paroles ;
L'homme y passe à travers des forêts de symboles
Qui l'observent avec des regards familiers.

Comme de longs échos qui de loin se confondent
Dans une ténébreuse et profonde unité,
Vaste comme la nuit et comme la clarté,
Les parfums, les couleurs et les sons se répondent.

Il est des parfums frais comme des chairs d'enfants,
Doux comme les hautbois, verts comme les prairies,
– Et d'autres, corrompus, riches et triomphants,

Ayant l'expansion des choses infinies,
Comme l'ambre, le musc, le benjoin et l'encens
Qui chantent les transports de l'esprit et des sens.

Charles Baudelaire, *Les Fleurs du mal* (1857)

a. Situez Baudelaire dans l'histoire littéraire.
b. Quel sens donneriez-vous à « forêt de symboles » ?
Pour conclure : quel aspect essentiel du symbolisme ce sonnet privilégie-t-il ?

2 UN SYMBOLE

Une dentelle s'abolit
Dans le doute du Jeu suprême
A n'entr'ouvrir comme un blasphème
Qu'absence éternelle de lit.

Cet unanime blanc conflit
D'une guirlande avec la même,
Enfui contre la vitre blême
Flotte plus qu'il n'ensevelit.

Mais, chez qui du rêve se dore
Tristement dort une mandore*
Au creux néant musicien

Telle que vers quelque fenêtre
Selon nul ventre que le sien,
Filial on aurait pu naître.

Stéphane Mallarmé, *Poésies (1887)*

* Instrument de musique, proche du luth.

a. Relevez et commentez le champ lexical dominant des quatrains. Peut-on en induire la nature de l'objet évoqué dans ce sonnet ? Justifiez.
b. Qu'est-ce qui caractérise les sonorités et la syntaxe du sonnet ? Que peuvent-elles suggérer ?
c. Montrez que ce sonnet associe des thèmes privilégiés des symbolistes.
d. Comment ce sonnet suggère-t-il la naissance du jour et peut-il symboliser la création ?
Pour conclure : montrez que malgré son hermétisme apparent, ce sonnet présente une certaine clarté.

3 DES « CORRESPONDANCES »

Parfum exotique

Quand, les deux yeux fermés, en un soir chaud [d'automne,
Je respire l'odeur de ton sein chaleureux,
Je vois se dérouler des rivages heureux
Qu'éblouissent les feux d'un soleil monotone ;

Une île paresseuse où la nature donne
Des arbres singuliers et des fruits savoureux ;
Des hommes dont le corps est mince et vigoureux,
Et des femmes dont l'œil par sa franchise étonne.

Guidé par ton odeur vers de charmants climats,
Je vois un port rempli de voiles et de mâts
Encor tout fatigués par la vague marine,

Pendant que le parfum des verts tamariniers,
Qui circule dans l'air et m'enfle la narine,
Se mêle dans mon âme au chant des mariniers.

Charles Baudelaire, *Les Fleurs du Mal* (1857)

a. Étudiez le sens de « monotone » (v. 4), « charmants » (v. 9), « mariniers » (v. 14) : montrez que les termes sont polysémiques.
b. Montrez que Baudelaire accorde une grande importance à la musicalité de son sonnet.
Pour conclure : montrez que ce sonnet illustre la conception exprimée dans « Correspondances ».

4 UN MANIFESTE SYMBOLISTE

Art poétique

De la musique avant toute chose,
Et pour cela préfère l'Impair
Plus vague et plus soluble dans l'air,
Sans rien en lui qui pèse ou qui pose.

Il faut aussi que tu n'ailles point
Choisir tes mots sans quelque méprise :
Rien de plus cher que la chanson grise
Où l'Indécis au Précis se joint.

C'est des beaux yeux derrière des voiles,
C'est le grand jour tremblant de midi,
C'est, par un ciel d'automne attiédi,
Le bleu fouillis des claires étoiles !

Car nous voulons la Nuance encor,
Pas la Couleur, rien que la nuance !
Oh ! la nuance seule fiance
Le rêve au rêve et la flûte au cor !
[...]

Paul Verlaine, *Jadis et Naguère* (1884)

a. Justifiez le titre du poème.
b. Quels procédés poétiques contribuent à la musicalité du poème ?
c. Que rejette Verlaine dans ces quelques vers ? Quel mouvement poétique est ainsi critiqué ?
d. Justifiez la prédilection de Verlaine pour la nuance.
Pour conclure : en quoi ce poème peut-il constituer un manifeste symboliste ?

5 LA CRÉATION D'UNE LANGUE

Voyelles

A noir, E blanc, I rouge, U vert, O bleu : voyelles,
Je dirai quelque jour vos naissances latentes :
A, noir corset velu des mouches éclatantes
Qui bombinent autour des puanteurs cruelles,

Golfes d'ombre ; E, candeurs des vapeurs et des tentes,
Lances des glaciers fiers, rois blancs, frissons d'ombelles ;
I, pourpres, sang craché, rire des lèvres belles
Dans la colère ou les ivresses pénitentes ;

U, cycles, vibrements divins des mers virides,
Paix des pâtis semés d'animaux, paix des rides
Que l'alchimie imprime aux grands fronts studieux ;

O, suprême Clairon plein des strideurs étranges,
Silences traversés des Mondes et des Anges :
– O l'Oméga, rayon violet de Ses Yeux !

Arthur Rimbaud, *Poésies* (1871)

a. Quel rôle le poète s'assigne-t-il ?
b. Quel est le sens de l'adjectif « latentes » (v. 2) ? Quelle est son importance ?
c. Quels liens le poète établit-il entre les voyelles et le monde ?
Pour conclure : en quoi l'entreprise de Rimbaud invite-t-elle à un déchiffrement ?

6 UN POÈME EN VERSETS

Cinq grandes odes II

[...] Salut donc, ô monde nouveau à mes yeux, ô monde maintenant total !
Ô credo entier des choses visibles et invisibles, je vous accepte avec un cœur catholique !
Où que je tourne la tête
J'envisage l'immense octave de la Création !
Le monde s'ouvre et, si large qu'en soit l'empan, mon regard le traverse d'un bout à l'autre.
J'ai pesé le soleil ainsi qu'un gros mouton que deux hommes forts suspendent à une perche entre leurs épaules.
J'ai recensé l'armée des Cieux et j'en ai dressé état,
Depuis les grandes Figures qui se penchent sur le vieillard Océan
Jusqu'au feu le plus rare englouti dans le plus profond abîme,
Ainsi que le Pacifique bleu-sombre où le baleinier épie l'évent d'un souffleur comme un duvet blanc. [...]

Paul Claudel, *Œuvre poétique* (1906-1910),

a. Quel champ lexical domine le début de cette ode ?
b. Quel sens donnez-vous à l'adjectif « total » (v. 1) ?
c. Quel rôle ce poème accorde-t-il au poète ?
d. À quoi tient la musicalité de cette ode ? Justifiez votre réponse.
Pour conclure : pourquoi l'inspiration religieuse peut-elle s'inscrire dans le mouvement symboliste ?

SYNTHÈSE La poésie symboliste

Principaux registres	Principaux procédés
• Didactique • Fantastique • Lyrique	• Analogies • Hermétisme • Vers libres

Le Parnasse

La référence à l'Antiquité

Raphaël, *Le Parnasse* (1509-1511), fresque (670 cm à la base), détail. Palais du Vatican.

Questions

1. Qu'est-ce que le Parnasse dans l'Antiquité ?
2. Quelle représentation du Parnasse Raphaël donne-t-il dans cette fresque ?
3. Quelle conception du poète et de la poésie cette référence au Parnasse suggère-t-elle ?

Le Parnasse : une réaction au romantisme

Charles-René-Marie Leconte de Lisle, *Poèmes barbares* (1862)

Les Montreurs

Tel qu'un morne animal, meurtri, plein de poussière,
La chaîne au cou, hurlant au chaud soleil d'été,
Promène qui voudra son cœur ensanglanté
Sur ton pavé cynique, ô plèbe carnassière !

Pour mettre un feu stérile en ton œil hébété,
Pour mendier ton rire ou ta pitié grossière,
Déchire qui voudra la robe de lumière
De la pudeur divine et de la volupté.

Dans mon orgueil muet, dans ma tombe sans gloire,
Dussé-je m'engloutir pour l'éternité noire,
Je ne te vendrai pas mon ivresse et mon mal,

Je ne livrerai pas ma vie à tes huées,
Je ne danserai pas sur ton tréteau banal
Avec tes histrions et tes prostituées.

Questions

4. En quoi le titre du poème de Lecomte de Lisle est-il polémique ?
5. A quelle poésie ce sonnet s'attaque-t-il ? Par quels procédés ?
6. Montrez que la critique ne s'adresse pas qu'aux « Montreurs ».
7. Quelle conception du poète et de la poésie ce sonnet défend-il ?

▸ Quelle est la place du Parnasse dans la poésie du XIXe siècle ?

L'affirmation de l'esthétique parnassienne

Théophile Gautier, *Émaux et Camées* (1852)

L'Art

Oui, l'œuvre sort plus belle
D'une forme au travail
Rebelle,
Vers, marbre, onyx, émail.
[...]
Peintre, fuis l'aquarelle,
Et fixe la couleur
Trop frêle
Au four de l'émailleur.
[...]
Les dieux eux-mêmes meurent,
Mais les vers souverains
Demeurent
Plus forts que les airains.

Sculpte, lime, cisèle ;
Que ton rêve flottant
Se scelle
Dans le bloc résistant !

J. M. Hérédia, *Les Trophées* (1893)

Fleurs de feu

Bien des siècles depuis les siècles du Chaos,
La flamme par torrents jaillit de ce cratère,
Et le panache igné[1] du volcan solitaire
Flamba plus haut encor que les Chimborazos[2].

Nul bruit n'éveille plus la cime sans échos.
Où la cendre pleuvait l'oiseau se désaltère ;
Le sol est immobile et le sang de la Terre,
La lave, en se figeant, lui laissa le repos.

Pourtant, suprême effort de l'antique incendie,
À l'orle[3] de la gueule à jamais refroidie,
Éclatant à travers les rocs pulvérisés,

Comme un coup de tonnerre au milieu du silence,
Dans le poudroîment d'or du pollen qu'elle lance
S'épanouit la fleur des cactus embrasés.

1. Embrasé, incandescent. – 2. Volcan ou montagnes d'Amérique du sud. – 3. Bord, contour.

Questions

8. a. Dans la phrase de Gautier : « Il n'y a de vraiment beau que ce qui ne peut servir à rien ; tout ce qui est utile est laid, car c'est l'expression de quelque besoin, et ceux de l'homme sont ignobles et dégoûtants, comme sa pauvre et infirme nature. » (Préface à *Mademoiselle de Maupin*, 1832), qu'est-ce qui justifie l'opposition entre l'utile et le beau ?

b. Quels liens pouvez-vous établir entre la phrase de Gautier et le sonnet de Leconte de Lisle ?

c. Que pourrait être, selon vous, un art utile ? En quoi cette phrase rappelle-t-elle la théorie de l'art pour l'art ?

9. Quelle conception du poète et de la poésie le poème « L'art » suggère-t-il ? Par quels procédés ?

10. Comment le sonnet de Hérédia illustre-t-il les affirmations et injonctions de Gautier ?

11. Comment définiriez-vous un poème parnassien en vous appuyant sur ce sonnet ?

Les limites du culte de la forme

Stéphane Mallarmé, *L'Écho de Paris* (1891)

[...] les Parnassiens [...] traitent encore leurs sujets à la façon des vieux philosophes et des vieux rhéteurs, en présentant les objets directement. Je pense qu'il faut au contraire, qu'il n'y ait qu'allusion. La contemplation des objets, l'image s'envolant des rêveries suscitées par eux, sont le chant : les Parnassiens, eux, prennent la chose entièrement et la montrent : par là ils manquent de mystère ; ils retirent aux esprits cette joie délicieuse de croire qu'ils créent. *Nommer* un objet, c'est supprimer les trois quarts de la jouissance qui est faite de deviner peu à peu : le *suggérer*, voilà le rêve. [...]

Réponse à une enquête de Jules Huret

Questions

12. Montrez que la critique de Mallarmé est également un éloge du symbolisme.

Synthèse

Montrez que le parnasse et le symbolisme en général naissent d'une réaction à des mouvements du même siècle.

VOCABULAIRE

1 POLYSÉMIE

a. **Parmi ces définitions, quelles sont celles qui vous semblent proches du sens que prend le mot « symbole » dans le mouvement symboliste ? Justifiez votre réponse.**

1. Ensemble de formules résumant la foi chrétienne ; profession de foi chrétienne.

2. Signe, objet matériel ou formule, servant de marque de reconnaissance entre initiés.

3. Jeton, tesson servant de signe monétaire.

4. Objet sensible, fait ou élément naturel évoquant, dans un groupe humain donné, par une correspondance analogique, formelle, naturelle ou culturelle, quelque chose d'absent ou d'impossible à percevoir.

5. Élément textuel dont la signification concrète est liée par une correspondance analogique à une signification abstraite qu'il évoque ou représente. Synonymes : *figure, image, métaphore*.

b. **Complétez chacune des définitions par un exemple.**

c. **Composez une définition dans laquelle vous ferez apparaître les sens étymologique, philosophique et poétique du mot « symbole ».**

2 ÉTYMOLOGIE

Dans « symbole », le préfixe grec « sym » signifie « avec ». Proposez d'autres mots formés avec le même préfixe et expliquez leur sens.

4 SYNONYMES

Remplacez le mot « symbole » par un synonyme choisi dans la liste suivante : signe, image, figure, allégorie, emblème, représentation, personnification, métaphore, analogie.

1. Le cygne chez Mallarmé est-il le symbole du poète ? – **2.** La balance est le symbole de la justice. – **3.** Rimbaud considère les voyelles comme les symboles des couleurs. – **4.** « L'homme y passe à travers une forêt de symboles. » (Baudelaire) – **5.** Jeanne d'Arc est parfois considérée comme le symbole de la patrie. – **6.** Dans l'œuvre de Claudel, l'eau est souvent le symbole de la vie.

5 DÉFINITIONS

Recherchez les définitions d'hermétisme, ésotérisme, occultisme, obscurantisme, élitisme et expliquez quels mots peuvent qualifier l'écriture symboliste.

6 TERMES RARES ET NÉOLOGISMES

On rencontre chez Mallarmé de nombreux termes rares comme « lampadophore » :

« Ses purs ongles très haut dédiant leur onyx,
l'Angoisse, ce minuit, soutient, lampadophore
Maint rêve vespéral brûlé par le Phénix [...] »

Stéphane Mallarmé, *Poésies* (1887)

a. **Recherchez le sens de ce substantif.**

b. **Inventez des mots à partir d'éléments grecs ou latins.**

3 ADJECTIFS DE COULEURS

Observez ce tableau et caractérisez les couleurs. Précisez les nuances au moyen d'adjectifs de couleur composés, éventuellement inventés, qui souligneront le thème du tableau et l'atmosphère qui se dégage du paysage (par exemple, *vert funèbre*).

Arnold Böcklin,
L'Ile des morts (1880),
huile sur toile (155 x 111 cm).
Kunstmuseum, Bâle (Suisse).

Vers le Bac

> Corpus BAC, p. 239

S'ENTRAÎNER AU COMMENTAIRE

> Commenter des réseaux sonores

Marine

Les chars d'argent et de cuivre –
Les proues d'acier et d'argent –
Battent l'écume, –
Soulèvent les souches des ronces.
Les courants de la lande,
Et les ornières immenses du reflux,
Filent circulairement vers l'est,
Vers les piliers de la forêt, –
Vers les fûts de la jetée,
Dont l'angle est heurté par des tourbillons de lumière.

Arthur Rimbaud, *Illuminations* (1886)

Rédigez un paragraphe de commentaire dans lequel vous vous interrogerez sur les valeurs et les effets des réseaux sonores surlignés.

S'ENTRAÎNER À LA DISSERTATION

> Expliciter un argument

Sujet Valéry raconte dans un ouvrage sur la poésie, *Variété V*, que le peintre Degas s'était plaint à Mallarmé des difficultés qu'il rencontrait lorsqu'il composait un poème :
« Je n'arrive pas à faire ce que je veux et pourtant, je suis plein d'idées.
– Ce n'est point avec des idées, mon cher Degas, que l'on fait des vers. C'est avec des mots, lui répondit Mallarmé. »

En vous appuyant sur des exemples précis, vous développerez un paragraphe pour démontrer qu'un vers suggère l'idée par un usage particulier des mots. Adoptez la démarche suivante :

a. Recherchez dans les poèmes du chapitre des vers jouant avec les sonorités.
b. Montrez que ce travail sur la langue est générateur de sens.

S'ENTRAÎNER À L'ÉCRITURE D'INVENTION

> Construire un dialogue argumenté

Sujet En vous appuyant sur le dossier culturel consacré au Parnasse et aux pages consacrées à la poésie symboliste, vous imaginerez un dialogue entre un poète parnassien et un poète symboliste qui s'opposent à propos du culte de la forme.

Pour préparer le devoir, répondez aux questions suivantes :

a. Quelles identités énonciatives devez-vous construire ?
b. À travers quelles analogies les poètes des deux mouvements poétiques définissent-ils leur art poétique ?
c. Qu'est-ce que « le culte de la forme » ?
d. Quels sont les effets du vers libre ?
e. À quel poète le dialogue donnera-t-il raison ?

S'ENTRAÎNER À L'ÉPREUVE ORALE

> Se référer au texte

Faites une lecture expressive du poème « Marine » ci-dessus en veillant à mettre en évidence les réseaux sonores et le rythme. Commentez ensuite les variations rythmiques des vers, en expliquant ce qu'elles apportent au niveau de la musicalité et du sens (par exemple en mettant l'accent sur un mot, en rompant un rythme syntaxique...).

Lire un poème symboliste

Stéphane Mallarmé, « Un coup de Dés jamais n'abolira le Hasard » (1897)

[…]
RIEN
de la mémorable crise
où se fût
l'événement accompli en vue de tout résultat nul
humain

N'AURA EU LIEU
une élévation ordinaire verse l'absence

QUE LE LIEU
inférieur clapotis quelconque comme pour disperser l'acte vide
abruptement qui sinon
par son mensonge
eût fondé
la perdition

dans ces parages
du vague
en quoi toute réalité se dissout
[…]

Renouvellement formel :
– absence de ponctuation
– police variée.

Polysémie et hermétisme des images.

Suggestion de la « crise » par la mise en page.

Acte de lecture comme déchiffrement.

Questions

1. En quoi peut-on parler de vers libres et de poésie éclatée ? Justifiez.
2. Montrez que l'absence de ponctuation, la disposition, la typographie contribuent à la polysémie de cet extrait.
3. À quelle « mémorable crise » cet extrait peut-il faire référence ?
4. Quelle vision du monde cet extrait suggère-t-il ? Justifiez.
Synthèse : en quoi l'écriture poétique invite-t-elle à un déchiffrement d'elle-même et du monde ?

Tester ses connaissances sur le symbolisme

1 Associez chaque poème à son auteur.

Un coup de Dés...	Baudelaire
Marine	Nerval
Vers dorés	Rimbaud
Correspondances	Mallarmé
Art poétique	Verlaine

2 Parmi les auteurs suivants, quels sont les précurseurs du symbolisme ?

Théophile Gautier – Émile Verhaeren – Théodore de Banville – Leconte de Lisle – Charles Baudelaire – José-Maria Hérédia – Arthur Rimbaud – Stéphane Mallarmé

3 Attribuez chacun des vers suivants à son auteur.

Verlaine – Rimbaud – Baudelaire – Mallarmé – Nerval

1. « Je respire l'odeur de ton sein chaleureux. »
2. « De la musique avant toute chose. »
3. « L'homme y passe à travers des forêts de symboles. »
4. « Ses purs ongles très haut dédiant leur onyx. »
5. « O, suprême clairon plein de strideurs étranges. »
6. « Un mystère d'amour dans le métal repose. »

4 À quelle date a été publié le *Manifeste du symbolisme* de Jean Moréas ?

1857 – 1871 – 1886 – 1906

5 Situez sur un axe chronologique les mouvements littéraires suivants.

naturalisme – parnasse – réalisme – surréalisme – romantisme – symbolisme – dadaïsme – décadentisme

6 Parmi les idées suivantes, retrouvez celles du mouvement symboliste.

a. La réalité se limite au monde sensible.

b. Le beau ne peut être utile.

c. Ce qui se conçoit bien s'énonce clairement.

d. Le poète est plus proche du musicien que du sculpteur.

e. C'est par la suggestion qu'on parvient à atteindre la vérité.

f. Les mots sont plus importants que les idées pour écrire un poème.

g. Le vers-librisme est une invention des poètes symbolistes.

7 Chez quels poètes peut-on parler d'une influence symboliste ?

Hugo – Nerval – Lautréamont – Baudelaire – Rimbaud – Mallarmé – Verlaine – Vigny – Musset – Gautier

8 Ces affirmations sont-elles vraies ou fausses ? Justifiez.

a. Pour Verlaine, le rythme impair est préférable au rythme pair.

b. Pour Rimbaud, les consonnes sont colorées.

c. Pour Baudelaire, les parfums, les couleurs et les sons se répondent.

d. Pour Nerval, tout est sensible dans ce monde.

e. Pour Gautier, seul est beau ce qui ne sert à rien.

9 Relevez les éléments symbolistes dans ce tableau de Maurice Denis.

Maurice Denis, *Les Arbres verts* ou *La Procession sous les arbres* (1893), huile sur toile. Musée d'Orsay, Paris.

Moyen Âge – XVIe siècle – XVIIe siècle – XVIIIe siècle – XIXe siècle – XXe siècle – XXIe siècle

LE SURRÉALISME

Max Ernst, *L'Ange du foyer ou le Triomphe du surréalisme* (1937), huile sur toile (114 x 146 cm). Collection particulière.

Lecture d'image

1. Quelle impression cette créature suscite-t-elle chez le spectateur ?
2. D'où semble-t-elle surgir ? Justifiez votre réponse.
3. Pourquoi Ernst a-t-il intitulé ce tableau « *Le Triomphe du surréalisme* » ?

Qu'est-ce que le surréalisme ?

Origine et évolution

- Issu du mouvement contestataire Dada – formé autour de Tristan Tzara entre 1919 et 1922, à Zurich, puis à Paris –, le groupe surréaliste se constitue dans les années 1920 autour d'écrivains majeurs comme Breton, Aragon ou Eluard.
- Son nom est inspiré par la formule « drame surréaliste » employée par Guillaume Apollinaire au sujet de sa pièce *Les Mamelles de Tiresias* (1917).
- Héritier des théories de Freud et de la psychanalyse, et marqué par l'idée d'inconscient, ce mouvement cherche à libérer l'homme des contraintes qui pèsent sur lui.
- Le groupe dirigé par André Breton, « le Pape du surréalisme », développe des formes d'écriture innovantes (jeux collectifs, revues, manifestes...).
- Le mouvement se maintient jusqu'à la Libération, puis se dissout surtout pour des raisons politiques.

Genres privilégiés

- La poésie, le roman ou « texte en prose », l'essai.

Particularités d'écriture

- Écriture automatique : écrire le plus vite possible pour laisser parler son inconscient sans réfléchir à ce qui est produit : ce qui suppose un état de lâcher-prise radical (aucun projet défini à l'avance).
- Dimension imaginaire essentielle : restitution de rêves et visions non conscientes dans des textes qui produisent des associations surprenantes. Importance de l'image et des métaphores.
- Expression du hasard et recherche de l'inattendu : jeux humoristiques sur les mots, leurs sens, leurs sonorités. L'artiste n'obéit à aucune règle pour une œuvre qui surprend même son créateur.

Principaux thèmes

- **La femme** : source d'inspiration majeure, elle est célébrée par de multiples images.
- **L'amour** : aussi bien charnel que spirituel, il est valorisé, libérant l'inconscient et la créativité.
- **La « surréalité »** : chercher le merveilleux dans la réalité et dépasser les contradictions apparentes entre le rêve et le réel.

Dates clefs

Politique

- **1919** Traité de Versailles
- **1920** Fondation du parti communiste français
- **1922** Staline, secrétaire général du parti communiste
- **1922** Mussolini prend le pouvoir en Italie
- **1931** République espagnole
- **1933** Hitler au pouvoir en Allemagne
- **1936** Front populaire en France
- **1936** Début de la guerre civile en Espagne
- **1939** Début de la Seconde Guerre mondiale

Société

- **1919-1929** « Années folles »
- **1921** Diffusion d'un premier concert par Radio Tour Eiffel
- **1928** *Un chien Andalou*, Buñuel, Dalí
- **1929** Crise économique mondiale
- **1930** Succès de Joséphine Baker avec « J'ai deux amours », engouement pour le jazz
- **1936** *Les Temps modernes*, Chaplin
- **1936** Premiers congés payés

Œuvres majeures

- **1918** *Manifeste Dada 1918*, Tzara
- **1922** *Au Rendez-vous des amis*, Ernst
- **1924** *Manifeste du Surréalisme*, Breton
- **1926** *Le Paysan de Paris*, Aragon
- **1928** *Nadja*, Breton
- **1929** *L'Amour la Poésie*, Eluard
- **1930** *Corps et Biens*, Desnos

ARTISTES ET ŒUVRES CLEFS

Précurseur

Guillaume APOLLINAIRE (1880-1918)

▶ Comprendre son œuvre

En **1913**, il publie son premier recueil, *Alcools*, renouvelant la poésie dans la forme (suppression de toute ponctuation) et le traitement des thèmes. Engagé volontaire, il continue d'écrire depuis le front : les *Calligrammes* (1918), ***Poèmes à Lou*** **(posth. 1947)**. Démobilisé suite à une blessure, il écrit la pièce *Les Mamelles de Tirésias* sous-titrée « drame surréaliste ».

Louis ARAGON (1897-1982)

▶ Comprendre son œuvre

Louis Aragon rencontre Breton pendant leurs études de médecine. Dans son œuvre, il cherche à explorer le langage et exprimer le merveilleux qui se cache dans la réalité. Mais il rompt avec Breton et le mouvement en 1932, privilégiant son engagement politique au sein du parti communiste. Aux côtés de son épouse et muse, Elsa Triolet, il s'engage dans la Résistance et poursuit son activité militante dans ses textes. Sans renoncer à la poésie pour dire son engagement (***Le Musée Grévin*, 1942**) ou son amour (***Le Fou d'Elsa*, 1963**), il écrit des romans où il montre la société au travers de destins originaux (***Aurélien*, 1945**).

André BRETON (1896-1966)

▶ Comprendre son œuvre

Poète et essayiste, André Breton, avec Aragon et Soupault, est à l'origine du mouvement surréaliste, dont il théorise les idées dans les **deux manifestes** publiés en **1924** et **1929**. Personnalité forte du mouvement, il est surnommé « le Pape du surréalisme » et s'impose comme le chef de file du groupe. Dans son œuvre, il déploie une profusion d'images surprenantes, et expérimente l'écriture automatique, s'inspirant des théories de la psychanalyse freudienne. Dans ses récits en prose, comme *Nadja* (1928) ou *L'Amour fou* (1937), il cherche à abolir les frontières entre rêve et réalité, en quête d'une « surréalité ».

Luis BUÑUEL (1900-1983)

▶ Comprendre son œuvre

Cinéaste espagnol, Buñuel réalise son premier film avec Dali, ***Un chien andalou*** **(1928)**. Le second, ***L'Âge d'or*** **(1930)**, suscite l'admiration des surréalistes et provoque un scandale entraînant son interdiction. La suite de sa carrière se déroule en partie aux États-Unis, où il fuit le régime fasciste de Franco, et au Mexique, où il est contraint de s'exiler pour ses idées marxistes. Après la radicalité surréaliste de ses premiers films, Buñuel conserve tout au long de sa carrière une volonté de subversion. Dans ses films, il propose une satire de la bourgeoisie et de la religion, dénonçant leurs hypocrisies (***El*, 1953**; ***Le Charme discret de la bourgeoisie*, 1972**).

Salvadore DALÍ (1904-1989)

▶ Comprendre son œuvre

Étudiant aux Beaux-Arts de Madrid, en 1921 il se lie à Buñuel avec lequel il réalise des films. En 1928, il rencontre à Paris le groupe surréaliste, et avec eux Gala, première épouse d'Eluard, qui deviendra sa compagne et sa muse. À la fin des années 30, il quitte l'Europe pour les États-Unis, brouillé avec Breton qui lui reproche ses choix contre-révolutionnaires. Il retourne en Espagne en 1948. Sous l'influence des théories psychanalytiques, dans sa peinture il cherche à représenter ses rêves, ses fantasmes, ses obsessions. Il qualifie sa démarche de « paranoïa-critique ». Ses œuvres sont souvent inquiétantes, voire angoissantes.

Robert DESNOS (1900-1945)

▶ Comprendre son œuvre

Membre du groupe surréaliste, avant sa rupture politique avec Breton, il cherche à explorer l'inconscient avec l'écriture automatique et les sommeils hypnotiques. Son œuvre témoigne de la manière dont les surréalistes ont cherché à libérer le langage et l'imaginaire. S'éloignant du mouvement, il compose une poésie onirique et lyrique libérant son humour et sa créativité dans des œuvres adressées « à la mystérieuse » (***Corps et biens*, 1930**). La poésie lui permet aussi de traduire son engagement (***État de veille*, 1943**). Journaliste, il est très actif dans la lutte anti-fasciste. Arrêté pour ses activités de Résistant, il meurt en déportation.

Marcel DUCHAMP (1887-1968)

▶ Comprendre son œuvre

Marcel Duchamp est un artiste majeur du XXe siècle, et participe à tous les mouvements d'avant-garde artistique du cubisme à l'Oulipo. Il publie des textes dans *Littérature* et prend part aux expositions surréalistes, tout en gardant son indépendance. Ses œuvres ont souvent été sources de scandale, comme son ***Nu descendant l'escalier***, présenté à New-York en 1913. S'écartant de la peinture, il crée les *ready-made*, objets qu'il présente sans travail et tels quels : une ***Roue de bicyclette*** **(1913)**, un ***Porte-bouteilles*** **(1914)**, un ***Urinoir*** en porcelaine retourné **(1917)**. Non sans humour, il s'agit de manifester la subjectivité absolue de l'artiste.

René MAGRITTE (1898-1967)

▶ Comprendre son œuvre

Originaire de Belgique, René Magritte y fonde un groupe surréaliste en 1926 et il rencontre le groupe parisien en 1927. Il recherche le décalage entre les formes et les matières, entre les mots et les choses qu'ils désignent. Par exemple, son tableau intitulé ***Ceci n'est pas une pipe*** **(1927)** représente justement une pipe. Peints dans des tons clairs, ses tableaux illustrent un univers déroutant et inquiétant avec des motifs tirés de la réalité ou au contraire, tout à fait hétéroclites. Il ne perd jamais le goût de la provocation, comme en 1948, lorsqu'il peint en six semaines près de quarante tableaux aux tons criards dans le but de déconcerter les marchands d'art.

Paul ELUARD (1895-1952)

▶ Comprendre son œuvre

De son vrai nom Eugène Grindel, Paul Eluard participe à l'aventure surréaliste dès 1919. Sa vie et son œuvre sont rythmées par les femmes qu'il aime : Gala, ou encore Nush (Maria Benz). Il s'engage dans la lutte contre le fascisme dès 1936 lors de la guerre d'Espagne, puis aux côtés de la Résistance pendant la Seconde Guerre mondiale. L'amour est d'abord le thème privilégié de son œuvre. Pour le chanter il puise dans toutes les ressources du langage et de l'imaginaire. Il compose ensuite une œuvre plus politique, pacifiste, avec un langage poétique plus immédiat, exaltant les valeurs humaines pour inviter à une communion entre les hommes.

Man RAY (1890-1976)

▶ Comprendre son œuvre

Artiste américain de son vrai nom Emmanuel Rudnitsky, il débute sa carrière de photographe en 1915, à New-York, où, avec la complicité de Marcel Duchamp, il participe au mouvement Dada. Arrivé en France en 1921, il rejoint le groupe surréaliste. Photographe reconnu aussi bien dans les milieux d'avant-garde que ceux de la mode, il fréquente les grands artistes de son temps, écrivains, peintres ou cinéastes. En 1922 il invente le rayogramme, photographie sans appareil et procédant directement de l'impression des objets recouverts de papier photographique. Il renouvelle la représentation de la femme par des photos étranges, esthétiques, et sensuelles.

Max ERNST (1891-1976)

▶ Comprendre son œuvre

Artiste d'origine allemande, Marx Ernst témoigne dans son œuvre d'une grande variété de sources d'inspiration et d'une pratique multiple : tout à la fois une recherche plastique sur la ligne et une obsession pour le langage des rêves et de l'inconscient. Après avoir fondé le groupe Dada de Cologne, il s'installe à Paris en 1922 et rejoint le groupe surréaliste. Il invente la technique du frottage qui consiste à poser un papier sur une surface et à le frotter à la mine de plomb. Il publie aussi des « romans-collages » (***La Femme 100 têtes*****, 1929**) à partir de fragments de journaux ou d'anciens catalogues, images banales dont il renouvelle le sens.

Philippe SOUPAULT (1897-1990)

▶ Comprendre son œuvre

Très impliqué dans le mouvement surréaliste, il codirige la revue *Littérature* fondée par Breton et rédige avec lui ***Les Champs magnétiques*** **(1919)**, premier recueil de poésie surréaliste expérimentant l'écriture automatique. Il revendique pourtant son indépendance et est exclu du groupe avec fracas en 1927 pour raisons politiques. Homme curieux, il ne cesse ensuite de parcourir le monde et les arts. Son œuvre poétique, résolument moderne et novatrice, propose des textes apparemment légers, désinvoltes, mais aussi plus graves et mélancoliques, ou encore satiriques. Il est aussi l'auteur de romans, de pièces de théâtre et d'essais.

OBJET D'ÉTUDE 2e/1re **La poésie**

1 UNE NOUVELLE CONCEPTION POÉTIQUE : LE DADAÏSME

Pour faire un poème dadaïste.
Prenez un journal.
Prenez des ciseaux.
Choisissez dans ce journal un article ayant la longueur que vous comptez donner à votre poème.
Découpez l'article.
Découpez ensuite avec soin chacun des mots qui forment cet article et mettez-les dans un sac.
Agitez doucement.
Sortez ensuite chaque coupure l'une après l'autre dans l'ordre où elles ont quitté le sac.
Copiez consciencieusement.
Le poème vous ressemblera.
Et vous voilà « un écrivain infiniment original et d'une sensibilité charmante encore qu'incomprise du vulgaire ».

AA L'Antiphilosophe et Tristan Tzara, *Littérature*, 1re série, n° 15, 1920, © Éditions Flammarion

a. De quel type de texte l'emploi des impératifs rapproche-t-il ce poème ?
b. Selon la méthode décrite ici, quel élément détermine finalement « l'écriture » d'un poème ?
c. Pourquoi le dernier vers est-il entre guillemets ? Comment faut-il le comprendre ?
Pour conclure : comment ce poème remet-il en cause une certaine conception de la création poétique et de la poésie ?

2 L'IMAGE SURRÉALISTE

Le surréalisme repose sur la croyance à la réalité supérieure de certaines formes d'associations négligées jusqu'à lui, à la toute-puissance du rêve, au jeu désintéressé de la pensée. [...]

Pour moi, la plus forte [des images surréalistes] est celle qui présente le degré d'arbitraire le plus élevé, je ne le cache pas ; celle qu'on met le plus longtemps à traduire en langage pratique, soit qu'elle recèle une dose énorme de contradiction apparente, soit que s'annonçant sensationnelle, elle ait l'air de se dénouer faiblement (qu'elle ferme brusquement l'angle de son compas), soit qu'elle tire d'elle-même une justification *formelle* dérisoire, soit qu'elle soit d'ordre hallucinatoire, soit qu'elle prête très naturellement à l'abstrait, le masque du concret, ou inversement, soit qu'elle implique la négation de quelque propriété physique élémentaire, soit qu'elle déchaîne le rire.

André Breton, *Manifeste du surréalisme* (1924), © Éditions Gallimard

a. Quel principe préside à la création d'une image ?
b. Sur quoi le poète surréaliste peut-il s'appuyer pour créer des images ?
c. Reformulez les différents types d'images évoquées.
Pour conclure : quelle définition Breton donne-t-il de l'image poétique surréaliste ?

3 JEUX DE MOTS

Semeur

La poudre aux yeux n'est que le sable du sommeil
Le sabre du soleil comme c'est déjà vieux
Tu prends ton cœur pour un instrument de musique
Délicat corps du délit
Poids mort
Qu'ai-je à faire de ce fardeau
Fard des sentiments
Je mens et je mange
La vie courante et le ciel pur
On ne sait pas d'où vient le vent
Quel charme
Je n'ai pas de tête
Le temps me sert de pis-aller

Louis Aragon, « Poésie », *Le Mouvement perpétuel* (1925), © Éditions Gallimard

a. Comment les paronymes employés assurent-ils la progression du poème ?
b. Quels autres jeux de mots, reposant sur les sons ou sur le sens, observez-vous ?
c. Que suggère l'importance de ces jeux de mots sur la manière dont a été conçu ce poème ?
Pour conclure : quelle conception de la création et du langage poétiques Aragon illustre-t-il dans ce texte ?

4 L'IMAGE DE LA FEMME

Tu te lèves l'eau se déplie
Tu te couches l'eau s'épanouit

Tu es l'eau détournée de ses abîmes
Tu es la terre qui prend racine
Et sur laquelle tout s'établit

Tu fais des bulles de silence dans le désert des bruits
Tu chantes des hymnes nocturnes sur les cordes de [l'arc-en-ciel

Tu es partout tu abolis toutes les routes

Tu sacrifies le temps
À l'éternelle jeunesse de la flamme exacte
Qui voile la nature en la reproduisant

Femme tu mets au monde un corps toujours pareil
Le tien

Tu es la ressemblance.

Paul Eluard, *Facile* (1935), © Éditions Gallimard

a. De quels éléments naturels la femme est-elle rapprochée ? Quelles en sont les connotations ?
b. Quelles images suggèrent le pouvoir qu'a la femme de réconcilier les contraires ?
c. Quelles images suggèrent le caractère rassurant et protecteur de la femme ?
Pour conclure : quelle image et quel rôle le poète donne-t-il ici à la femme ?

5 L'IMPORTANCE DU RÊVE

Dans la nuit il y a naturellement les sept merveilles du monde et la grandeur et le tragique et le charme.

Les forêts s'y heurtent confusément avec des créatures de légende cachées dans les fourrés.

Il y a toi. […]

Quand je ferme les yeux, des floraisons phosphorescentes apparaissent et se fanent et renaissent comme des feux d'artifice charnus.

Des pays inconnus que je parcours en compagnie de créatures.

Il y a toi sans doute, ô belle et discrète espionne. […]

Dans la nuit il y a les merveilles du monde.

Dans la nuit il n'y a pas d'anges gardiens mais il y a le sommeil.

Dans la nuit il y a toi.

Dans le jour aussi.

Robert Desnos, « Les espaces du sommeil » « À la mystérieuse », *Corps et biens* (1930), © Éditions Gallimard

a. Quels sont les différents univers associés à la nuit ?
b. Quels termes valorisent ces visions nocturnes ?
c. Quelle place occupe la femme dans les visions du poète ?
Pour conclure : comment ce poème suggère-t-il que le rêve est source de merveilleux ?

6 UN REGARD SURRÉALISTE SUR LA VILLE

[…]
Étrange voyageur voyageur sans bagages
je n'ai jamais quitté Paris
ma mémoire ne me quittait pas d'une semelle
ma mémoire me suivait comme un petit chien
j'étais plus bête que les brebis
qui brillent dans le ciel à minuit
il fait très chaud
je me dis tout bas et très sérieusement
j'ai très soif j'ai vraiment très soif
je n'ai que mon chapeau
clef des champs clef des songes
père des souvenirs
est-ce que j'ai jamais quitté Paris
mais ce soir je suis dans cette ville
[…]
je reconnais tes nuages
qui s'accrochent aux cheminées
pour me dire adieu ou bonjour
la nuit tu es phosphorescent
je t'aime comme on aime un éléphant […]

Philippe Soupault, *Westwego* (1917-1922), © Éditions Librairie Six

a. Comment le poète suggère-t-il son attachement à Paris ?
b. Étudiez les personnifications de la ville et des éléments qui la composent.
c. Comment s'articulent l'évocation des sensations et des sentiments du poète avec celle de la ville ?
d. Quel élément préside finalement à l'évocation de Paris dans ce texte ?
Pour conclure : montrez que cette rêverie du poète dans la ville est caractéristique de la vision « surréaliste » du monde.

7 LE RENOUVELLEMENT DU LYRISME

Je te l'ai dit pour les nuages
Je te l'ai dit pour l'arbre de la mer
Pour chaque vague pour les oiseaux dans les feuilles
Pour les cailloux du bruit
Pour les mains familières
Pour l'œil qui devient visage ou paysage
Et le sommeil lui rend le ciel de sa couleur
Pour toute la nuit bue
Pour la grille des routes
Pour la fenêtre ouverte pour un front découvert
Je te l'ai dit pour tes pensées pour tes paroles
Toute caresse toute confiance se survivent.

Paul Eluard, *L'Amour la poésie* (1929), © Éditions Gallimard

a. Comment le poète met-il en valeur l'adresse à la femme aimée ?
b. Analysez la musicalité du poème.
c. À quels domaines renvoient les images développées dans le texte ? En quoi sont-elles surprenantes ?
d. Comment le poète suggère-t-il son amour pour la femme ?
Pour conclure : comment ce texte s'inscrit-il dans la tradition lyrique tout en la renouvelant ?

SYNTHÈSE La poésie surréaliste

Principaux registres	Principaux procédés	Principales caractéristiques
• Ironique • Lyrique	• Jeu avec le langage et les sonorités • Métaphore • Personnification	• Métamorphose du réel • Polysémie des images • Valorisation de la subjectivité et de l'imaginaire

Dossier culturel (I)

La psychanalyse et le surréalisme

Sigmund Freud (1856-1939)

Le travail psychanalytique

Sigmund Freud, *Sur le rêve* (1900)

L'intérêt pour le rêve

J'arrivai en effet à de nouvelles conclusions concernant le rêve, en lui appliquant une nouvelle méthode d'investigation psychologique [...] et qui a depuis trouvé accueil chez toute une école de chercheurs sous le nom de « psychanalyse ». Les différentes analogies de la vie onirique avec les états les plus divers de la maladie psychique observés à l'état de veille ont certes été relevées avec raison par de nombreux chercheurs médicaux. [...] Les idées anxieuses ou obsédantes sont étrangères à la conscience normale à peu près comme les rêves sont étrangers à la conscience éveillée ; la conscience ignore leur origine de même qu'elle ignore l'origine des rêves.

Le refoulement

J'appelle cet état particulier celui du *refoulement*. Je ne puis alors me dispenser d'établir une liaison causale entre l'obscurité du contenu du rêve et l'état de refoulement de certaines pensées du rêve, leur *incapacité d'accéder à la conscience*, et de conclure que le rêve doit être obscur *pour ne pas trahir les pensées prohibées*.

Traduction Cornélius Heim,

Sigmund Freud, *Cinq leçons sur la psychanalyse* (1910)

Deuxième leçon

[...] Sa sœur aînée s'étant mariée, [une jeune fille] se prit d'une vive affection pour son beau-frère [...]. Mais bientôt cette sœur tomba malade et mourut pendant une absence de notre jeune fille et de sa mère. [...] Lorsque la jeune fille arriva au chevet de sa sœur morte, en elle émergea, pour une seconde, une idée qui pouvait s'exprimer à peu près ainsi : *maintenant il est libre et il peut m'épouser*. Il est certain que cette idée, qui trahissait à la conscience de la jeune fille l'amour intense qu'elle éprouvait sans le savoir pour son beau-frère, la révolta et fut immédiatement refoulée. La jeune fille tomba malade à son tour, présenta de graves symptômes hystériques, et lorsque je la pris en traitement, il apparut qu'elle avait radicalement oublié cette scène devant le lit mortuaire de sa sœur et le mouvement de haine et d'égoïsme qui s'était emparé d'elle. Elle s'en souvint au cours du traitement, reproduisit cet incident avec les signes de la plus violente émotion, et le traitement la guérit.

Traduction Yves Le Lay,

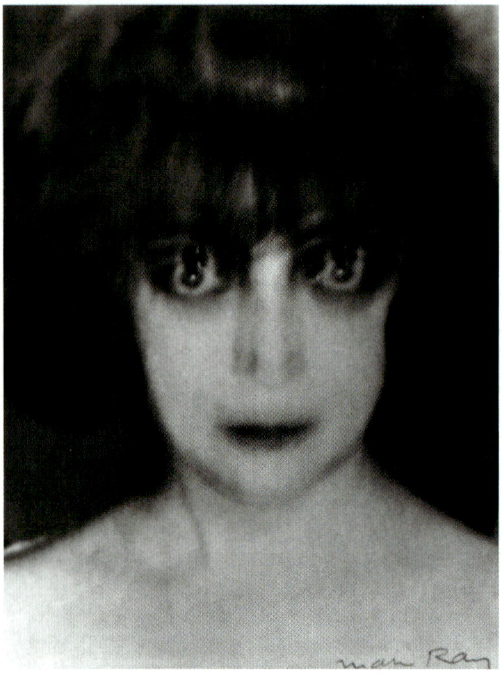

Man Ray, *La Marquise Casati* (1922), photographie

Questions

Sur le rêve

1. Quel point commun Freud établit-il entre les « idées anxieuses » et le rêve ?

2. En quoi consiste ce que Freud appelle le « refoulement ? Quel lien établit-il entre rêve et refoulement ?

Cinq leçons sur la psychanalyse

3. Quand la jeune fille tombe-t-elle malade ? Grâce à quoi guérit-elle ?

4. Comment ce cas illustre-t-il le processus du refoulement ?

Pour conclure : comment Freud met-il en perspective l'importance de l'inconscient chez l'être humain ?

La Marquise Casati

5. Pourquoi cette photo est-elle troublante pour le spectateur ?

6. Cette photo suscita un vif intérêt chez les artistes surréalistes : en quoi illustre-t-elle leur fascination pour le rêve et l'inconscient ?

▸ En quoi la psychanalyse a-t-elle influencé la création et l'esthétique surréalistes ?

L'exploration artistique de l'inconscient

André Masson, *Bataille de poissons* (1926), sable, enduit de plâtre, huile, crayon et fusain sur toile (37 x 73 cm), The Museum of Modern Art, New York.

Questions

7. En quoi la composition de l'œuvre (disposition des éléments, trait du dessin) révèle-t-elle qu'elle n'a pas été conçue selon un « plan » préétabli ?

8. Masson tente dans cette œuvre de « traduire » un message inconscient : à quels thèmes renvoie-t-elle ? Quelles interrogations ou inquiétudes semble-t-elle traduire ?

Robert Desnos, *Rrose Sélavy* (1922-1923)

Rrose Sélavy (1922-1923) *est un recueil d'aphorismes composés par Robert Desnos alors qu'il était en état de sommeil hypnotique. Voici quelques-uns de ces aphorismes.*

[…]
7. Ô mon crâne étoile de nacre qui s'étiole.
8. Au pays de Rrose Sélavy on aime les fous et les loups sans foi ni loi.
9. Suivrez-vous Rrose Sélavy au pays des nombres décimaux où il n'y a ni décombres ni maux ?
10. Rrose Sélavy se demande si la mort des saisons fait tomber un sort sur les maisons.
11. Passez-moi mon arc berbère, dit le monarque barbare.
12. Les planètes tonnantes dans le ciel effrayent les cailles amoureuses des plantes étonnantes aux feuilles d'écaille cultivées par Rrose Sélavy.
13. Rrose Sélavy connaît bien le marchand du sel. […]

Publiés dans *Corps et biens* (1930), © Éditions Gallimard

Sur le site du Centre Pompidou dans les pages consacrées à l'exposition « la Révolution surréaliste », consultez la partie intitulée « L'inquiétante étrangeté ». Que désigne cette expression pour Sigmund Freud ? Pourquoi a-t-elle intéressé les artistes surréalistes ? Comment cette notion est-elle illustrée dans les œuvres présentées ?

Questions

9. Quels éléments rendent cette succession d'aphorismes déroutante pour le lecteur ?

10. Quels thèmes ou images récurrents peut-on néanmoins identifier ?

11. En quoi ces aphorismes peuvent-ils être lus comme un poème ?

Synthèse

En vous appuyant sur les documents proposés dans ces pages, expliquez comment les artistes surréalistes ont cherché à révéler la richesse et la créativité de l'inconscient.

Paris vu par les surréalistes

Le merveilleux dans le quotidien

André Breton, *Nadja* (1928)

Les mots BOIS-CHARBONS qui s'étalent à la dernière page des *Champs magnétiques* m'ont valu, tout un dimanche où je me promenais avec Soupault, de pouvoir exercer un talent bizarre de prospection à l'égard de toutes les boutiques qu'ils servent à désigner. Il me semble que je pouvais dire, dans quelque rue qu'on s'engageât, à quelle hauteur sur la droite, sur la gauche, ces boutiques apparaîtraient. Et que cela se vérifiait toujours. J'étais averti, guidé, non par l'image hallucinatoire des mots en question, mais bien par celle d'un de ces rondeaux de bois qui se présentent en coupe, peints sommairement par petits tas sur la façade, de part et d'autre de l'entrée, et de couleur uniforme avec un secteur plus sombre. Rentré chez moi, cette image continua à me poursuivre.

Brassaï, *Notre Dame* (vers 1930-1932), photographie. Musée national d'Art moderne, Paris.

Questions

1. Quels effets les mots et la devanture de la boutique Bois-charbons produisent-ils sur André Breton ?

2. Expliquez comment cette expérience rend compte de la manière dont les surréalistes traquaient le merveilleux dans le réel, en quête d'une « surréalité ».

3. À votre avis, pourquoi Brassaï a-t-il choisi de photographier Notre Dame de Paris de nuit ?

4. Comment les jeux d'ombres et de lumières organisent-ils l'image ?

5. Quelle est l'atmosphère de cette photo ? Qu'y a-t-il d'original dans ce regard sur la ville ?

6. Dans *L'Amour fou* (1937), André Breton exige de la beauté qu'elle soit « explosante fixe » : en quoi cette photo de Brassaï peut-elle illustrer cette définition ?

▸ Comment Paris inspire-t-il les surréalistes ?

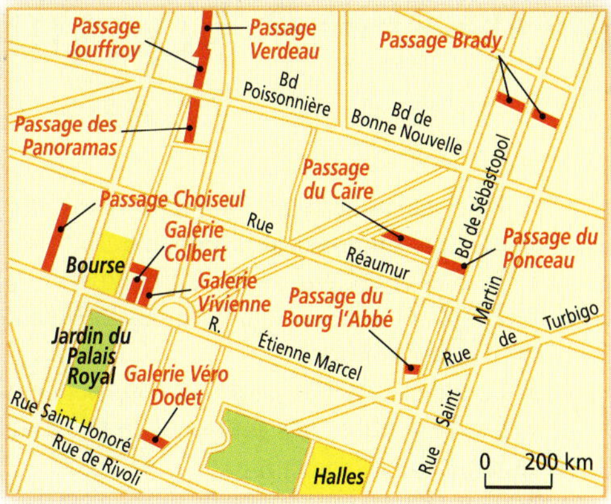

Le mystère des passages

Louis Aragon, *Le Paysan de Paris* (1926)

Il y a dans le trouble des lieux de semblables serrures qui ferment mal sur l'infini. Là où se poursuit l'activité la plus équivoque des vivants, l'inanimé prend parfois un reflet de leurs plus secrets mobiles : nos cités sont ainsi peuplées de sphinx méconnus qui n'arrêtent pas le passant rêveur, s'il ne tourne vers eux sa distraction méditative, qui ne lui posent pas de questions mortelles. Mais s'il sait les deviner, ce sage, alors que lui les interroge, ce sont encore ses propres abîmes que grâce à ces monstres sans figure il va de nouveau sonder. La lumière moderne de l'insolite, voilà désormais ce qui va le retenir.

Elle règne bizarrement dans ces sortes de galeries couvertes qui sont nombreuses à Paris aux alentours des grands boulevards et que l'on nomme d'une façon troublante des *passages*, comme si dans ces couloirs dérobés au jour, il n'était permis à personne de s'arrêter plus d'un instant.

«Le passage de l'Opéra», © Éditions Gallimard

Passage Jouffroy à Paris en 1932.

Questions

7. Par quelles expressions Aragon évoque-t-il les mystères des lieux ?

8. Quelle attitude le « passant » doit-il adopter pour sonder ces mystères ? À quoi cela peut-il lui donner accès ?

9. Observez le plan : pourquoi la disposition des passages les uns par rapport aux autres est-elle une invitation à la flânerie et à la rêverie ?

10. Quelles caractéristiques des passages attirent tout particulièrement la curiosité d'Aragon ?

11. Comment la photographie du passage Jouffroy illustre-t-elle « la lumière moderne de l'insolite » qu'Aragon décèle dans les passages ?

Synthèse

En vous appuyant sur les documents proposés dans ces pages, expliquez pourquoi les surréalistes invitent à porter un nouveau regard sur Paris en particulier, et la ville en général.

Consultez les sites sur les passages couverts et les galeries à Paris. Quand sont apparus les premiers passages ? À quelle époque se développent-ils particulièrement ? À quel aspect économique leur développement est-il lié ? Choisissez un des passages présentés et établissez son histoire et ses principales caractéristiques.

1 CONSCIENT ET INCONSCIENT

a. **Précisez le sens de l'adjectif *conscient* ou *inconscient*, puis proposez un synonyme.**

1. Je suis conscient de mes difficultés.
2. Il est inconscient de traverser la rue sans regarder s'il y a des voitures.
3. Ce film leur a fait perdre la conscience du temps.
4. C'est en toute conscience que le tribunal a prononcé ce jugement.
5. Il a fait la fête toute la nuit, c'est complètement inconscient.

b. **Comment sont formés les mots « inconscient » et « subconscient » ? Expliquer la nuance de sens qui les distingue, puis utilisez chacun d'eux dans une phrase.**

2 LE RÊVE

a. **Cherchez l'étymologie du verbe « rêver » : en quoi met-elle en valeur le fait que le rêve échappe à la logique ?**

b. **Quels sont les divers sens du mot « rêver » ? Rédigez une phrase illustrant chaque sens.**

c. **Recherchez des mots de la même famille que « rêve » (noms, verbes). Utilisez chacun de ces mots dans une phrase.**

d. **Cherchez l'origine et la définition exacte du nom « onirisme » : en quoi ce mot rend-il particulièrement bien compte de la démarche des surréalistes ?**

e. **Lisez ce texte et rédigez un paragraphe dans lequel vous expliquerez comment Desnos joue avec le sens du verbe « rêver » pour rendre compte de son amour pour la femme évoquée dans le poème.**

J'ai tant rêvé de toi que tu perds ta réalité. [...]

J'ai tant rêvé de toi que mes bras habitués, en étreignant ton ombre, à se croiser sur ma poitrine ne se plieraient pas au contour de ton corps, peut-être. [...]

J'ai tant rêvé de toi qu'il n'est plus temps sans doute que je m'éveille. Je dors debout, le corps exposé à toutes les apparences de la vie et de l'amour et toi, la seule qui compte aujourd'hui pour moi, je pourrais moins toucher ton front et tes lèvres que les premières lèvres et le premier front venus.

J'ai tant rêvé de toi, tant marché, parlé, couché avec ton fantôme qu'il ne me reste plus peut-être, et pourtant, qu'à être fantôme parmi les fantômes et plus ombre cent fois que l'ombre qui se promène et se promènera allègrement sur le cadran solaire de ta vie.

Robert Desnos, *Corps et biens* (1930),

3 GLISSEMENTS SIGNIFIANT/SIGNIFIÉ

a. **Observez et expliquez la manière dont Robert Desnos joue avec les mots en distinguant leur signifiant (= sonorité) et leur signifié (= sens).**

b. **En vous appuyant sur des exemples du poème, montrez que ce jeu avec les mots permet de proposer des images surprenantes.**

[...]
Comme, je dis comme et tout se métamorphose, le [marbre en eau, le ciel
en orange, le vin en plaine, le fil en six, le cœur [en peine, la peur
en seine.
Mais si l'Anglais dit as c'est à son tour de voir le monde [changer de forme
à sa convenance
Et moi je ne vois plus qu'un signe unique sur une carte :
L'as de cœur si c'est en février,
L'as de carreau et l'as de trèfle, misère en Flandre,
L'as de pique aux mains des aventuriers. [...]

Robert Desnos, « Comme », *Les Sans cou* (1934),

c. **À votre tour, rédigez un court texte dans lequel vous jouerez avec le signifiant de certains mots.**

4 LE SURRÉALISME

SURRÉALISME, n. m. Automatisme psychique pur par lequel on se propose d'exprimer, soit verbalement, soit par écrit, soit de toute autre manière, le fonctionnement réel de la pensée. Dictée de la pensée, en l'absence de tout contrôle exercé par la raison, en dehors de toute préoccupation esthétique ou morale.

André Breton, *Manifeste du surréalisme* (1924),

a. **Quels termes renvoient à la démarche créatrice rejetée ? défendue ?**

b. **Qu'est-ce qui semble paradoxal ?**

c. **En vous aidant de la formation du mot « surréalisme » et de la définition d'André Breton, expliquez ce dont les artistes de ce mouvement cherchent à rendre compte dans leurs œuvres.**

EXPRESSION ÉCRITE

Sujet 1

« J'ai fait un rêve... » : décrivez un lieu (le lycée, un marché, un jardin public, ...) en mêlant des éléments réels et des éléments imaginaires.

Sujet 2

Rédigez un dialogue argumentatif opposant un artiste prônant la reproduction fidèle de la réalité à un autre privilégiant l'expression d'un univers irréel.

• Vers le Bac

> Corpus Bac, p. 239

S'ENTRAÎNER AU COMMENTAIRE

> Rédiger la conclusion

La courbe de tes yeux fait le tour de mon cœur,
Un rond de danse et de douceur,
Auréole du temps, berceau nocturne et sûr,
Et si je ne sais plus tout ce que j'ai vécu
C'est que tes yeux ne m'ont pas toujours vu.

Feuilles de jour et mousse de rosée,
Roseaux du vent, sourires parfumés,
Ailes couvrant le monde de lumière,
Bateaux chargés du ciel et de la mer,
Chasseurs des bruits et sources des couleurs,

Parfums éclos d'une couvée d'aurores
Qui gît toujours sur la paille des astres,
Comme le jour dépend de l'innocence
Le monde entier dépend de tes yeux purs
Et tout mon sang coule dans leurs regards.

Paul Eluard, « La courbe de tes yeux », *Capitale de la douleur* (1926), © Éditions Gallimard

Le commentaire de ce texte pourrait être organisé selon ces deux axes :

I. Un blason surréaliste

II. Un éloge de la femme, source de vie et d'inspiration.

Rédigez la conclusion du commentaire : à l'aide des axes ci-dessus, présentez un bilan sur le texte, puis proposez une comparaison avec un autre poème surréaliste présent dans ce chapitre.

S'ENTRAÎNER À LA DISSERTATION

> Illustrer des arguments par des exemples

Lisez la thèse suivante et ses arguments :

Thèse : la poésie doit avant tout être source de surprise pour le lecteur.

Argument 1 : la poésie peut être source de surprise grâce à la nouveauté des thèmes qu'elle aborde.

Argument 2 : la poésie peut être source de surprise grâce au travail des images qu'elle propose.

Argument 3 : la poésie peut être source de surprise en privilégiant l'expression de la subjectivité du poète.

Illustrez chaque argument proposé par un texte choisi parmi ceux présentés dans ce chapitre. Expliquez comment le texte sélectionné s'articule à l'argument.

S'ENTRAÎNER À L'ÉCRITURE D'INVENTION

> Trouver des arguments pour traiter un sujet d'invention

Sujet Pour une revue littéraire vous êtes chargé de rédiger un article dans lequel vous expliquez que la poésie est un genre littéraire propice à l'évasion du lecteur.

Cherchez des arguments, étayés par des exemples, pour développer la thèse du sujet, à l'aide des connaissances acquises et des questions suivantes :

a. Quelle place occupe le rêve dans la poésie surréaliste ?

b. Quels thèmes présents, entre autres, dans la poésie surréaliste peuvent être sources d'évasion pour le lecteur ?

c. En quoi les images présentes dans les poèmes surréalistes sollicitent-elles particulièrement l'imagination du lecteur ?

Lire un texte surréaliste

Évocation d'un univers urbain, propice à la rêverie et à la poésie.

La femme : motif de la déambulation du poète et source de son inspiration.

Enchaînement d'images surprenantes, sans logique apparente, propre à la vision du poète.

Revendication de la subjectivité du poète, qui laisse libre cours à son imaginaire.

André Breton, *Clair de terre* (1923)

TOURNESOL

La voyageuse qui traversa les Halles[1] à la tombée de l'été
Marchait sur la pointe des pieds
Le désespoir roulait au ciel ses grands arums[2] si beaux
Et dans le sac à main il y avait mon rêve ce flacon de sels
Que seule a respirés la marraine de Dieu
Les torpeurs se déployaient comme la buée
Au Chien qui fume[1]
Où venaient d'entrer le pour et le contre
La jeune femme ne pouvait être vue d'eux que mal et de biais
Avais-je affaire à l'ambassadrice du salpêtre
Ou de la courbe blanche sur fond noir que nous appelons pensée
Le bal des innocents battait son plein
Les lampions prenaient feu lentement dans les marronniers
La dame sans ombre s'agenouilla sur le Pont-au-Change[1]
Rue Gît-le-Cœur[1] les timbres n'étaient plus les mêmes
Les promesses des nuits étaient enfin tenues
Les pigeons voyageurs les baisers de secours
Se joignaient aux seins de la belle inconnue
Dardés sous le crêpe des significations parfaites
Une ferme prospérait en plein Paris
Et ses fenêtres donnaient sur la voie lactée
Mais personne ne l'habitait encore à cause des survenants[3]
Des survenants qu'on sait plus dévoués que les revenants
Les uns comme cette femme ont l'air de nager
Et dans l'amour il entre un peu de leur substance
Elle les intériorise
Je ne suis le jouet d'aucune puissance sensorielle
Et pourtant le grillon qui chantait dans les cheveux de cendre
Un soir près de la statue d'Étienne Marcel[1]
M'a jeté un coup d'œil d'intelligence
André Breton a-t-il dit passe

1. Lieux situés à Paris. – 2. Fleur. – 3. Participe présent employé ici comme nom, par opposition avec « revenants ».

Questions

1. Montrez comment le poème suit le parcours du poète en recensant les lieux traversés.
2. À partir de l'étude des images (métaphores, personnifications), analysez l'atmosphère de cette « promenade ».
3. Quelles sont les caractéristiques de la femme évoquée dans le texte ? Pourquoi ne sont-elles pas toujours faciles à établir ?
4. Quelles évocations semblent renvoyer à la réalité ? Quelles sont celles qui semblent plutôt relever du rêve ?
Synthèse : montrez que ce poème cherche à suggérer la présence du merveilleux et de l'étrange dans le réel, créant ainsi une « surréalité ».

Tester ses connaissances sur le surréalisme

1 Rattachez chacune de ces œuvres à son auteur.

Œuvres	Auteurs
Les Champs magnétiques	Tzara
L'Amour la poésie	Aragon
Corps et biens	Breton et Soupault
Manifeste Dada	Eluard
Le Paysan de Paris	Desnos

2 Qui suis-je ?

a. On m'a surnommé « le pape du surréalisme ». Je suis un des principaux fondateurs du mouvement, que je n'ai jamais quitté.

b. Peintre catalan, mon œuvre est le miroir de mes fantasmes et de mes angoisses. Je suis aussi célèbre pour mes moustaches !

c. Je suis un des fondateurs du surréalisme et j'ai pratiqué des expériences d'hypnose. Arrêté par la gestapo, je suis mort en déportation.

d. Docteur viennois, mon travail et mes théories ont eu une influence capitale sur le mouvement surréaliste.

e. Les femmes de ma vie, Gala, Nush, ont été mes principales sources d'inspiration. J'ai voulu dans mes poèmes rendre hommage à la femme.

3 Indiquez si chacune des propositions suivantes est vraie ou fausse. Justifiez.

a. Louis Aragon est un des principaux fondateurs du mouvement surréaliste.

b. André Breton a rapidement été exclu du mouvement surréaliste.

c. *Les Champs magnétiques*, écrits par Breton et Soupault, rendent compte d'une expérience d'écriture automatique.

d. Marcel Duchamp a fait d'une roue de bicyclette une œuvre d'art.

e. Le mouvement surréaliste précède le mouvement Dada.

4 Parmi les artistes suivants, retrouvez ceux qui appartiennent au mouvement surréaliste.

a. Max Ernst – **b.** Edvard Munch – **c.** Henri Matisse – **d.** Marcel Duchamp – **e.** Fritz Lang – **f.** Luis Buñuel

5 Parmi les idées suivantes, retrouvez celles des surréalistes.

a. Le rêve donne accès à son inconscient et constitue ainsi une source d'inspiration majeure pour l'artiste.

b. L'activité créatrice doit être régie par la logique et la raison.

c. Les fondements de la société doivent être questionnés et remis en cause.

d. La ville est un espace poétique, source de rêverie et d'inspiration.

e. L'amour charnel nuit à la pureté du sentiment.

6 Observez ce photomontage de Magritte et dégagez toutes les caractéristiques du surréalisme.

René Magritte, *Je ne vois pas la femme cachée dans la forêt*, photomontage pour *La Révolution surréaliste* n° 12, décembre 1929.

Moyen Âge
XVIe siècle
XVIIe siècle
XVIIIe siècle
XIXe siècle
XXe siècle
XXIe siècle

LA LITTÉRATURE ENGAGÉE

Qu'est-ce que la littérature engagée ?

Origine et évolution

- L'« engagement » des écrivains ne date pas du XXe siècle : en 1763, Voltaire rédige le *Traité sur la tolérance* pour faire réviser le procès de l'affaire Calas ; en 1898, Zola rédige *J'accuse*, lettre ouverte publiée dans *L'Aurore* au moment de l'affaire Dreyfus…
- Ces textes « engagés » (comme les poèmes « résistants ») sont mis au service d'une idéologie : l'auteur y défend des convictions politiques ou philosophiques, l'écrivain s'implique et prend position dans les débats de son temps.
- Sartre revendique à partir de 1945, dans sa revue *Les Temps modernes* la notion d'engagement qu'il théorise. En mettant son œuvre au service d'une cause, l'écrivain se sent « responsable » de son temps et s'en fait l'écho.

Genres privilégiés

Roman à thèses, formes de l'argumentation (essai, pamphlet…), théâtre, poésie.

Particularités d'écriture

- Effet de rupture, mélange des registres, éclatement des structures traditionnelles pour signifier une « crise du sens ».
- Émergence d'un type de personnage qui interroge le monde contemporain à distance. Le point de vue externe est fréquent : les faits sont enregistrés de façon neutre ; le lecteur accède moins à l'intériorité du personnage, les interrogations subsistent.
- Nombreuses figures d'analogie, d'insistance et d'opposition pour interpeller le lecteur.

Principaux thèmes

- **Absurdité du quotidien** (banalité et répétition) et **tragique de la condition humaine** (guerre et destruction).
- **Existentialisme** : Sartre développe les notions de responsabilité et de liberté : « L'homme n'est rien d'autre que ce qu'il se fait. »
- **Foi en l'existence et action fondée sur un nouvel humanisme** chez Camus (la figure du docteur Rieux dans *La Peste*).
- **Défense de valeurs universelles** : la liberté (Eluard), la paix, la fraternité (*La Peste*), l'héroïsme, la justice, la lutte contre le racisme, identité et liberté féminines (Beauvoir)…

Dates clefs

• Politique

- **1939-1945** Seconde Guerre mondiale
- **1945** Hiroshima, première explosion atomique
- **1946-1954** Guerre d'Indochine
- **1954-1962** Guerre d'Algérie
- **1958** Ve République

• Société

- **1942** Camps d'extermination en Europe
- **1944** Droit de vote des femmes
- **1947** Ouverture du Musée national d'Art moderne
- **1961** Construction du mur de Berlin

• Œuvres majeures

- **1935** *La guerre de Troie n'aura pas lieu*, Giraudoux
- **1937** *Guernica*, Picasso
- **1938** *La Nausée*, Sartre
- **1939** *Cahier d'un retour au pays natal*, Césaire
- **1942** *Les Yeux d'Elsa*, Aragon
- **1944** *Au rendez-vous allemand*, Eluard ; *Antigone*, Anouilh
- **1949** *Le Deuxième Sexe*, Beauvoir
- **1951** *L'Homme révolté*, Camus

Artistes et œuvres clefs

Jean ANOUILH (1910-1987)

▶ Comprendre son œuvre

Il compose des pièces qui mêlent le grotesque et le tragique, la satire sociale et les valeurs menacées (amour, pureté). Ses thèmes sont empruntés à la mythologie ou à l'histoire. La pièce ***Antigone*** **(1944)** est créée dans une France occupée.

Simone de BEAUVOIR (1908-1986)

▶ Comprendre son œuvre

Partageant la vie d'écrivain engagé de Sartre, elle publie des textes d'inspiration existentialiste, romans (***L'Invitée*****, 1943**) et essais (***Pour une morale de l'ambiguïté*****, 1947**). Porte-parole de la pensée féministe (***Le Deuxième Sexe*****, 1949**), elle examine les conditions historiques de la domination masculine. Son œuvre témoigne des débats d'après-guerre et de son parcours personnel (***Mémoires d'une jeune fille rangée*****, 1958**).

Albert CAMUS (1913-1960)

▶ Comprendre son œuvre

Albert Camus est considéré comme l'un des chefs de file de l'existentialisme avec Sartre. Avec ses romans ***L'Étranger*** **(1942)** et ***La Peste*** **(1947)**, la question d'un monde absurde est posée : il conquiert la notoriété de philosophe de l'absurde. Il affirme sa liberté intellectuelle dans ***L'Homme révolté*** **(1951)**. En 1957, il reçoit le prix Nobel de littérature. L'œuvre de Camus cherche un sens à la condition humaine.

Jean GIRAUDOUX (1882-1944)

▶ Comprendre son œuvre

Dans ses œuvres inspirées de sujets antiques ou de légendes, ***Amphitryon 38*** **(1929)**, ***La guerre de Troie n'aura pas lieu*** **(1935)**, ***Électre*** **(1939)** ou de ***Ondine*** **(1939)**, Jean Giraudoux revendique la liberté de l'auteur face à l'Histoire et à l'écriture. Après la défaite de 1940, il écrit des œuvres plus sombres : ***La Folle de Chaillot*** **(posthume 1945)**.

André MALRAUX (1901-1976)

▶ Comprendre son œuvre

La découverte de la révolution chinoise (1925-27) lui inspire ses premiers romans qui exaltent les valeurs héroïques (***La Condition humaine*****, prix Goncourt en 1933**). La menace fasciste en Europe le conduit à se rapprocher des communistes et à s'engager dans le camp républicain lors de la guerre d'Espagne (***L'Espoir*****, 1937**) et dans la Résistance en 1944.

Pablo PICASSO (1881-1993)

▶ Comprendre son œuvre

Son engagement se retrouve dans un certain nombre d'œuvres dont les plus connues sont ***La Colombe de la paix*** **(1949)**, ***Guernica*** **(1937)** et ***Massacre en Corée*** **(1951)**. Le thème est celui du massacre des innocents.

Jean-Paul SARTRE (1905-1980)

▶ Comprendre son œuvre

Son premier roman ***La Nausée*** **(1938)** le rend célèbre. Résistant pendant la guerre, il développe ses thèses, notamment sur la liberté dans des pièces de théâtre (***Les Mouches*****, 1943** ; ***Huis clos*****, 1944**). Il refuse le Prix Nobel de Littérature en 1964. Fondateur de l'existentialisme, Sartre avance que : « L'existence précède l'essence ». Doté de liberté et de capacité d'agir, l'homme doit construire son être, « son essence » (***L'Être et le Néant*****, 1943**).

Les poètes engagés

Louis ARAGON (1897-1982) participe vers 1918 aux débuts du surréalisme avec Breton (**p. 206**). Ses premiers poèmes et récits (***Le Paysan de Paris*****, 1926**) privilégient le rêve et le merveilleux. L'engagement communiste en 1927 et la rencontre d'Elsa Triolet en 1928 le mènent vers une littérature engagée (***Aurélien*****, 1944**). Sous l'Occupation, il compose des poèmes engagés (***Les Yeux d'Elsa*****, 1942**). **Aimé CÉSAIRE** (1913-2008) collabore dans les années 1930 à des revues d'étudiants noirs influencées par le marxisme et le surréalisme. En **1939**, il compose ***Cahier d'un retour au pays natal***, expression poétique de l'identité antillaise. Après la guerre, il poursuit œuvre poétique et engagement politique (***Discours sur le colonialisme*****, 1951**). **René CHAR** (1907-1988) milite contre les mouvements d'extrême droite, soutient les républicains espagnols et participe à la Résistance : pour lui la poésie va de pair avec l'engagement politique. Surréaliste, il s'éloigne du groupe en **1934** et publie son premier recueil, ***Le Marteau sans maître***. **Robert DESNOS** (1900-1945) se lie au mouvement Dada, puis au surréalisme (**p. 206**) – ***La Liberté ou l'Amour*****, 1927**. Résistant, il est arrêté par la Gestapo en 1944 et déporté en Tchécoslovaquie où il trouve la mort. **Paul ELUARD** (1895-1952) parvient à trouver dans le surréalisme la libération du langage qu'il cherche (**p. 207**). Ses premiers recueils célèbrent son amour pour Gala (***Capitale de la douleur*****, 1926**). Son engagement communiste n'est pas en rupture avec le lyrime amoureux. **Léopold SÉDAR SENGHOR** (1906-2001), académicien, Président du Sénégal de 1960 à 1979, célèbre l'identité noire dans sa poésie (***Éthiopiques*****, 1956**) et ses essais.

OBJET D'ÉTUDE 1re

Le personnage de roman

1 L'ENGAGEMENT MORAL

Le docteur Rieux et le père Paneloux sont réunis au chevet des victimes de la peste.

Rieux […] s'assit sur un banc, entre les petits arbres poudreux, et essuya la sueur qui lui coulait déjà dans les yeux. Il avait envie de crier encore pour dénouer enfin le nœud violent qui lui broyait le cœur. La chaleur tombait lentement entre les branches des ficus. Le ciel bleu du matin se couvrait rapidement d'une taie blanchâtre qui rendait l'air plus étouffant. Rieux se laissa aller sur son banc. Il regardait les branches, le ciel, retrouvant lentement sa respiration, ravalant peu à peu sa fatigue.

– Pourquoi m'avoir parlé avec cette colère ? dit une voix derrière lui. Pour moi aussi, ce spectacle était insupportable.

Rieux se retourna vers Paneloux.

– C'est vrai, dit-il. Pardonnez-moi mais la fatigue est une folie. Et il y a des heures dans cette ville où je ne sens plus que ma révolte.

– Je comprends, murmura Paneloux. Cela est révoltant parce que cela passe notre mesure. Mais peut-être devons-nous aimer ce que nous ne pouvons pas comprendre.

Rieux se redressa d'un seul coup. Il regardait Paneloux, avec toute la force et la passion dont il était capable, et secouait la tête.

– Non, mon père, dit-il. Je me fais une autre idée de l'amour. Et je refuserai jusqu'à la mort d'aimer cette création où des enfants sont torturés. […] Paneloux s'assit près de Rieux. Il avait l'air ému.

« Oui, dit-il, oui, vous aussi vous travaillez pour le salut de l'homme. »

Rieux essayait de sourire.

« Le salut de l'homme est un trop grand mot pour moi. Je ne vais pas si loin. C'est sa santé qui m'intéresse, sa santé d'abord. » […]

Ce que je hais, c'est la mort et le mal, vous le savez bien. Et que vous le vouliez ou non, nous sommes ensemble pour les souffrir et les combattre.

Albert Camus, *La Peste* (1947), © Éditions Gallimard

a. Quel est le point de vue adopté dans ce récit ?
b. Sur quoi portent les divergences entre les deux personnages ? Appuyez-vous sur les mots clés.
Pour conclure : montrez ce qui oppose les personnages et ce qui les rapproche.

2 LE HÉROS ET L'HISTOIRE

Aurélien Leurtillois, soldat en 14-18, revoit les épisodes de sa vie lors de l'exode en 1940. Il songe aux *événements de février 1934 qui ont opposé les mouvements d'anciens combattants et les ligues d'extrême-droite contre le gouvernement.*

Pourtant Aurélien était venu ce soir-là de Lille à Paris, avec les autres… Tout avait sombré dans l'émeute, les coups de feu, les autobus brûlés. Incompréhensible. Et encore le lendemain avec l'étonnement des morts, l'impression d'avoir soulevé le pays, Aurélien croyait que ça irait encore plus loin, qu'il en sortirait quelque chose. Plus rien. Mais alors rien. Une espèce d'étouffement. Plus tard… Il ne croyait plus à cette action des groupes patentés, des porte-parole officiels, de ceux de la guerre. Il fallait d'autres méthodes. Il avait cru à d'autres méthodes. Jamais les mêmes. Tout l'avait déçu. La lutte politique, électorale, dans ce pays où il vivait, c'était sans espoir. Il était de ceux qui croyaient qu'on ne peut refaire le monde que par la violence.

Louis Aragon, *Aurélien* (1944), © Éditions Gallimard

a. Quel regard Aurélien porte-t-il sur les événements ?
b. Quels traits de caractère sont éclairés par la relation entre le personnage et l'Histoire ?
Pour conclure : quelle vision du héros est proposée ?

3 DU HÉROS À L'ANTI-HÉROS

Antoine Roquentin consigne dans son journal la chronique d'un monde absurde.

Et moi aussi j'ai voulu *être*. Je n'ai même voulu que cela […] au fond de toutes ces tentatives qui semblaient sans liens, je retrouve le même désir : chasser l'existence hors de moi, vider les instants de leur graisse, les tordre, les assécher, me purifier, me durcir, pour rendre enfin le son net et précis d'une note de saxophone. Ça pourrait même faire un apologue : il y avait un pauvre type qui s'était trompé de monde. Il existait, comme les autres gens, dans le monde des jardins publics, des bistrots, des villes commerçantes et il voulait se persuader qu'il vivait ailleurs, derrière la toile des tableaux, avec les doges du Tintoret[1], avec les braves Florentins de Gozzoli[2], derrière les pages des livres, avec Fabrice del Dongo et Julien Sorel[3] […] Et puis, après avoir bien fait l'imbécile, il a compris, il a ouvert les yeux, il a vu qu'il y avait maldonne : il était dans un bistrot, justement, devant un verre de bière tiède. Il est resté accablé sur la banquette ; il a pensé : je suis un imbécile.

Jean-Paul Sartre, *La Nausée* (1938), © Éditions Gallimard

1. Peintre vénitien du XVIe siècle. – 2. Peintre florentin du XVe siècle. – 3. Héros des romans de Stendhal.

a. Comment se traduit la « nausée » dans la description de l'univers quotidien ?
b. Comment s'opposent les verbes « être » et « exister » ?
Pour conclure : de quoi Antoine prend-il conscience ? En quoi incarne-t-il un nouveau type de héros ?

OBJET D'ÉTUDE 1re

Le texte théâtral et sa représentation

1 L'ENGAGEMENT À TRAVERS LA RÉÉCRITURE D'UN MYTHE

Hélène a été enlevée par le prince troyen Pâris au roi grec Ménélas. Quand le rideau se lève, certains habitants de Troie pensent que l'on peut encore échapper à la guerre.

[...]

HECTOR

Et vous voulez la guerre ?

ULYSSE

Je ne la veux pas. Mais je suis moins sûr de ses intentions à elle.

HECTOR

Nos peuples nous ont délégués tous deux ici pour la conjurer. Notre seule réunion signifie que rien n'est perdu...

ULYSSE

Vous êtes jeune, Hector !... À la veille de toute guerre, il est courant que deux chefs des peuples en conflit se rencontrent seuls dans quelque innocent village, sur la terrasse au bord d'un lac, dans l'angle d'un jardin. Et ils conviennent que la guerre est le pire fléau du monde, et tous deux, à suivre du regard ces reflets et ces rides sur les eaux, à recevoir sur l'épaule ces pétales de magnolias, ils sont pacifiques, modestes, loyaux. Et ils s'étudient. Ils se regardent. Et, tiédis par le soleil, attendris par un vin clairet, ils ne trouvent dans le visage d'en face aucun trait qui justifie la haine, aucun trait qui n'appelle l'amour humain, et rien d'incompatible non plus dans leurs langages, dans leur façon de se gratter le nez ou de boire. Et ils sont vraiment combles de paix, de désirs de paix. Et ils se quittent en se serrant les mains, en se sentant des frères. Et ils se retournent de leur calèche pour se sourire... Et le lendemain pourtant éclate la guerre... Ainsi nous sommes tous deux maintenant... Nos peuples autour de l'entretien se taisent et s'écartent, mais ce n'est pas qu'ils attendent de nous une victoire sur l'inéluctable. C'est seulement qu'ils nous ont donné pleins pouvoirs, qu'ils nous ont isolés, pour que nous goûtions mieux, au-dessus de la catastrophe, notre fraternité d'ennemis. [...]

Jean Giraudoux, *La Guerre de Troie n'aura pas lieu*, Acte II, Scène 13 (1935), © Fondation Giraudoux

a. Observez les prises de parole. Que révèlent-elles d'emblée des personnages et de leurs intentions ?
b. Sur quel procédé d'écriture repose l'expression « fraternité d'ennemis » ? Que traduit-elle ?
c. Quelles visions du monde s'affrontent ici ?
Pour conclure : comment peut-on comprendre le titre de la pièce à la lecture de cet extrait ?

2 UNE SCÈNE ENGAGÉE

Antigone a désobéi aux ordres de son oncle, le roi Créon, en donnant une sépulture à son frère Polynice. Elle est condamnée à être emmurée vivante.

[...]

ANTIGONE

Je vais mourir tout à l'heure.
Le garde ne répond pas. Un silence. Il fait les cent pas. Au bout d'un moment, il reprend.

LE GARDE

D'un autre côté, on a plus de considération pour le garde que pour le sergent de l'active. Le garde, c'est un soldat, mais c'est presque un fonctionnaire.

ANTIGONE

Tu crois qu'on a mal pour mourir ?

LE GARDE

Je ne peux pas vous dire. Pendant la guerre, ceux qui étaient touchés au ventre, ils avaient mal. Moi, je n'ai jamais été blessé. Et, d'un sens, ça m'a nui pour l'avancement.

ANTIGONE

Comment vont-ils me faire mourir tout à l'heure ?

LE GARDE

Je ne sais pas. Je crois que j'ai entendu dire que pour ne pas souiller la ville de votre sang, ils allaient vous murer dans un trou.

ANTIGONE

Vivante ?

LE GARDE

Oui, d'abord.
Un silence. Le garde se fait une chique.

ANTIGONE

O tombeau ! O lit nuptial ! O ma demeure souterraine !... *(Elle est toute petite au milieu de la grande pièce nue. On dirait qu'elle a un peu froid. Elle s'entoure de ses bras. Elle murmure.)* Toute seule...

[...]

Jean Anouilh, *Antigone*, quinzième partie (1944), © Éditions La Table Ronde

a. En vous appuyant sur les caractéristiques du dialogue (longueur des répliques, enchaînement...), définissez l'attitude du garde envers Antigone.
b. Observez les deux répliques d'Antigone : « Je vais mourir tout à l'heure. » et « Comment vont-ils me faire mourir tout à l'heure ? » Quelles formes verbales emploie-t-elle ? De quoi sont-elles révélatrices ?
Pour conclure : pourquoi Antigone apparaît-elle comme une héroïne tragique dans cet extrait ?

OBJET D'ÉTUDE 1re **Écriture poétique et quête du sens**

1 DE LA RÉVOLTE À LA LIBÉRATION

[...]
Et nous sommes debout maintenant, mon pays et moi, les cheveux dans le vent, ma main petite maintenant dans son poing énorme et la force n'est pas en nous, mais au-dessus de nous, dans une voix qui vrille[1] la nuit et l'audience comme la pénétrance d'une guêpe apocalyptique. Et la voix prononce que l'Europe nous a pendant des siècles gavés de mensonges et gonflés de pestilences[2],
car il n'est point vrai que l'œuvre de l'homme est finie
que nous n'avons rien à faire au monde
que nous parasitons le monde
qu'il suffit que nous nous mettions au pas du monde
mais l'œuvre de l'homme vient seulement de commencer
et il reste à l'homme à conquérir toute interdiction [immobilisée aux coins de sa ferveur
et aucune race ne possède le monopole de la beauté, de [l'intelligence, de la force
et il est place pour tous au rendez-vous de la conquête et nous savons maintenant que le soleil tourne autour de notre terre éclairant la parcelle qu'a fixée notre volonté seule et que toute étoile chute de ciel en terre à notre [commandement sans limite. [...]

Aimé Césaire, *Cahier d'un retour au pays natal* (1939),

1. Perce. – 2. Infections.

a. Que dénonce le poète ?
b. Comment s'exprime la protestation ? Justifiez votre réponse à l'aide d'exemples précis.
c. En vous appuyant sur le lexique, les images, la syntaxe et le rythme, caractérisez le lyrisme de cette page.
Pour conclure : montrez que cet extrait constitue à la fois une insurrection contre le passé et une promesse d'un nouvel avenir.

2 LA DÉFENSE DE LA LIBERTÉ

Sur mes cahiers d'écolier
Sur mon pupitre et les arbres
Sur le sable sur la neige
J'écris ton nom

Sur toutes les pages lues
Sur toutes les pages blanches
Pierre sang papier ou cendre
J'écris ton nom

Sur les images dorées
Sur les armes des guerriers
Sur la couronne des rois
J'écris ton nom

Sur la jungle et le désert
Sur les nids sur les genêts
Sur l'écho de mon enfance
J'écris ton nom

Sur les merveilles des nuits
Sur le pain blanc des journées
Sur les saisons fiancées
J'écris ton nom [...]

Sur mes refuges détruits
Sur mes phares écroulés
Sur les murs de mon ennui
J'écris ton nom

Sur l'absence sans désir
Sur la solitude nue
Sur les marches de la mort
J'écris ton nom

Sur la santé revenue
Sur le risque disparu
Sur l'espoir sans souvenir
J'écris ton nom

Et par le pouvoir d'un mot
Je recommence ma vie
Je suis né pour te connaître
Pour te nommer

Liberté

Paul Eluard, *Poésie et vérité* (1942),

a. Sur quel procédé d'écriture le poème repose-t-il ? Quel est son effet ? Justifiez votre réponse.
b. Qu'est-ce qui rend l'emploi de la deuxième personne du singulier ambigu ? À quel moment l'ambiguïté est-elle dissipée ?
c. Ce poème a été parachuté par la Royal Air Force sur les pays occupés. Quelles réactions ce texte a-t-il pu produire en 1942 ? Comment le lecteur du XXIe siècle le reçoit-il ?
Pour conclure : comment le poète parvient-il à exalter une valeur morale ?

OBJET D'ÉTUDE 1re

La question de l'Homme dans les genres de l'argumentation

1 UNE ŒUVRE PICTURALE ENGAGÉE

Pablo Picasso, *Guernica* (1937), huile sur toile (349,3 x 776,6 cm). Museo Nacional Centro de Arte Reina Sofia, Madrid.

Il existe peu de tableaux en colère, peu de tableaux aussi brûlants que *Guernica* [...]. Toutes les figures des études de Picasso pour *Guernica* souffrent de la douleur suprême, elles n'expient rien, elles reçoivent l'injure de la souffrance imméritée. [...] Les hommes, même quand ils se déchirent, font leur histoire ensemble. Le poète, je dirais aussi bien le peintre, est avec eux. Mais son devoir et son pouvoir choisissent la réalité, il la veut profonde et morale. Et si le mal même peut le mener au beau, le beau ne peut que le mener au bien.

Paul Eluard, *Picasso, Dessins* (1952),
in *Œuvres complètes*, © Éditions Gallimard

a. Comment Eluard parvient-il à suggérer l'horreur peinte par Picasso ?
b. Quelle mission Eluard assigne-t-il à l'artiste ?
Pour conclure : quel regard Eluard porte-t-il sur le monde contemporain ?

2 L'ENGAGEMENT SELON SARTRE

Puisque l'écrivain n'a aucun moyen de s'évader, nous voulons qu'il embrasse étroitement son époque ; elle est sa chance unique : elle est faite pour lui et il est fait pour elle. On regrette l'indifférence de Balzac devant les journées de 48, l'incompréhension apeurée de Flaubert en face de la Commune ; on les regrette *pour eux* : il y a là quelque chose qu'ils ont manqué pour toujours. Nous ne voulons rien manquer de notre temps : peut-être en est-il de plus beaux, mais c'est le nôtre ; nous n'avons que *cette* vie à vivre, au milieu de *cette* guerre, de cette révolution peut-être. Qu'on n'aille pas conclure de là que nous prêchions une sorte de populisme : c'est tout le contraire. Le populisme est un enfant de vieux, le triste rejeton des derniers ; c'est encore un essai pour tirer son épingle du jeu. Nous sommes convaincus, au contraire, qu'on ne *peut pas* tirer son épingle du jeu. Serions-nous muets et cois comme des cailloux, notre passivité même serait une action. Celui qui consacrerait sa vie à faire des romans sur les Hittites, son abstention serait par elle-même une prise de position. L'écrivain est *en situation* dans son époque : chaque époque a des retentissements. Chaque silence aussi. Je tiens Flaubert et Goncourt pour responsables de la répression qui suivit la Commune parce qu'ils n'ont pas écrit une ligne pour l'empêcher. Ce n'était pas leur affaire, dira-t-on. Mais le procès de Calas, était-ce l'affaire de Voltaire ? La condamnation de Dreyfus, était-ce l'affaire de Zola ?

Jean-Paul Sartre, *Situations II* (1948), © Éditions Gallimard

a. Relevez les exemples historiques. Quel rôle jouent-ils dans la démonstration ?
b. Quelle fonction remplissent les interrogations et les italiques ?
Pour conclure : selon Sartre, quel est le rôle de l'écrivain ?

Le théâtre de l'Absurde

Qu'est-ce que le théâtre de l'Absurde ?

Origine et évolution

- Du latin « ab-surdus » au sens propre, « sourd, inaudible » et au figuré « hors de propos ». En français, le mot désigne ce qui est contraire au bon sens. C'est en 1962 qu'est diffusée largement cette dénomination de « théâtre de l'absurde ».
- Le choc de la Seconde Guerre mondiale et des totalitarismes qui entraîne la perte de la foi et la crise des valeurs humanistes, participe de ce théâtre qui interroge la condition humaine.
- Il ne s'agit pas d'une école ou d'un groupe d'auteurs réunis autour d'un manifeste, mais d'une approche spécifique du théâtre, et chaque dramaturge revendique sa liberté absolue.
- Le théâtre de l'Absurde exprime le sentiment de l'homme, confronté au non-sens du monde et de l'existence.

Particularités d'écriture

- Rupture avec les conventions du théâtre : décors quasiment absents et costumes très sobres, lieux et époques flous, perturbation de la structure, absence d'intrigue.
- Importance des didascalies qui envahissent le dialogue ; elles n'ont pas toujours le statut d'indications scéniques.
- Style dépouillé qui reflète le vide de l'existence : constructions grammaticales simples, peu de figures de style, peu d'expansions nominales, des effets de rupture dans les dialogues avec des phrases nominales courtes, des silences.
- Jeux de mots, humour noir, dérision, clichés pour exprimer une angoisse existentielle et souligner l'absurdité de la condition humaine.
- Importance du rôle des objets qui envahissent la scène et en déshumanisent l'univers.

Principaux thèmes

- **Tragique de la condition humaine** vouée à une mort inéluctable, et expression de l'angoisse existentielle : solitude de l'homme face au silence d'un monde sans Dieu.
- **Échec de la communication :** dire le non-sens du langage et du monde, et la faillite des idéologies. Le langage n'est qu'une convention.

Dates clefs

- **Politique**
  - **1939-1945** Seconde Guerre mondiale
  - **1940-1944** Occupation allemande
  - **1945** Hiroshima, première explosion atomique
  - **1946-1954** Guerre d'Indochine
  - **1954-1962** Guerre d'Algérie
- **Société**
  - **1945** Libération des camps et découverte de l'univers concentrationnaire et de l'entreprise d'extermination
  - **1947** Ouverture du Musée national d'Art moderne
  - **1959** Nouvelle vague au cinéma (Truffaut, Godard)
- **Œuvres majeures**
  - **1896** *Ubu Roi*, Alfred Jarry
  - **1938** *Le Théâtre et son double*, Artaud
  - **1950** *La Cantatrice chauve*, Ionesco
  - **1952** *En attendant Godot*, Beckett
  - **1962** *Théâtre de l'Absurde*, Esslin
  - **1962** *Notes et Contre-notes*, Ionesco
  - **1968** *L'Homme et l'enfant*, Adamov

• Artistes et œuvres clefs

Précurseur

Antonin ARTAUD (1896-1948)

▶ Comprendre son œuvre

Écrivain français, Antonin Artaud a marqué la littérature moderne à la fois par son aventure intérieure le conduisant à la folie et par son œuvre critique et littéraire. Par son manifeste, ***Le Théâtre et son double*** **(1938)**, il influence profondément les dramaturges contemporains. Rejetant le théâtre occidental fondé sur la psychologie et le réalisme, Artaud subordonne le texte à la mise en scène et au jeu des acteurs. Il revendique un art vivant, aussi essentiel que la nécessité de manger, et il prêche un « spectacle total », grave et violent, capable d'ébranler physiquement et psychiquement le spectateur : le « théâtre de la cruauté ».

Précurseur

Bertolt BRECHT (1898-1956)

▶ Comprendre son œuvre

Poète, dramaturge et essayiste du théâtre allemand qu'il découvre auprès des metteurs en scène berlinois. Son adaptation de l'opéra de John Gay, ***L'Opéra de quat'sous*** **(1928)** le rend célèbre auprès du public. Mais l'arrivée d'Hitler au pouvoir l'oblige à quitter l'Allemagne pour l'Amérique. Son théâtre devient politique (fondé sur l'analyse marxiste). Refusant l'illusion théâtrale et l'identification, selon le principe de « distanciation », il incite le spectateur à garder un œil critique : ses pièces sont ouvertement didactiques (usage de panneaux avec des maximes, apartés...).

Précurseur

Alfred JARRY (1873-1907)

▶ Comprendre son œuvre

Écrivain français qui invente la *pataphysique*, « la science des solutions imaginaires » développée par le Collège de Pataphysique fondé en 1948. Au cœur de son théâtre, le personnage du père Ubu inventé dès 1888 avec ses camarades du lycée de Rennes pour s'amuser du grotesque de leur professeur de physique. Refusant tout réalisme et toute psychologie, Jarry schématise les actions et grossit les traits de ses personnages pour leur faire incarner toute la méchanceté, la bêtise, et la lâcheté des hommes. Sa langue est complexe et multiplie les jeux de mots. La première représentation d'***Ubu Roi*** en **1896** est particulièrement houleuse.

Arthur ADAMOV (1908-1970)

▶ Comprendre son œuvre

Dramaturge français d'origine russo-arménienne. Imprégné du surréalisme et du marxisme, il compose une œuvre désabusée, qui fait le constat de la condition misérable de l'homme contemporain. Ses pièces ***L'Invasion*** **(1950)** et ***La Parodie*** **(1952)** peuvent être rattachées au théâtre de l'Absurde. Il s'est ensuite tourné vers un théâtre plus politique directement hérité de Brecht avec ***Paolo Paoli*** **(1958)** et ***Printemps 71*** **(1961)**.

Jean-Louis BARRAULT (1910-1994)

▶ Comprendre son œuvre

Acteur et metteur en scène, entré à la Comédie-Française en 1940. Dans la lignée du théâtre d'Artaud, il renouvelle le langage dramatique, dans une dimension de plus en plus corporelle. Avec son épouse Madeleine Renaud (1900-1994), comédienne, il fonde une compagnie qu'il installe au théâtre Marigny. Il dirige ensuite le Théâtre de l'Odéon (1958-1968). Participant de l'avant-garde théâtrale, il monte des pièces comme *Rhinocéros* de Ionesco (1960), *Oh les beaux jours* en français de Beckett (1963), et surtout les pièces de Paul Claudel. Il met également en scène des pièces du répertoire classique.

Samuel BECKETT (1906-1989)

▶ Comprendre son œuvre

Dramaturge et romancier irlandais, Samuel Beckett s'installe en France dès 1937 et à partir de 1945, il décide d'écrire essentiellement en français. Il connaît la notoriété avec ***En attendant Godot*** **(publiée en 1952 et jouée en 1953)** qui fonde un nouveau langage théâtral dépourvu de toute épaisseur psychologique pour se faire entendre dans son aspect fragmentaire et sa bouffonnerie tragique. Ses personnages se confrontent au vide des mots et du monde, sans sens et sans Dieu : ***Fin de partie*** **(1956)** ou ***Oh les beaux Jours*** **(en anglais en 1961 et en français en 1963)**. L'ensemble de son œuvre reçoit le Prix Nobel en 1969.

Eugène IONESCO (1909-1994)

▶ Comprendre son œuvre

D'origine roumaine, Eugène Ionesco passe son enfance à Paris où il apprend le français. Hanté par la montée du fascisme, il dénonce toute forme de domination et de fanatisme, les conventions qui pèsent sur l'individu, notamment le langage. Opposé au théâtre psychologique et de boulevard, il exprime par le comique son inquiétude existentielle. En France il compose ***La Cantatrice chauve*** **(1950)**. C'est avec ***Rhinocéros*** **(1958)** qu'il connaît le succès. Il publie ses réflexions sur le théâtre dans ***Notes et contre-Notes*** publié en **1962**.

OBJET D'ÉTUDE 1re **Le texte théâtral et sa représentation**

1 LA « CRISE DU LANGAGE » DANS LE DIALOGUE

[…]
ESTRAGON : […] Tu ne vois rien venir ?
VLADIMIR *(se retournant)* : Comment ?
ESTRAGON *(plus fort)* : Tu ne vois rien venir ?
VLADIMIR : Non.
ESTRAGON : Moi non plus.
Ils reprennent le guet. Long silence.
VLADIMIR : Tu as dû te tromper.
ESTRAGON *(se retournant)* : Comment ?
VLADIMIR *(plus fort)* : Tu as dû te tromper.
ESTRAGON : Ne crie pas.
Ils reprennent le guet. Long silence.
VLADIMIR, ESTRAGON *(se retournant simultanément)* : Est-ce…
VLADIMIR : Oh pardon !
ESTRAGON : Je t'écoute.
VLADIMIR : Mais non !
ESTRAGON : Mais si !
VLADIMIR : Je t'ai coupé.
ESTRAGON : Au contraire.
Ils se regardent avec colère.
VLADIMIR : Voyons, pas de cérémonie.
ESTRAGON : Ne sois pas têtu, voyons.
VLADIMIR *(avec force)* : Achève ta phrase, je te dis.
ESTRAGON *(de même)* : Achève la tienne.
Silence. Ils vont l'un vers l'autre, s'arrêtent.
VLADIMIR : Misérable !
ESTRAGON : C'est ça, engueulons-nous. *(Échange d'injures. Silence.)* Maintenant raccommodons-nous.
VLADIMIR : Gogo !
ESTRAGON : Didi !
VLADIMIR : Ta main !
ESTRAGON : La voilà !
VLADIMIR : Viens dans mes bras !
ESTRAGON : Tes bras ?
VLADIMIR *(ouvrant les bras)* : Là-dedans !
ESTRAGON : Allons-y.
Ils s'embrassent. Silence.
VLADIMIR : Comme le temps passe quand on s'amuse !
Silence.
ESTRAGON : Qu'est-ce qu'on fait maintenant ?
VLADIMIR : En attendant.
ESTRAGON : En attendant.
Silence.
VLADIMIR : Si on faisait nos exercices ?
ESTRAGON : Nos mouvements.
VLADIMIR : D'assouplissement.
ESTRAGON : De relaxation.
VLADIMIR : De circumduction.
ESTRAGON : De relaxation.
VLADIMIR : Pour nous réchauffer.
ESTRAGON : Pour nous calmer.
VLADIMIR : Allons-y.
Il commence à sauter. Estragon l'imite.
ESTRAGON *(s'arrêtant)* : Assez. Je suis fatigué.
[…]

Samuel Beckett, *En attendant Godot*, Acte II (1952), © Éditions de Minuit

a. **Analysez la place et la valeur des silences.**
b. **Observez le fonctionnement du dialogue. Dans quelle mesure cette scène s'oppose-t-elle aux règles traditionnelles de la progression dramatique ?**
c. **Comment se manifeste l'effort de Vladimir et Estragon pour « passer le temps » ?**
d. **Quelle vision des personnages se dégage de cet extrait ?**
Pour conclure : comment la faillite du langage est-elle soulignée dans cet extrait ?

2 REGISTRES COMIQUE ET TRAGIQUE

TEXTE A

[…]
M. SMITH *(toujours dans son journal)* : Tiens, c'est écrit que Bobby Watson est mort.
MME SMITH : Mon Dieu, le pauvre, quand est-ce qu'il est mort ?
M. SMITH : Pourquoi prends-tu cet air étonné ? Tu le savais bien. Il est mort il y a deux ans. Tu te rappelles, on a été à son enterrement, il y a un an et demi.
MME SMITH : Bien sûr que je me rappelle. Je me suis rappelé tout de suite, mais je ne comprends pas pourquoi toi-même tu as été si étonné de voir ça sur le journal.
M. SMITH : ça n'y était pas sur le journal. Il y a déjà trois ans qu'on a parlé de son décès. Je m'en suis souvenu par associations d'idées !
MME SMITH : Dommage ! Il était si bien conservé.
M. SMITH : C'était le plus joli cadavre de Grande-Bretagne ! Il ne paraissait pas son âge. Pauvre Bobby, il y avait quatre ans qu'il était mort et il était encore chaud. Un véritable cadavre vivant. Et comme il était gai !
[…]

Eugène Ionesco, *La Cantatrice chauve*, Scène 1 (1950), © Éditions Gallimard

a. **Dans quelle mesure le dialogue s'apparente-t-il à une conversation courante ?**
b. **Analysez les incohérences qui créent l'absurde dans le traitement du temps.**
c. **Quels aspects traditionnels du personnage sont mis en question ?**
Pour conclure : d'où vient le comique de la scène ?

Texte B

Hamm est aveugle et paralysé. Il demande à Clov de lui dire ce qu'il voit au-dehors de la chambre où ils vivent enfermés.

Clov : Qu'est-ce que j'ai fait de cet escabeau ? *(Il le cherche des yeux.)* Tu n'as pas vu cet escabeau ? *(Il cherche, le voit.)* Ah tout de même ! *(Il va vers la fenêtre à gauche.)* Des fois je me demande si j'ai toute ma tête. Puis ça passe, je redeviens lucide. *(Il monte sur l'escabeau, regarde par la fenêtre.)* Putain ! Elle est sous l'eau ! *(Il regarde.)* Comment ça se fait ? *(Il avance la tête, la main en visière.)* Il n'a pourtant pas plu. *(Il essuie la vitre, regarde. Un temps. Il se frappe le front.)* Que je suis bête ! Je me suis trompé de côté ! *(Il descend de l'escabeau, fait quelques pas vers la fenêtre à droite.)* Sous l'eau ! *(Il retourne prendre l'escabeau.)* Que je suis bête ! *(Il traîne l'escabeau vers la fenêtre à droite.)* Des fois je me demande si j'ai tous mes esprits. Puis ça passe, je redeviens intelligent. *(Il installe l'escabeau sous la fenêtre à droite, monte dessus, regarde par la fenêtre. Il se tourne vers Hamm.)* Y a-t-il des secteurs qui t'intéressent particulièrement ? *(Un temps.)* Ou rien que le tout ?

Hamm *(faiblement)* : Tout.

Clov : L'effet général ? *(Un temps. Il se retourne vers la fenêtre.)* Voyons ça.

(Il regarde.)

Hamm : Clov !

Clov *(absorbé)* : Mmm.

Hamm : Tu sais une chose ?

Clov *(de même)* : Mmm.

Hamm : Je n'ai jamais été là. *(Un temps.)* Clov !

Clov *(se tournant vers Hamm, exaspéré)* : Qu'est-ce que c'est ?

Hamm : Je n'ai jamais été là.

Clov : Tu as eu de la veine.

(Il se retourne vers la fenêtre.)

Hamm : Absent, toujours. Tout s'est fait sans moi. Je ne sais pas ce qui s'est passé. *(Un temps.)* Tu sais ce qui s'est passé, toi ? *(Un temps.) Clov !*

Clov *(se tournant vers Hamm, exaspéré)* : Tu veux que je regarde cette ordure, oui ou non ?

Hamm : Réponds d'abord.

Clov : Quoi ?

Hamm : Tu sais ce qui s'est passé ?

Clov : Où ? Quand ?

Hamm *(avec violence)* : Quand ! Ce qui s'est passé ! Tu ne comprends pas ? Qu'est-ce qui s'est passé ?

Clov : Qu'est-ce que ça peut foutre ?

(Il se retourne vers la fenêtre.)

Hamm : Moi je ne sais pas.

Samuel Beckett, *Fin de partie* (1956), © Éditions de Minuit

a. Comment l'espace de la scène est-il utilisé ?
b. Quelle valeur symbolique prennent les objets ?
c. Pourquoi le quiproquo final donne-t-il aux paroles et à la situation des personnages une dimension absurde ?
Pour conclure : ce passage relève-t-il du comique ou du tragique ? Justifiez votre réponse.

3 PARTI PRIS SCÉNIQUE

Alexis Rangheard, Bruno Netter, Monica Companys dans *Les Chaises* d'Eugène Ionesco, pièce mise en scène par Philippe Adrien au théâtre de la Tempête à Vincennes en 2011.

Observez la photo de mise en scène et interrogez-vous sur le corps et l'espace.
a. Quelle place les objets occupent-ils ? Comment sont-ils mis en valeur ?
b. Quelle est l'attitude des personnages ? Quels sentiments peuvent-ils éprouver ?
c. Étudiez les rapports entre les personnages et l'espace.
Pour conclure : quelles principales caractéristiques du théâtre de l'Absurde se dégagent de cette représentation ?

NOUVELLES FORMES ROMANESQUES

Qu'appelle-t-on « nouvelles formes romanesques » ?

Aux origines : PROUST et CÉLINE, de nouvelles écritures romanesques

- Le roman ne raconte plus à proprement parler une « histoire », mais interroge l'individu et le monde extérieur : travail sur la perception et la mémoire, analyse minutieuse des sensations et sentiments.
- Les textes ne sont ni des autobiographies ni des romans « classiques » : ils mettent en scène des sortes de « double » de l'auteur (Bardamu pour Céline dans *Voyage au bout de la nuit*) qui permettent de suivre les évolutions de la conscience du personnage.
- Le narrateur évoque des expériences personnelles amoureuses, historiques et esthétiques (Proust dans *À la Recherche du temps perdu* met en scène un musicien, Vinteuil, un peintre, Eltsir et un écrivain Bergotte).

NOUVEAU ROMAN

Particularités d'écriture

- Brouillage de la narration : mélange des voix et des points de vue narratifs.
- Refus d'un narrateur omniscient et de la caractérisation trop précise des personnages.
- Imbrication de différents cadres spatio-temporels.
- Descriptions foisonnantes des objets et des décors.

Principaux thèmes

- **Remise en cause des codes du roman traditionnel**, en lien avec le contexte politique et culturel (la théorie de l'inconscient, le traumatisme des deux guerres mondiales et les changements sociaux). La caractérisation simple des personnages ne paraît pas vraisemblable.
- **Mise en doute de la capacité du langage à rendre compte fidèlement du réel.**
- **Complexité du réel.**

OULIPO (« Ouvroir de littérature potentielle »)

Particularités d'écriture

- Invention de nouvelles formes poétiques et renouvellement des « structures » romanesques.
- Contraintes précises et utilisation des règles mathématiques.
- Jeux avec le langage : niveaux de langue, étymologie, dérivation…
- Goût de la parodie et du défi : chaque œuvre doit être source de surprise.

Principaux thèmes

- **Situations** et **personnages** du quotidien.

Dates clefs

• Société

1900-1910 Développement des théories psychanalytiques

1920-1929 « Années folles »

1929 Crise économique mondiale

1945-1973 « Trente Glorieuses », développement de la société de consommation

1959 Nouvelle vague au cinéma (Truffaut, Godard)

• Œuvres majeures

1913-1927 *À la Recherche du temps perdu*, Proust

1932 *Voyage au bout de la nuit*, Céline

1956 *L'Ère du soupçon*, Sarraute

1957 *La Modification*, Butor

1959 *Zazie dans le métro*, Queneau

1963 *Pour un nouveau roman*, Robbe-Grillet

1978 *La Vie mode d'emploi*, Perec

Artistes et œuvres clefs

Michel BUTOR (né en 1926)

▶ Comprendre son œuvre

Michel Butor a publié de nombreux essais sur la littérature et la peinture et s'est aussi beaucoup consacré à l'écriture poétique. Chacun de ses romans propose l'expérimentation d'une nouvelle forme pour explorer le réel : la simultanéité dans *Passage de Milan* (1954), la double chronologie dans *L'Emploi du temps* (1957), l'écriture à la deuxième personne dans *La Modification* (1957). Ce renouvellement perpétuel de la forme invite le lecteur à être plus actif.

Louis-Ferdinand CÉLINE (1894-1961)

▶ Comprendre son œuvre

Engagé volontaire en 1912, Louis-Ferdinand Céline est blessé au combat. Il devient médecin après avoir voyagé en Angleterre, Afrique et Amérique. Son premier roman ***Voyage au bout de la nuit*** **(1932)** obtient le prix Renaudot, il y évoque ses expériences de jeune homme à travers le personnage de Ferdinand Bardamu. Il crée des personnages grotesques dont il montre les faiblesses dans une vision burlesque et pessimiste de l'homme et de la société. Son style joue sur l'oralité et la déstructuration. Ses positions antisémites et provocatrices font rapidement de lui un écrivain controversé.

Marguerite DURAS (1914-1996)

▶ Comprendre son œuvre

Marguerite Duras fut élevée en Indochine. Son œuvre est à la fois romanesque, théâtrale et cinématographique. Dans la continuité du Nouveau Roman, elle perturbe les repères traditionnels, et crée une écriture orale et musicale jouant de l'ellipse, des silences et des non-dits. La femme, ses « rôles », ses désirs, ses peurs sont au centre de son œuvre (***Moderato cantabile*, 1958 ; *Hiroshima mon amour*, 1959**).

Georges PEREC (1936-1982)

▶ Comprendre son œuvre

Marqué par la déportation de ses parents, Perec porte un regard lucide sur la société, privilégiant les jeux avec la langue. Il rejoint l'OULIPO en 1970. Son œuvre est construite sur les contraintes et défis formels qu'il impose à sa rédaction : ne pas employer la lettre *e* dans ***La Disparition*** **(1969)**, élaborer un roman sur le modèle du puzzle et de l'inventaire, dans ***La Vie mode d'emploi*** **(1978)**.

Marcel PROUST (1871-1922)

▶ Comprendre son œuvre

Élevé dans une famille bourgeoise qui l'initie à la vie mondaine et la littérature, Marcel Proust consacre sa vie à l'écriture. Gravement asthmatique, il se retire pour composer son œuvre majeure, ***À la recherche du temps perdu***. C'est par la pensée qu'il voit le monde, le montre et le recrée, ouvrant ainsi de nouvelles voies au genre du roman. L'évocation des événements est surtout l'occasion de rendre compte de sa vision des êtres, des arts, et de lui-même, au terme d'un méticuleux travail de construction et d'écriture.

Raymond QUENEAU (1903-1976)

▶ Comprendre son œuvre

Proche des surréalistes dans les années 1920, Raymond Queneau fonde l'OULIPO en 1960. Son œuvre se caractérise par son travail sur le langage, dont il exploite toutes les ressources, dans les ***Exercices de style*** **(1947)**, dans sa poésie avec ***Cent Mille Milliards de poèmes*** **(1961)** ou ses romans comme ***Zazie dans le métro*** **(1959)** ou ***Les Fleurs bleues*** **(1965)**. Ses interrogations prennent toujours une forme ludique, fondée sur des combinaisons mathématiques et des jeux sur les mots et la phonétique, invitant à une lecture active et complice.

Alain ROBBE-GRILLET (1922-2008)

▶ Comprendre son œuvre

Alain Robbe-Grillet est considéré comme le chef de file du Nouveau Roman, notamment parce qu'il est l'auteur de l'essai ***Pour un nouveau roman*** **(1963)**. Depuis ***Les Gommes*** **(1953)** jusqu'à ***Un roman sentimental*** **(2007)**, son œuvre propose une approche expérimentale et parfois déconcertante du réel. Ses romans se caractérisent d'abord par l'intérêt accordé aux objets, décrits avec minutie. Ses récits bouleversent les codes traditionnels de la narration, notamment la chronologie.

Nathalie SARRAUTE (1900-1999)

▶ Comprendre son œuvre

Née en Russie, arrivée à Paris à l'âge de huit ans, Nathalie Sarraute ne se consacre à la littérature qu'à l'âge de 39 ans. Elle interroge la parole et son usage dans ses romans ou ses textes théâtraux, comme ***Pour un oui pour un non*** **(1981)**. Le langage, son pouvoir mais aussi ses faiblesses pour dire l'intimité des individus est son sujet central. L'écriture se construit par hésitations, rectifications pour tenter de traduire les mouvements de la pensée comme dans son roman autobiographique ***Enfance*** **(1983)**.

OBJET D'ÉTUDE 1re **Le personnage de roman**

• Proust et Céline : le renouvellement du personnage

1 LE REGARD SATIRIQUE DU NARRATEUR

De ce poste élevé elle [Mme Verdurin] participait avec entrain à la conversation des fidèles et s'égayait de leurs « fumisteries », mais depuis l'accident qui était arrivé à sa mâchoire, elle avait renoncé à prendre la peine de pouffer effectivement et se livrait à la place à une mimique conventionnelle qui signifiait, sans fatigue ni risques pour elle, qu'elle riait aux larmes. Au moindre mot que lâchait un habitué contre un ennuyeux ou contre un ancien habitué rejeté au camp des ennuyeux – et pour le plus grand désespoir de M. Verdurin qui avait eu longtemps la prétention d'être aussi aimable que sa femme, mais qui riant pour de bon s'essoufflait vite et avait été distancé et vaincu par cette ruse d'une incessante et fictive hilarité – elle poussait un petit cri, fermait entièrement ses yeux d'oiseau qu'une taie commençait à voiler, et brusquement, comme si elle n'eût eu que le temps de cacher un spectacle indécent ou de parer à un accès mortel, plongeant sa figure dans ses mains qui la recouvraient et n'en laissaient plus rien voir, elle avait l'air de s'efforcer de réprimer, d'anéantir un rire qui, si elle s'y fût abandonnée, l'eût conduite à l'évanouissement. Telle, étourdie par la gaieté des fidèles, ivre de camaraderie, de médisance et d'assentiment, Mme Verdurin, juchée sur son perchoir, pareille à un oiseau dont on eût trempé le colifichet dans du vin chaud, sanglotait d'amabilité.

Marcel Proust, « Un Amour de Swann », *Du côté de chez Swann* (1913)

a. De quoi et de qui Mme Verdurin rit-elle ?
b. Analysez la description de Mme Verdurin : comment le narrateur souligne-t-il le ridicule du personnage ?
c. Quelle image est donnée des autres convives ?
Pour conclure : en quoi ce texte porte-t-il un regard satirique sur Mme Verdurin et son assemblée ?

2 LE POINT DE VUE DU NARRATEUR

« Mademoiselle Albertine est partie » ! Comme la souffrance va plus loin en psychologie que la psychologie ! Il y a un instant, en train de m'analyser, j'avais cru que cette séparation sans s'être revus était justement ce que je désirais, et comparant la médiocrité des plaisirs que me donnait Albertine à la richesse des désirs qu'elle me privait de réaliser, je m'étais trouvé subtil, j'avais conclu que je ne voulais plus la voir, que je ne l'aimais plus. Mais ces mots : « Mademoiselle Albertine est partie » venaient de produire dans mon cœur une souffrance telle que je sentais que je ne pourrais pas y résister plus longtemps. Ainsi ce que j'avais cru n'être rien pour moi, c'était tout simplement toute ma vie. Comme on s'ignore.

Marcel Proust, *Albertine disparue* (1925)

a. Quel est le sentiment analysé ? Pourquoi ?
b. Comment le narrateur met-il en évidence l'évolution de ses sentiments ?
c. Que suggère la dernière phrase sur le rôle que le narrateur assigne à l'écriture ?
Pour conclure : montrez que l'intérêt de ce texte repose essentiellement sur le regard que le narrateur porte sur lui-même et sur ses sentiments.

3 UNE FIGURE D'ANTI-HÉROS

Pendant la Première Guerre mondiale, le narrateur, alors soldat, est hospitalisé. Lola, son amie, lui rend visite.

« Est-ce vrai que vous soyez réellement devenu fou, Ferdinand ? me demande-t-elle un jeudi.

– Je le suis ! avouai-je.

– Alors, ils vont vous soigner ici ?

– On ne soigne pas la peur, Lola.

– Vous avez donc peur tant que ça ?

– Et plus que ça encore, Lola, si peur, voyez-vous, que si je meurs de ma mort à moi, plus tard, je ne veux surtout pas qu'on me brûle ! Je voudrais qu'on me laisse en terre, pourrir au cimetière, tranquillement, là, prêt à revivre peut-être… Sait-on jamais ! Tandis que si on me brûlait en cendres, Lola, comprenez-vous, ça serait fini, bien fini… Un squelette, malgré tout, ça ressemble encore un peu à un homme… C'est toujours plus prêt à revivre que des cendres… Des cendres c'est fini !… Qu'en dites-vous ?… Alors, n'est-ce-pas, la guerre…

– Oh ! Vous êtes donc tout à fait lâche, Ferdinand ! Vous êtes répugnant, comme un rat…

– Oui, tout à fait lâche, Lola, je refuse la guerre et tout ce qu'il y a dedans… Je ne la déplore pas moi… Je ne me résigne pas moi… Je ne pleurniche pas dessus moi… Je la refuse tout net, avec tous les hommes qu'elle contient, je ne veux rien avoir à faire avec eux, avec elle. Seraient-ils neuf cent quatre-vingt-quinze millions et moi tout seul, c'est eux qui ont tort, Lola, et c'est moi qui ai raison, parce que je suis le seul à savoir ce que je veux : je ne veux plus mourir.

– Mais c'est impossible de refuser la guerre, Ferdinand ! Il n'y a que les fous et les lâches qui refusent la guerre quand leur Patrie est en danger…

– Alors vivent les fous et les lâches !

Louis-Ferdinand Céline, *Voyage au bout de la nuit* (1932),

a. De quoi Ferdinand a-t-il peur? Comment fait-il comprendre l'intensité de la peur qui l'anime?
b. Comment Lola réagit-elle face à Ferdinand? En quoi sa réaction contribue-t-elle à isoler encore plus le héros?
c. À quelles valeurs Ferdinand refuse-t-il de souscrire? Au nom de quoi?
d. Quelle image revendique-t-il finalement pour lui-même?
Pour conclure: en quoi le personnage de Ferdinand apparaît-il ici comme un «anti-héros» ?

• Le personnage du Nouveau Roman

4 UN REFUS DE LA PSYCHOLOGIE

Or, nous l'avons vu, les personnages tels que les concevait le vieux roman (et tout le vieil appareil qui servait à les mettre en valeur), ne parviennent plus à contenir la réalité psychologique actuelle. Au lieu, comme autrefois, de la révéler, ils l'escamotent.

Aussi [...] l'élément psychologique [...] se libère insensiblement de l'objet avec lequel il faisait corps. Il tend à se suffire à lui-même et à se passer le plus possible de support. C'est sur lui que tout l'effort de recherche du romancier se concentre, et sur lui que doit porter tout l'effort du lecteur. [...]

Voilà pourquoi le personnage n'est plus aujourd'hui que l'ombre de lui-même. C'est à contrecœur que le romancier lui accorde tout ce qui peut le rendre trop facilement repérable: aspect physique, gestes, actions, sensations, sentiments courants, depuis longtemps étudiés et connus, qui contribuent à lui donner à si bon compte l'apparence de la vie et offrent une prise si commode au lecteur. Même le nom dont il lui faut, de toute nécessité, l'affubler, est pour le romancier une gêne. [...] Au lieu de se laisser guider par les signes qu'offrent à sa paresse et à sa hâte les usages de la vie quotidienne, il [le lecteur] doit, pour identifier les personnages, les reconnaître aussitôt, comme l'auteur lui-même, par le dedans, grâce à des indices qui ne lui sont révélés que si, renonçant à ses habitudes de confort, il plonge en eux aussi loin que l'auteur et fait sienne sa vision.

Nathalie Sarraute, *L'Ère du soupçon* (1956),

a. Quels éléments de caractérisation du personnage sont rejetés par Nathalie Sarraute? Pourquoi?
b. Quel travail doit désormais accomplir l'auteur pour concevoir son personnage?
c. Quel travail doit désormais accomplir le lecteur «pour identifier» le personnage?
Pour conclure: comment la conception du personnage de roman est-elle renouvelée par Nathalie Sarraute?

5 L'ÉVOCATION DE L'INTÉRIORITÉ DU PERSONNAGE

Quelque chose en elle s'arrache et tombe... dans le vide en elle quelque chose palpite... Vertige... La tête lui tourne un peu, ses jambes faiblissent... Mais il faut se raidir, il faut tenir bon, juste encore un instant, offrir un visage placide aux baisers légers sur ses joues, tendre les lèvres à son tour, sourire, parler... «Oui, à bientôt, au revoir maman... Mais non, je ne suis pas triste, non je ne suis pas vexée, quelle idée... Mais bien sûr, maman, je comprends, je sais... Mais toi, ne t'inquiète pas non plus... Ce n'est pas grave, au fond, tu sais, ces petites lubies d'Alain... Tu verras, nous ne sommes pas si mauvais que tu crois. Oui, oui, je lui parlerai. Tu as raison, ça s'arrangera...». [...]

Elle avance en sautillant dans l'allée du petit Luxembourg, tenant sa mère par la main. Les grandes fleurs roses des marronniers se tiennent toutes droites dans le feuillage tendre, l'herbe humide étincelle au soleil, l'air tremble légèrement, mais c'est le bonheur, c'est le printemps qui tremble au-dessus des pelouses, entre les arbres... elle hume avec délices sur son bras nu sa propre odeur, celle pour toujours de ce printemps, de ce bonheur, l'odeur fraîche et fade de sa peau d'enfant, de la manche de sa robe en coton neuf... Et tout à coup un cri, un cri inhumain, strident... Sa mère a crié, sa mère la tire en arrière brutalement en détournant la tête, en se bouchant le nez...

La lumière s'est obscurcie, le soleil brille d'un éclat sombre, tout vacille de terreur, et un véhicule étrange, une haute et mince charrette de cauchemar, remplie d'une poudre livide, répandant une atroce odeur, cahote lentement vers elles dans l'allée...

Elle a envie maintenant, comme cette fois-là, de se cacher la tête pour ne pas voir, de se boucher le nez, le cœur va lui manquer, elle voudrait s'asseoir n'importe où, là, sur une marche de l'escalier... ou non, plutôt là-bas, dehors, sur un banc... Tout vacille... Tout va s'effondrer.

Nathalie Sarraute, *Le Planétarium* (1959),

a. Quelles manifestations physiques traduisent le malaise du personnage?
b. En quoi les paroles rapportées au discours direct renforcent-elles cette impression de malaise?
c. Comment le rythme des phrases et la ponctuation contribuent-ils à rendre compte de ce malaise?
d. Quels points communs identifiez-vous entre le souvenir d'enfance raconté et le moment présent? En quoi le premier éclaire-t-il le second?
Pour conclure: par quels moyens Nathalie Sarraute parvient-elle à rendre compte de l'intériorité de son personnage?

6 LA DÉCONSTRUCTION DU PERSONNAGE

Si Frédéric Mogne a pris l'ascenseur ce n'est pas pour gagner du temps ; qu'en ferait-il ? Il arrive que son cœur le gêne ; il évite les escaliers. Lent pour chercher sa clé, lent pour ouvrir. Encore un peu de jour amer et violet. Étroit, restreint, l'espace dans lequel il rentre – tant de personnes s'y coudoient, – sans nouveauté – on n'a ni le temps ni la place de les regarder. On arrive, on se retrouve, on dîne. On s'évite, on ne sait rien se dire, on s'endort, tandis que tout continue à s'agiter, et le lendemain il faut retourner à la banque où l'on dit de lui que c'est un homme de quarante ans qui en paraît soixante, alors qu'en réalité il en a cinquante-cinq, où son métier ne l'intéresse nullement, où il est sans espoir du moindre avancement qui reculerait cette échéance de cinq ans, après laquelle il n'aura plus que la moitié de son salaire, et qui sait si les enfants seront tirés d'affaire d'ici là ? Où il a gardé une certaine virulence dont il se sert comme bouclier, et qui contraste avec les traits usés de son visage, et ces cheveux déjà clairsemés, déjà gris. Chez lui, il abandonne ce rôle comme un vêtement trop raide, et c'est un homme traînant dès le seuil d'en bas, un vieillard déjà routinier qui regarde automatiquement dans la loge des concierges s'il y a du courrier pour lui, alors qu'il n'attend rien, car il n'écrit pas, et qu'il sait bien que tout aurait déjà été monté par un des membres de sa smala.

Michel Butor, *Passage de Milan* (1954), © Éditions de Minuit

a. Relevez et classez les informations sur le personnage.
b. Quels sont les lieux évoqués dans le texte ? Comment l'évocation de ces lieux organise-t-elle en fait le portrait du personnage ?
c. Quel effet produit l'emploi du présent ?
Pour conclure : en quoi la manière de livrer les informations sur le personnage est-elle originale ?

7 LA PLACE DU REGARD

Le long de la chevelure défaite, la brosse descend avec un bruit léger, qui tient du souffle et du crépitement. À peine arrivée en bas, très vite, elle remonte vers la tête, où elle frappe de toute la surface des poils, avant de glisser derechef sur la masse noire, ovale couleur d'os dont le manche, assez court, disparaît presque entièrement dans la main qui l'enserre avec fermeté.

Une moitié de la chevelure pend dans le dos, l'autre main ramène en avant de l'épaule l'autre moitié. Sur ce côté (le côté droit) la tête s'incline, de manière à mieux offrir les cheveux à la brosse. Chaque fois que celle-ci s'abat, tout en haut, derrière la nuque, la tête penche davantage et remonte ensuite avec effort, pendant que la main droite – qui tient la brosse – s'éloigne en sens inverse. La main gauche – qui entoure les cheveux sans les serrer, entre le poignet, la paume et les doigts – lui laisse un instant le libre passage et se referme en rassemblant les mèches à nouveau, d'un geste sûr, arrondi, mécanique, tandis que la brosse continue sa course jusqu'à l'extrême pointe.

Alain Robbe-Grillet, *La Jalousie* (1957), © Éditions de Minuit

a. Quel point de vue est adopté dans cet extrait ?
b. Quel temps est employé ? Pourquoi ?
c. Quel effet l'accumulation de détails produit-elle ?
d. Que suggère ce texte sur la personne qui se brosse ? sur celle qui la regarde se brosser ?
Pour conclure : sur quels procédés reposent l'originalité de cette description ?

8 UN PERSONNAGE DÉSTABILISÉ ET DÉSTABILISANT

Le personnage accomplit un voyage en train, vers Rome où il doit retrouver sa maîtresse.

Ce voyage devrait être une véritable libération, un rajeunissement, un grand nettoyage de votre corps et de votre tête ; ne devriez-vous pas en ressentir déjà les bienfaits et l'exaltation ? Quelle est cette lassitude qui vous tient, vous diriez presque ce malaise ? Est-ce la fatigue accumulée depuis des mois et des années, contenue par une tension qui ne se relâchait point, qui maintenant se venge, vous envahit, profitant de cette vacance que vous vous êtes accordé, comme profite la grande marée de la moindre fissure dans la digue pour submerger de son amertume stérilisante les terres que jusqu'alors ce rempart avait protégées.

Mais n'est-ce pas justement pour parer à ce risque dont vous n'aviez que trop conscience que vous avez entrepris cette aventure, n'est-ce pas vers la guérison de toutes ces premières craquelures avant-coureuses du vieillissement que vous achemine cette machine, vers Rome où vous attendent quel repos et quelle réparation ?

Alors pourquoi cette crispation de vos nerfs, cette inquiétude qui gêne la circulation de votre sang ? Pourquoi n'êtes-vous pas déjà mieux délassé ? Est-ce vraiment le simple changement de l'horaire qui provoque en vous ce bouleversement, ce dépaysement, cette appréhension, le fait de partir à huit heures du matin, non le soir comme à l'habitude ? Ah, c'est alors que cette rupture était nécessaire et urgente, car attendre quelques semaines encore, c'était tout perdre, c'était le fade enfer qui se refermait, et jamais plus vous n'auriez trouvé le courage.

Michel Butor, *La Modification* (1957), © Les Éditions de Minuit

a. Comment le malaise du personnage est-il évoqué ?
b. Quelles semblent être les raisons de ce malaise ?
c. Pourquoi la narration perturbe-t-elle la perception du personnage par le lecteur ?
Pour conclure : de quelle manière ce texte pousse-t-il le lecteur à interroger autrement le personnage ?

• Le personnage dans l'OULIPO

9 L'IMPORTANCE DE L'ORALITÉ

– Allons, finit par dire Zazie, faut pas bouder comme ça. Je vais vous la raconter mon histoire.
– J'écoute.
– Voilà. Faut vous dire que maman pouvait pas blairer papa, alors papa, ça l'avait rendu triste et il s'était mis à picoler. Qu'est-ce qu'il descendait comme litrons. Alors, quand il était dans ces états-là, fallait se garer de lui, parce que le chat lui-même y aurait passé. Comme dans la chanson. Vous connaissez ?
– Je vois, dit le type.
– Tant mieux. Alors je continue : un jour, un dimanche, je rentrais de voir un match de foute, y avait le Stade Sanctimontronais contre l'Étoile-Rouge de Neuflize, en division d'honneur c'est pas rien. Vous vous intéressez au sport, vous ?
– Oui. Au catch.

Considérant le gabarit médiocre du bonhomme, Zazie ricane.
– Dans la catégorie spectateurs, qu'elle dit.
– C'est une astuce qui traîne partout, réplique le type froidement.

De rage, Zazie assèche son demi, puis elle la boucle.
– Allons, dit le type, faut pas bouder comme ça. Continue donc ton histoire.
– Elle vous intéresse, mon histoire ?
– Oui.
– Alors, vous mentiez tout à l'heure ?
– Continue donc.
– Vous énervez pas. Vous seriez plus en état de l'apprécier, mon histoire.

Raymond Queneau, *Zazie dans le métro* (1959),

a. Observez toutes les marques d'oralité du langage de Zazie (vocabulaire, syntaxe) : quelle image du personnage ce langage donne-t-il ?
b. Comment le lecteur perçoit-il les émotions des personnages ?
c. Observez les interventions du narrateur : sont-elles nombreuses ? Quel langage y est employé ? Quelle conception du narrateur cela suggère-t-il ?
Pour conclure : comment Queneau parvient-il à proposer au lecteur des personnages qui lui semblent à la fois surprenants et familiers ?

10 L'IMPORTANCE DES JEUX TEXTUELS

L'histoire des Gratiolet commence à peu près comme l'histoire du Marquis de Carabas* mais se termine beaucoup moins bien : ni ceux qui eurent presque tout, ni ceux qui n'eurent presque rien ne réussirent. Lorsque, en 1917, mourut Juste Gratiolet, qui s'était enrichi dans le commerce et l'industrie du bois – il est en particulier l'inventeur d'une machine à rainer encore en usage dans de nombreuses fabriques de parquets –, les quatre enfants qui lui survivaient se partagèrent sa fortune selon le testament qu'il avait laissé. Cette fortune se composait d'un immeuble – celui dont il est question ici depuis le début –, d'une exploitation agricole dans le Berry consacrée pour un tiers aux cultures céréalières, un tiers à la viande de boucherie et un tiers à la sylviculture, d'un fort paquet d'actions de la Compagnie Minière du Haut-Boubandjida (Cameroun), et de quatre grandes toiles du paysagiste et animalier breton Le Meriadech' qui était alors extrêmement prisé. En conséquence, l'aîné, Émile, reçut l'immeuble, Gérard la ferme, Ferdinand les actions, et Hélène, la seule fille, les tableaux.

Georges Perec, *La Vie mode d'emploi* (1978),

* Personnage du conte *Le Chat botté*.

a. À quel genre littéraire la première phrase du texte fait-elle allusion ? En quoi suggère-t-elle une certaine ironie du narrateur à l'égard des personnages ?
b. Quel procédé emploie le narrateur pour évoquer les biens de Juste Gratiolet ? Quelle image du personnage l'évocation de ces biens crée-t-elle ?
c. Comment les biens sont-ils répartis entre les héritiers ? Que cela suggère-t-il sur les relations familiales ?
d. À l'aide des réponses précédentes, établissez les différents types de textes dont s'inspire cet extrait.
Pour conclure : comment le narrateur joue-t-il avec les types et les genres de textes pour donner des informations sur les personnages ?

SYNTHÈSE Nouveau Roman et OULIPO

Nouveau Roman	OULIPO
• Brouillage de la narration • Imbrication de différents cadres spatio-temporels • Attention portée aux gestes, aux sensations, révélateurs de l'intériorité du personnage	• Écriture en fonction des contraintes • Jeu avec le langage, importance des dialogues (Queneau) • Relatif effacement du narrateur • Pas de caractérisation psychologique du personnage • Personnages apparaissant surtout « en situation »

Littérature contemporaine

• Artistes et œuvres clefs

• ROMAN

Laurent GAUDÉ (né en 1972) reçoit le prix Goncourt des lycéens en 2002 pour *La Mort du roi Tsongor*. Deux ans plus tard, *Le Soleil des Scorta* obtient le prix Goncourt. Dans ses récits ou son théâtre, les personnages de Laurent Gaudé luttent, dans des régions lointaines, contre la fatalité qui pèse sur leur lignée. Comme dans les mythes grecs, la soif de vengeance, la passion destructrice, la violence intérieure animent des êtres qui ne capitulent jamais face à leur destin.

Jean-Marie-Gustave LE CLÉZIO (né en 1940) cherche à rendre compte du monde qui l'entoure en utilisant une écriture libre et précise. Ses récits (*Désert*, 1980 ; *Le Chercheur d'or*, 1985) sont inspirés par son goût pour les voyages. Ses personnages connaissent la hantise de la mort, la misère sociale, la solitude, le sentiment de révolte, mais aussi l'attachement sensuel à la terre et aux éléments. En 2008, il reçoit le prix Nobel de littérature.

Patrick MODIANO (né en 1945) publie, depuis son premier roman, *La Place de l'Étoile* (1968), des ouvrages imprégnés de la question de l'identité et marqués par la Seconde Guerre mondiale. Ses romans sont traversés par la quête des origines, qui prend souvent la forme d'une enquête menée à partir des diverses traces laissées par les personnages, disparus, déportés, ou simplement mystérieux.

• THÉÂTRE

Jean-Luc LAGARCE (1957-1995) exprime l'angoisse et le désespoir causés par la situation tragique de l'homme, et ses pièces sont habitées par la maladie et l'imminence de sa mort (*Juste la fin du monde*, 1990; *Derniers remords avant l'oubli*, 1987; *Nous les héros*, 1993). Il exprime également la difficulté à communiquer en société par un jeu sur la répétition et la variation des mots.

Arianne MNOUCHKINE (née en 1939) fonde le *Théâtre du Soleil* en 1964, installé à partir de 1970 à la Cartoucherie de Vincennes. Héritière du théâtre populaire des années 68-70 qui cherche l'échange direct avec le public, elle prône un théâtre collectif, reposant sur la création commune à partir d'improvisations. Elle s'inspire de la *commedia dell'arte*, du cirque ou des pièces orientales, et mise sur le langage du corps.

Olivier PY (né en 1965) est dramaturge, metteur en scène et comédien. Il a été directeur du théâtre de l'Odéon jusqu'en 2012, puis directeur du festival d'Avignon. Il puise son inspiration dans le théâtre antique et revendique une tradition dionysiaque. Son style baroque mêle tous les registres (*Illusions comiques*, 2006; *L'Orestie d'Eschyle*, 2008).

Éric-Emmanuel SCHMITT (né en 1960) est dramaturge, nouvelliste, romancier et réalisateur. Il revisite et questionne les grands mythes, interroge la condition humaine au théâtre (*La Nuit de Valognes*, 1991; *Monsieur Ibrahim et les fleurs du Coran*, 2001) et dans ses récits (*L'Évangile selon Pilate*, 2000; *Ulysse from Bagdad*, 2008).

• POÉSIE

Yves BONNEFOY (né en 1923) s'attache à recréer par le langage le monde qui l'entoure et la pureté originelle. À ses débuts, son œuvre poétique témoigne de sa proximité avec les surréalistes. Il a publié entre autres *Du mouvement et de l'immobilité de Douves* en 1953, *Ce qui fut sans lumière* en 1987, *La Vie errante* en 1993, *Les Planches courbes* en 2001.

Philippe JACCOTTET (né en 1925) est un poète d'origine suisse. Il cherche l'expression la plus juste possible et la plus authentique pour dire ses impressions face au monde. Après le recours à la forme du sonnet (*L'Effraie*, 1953), il ose des formes plus personnelles, plus « expérimentatrices » (*L'Obscurité*, 1961; *Chants d'en bas*, 1974; *À la lumière d'hiver*, 1977). Jaccottet est aussi traducteur (sa traduction de l'*Odyssée* est particulièrement célèbre).

Jean-Michel MAULPOIX (né en 1952) est un poète et essayiste qui écrit surtout en prose. Il tente dans sa poésie de saisir l'intimité du moi, de lier mémoire et émotion pour aller au-delà de ce que les mots peuvent dire; par le langage, il cherche à approcher une réalité insaisissable et perdue (*Les Abeilles de l'invisible*, 1993; *Chutes de pluie fine*, 2002; *Pas sur la neige*, 2004).

Jacques RÉDA (né en 1929) est un poète, éditeur et chroniqueur de jazz (*Anthologie des musiciens de jazz*, 1981) qui puise dans le Paris intime et secret son inspiration poétique (*Les Ruines de Paris*, 1977). Son lyrisme décrit à la fois la beauté fragmentée du monde et en traduit la conscience tragique (*Amen*, 1968; *Moana*, 2011). Il est l'inventeur du vers de 14 syllabes.

OBJET D'ÉTUDE 1re

Le personnage de roman

1 L'ANONYMAT DU PERSONNAGE

Zacharias s'est levé et, sur un ton de fausse gravité : « Cette nuit, je te baptise. Désormais, tu t'appelleras Louki. » Et à mesure que l'heure passait et que chacun d'eux l'appelait Louki, je crois bien qu'elle se sentait soulagée de porter ce nouveau prénom. Oui, soulagée. En effet, plus j'y réfléchis, plus je retrouve mon impression du début : elle se réfugiait ici, au Condé*, comme si elle voulait fuir quelque chose, échapper à un danger. Cette pensée m'était venue en la voyant seule, tout au fond, dans cet endroit où personne ne pouvait la remarquer. Et quand elle se mêlait aux autres, elle n'attirait pas non plus l'attention. Elle demeurait silencieuse et réservée et se contentait d'écouter. Et je m'étais même dit que pour plus de sécurité elle préférait les groupes bruyants, les « grandes gueules », sinon elle n'aurait pas été presque toujours assise à la table de Zacharias, de Jean-Michel, de Fred, de Tarzan et de la Houpa… Avec eux, elle se fondait dans le décor, elle n'était plus qu'une comparse anonyme, de celles que l'on nomme dans les légendes des photos : « Personne non identifiée » ou, plus simplement, « X ».

Patrick Modiano, *Dans le café de la jeunesse perdue* (2007),
© Éditions Gallimard

* Café parisien fréquenté par le narrateur.

a. La jeune fille évoquée dans cet extrait a-t-elle une identité clairement définie ? Justifiez votre réponse.
b. Comment se comporte-t-elle au Condé ?
c. Observez les marques de présence du narrateur. Quelle attitude semble-t-il adopter ?
Pour conclure : comment le titre du roman peut-il éclairer cet extrait ?

2 L'ANCRAGE DES PERSONNAGES DANS L'HISTOIRE

En 1947, en route pour Jérusalem, Esther, une jeune fille juive, croise un convoi de réfugiés palestiniens.

Soudain, de la troupe se détacha une très jeune fille. Elle marcha vers Esther. Son visage était pâle et fatigué, sa robe pleine de poussière, elle portait un grand foulard sur ses cheveux. Esther vit que les lanières de ses sandales étaient cassées. La jeune fille s'approcha d'elle jusqu'à la toucher. Ses yeux brillaient d'une lueur étrange, mais elle ne parlait pas, elle ne demandait rien. Un long moment, elle resta immobile avec sa main posée sur le bras d'Esther, comme si elle allait dire quelque chose. Puis, de la poche de sa veste elle sortit un cahier vierge, à la couverture de carton noir, et sur la première page, en haut à droite, elle écrivit son nom, comme ceci, en lettres majuscules : N E J M A. Elle tendit le cahier et le crayon à Esther, pour qu'elle marque aussi son nom. Elle resta un instant encore, le cahier noir serré contre sa poitrine, comme si c'était la chose la plus importante du monde. Enfin, sans dire un mot, elle retourna vers le groupe des réfugiés qui s'éloignait.

J.M.G. Le Clézio, *Étoile errante* (1992),
© Éditions Gallimard

a. Commentez le portrait de Nejma au début de l'extrait.
b. Pourquoi cet échange de prénoms est-il « la chose la plus importante du monde » ?
c. Comment le narrateur insiste-t-il sur la solennité de ce moment ?
Pour conclure : quelle est l'importance de l'Histoire dans cet extrait ?

3 ROMAN CONTEMPORAIN ET REGISTRE TRAGIQUE

Pour mettre fin à la malédiction qui pèse sur sa lignée, Rocco Scorta lègue sa fortune à l'Église, condamnant ainsi ses enfants à la misère après sa mort.

Devant la tombe de leur père, les trois enfants restaient serrés les uns contre les autres. Raffaele était là aussi, tenant la main de Carmela. Ils ne pleuraient pas. Aucun d'eux ne ressentait de réelle douleur pour la mort de leur père. Ce n'était pas le chagrin qui leur faisait serrer les mâchoires, c'était la haine. Ils comprenaient que tout leur avait été enlevé et que désormais, ils ne pourraient compter que sur leurs propres forces. Ils comprenaient qu'une volonté sauvage les condamnait à la misère et que cette volonté était celle de leur père. Domenico, Giuseppe et Carmela fixaient le trou dans la terre, à leurs pieds, et ils sentaient qu'ils enterraient leur vie tout entière. De quoi vivraient-ils demain ? Avec quel argent et où, puisque même la ferme avait été donnée ? De quelle force allait-il falloir être pour livrer les combats qui se préparaient ? Ils se tenaient serrés les uns contre les autres, pleins de haine pour les jours à venir. Ils l'avaient compris. Ils le sentaient déjà dans les regards qu'on leur lançait : ils étaient pauvres, désormais. Pauvres à en crever.

Laurent Gaudé, *Le Soleil des Scorta* (2004),
© Éditions Actes Sud

a. Commentez le comportement des trois personnages pendant cet enterrement.
b. Comment sont rapportées les pensées des personnages dans ce texte ? Quel sentiment traduisent-elles ?
c. Quels procédés stylistiques soulignent la gravité de ce moment ?
Pour conclure : pourquoi peut-on parler de fatalité tragique à propos du sort des trois personnages ?

OBJET D'ÉTUDE 1re Le texte théâtral et sa représentation

1 ÉCARTS DE GENRE

Louis se sait condamné. Il décide, après de longues années d'absence, de retourner auprès de ses proches pour leur annoncer sa mort prochaine. Il présente ses intentions dans un dialogue avec les vivants et son amant qui est « mort déjà ».

LOUIS : Plus tard, l'année d'après.

L'AMANT, MORT DÉJÀ : Une année après que je meurs, que je suis mort ?

LOUIS : Exactement ça.
L'année d'après,
j'étais resté, là, seul, abandonné, *toutes ces sortes de choses*,
plus tard, l'année d'après,
– j'allais mourir à mon tour –
(j'ai près de quarante ans maintenant et c'est à cet âge que je mourrai)
l'année d'après, je décidai de revenir ici. Faire le chemin à l'inverse.

LONGUE DATE : Histoire d'un jeune homme qui décide de revenir sur ses traces, revoir sa famille, son monde, à l'heure de mourir.
Histoire de ce voyage et de ceux-là, perdus de vue, qu'il rencontre et retrouve.

LOUIS : Il y a encore ma famille qui vit dans ce coin-là.
Je vais aller les voir, *je dis ça*, parler avec eux, régler cette affaire,
ce qu'on n'a pas dit et qu'on souhaite dire avant de disparaître – on ne le gardera pas dans la tête, on s'en débarrassera –
je ferai ce voyage et ensuite, j'en aurai terminé, je rentrerai chez moi et j'attendrai.
Je serai paisible.
Je dis ça. [...]

Jean-Luc Lagarce, *Le Pays lointain* (2001),

a. Ces premières répliques de l'œuvre remplissent-elles les fonctions d'une scène d'exposition ? Justifiez votre réponse.

b. Peut-on parler ici de l'annonce d'un conflit ? d'une intrigue ? Justifiez votre réponse.

c. Quels sont les effets de la présence du personnage de « L'AMANT, MORT DÉJÀ » ?

d. Quelles sont les originalités de cette écriture dramatique ?

Pour conclure : montrez que cette scène impose un jeu d'acteurs particulier.

2 LE GENRE EN QUESTION

[...]

MOI-MÊME : Le devoir m'appelle, ce n'est pas seulement moi, mais le théâtre qui est célébré à travers moi. Pourtant j'hésite.

LE MINISTRE DE LA CULTURE : Ah !

MOI-MÊME : Ce qui me gêne, c'est que la culture soit isolée dans un bureau, elle devrait irriguer l'ensemble de la vie politique.

LE MINISTRE DE LA CULTURE : Voulez-vous que j'intervienne pour que vous obteniez l'élargissement du ministère de la Culture aux affaires étrangères ?

MOI-MÊME : Et au budget ! Quoi de plus culturel que l'argent ?

LE MINISTRE DE LA CULTURE : Et pourquoi pas la défense ?

MOI-MÊME : Oui, la défense.

LE MINISTRE DE LA CULTURE : C'est une véritable révolution que nous voulons.
Je suis bouleversé.
Je vais parler au président.

MAMAN : Laissez-moi faire je connais bien sa sœur.

MONSIEUR GIRARD : Tu crois qu'avec toutes ces responsabilités tu pourras encore faire du théâtre ?

MOI-MÊME : Retournez sur votre tréteau minable, dans vos tournées à trois ronds, et laissez-moi œuvrer dans l'amitié de l'Histoire. Ai-je besoin de vous ? Vos problèmes d'acteurs j'en ai jusque-là, vos petites questions d'interprétation dérisoires, j'en ai ras la marmite, je n'interprète pas moi, j'incarne ! Restez au stade symbolique, dans votre confort intellectuel, moi je suis en guerre contre le néant.

MONSIEUR BALAZUC : Donc tu n'as plus besoin de nous.

MOI-MÊME : Vous m'encombrez, vous me faites perdre du temps, vous voulez répéter une pièce de théâtre qui est déjà un triomphe, vous avez trois combats de retard sur le réel.

MONSIEUR GIRARD : Bien, débrouille-toi sans nous. Nous reprenons nos morts et notre lyrisme, nos corps souffrants et nous allons au vaudeville voir si la métaphysique y est. [...]

Olivier Py, *Illusions comiques*, Acte I (2006),

a. Quel est le registre de l'extrait ? Justifiez.

b. Quelle importance est donnée à « MOI-MÊME » ?

c. Quel rôle cet extrait donne-t-il aux comédiens ?

d. Pourquoi peut-on parler d'autodérision ?

Pour conclure : quelle place cet extrait donne-t-il à l'auteur de théâtre et au théâtre dans la société ?

OBJET D'ÉTUDE 1re Écriture poétique et quête du sens

1 LE GENRE POÉTIQUE EN QUESTION

Dans le leurre des mots

[…]
Ô poésie,
Je ne puis m'empêcher de te nommer
Par ton nom que l'on n'aime plus parmi ceux qui errent
Aujourd'hui dans les ruines de la parole.
Je prends le risque de m'adresser à toi, directement,
Comme dans l'éloquence des époques
Où l'on plaçait, la veille des jours de fête,
Au plus haut des colonnes des grandes salles,
Des guirlandes de feuilles et de fruits.

Je le fais, confiant que la mémoire,
Enseignant ses mots simples à ceux qui cherchent
À faire être le sens malgré l'énigme,
Leur fera déchiffrer, sur ses grandes pages
Ton nom un et multiple, où brûleront
En silence, un feu clair,
Les sarments de leurs doutes et de leurs peurs. […]

Yves Bonnefoy, *Les Planches courbes* (2001), © Éditions Gallimard

a. Par quels procédés le poète personnifie-t-il la poésie ? Qu'en déduisez-vous ?
b. Montrez que ces vers sont fondés sur des oppositions.
c. Comment ces vers suggèrent-ils une hésitation entre la défiance et la confiance ?
Pour conclure : montrez que ces vers proposent un éloge de la poésie.

Prélude

[…] Laisser d'abord tomber la neige, lentement, sur la page. Faire en sorte que ces mots n'oublient pas la blancheur sur laquelle ils se posent. Qu'ils s'efforcent plutôt de la faire apparaître, ou qu'ils consentent enfin à ce qu'elle les recouvre. Puisque tel serait mon désir : écrire à l'encre blanche, sans bruit, presque sans voix, d'un geste calme et régulier, pour conserver une chance, si minuscule soit-elle, d'atteindre un pays d'herbe verte aux vergers pleins de fruits, de coups d'ailes et de chants d'oiseaux, comme il ne peut en exister qu'au bout des longs chemins de neige… […]

Jean-Michel Maulpoix, *Pas sur la neige* (2004), © Éditions Mercure de France

a. Que suggère l'emploi des différents modes verbaux quant à l'attitude du poète face à l'écriture ?
b. Quel est le sens de l'analogie entre les mots et la neige ?
c. Quelle importance le poète accorde-t-il aux blancs ?
d. Quel est le sens de la métaphore « un pays d'herbe… chants d'oiseaux » ?
Pour conclure : quelle conception de la poésie se dégage de ces deux poèmes ?

2 DIRE LE MONDE MODERNE

Uturoa[1]

La nuit, pas un seul lampion
De la banque à la pharmacie.
Le supermarché Champion
Est lui-même en catalepsie.

Pas d'hôtel et pas de ciné.
L'hôpital rural et la Poste
Se font face. La vahiné
De service, aux bonjours riposte

« Ia ora na[2] ». C'est très comptoir
Des mers du sud dans l'indolence,
Et l'après-midi ce dortoir
Reste engourdi par le silence.
[…]

Jacques Réda, « Trois croquis », *Moana* (2011), © Éditions Fata Morgana

1. Ville des îles Sous-le-Vent, Polynésie française.
2. Salut à toi, que toi vives.

a. Étudiez la présence et l'expression du monde moderne dans ces vers.
b. Comment ces vers font-ils coïncider l'ici et l'ailleurs, le passé et le présent ? Par quels procédés ?
c. Quelle vision le poète donne-t-il de l'outre-mer ? Justifiez.
Pour conclure : pourquoi ce poème est-il paradoxal ?

3 ÉCARTS DE SENS

You are worn a raincoat who I was giving you away to keep you out and escape you from the rain when it's onto you, or when you're spotting clouds after you from nearby the horizon.	C'est l'imperméable je porte dont tu m'as laissé pour m'échapper la pluie de tomber sur moi et pour éviter les nuages à l'horizon me menacer.

Alexander Dickow, *Caramboles* (2008), © Argol Éditions

a. Montrez que le texte en français n'est pas seulement une traduction maladroite du texte en anglais.
b. Ces deux textes peuvent-ils s'apprécier l'un sans l'autre ? Vous répondrez en expliquant le rapport qu'entretiennent ces deux textes.
c. Montrez que ce poème est particulièrement polysémique.
Pour conclure : montrez que ce poème s'écarte des usages classiques de la langue.

Moyen Âge · XVIe siècle · XVIIe siècle · XVIIIe siècle · XIXe siècle · XXe siècle · XXIe siècle

PARTIE III

Corpus Bac

►► Notes, esquisses et manuscrit pour *Le Rhin* de Victor Hugo, 1840, Bibliothèque nationale de France, Paris.

SUJET 1

OBJET D'ÉTUDE ## Le personnage de roman, du XVIIe siècle à nos jours

Texte A • Madame de La Fayette, *La Princesse de Clèves* (1678)

Mme de Clèves aime passionnément M. de Nemours et se sait aimée de lui, mais par fidélité à son époux, elle s'efforce de lutter contre ses sentiments. Soupçonnant à tort M. de Nemours d'avoir reçu une lettre d'amour, en fait destinée à un autre homme, elle laisse paraître involontairement une jalousie qui trahit sa passion, et le réalise après coup.

Mme de Clèves demeura seule, et sitôt qu'elle ne fut plus soutenue par cette joie que donne la présence de ce que l'on aime, elle revint comme d'un songe ; elle regarda avec étonnement la prodigieuse différence de l'état où elle était le soir d'avec celui où elle se trouvait alors ; elle se remit devant les yeux l'aigreur et la froideur qu'elle avait fait paraître à M. de Nemours, tant qu'elle avait cru que la lettre de Mme de Thémines s'adressait à lui ; quel calme et quelle douceur avaient succédé à cette aigreur, sitôt qu'il l'avait persuadée que cette lettre ne le regardait pas. Quand elle pensait qu'elle s'était reproché comme un crime, le jour précédent, de lui avoir donné des marques de sensibilité que la seule compassion pouvait avoir fait naître et que, par son aigreur, elle lui avait fait paraître des sentiments de jalousie qui étaient des preuves certaines de passion, elle ne se reconnaissait plus elle-même. Quand elle pensait encore que M. de Nemours voyait bien qu'elle connaissait son amour, qu'il voyait bien aussi que, malgré cette connaissance elle ne l'en traitait pas plus mal en présence même de son mari, qu'au contraire elle ne l'avait jamais regardé si favorablement, qu'elle était cause que M. de Clèves l'avait envoyé quérir et qu'ils venaient de passer une après-dînée ensemble en particulier, elle trouvait qu'elle était d'intelligence[1] avec M. de Nemours, qu'elle trompait le mari du monde qui méritait le moins d'être trompé, et elle était honteuse de paraître si peu digne d'estime aux yeux même de son amant. Mais, ce qu'elle pouvait moins supporter que tout le reste, était le souvenir de l'état où elle avait passé la nuit, et les cuisantes douleurs que lui avait causées la pensée que M. de Nemours aimait ailleurs et qu'elle était trompée.

Elle avait ignoré jusqu'alors les inquiétudes mortelles de la défiance et de la jalousie ; elle n'avait pensé qu'à se défendre d'aimer M. de Nemours et elle n'avait point encore commencé à craindre qu'il en aimât une autre. Quoique les soupçons que lui avait donnés cette lettre fussent effacés, ils ne laissèrent pas de lui ouvrir les yeux sur le hasard d'être trompée et de lui donner des impressions de défiance et de jalousie qu'elle n'avait jamais eues. Elle fut étonnée de n'avoir point encore pensé combien il était peu vraisemblable qu'un homme comme M. de Nemours, qui avait toujours fait paraître tant de légèreté parmi les femmes, fût capable d'un attachement sincère et durable. Elle trouva qu'il était presque impossible qu'elle pût être contente de sa passion[2]. Mais quand je le pourrais être, disait-elle, qu'en veux-je faire ? Veux-je la souffrir[3] ? Veux-je y répondre ? Veux-je m'engager dans une galanterie[4] ? Veux-je manquer à M. de Clèves ? Veux-je me manquer à moi-même ? Et veux-je enfin m'exposer aux cruels repentirs et aux mortelles douleurs que donne l'amour ? Je suis vaincue et surmontée par une inclination qui m'entraîne malgré moi. Toutes mes résolutions sont inutiles ; je pensai hier tout ce que je pense aujourd'hui et je fais aujourd'hui tout le contraire de ce que je résolus hier. Il faut m'arracher de la présence de M. de Nemours ; il faut m'en aller à la campagne, quelque bizarre que puisse paraître mon voyage ; et si M. de Clèves s'opiniâtre à l'empêcher ou à en vouloir savoir les raisons, peut-être lui ferai-je le mal, et à moi-même aussi, de les lui apprendre.

1. Complice.
2. « … qu'elle pût être satisfaite de la passion de M. de Nemours. »
3. Permettre, tolérer.
4. Liaison amoureuse.

Texte B • Victor Hugo, *Les Misérables* (1862)

Ancien forçat, Jean Valjean a changé d'identité, et est devenu maire d'une commune sous le nom de Monsieur Madeleine. Alors que son passé semble définitivement effacé, un homme que l'on prend pour lui est arrêté à Arras pour un vol qu'il a lui-même commis autrefois. Apprenant cette nouvelle, il décide d'abord de laisser condamner cet homme sans se manifester, avant que sa conscience morale ne se révolte contre une telle injustice.

Il s'interrogea sur cette « résolution prise ». Il se confessa à lui-même que tout ce qu'il venait d'arranger dans son esprit était monstrueux, que « laisser aller les choses, laisser faire le bon Dieu », c'était tout simplement horrible. Laisser s'accomplir cette méprise de la destinée et des hommes, ne pas l'empêcher, s'y prêter par son silence, ne rien faire enfin, c'était faire tout ! c'était le dernier degré de l'indignité hypocrite ! c'était un crime bas, lâche, sournois, abject, hideux !

Pour la première fois depuis huit années, le malheureux homme venait de sentir la saveur amère d'une mauvaise pensée et d'une mauvaise action.

Il la recracha avec dégoût.

Il continua de se questionner. Il se demanda sévèrement ce qu'il avait entendu par ceci : « Mon but est atteint ! » Il se déclara que sa vie avait un but en effet. Mais quel but ? Cacher son nom ? tromper la police ? Était-ce pour une chose si petite qu'il avait fait tout ce qu'il avait fait ? Est-ce qu'il n'avait pas un autre but, qui était le grand, qui était le vrai ? Sauver, non sa personne, mais son âme. Redevenir honnête et bon. Être un juste ! Est-ce que ce n'était pas là surtout, là uniquement, ce qu'il avait toujours voulu, ce que l'évêque* lui avait ordonné ? – Fermer la porte à son passé ? Mais il ne la fermait pas, grand Dieu ! il la rouvrait en faisant une action infâme ! mais il redevenait un voleur, et le plus odieux des voleurs ! il volait à un autre son existence, sa vie, sa paix, sa place au soleil ! il devenait un assassin ! il tuait, il tuait moralement un misérable homme, il lui infligeait cette affreuse mort vivante, cette mort à ciel ouvert, qu'on appelle le bagne ! Au contraire, se livrer, sauver cet homme frappé d'une si lugubre erreur, reprendre son nom, redevenir par devoir le forçat Jean Valjean, c'était là vraiment achever sa résurrection, et fermer à jamais l'enfer d'où il sortait ! Y retomber en apparence, c'était en sortir en réalité ! Il fallait faire cela ! il n'avait rien fait s'il ne faisait pas cela ! toute sa vie était inutile, toute sa pénitence était perdue, et il n'y avait plus qu'à dire : à quoi bon ? Il sentait que l'évêque était là, que l'évêque était d'autant plus présent qu'il était mort, que l'évêque le regardait fixement, que désormais le maire Madeleine avec toutes ses vertus lui serait abominable, et que le galérien Jean Valjean serait admirable et pur devant lui. Que les hommes voyaient son masque, mais que l'évêque voyait sa face. Que les hommes voyaient sa vie, mais que l'évêque voyait sa conscience. Il fallait donc aller à Arras, délivrer le faux Jean Valjean, dénoncer le véritable ! Hélas ! c'était là le plus grand des sacrifices, la plus poignante des victoires, le dernier pas à franchir ; mais il le fallait. Douloureuse destinée ! il n'entrerait dans la sainteté aux yeux de Dieu que s'il rentrait dans l'infamie aux yeux des hommes !

– Eh bien, dit-il, prenons ce parti ! faisons notre devoir ! sauvons cet homme !

Il prononça ces paroles à haute voix, sans s'apercevoir qu'il parlait tout haut.

Première partie, livre septième, chapitre 3 « Une tempête sous un crâne »

* Il s'agit de Monseigneur Myriel, qui l'a recueilli à sa sortie du bagne et l'a remis sur le droit chemin.

Texte C • Jean-Paul Sartre, *La Mort dans l'âme* (1949)

En juin 1940, Boris, un jeune soldat, hésite à rejoindre la Résistance en Angleterre pour poursuivre le combat, car son amie Lola l'attend à Paris.

Boris se laissa retomber sur son lit. Il pensait : « Je ne peux pas *lui* faire ça, je ne peux pas m'en aller pour la deuxième fois sans lui demander son avis. Si je restais pour elle, pensa-t-il, ça serait une preuve d'amour. [...] A-t-on le droit de rester pour rendre une femme heureuse ? Présenté comme ça, je penserais plutôt que non. Mais a-t-on le droit de partir, si ça fait le malheur de quelqu'un ? » Il se rappelait un mot de Mathieu : « Je ne suis pas assez lâche pour avoir peur de faire souffrir quand il le faut. » Oui, bien sûr : seulement Mathieu faisait toujours le contraire de ce qu'il disait ; il n'avait jamais le courage de faire de la peine aux gens. Boris s'arrêta, le souffle coupé : « Si ce n'était qu'un coup de tête ? Si mon envie de partir m'était dictée par le pur égoïsme, par la frousse de m'emmerder dans la vie civile ? Peut-être que je suis un aventurier. Peut-être qu'il est plus facile de se faire tuer que de vivre. Et si je restais par goût du confort, par peur, pour avoir une femme sous la main ? » Il se retourna : Francillon* se penchait sur le livre avec une application pleine de défiance, comme s'il se fût proposé de déceler les mensonges de l'auteur. « Si je peux lui dire : je pars, si le mot peut sortir de ma bouche, je le dis. » Il se racla la gorge, entrouvrit les lèvres et attendit. Mais le mot ne vint pas ; je ne peux pas lui faire cette peine. Boris comprit qu'il ne voulait pas partir sans avoir consulté Lola.

* Soldat appartenant au même régiment que Boris.

SÉRIES GÉNÉRALES

I. Après avoir lu tous les textes du corpus, vous répondrez à la question suivante (4 points)

Par quels procédés les auteurs de ces trois textes permettent-ils au lecteur d'accéder à l'intériorité des personnages ?

II. Vous traiterez ensuite, au choix, l'un des sujets suivants (16 points)

Commentaire

Vous commenterez le texte de Mme de La Fayette (**texte A**).

Dissertation

Quel est l'intérêt des passages d'analyse psychologique dans les romans ?

Vous proposerez une réflexion argumentée, appuyée sur les textes du corpus, les textes étudiés en classe, et les œuvres que vous avez lues.

Écriture d'invention

En vous inspirant de la « tempête sous un crâne » relatée par Hugo (**texte B**), vous écrirez un extrait de roman dans lequel un personnage est confronté à un dilemme moral, qu'il parvient à résoudre après avoir débattu avec lui-même. Vous utiliserez pour cela les procédés narratifs employés par Hugo.

SÉRIES TECHNOLOGIQUES

I. Après avoir lu tous les textes du corpus, vous répondrez aux questions suivantes (6 points)

1. Pourquoi ces trois textes ont-ils été rapprochés ?
2. Étudiez les discours rapportés dans ces trois extraits.

II. Vous traiterez ensuite, au choix, l'un des sujets suivants (14 points)

Commentaire

Vous commenterez le texte de Hugo (**texte B**), en vous inspirant du parcours de lecture suivant :
1. Étudiez par quels procédés le narrateur s'introduit dans la conscience de Jean Valjean.
2. Montrez que Jean Valjean est confronté à un dilemme, qu'il parvient finalement à résoudre.

Dissertation

Les personnages de roman permettent-ils aux lecteurs de mieux se connaître et se comprendre ?

Vous proposerez une réflexion argumentée, appuyée sur les textes du corpus, les textes étudiés en classe, et les œuvres que vous avez lues.

Écriture d'invention

Lola rend visite à Boris en garnison. Celui-ci évoque l'éventualité de son départ en Angleterre pour participer à la Résistance. Il lui expose ses raisons de partir, tandis qu'elle essaie au contraire de le convaincre de rester. Imaginez leur dialogue.

Sujet 2

Objet d'étude — Le texte théâtral et sa représentation, du XVIIe siècle à nos jours

Texte A • Jean Racine, *Bérénice* (1670)

Titus, couronné Empereur de Rome à la mort de son père, doit renoncer à son amour pour Bérénice, reine étrangère. Il a jusqu'alors repoussé l'aveu de cette séparation qui lui est imposée par son statut.

TITUS

[…]
Que sais-je ? J'espérais de mourir à vos yeux,
Avant que d'en venir à ces cruels adieux.
Les obstacles semblaient renouveler ma flamme.
Tout l'Empire parlait. Mais la Gloire, Madame,
Ne s'était point encor fait entendre à mon cœur
Du ton, dont elle parle au cœur d'un Empereur.
Je sais tous les tourments où ce dessein me livre.
Je sens bien que sans vous je ne saurais plus vivre,
Que mon cœur de moi-même est prêt à s'éloigner.
Mais il ne s'agit plus de vivre, il faut régner.

BÉRÉNICE

Hé bien ! régnez, cruel, contentez votre Gloire :
Je ne dispute plus. J'attendais, pour vous croire,
Que cette même bouche, après mille serments
D'un amour, qui devait unir tous nos moments,
Cette bouche à mes yeux s'avouant infidèle,
M'ordonnât elle-même une absence éternelle.
Moi-même j'ai voulu vous entendre en ce lieu.
Je n'écoute plus rien, et pour jamais : Adieu.
Pour jamais ! Ah Seigneur, songez-vous en vous-même
Combien ce mot cruel est affreux quand on aime ?
Dans un mois, dans un an, comment souffrirons-nous,
Seigneur, que tant de mers me séparent de vous ?
Que le jour recommence et que le jour finisse,
Sans que jamais Titus puisse voir Bérénice,
Sans que de tout le jour je puisse voir Titus ?
Mais quelle est mon erreur, et que de soins perdus !
L'Ingrat de mon départ consolé par avance,
Daignera-t-il compter les jours de mon absence ?
Ces jours si longs pour moi lui sembleront trop courts.

TITUS

Je n'aurai pas, Madame, à compter tant de jours.
J'espère que bientôt la triste Renommée
Vous fera confesser que vous étiez aimée.
Vous verrez que Titus n'a pu, sans expirer…

BÉRÉNICE

Ah ! Seigneur, s'il est vrai, pourquoi nous séparer ? […]

Acte IV, Scène 5

Texte B • Marguerite Duras, *La Musica Deuxième* (1985)

La pièce met en scène un couple qui se sépare.

LUI

Ne pars pas pour l'Amérique.

Elle ne répond pas.

LUI, *épouvanté.*

Ne pars pas. Ne pars pas… Ou bien j'irai vivre où vous serez, tu entends ? Mon travail je m'en fous… J'irai dans la ville où tu seras, je serai là à vous empoisonner… jusqu'à ce que…

ELLE, *lui coupe la parole…*

… l'enfer recommence ?

Il vient vers elle. Derrière elle.

LUI, *crié.*

Je me fous de l'enfer. (*Un temps.*) Toi aussi. (*Un temps.*) Tu t'en fous complètement toi aussi. (*Un temps, il supplie.*) Reste en France. Qu'on puisse au moins se rencontrer, même par hasard… que ce ne soit pas tout à fait impossible. Que l'on soit au moins dans le même pays… sans ça… on ne le supportera pas.

Elle ne répond pas.

LUI, *à voix basse, très vite désespéré.*

Je te donnerai des rendez-vous, loin, en province, personne ne saura… jamais.

Ils sont tous les deux dans une grande colère contre « les choses ».

ELLE

Non. (*Elle secoue la tête.*) Le vouloir, le faire exprès, non… Si on doit se retrouver, que ce soit par hasard, comme avec eux, avec cette jeune fille et cet homme. Plus autrement, plus jamais autrement que par hasard…

LUI

Je ne peux pas te quitter.

ELLE

Nous sommes séparés…

LUI

Si on meurt…

ELLE

Même dans ce cas. Ne rien faire. Inventer ça.

Ici se produit le passage de La Musica *à* La Musica Deuxième. *Ce n'est pas un entracte. Disons que c'est un intermède sans jeu aucun.*
Voici comment cela doit se passer :
Après avoir dit leur dernière réplique, les comédiens restent en situation pendant deux à trois secondes, jusqu'à l'arrivée de la musique – celle de Duke Ellington. Alors les comédiens d'un seul coup cessent de jouer et se séparent.
La lumière commence à baisser.
Les comédiens séparés se dirigent vers des lieux différents de la scène.
Lui va s'asseoir dans un angle lointain du décor qui est éclairé pour sa venue, très légèrement.
Elle reste au milieu du décor, assise à l'une des deux tables.
Sur les tables il y a des verres, des carafes d'eau, des cigarettes.
La lumière baisse beaucoup, elle devient une pénombre. Les comédiens fument. Dans la pénombre, la fumée des cigarettes envahit l'espace de la scène.
Les comédiens se reposent profondément face au public.
Ce repos est un spectacle.

Texte C • Éric-Emmanuel Schmitt, *Petits crimes conjugaux* (2003)

De retour chez lui après un séjour à l'hôpital pour un coup qui a provoqué une apparente amnésie, Gilles retrouve son épouse, Lisa. Au cours d'une longue conversation on découvre que c'est elle qui l'a frappé, par jalousie. Elle tente ici de le quitter, bien qu'elle l'aime encore.

LISA : Je… je… je vais chercher ma valise.

Elle guette une approbation dans l'attitude de Gilles. Comme il ne réagit pas, elle insiste.

LISA : Elle est prête depuis quinze jours.

Gilles ne bronche pas. Elle monte les marches et redescend avec son bagage, s'arrêtant néanmoins devant lui.

GILLES : Il ne te viendrait pas à l'idée que je te pardonne ?

Lisa rejette sa générosité.

LISA : Ça fait beaucoup à pardonner. Mes doutes mon coup mon mensonge

GILLES : Je peux te faire un lot.

LISA : Je t'ai fait trop souffrir.

GILLES : Je ne regrette pas ma souffrance si elle est le prix à payer pour nous.

De façon puérile, Lisa refuse de nouveau en dodelinant du front.

GILLES : Tout à l'heure, tu m'as bien pardonné, toi.

LISA : C'était plus facile, tu n'as pas essayé de me tuer.

GILLES : Ce que j'entendais, c'était une autre chanson, j'entendais : « Je veux vivre avec toi. »

LISA : Oui.

GILLES : Tu ne veux plus ?

LISA : Non. Tout à l'heure, tu ne savais pas. Tu croyais que c'était toi qui…

GILLES : Non. Je le savais déjà.

SÉRIES GÉNÉRALES

I. Après avoir lu tous les textes du corpus, vous répondrez à la question suivante (4 points)

Comment ces scènes de séparation rendent-elles compte des émotions des personnages ?

II. Vous traiterez ensuite, au choix, l'un des sujets suivants (16 points)

Commentaire

Vous commenterez l'extrait de *Bérénice* de Racine (**texte A**).

Dissertation

Aujourd'hui, malgré la multiplication et la diversification des sources de divertissement, le théâtre continue de séduire lecteurs et spectateurs. Selon vous, quelles caractéristiques de l'art théâtral expliquent ce succès ?

Vous penserez à prendre en compte tous les aspects de l'art théâtral. Votre réflexion s'appuiera sur les textes du corpus, et des exemples tirés de votre expérience de lecteur et de spectateur.

Écriture d'invention

Dans un théâtre, vous êtes chargé(e) de rédiger le texte d'une programmation sur le thème : « le théâtre : miroir des émotions ». Dans la présentation, vous expliquerez en quoi l'art théâtral permet, particulièrement bien, de rendre compte des rapports humains.

SÉRIES TECHNOLOGIQUES

I. Après avoir lu tous les textes du corpus, vous répondrez aux questions suivantes (6 points)

1. En quoi ces scènes de séparation relèvent-elles d'un registre tragique ?

2. Analysez l'usage et les effets de la ponctuation dans ces trois extraits.

II. Vous traiterez ensuite, au choix, l'un des sujets suivants (14 points)

Commentaire

Vous commenterez l'extrait de *La Musica Deuxième* de Duras (**texte B**), à partir des deux axes suivants :

1. La représentation d'une scène de séparation.

2. L'expression, explicite et implicite, des sentiments des personnages.

Dissertation

La spécificité du genre théâtral est d'être destiné à la représentation. Que peut apporter la représentation de plus que le texte seul ? Vous répondrez de manière argumentée, en vous appuyant sur des exemples précis.

Écriture d'invention

Imaginez que vous avez assisté à la représentation d'une des pièces du corpus. Le soir même, vous écrivez à un ami pour lui faire part des émotions ressenties au cours du spectacle, et de la manière dont plus généralement le théâtre permet de mettre en valeur les sentiments. Rédigez cette lettre.

SUJET 3

OBJET D'ÉTUDE Écriture poétique et quête de sens, du Moyen Âge à nos jours

Texte A • Charles Baudelaire, *Les Fleurs du mal* (1857)

L'albatros

Souvent, pour s'amuser, les hommes d'équipage
Prennent des albatros, vastes oiseaux des mers,
Qui suivent, indolents compagnons de voyage,
Le navire glissant sur les gouffres amers.

À peine les ont-ils déposés sur les planches,
Que ces rois de l'azur, maladroits et honteux,
Laissent piteusement leurs grandes ailes blanches
Comme des avirons traîner à côté d'eux.

Ce voyageur ailé, comme il est gauche et veule !
Lui, naguère si beau, qu'il est comique et laid !
L'un agace son bec avec un brûle-gueule,
L'autre mime, en boitant, l'infirme qui volait !

Le Poète est semblable au prince des nuées
Qui hante la tempête et se rit de l'archer ;
Exilé sur le sol au milieu des huées,
Ses ailes de géant l'empêchent de marcher.

Texte B • Stéphane Mallarmé, *Poésies* (1899)

Le vierge, le vivace...

Le vierge, le vivace et le bel aujourd'hui
Va-t-il nous déchirer avec un coup d'aile ivre
Ce lac dur oublié que hante sous le givre
Le transparent glacier des vols qui n'ont pas fui !

Un cygne d'autrefois se souvient que c'est lui
Magnifique mais qui sans espoir se délivre
Pour n'avoir pas chanté la région où vivre
Quand du stérile hiver a resplendi l'ennui.

Tout son col secouera cette blanche agonie
Par l'espace infligée à l'oiseau qui le nie,
Mais non l'horreur du sol où le plumage est pris.

Fantôme qu'à ce lieu son pur éclat assigne,
Il s'immobilise au songe froid de mépris
Que vêt parmi l'exil inutile le Cygne.

Texte C • Henri Michaux, *Peintures* (1939)

Clown

Un jour.
Un jour, bientôt peut-être.
Un jour j'arracherai l'ancre qui tient mon navire loin des mers.
Avec la sorte de courage qu'il faut pour être rien et rien que rien, je lâcherai ce qui paraissait m'être indissolublement proche.
Je le trancherai, je le renverserai, je le romprai, je le ferai dégringoler.
D'un coup dégorgeant ma misérable pudeur, mes misérables combinaisons et enchaînements « de fil en aiguille ».
Vidé de l'abcès d'être quelqu'un, je boirai à nouveau l'espace nourricier.
À coups de ridicules, de déchéances (qu'est-ce que la déchéance ?), par éclatement, par vide, par une totale dissipation-dérision-purgation, j'expulserai de moi la forme qu'on croyait si bien attachée, composée, coordonnée, assortie à mon entourage et à mes semblables, si dignes, si dignes, mes semblables.
Réduit à une humilité de catastrophe, à un nivellement parfait comme après une intense trouille.
Ramené au-dessous de toute mesure à mon rang réel, au rang infime que je ne sais quelle idée-ambition m'avait fait déserter.
Anéanti quant à la hauteur, quant à l'estime.
Perdu en un endroit lointain (ou même pas), sans nom, sans identité.

CLOWN, abattant dans la risée, dans le grotesque, dans l'esclaffement, le sens que contre toute lumière je m'étais fait de mon importance.
Je plongerai.
Sans bourse dans l'infini-esprit sous-jacent ouvert à tous,
ouvert moi-même à une nouvelle et incroyable rosée
à force d'être nul
et ras...
et risible...

SÉRIES GÉNÉRALES

I. Après avoir lu tous les textes du corpus, vous répondrez à la question suivante (4 points)

Étudiez les images auxquelles les poètes du corpus se comparent.

II. Vous traiterez ensuite, au choix, l'un des sujets suivants (16 points)

Commentaire

Vous commenterez le texte de Mallarmé (**texte B**).

Dissertation

Pensez-vous que l'écriture poétique permette aux auteurs de décrire leurs émotions avec efficacité ? Vous vous appuierez sur les textes du corpus, sur vos lectures faites en classe et sur vos connaissances personnelles.

Écriture d'invention

Vous êtes chargé(e) par un éditeur de rédiger la préface d'une anthologie poétique et d'y définir la place des poètes dans la société.

SÉRIES TECHNOLOGIQUES

I. Après avoir lu tous les textes du corpus, vous répondrez aux questions suivantes (6 points)

1. Analysez les éléments auxquels les poètes se comparent.
2. Pourquoi les poètes souffrent-ils de leur état ?

II. Vous traiterez ensuite, au choix, l'un des sujets suivants (14 points)

Commentaire

Vous commenterez le texte de Baudelaire (**texte A**) selon le parcours d'étude suivant :
1. Le jeu des contraires.
2. Une représentation symbolique.

Dissertation

Pensez-vous que les poètes et artistes ont leur place dans le monde qui les entoure ? Vous vous appuierez sur les textes du corpus, sur vos lectures faites en classe et sur vos connaissances personnelles.

Écriture d'invention

À votre tour, exprimez l'émotion d'un poète à partir d'un élément auquel vous le comparez. Votre texte se présentera sous la forme d'un poème en prose.

Sujet 4

Objet d'étude — La question de l'Homme dans les genres de l'argumentation, du XVIe siècle à nos jours

Texte A • Jean de Léry, *Histoire d'un voyage fait en la terre du Brésil* (1578)

Dans ce récit de voyage, l'ethnographe Jean de Léry raconte son séjour au Brésil ; il évoque ici sa première rencontre avec les habitants du pays, les Tououpinambaoults.

Me voyant tout incontinent[1] environné de sauvages, lesquels me demandaient, *Marapé-dereré, marapé-dereré*, c'est-à-dire, Comment as-tu nom, comment as-tu nom, (à quoi pour lors je n'entendais que le haut Allemand[2]) et au reste l'un ayant pris mon chapeau qu'il mit sur sa tête, l'autre mon épée et ma ceinture qu'il ceignit sur son corps tout nu, l'autre ma casaque[3] qu'il vêtit : eux, dis-je, m'étourdissant de leurs crieries[4] et courant de cette façon parmi leurs villages avec mes hardes[5], non seulement je pensais avoir tout perdu, mais aussi je ne savais où j'en étais. Mais comme l'expérience m'a montré plusieurs fois depuis, ce n'était que faute de savoir leur manière de faire : car faisant le même à tous ceux qui les visitent, et principalement à ceux qu'ils n'ont point encore vus : après qu'ils se sont un peu ainsi joués des besognes[6] d'autrui, ils rapportent et rendent le tout à ceux à qui elles appartiennent. Là-dessus le truchement[7] m'ayant averti qu'ils désiraient sur tout de savoir mon nom, mais que de leur dire Pierre, Guillaume ou Jean, eux ne les pouvant prononcer ni retenir (comme de fait, au lieu de dire Jean ils disaient Nian), il me fallait accommoder de leur nommer quelque chose qui leur fut connue : cela (comme il me dit) étant si bien venu à propos que mon surnom Léry signifie une huître en leur langage, je leur dis que je m'appelais *Léry-oussou* : c'est-à-dire une grosse huître. De quoi eux se tenant bien satisfaits, avec leur admiration *Teh !*[8] se prenant à rire, dirent : Vraiment voilà un beau nom, et n'avions point encore vu de *Mair*, c'est-à-dire Français, qui s'appelât ainsi.

Orthographe modernisée par les auteurs du manuel

1. Immédiatement.
2. « Je ne comprenais pas plus ces paroles que si elles avaient été prononcées en patois germanique. »
3. Veste.
4. Criailleries.
5. Vêtements.
6. Affaires.
7. L'interprète.
8. « Avec un « *Teh !* » exprimant l'étonnement. »

Texte B • Voltaire, *L'Ingénu* (1767)

L'Ingénu, un Huron débarqué en Basse-Bretagne, est recueilli par une famille catholique, les Kerkabon.

« Je m'aperçois, monsieur l'Ingénu, dit le grave bailli[1], que vous parlez mieux français qu'il n'appartient à un Huron[2]. – Un Français, dit-il, que nous avions pris dans ma grande jeunesse en Huronie, et pour qui je conçus beaucoup d'amitié, m'enseigna sa langue ; j'apprends très vite ce que je veux apprendre. J'ai trouvé en arrivant à Plymouth un de vos Français réfugiés que vous appelez *huguenots*[3], je ne sais pourquoi ; il m'a fait faire quelques progrès dans la connaissance de votre langue ; et, dès que j'ai pu m'exprimer intelligiblement, je suis venu voir votre pays, parce que j'aime assez les Français quand ils ne font pas trop de questions. »

L'abbé de Saint-Yves, malgré ce petit avertissement, lui demanda laquelle des trois langues lui plaisait davantage, la huronne, l'anglaise ou la française. « La huronne, sans contredit, répondit l'Ingénu. – Est-il possible ? s'écria mademoiselle de Kerkabon ; j'avais toujours cru que le français était la plus belle de toutes les langues après le bas-breton. »

Alors ce fut à qui demanderait à l'Ingénu comment on disait en huron du tabac, et il répondait *taya*[4] ; comment on disait manger, et il répondait *essenten*[4]. Mademoiselle de Kerkabon voulut absolument savoir comment on disait faire l'amour ; il lui répondit *trovander*[4], et soutint, non sans apparence de raison, que ces mots-là valaient bien les mots français et anglais qui leur correspondaient. *Trovander* parut très joli à tous les convives.

Monsieur le prieur, qui avait dans sa bibliothèque la grammaire huronne dont le révérend père Sagard-Théodat, récollet[5], fameux missionnaire, lui avait fait présent, sortit de table un moment pour l'aller consulter. Il revint tout haletant de tendresse et de joie. Il reconnut l'Ingénu pour un vrai Huron. On disputa un peu sur la multiplicité des langues, et on convint que, sans l'aventure de la tour de Babel, toute la terre aurait parlé français.

1. Officier de justice, qui a le pouvoir de questionner en usant de la torture.
2. Indien du Canada.
3. Protestants.
4. « Tous ces noms sont en effet hurons » (note de Voltaire).
5. Religieux menant une existence austère.

Texte C • Jean-Christophe Rufin, *Rouge Brésil* (2001)

Colombe, jeune fille déguisée en garçon, accompagne l'expédition que l'amiral français Villegagnon conduisit au Brésil au XVIe siècle. Des Indiens, nus et armés, surprennent les occidentaux alors qu'ils se sont endormis dans la forêt.

Quand le soldat balte[1] se releva en tremblant, couvert de ses guenilles puantes, c'est lui plutôt qui parut à Colombe ridicule, emprunté, aussi absurdement travesti qu'elle se sentait tout à coup l'être elle-même.

– Mair[2], bredouilla le Balte, en exécutant avec terreur les maigres consignes que Villegagnon lui avait fait entendre.

– Mair, mair, reprirent tous les autres soldats de l'escouade[3] sans chercher à se servir de leurs armes qui gisaient encore sur le sol.

L'un des Indiens répondit par une longue phrase. Une langue inconnue se laisse voir plutôt qu'entendre : elle était colorée d'innombrables voyelles, entremêlées comme dans ce sous-bois de forêt vierge, et l'on y reconnaissait un relief tourmenté de consonnes, qui dominaient la mélodie de leur dureté abrupte.

– Mair, répéta le Balte pour faire croire qu'il avait compris quelque chose.

Ce mot déclencha le rire chez les Indiens car il montrait que les étrangers n'avaient aucune intelligence de ce qu'ils avaient voulu leur dire.

Cette hilarité, jointe au fait que les Indiens replacèrent leurs arcs à l'épaule, calma l'alarme des soldats. Ils se mirent en marche à la suite de leurs nouveaux guides en direction d'un étroit chemin tracé dans les herbes.

1. Soldat de l'escouade de Villegagnon.
2. Français, dans la langue des Indiens tupi.
3. Petite troupe.

SÉRIES GÉNÉRALES

I. Après avoir lu tous les textes du corpus, vous répondrez à la question suivante (4 points)

Quelle relation ces textes établissent-ils entre connaissance de la langue et connaissance de l'autre ?

II. Vous traiterez ensuite, au choix, l'un des sujets suivants (16 points)

Commentaire

Vous commenterez le texte de Voltaire (**texte B**).

Dissertation

Pensez-vous que le regard posé par la littérature sur le monde et sur les autres permette de se connaître soi-même ?

Vous proposerez un développement organisé, étayé d'exemples empruntés aux textes du corpus et aux œuvres que vous avez lues.

Écriture d'invention

À votre tour, vous entreprenez un voyage qui vous conduit dans une région encore inexplorée, où des hommes au langage et aux coutumes inconnus vous accueillent. Vous écrivez à vos amis, restés en France, afin de leur faire part des difficultés et des interrogations qu'a soulevées la découverte d'un monde nouveau et la rencontre de l'autre.

SÉRIES TECHNOLOGIQUES

I. Après avoir lu tous les textes du corpus, vous répondrez aux questions suivantes (6 points)

1. Quels effets ces différents textes produisent-ils sur leurs lecteurs ?

2. Quelle image de la langue de l'autre est donnée par ces textes ?

II. Vous traiterez ensuite, au choix, l'un des sujets suivants (14 points)

Commentaire

Vous commenterez le texte de Rufin (**texte C**) à partir du parcours de lecture suivant :

1. Vous étudierez comment ce passage met en scène la rencontre de l'autre de façon humoristique.

2. Vous analyserez la façon dont l'auteur parvient à nous faire partager le point de vue de l'héroïne.

Dissertation

Pensez-vous que les écrivains aient le pouvoir de changer le regard que nous posons sur les autres ?

Vous proposerez un développement organisé, étayé d'exemples empruntés aux textes du corpus et aux œuvres que vous avez lues.

Écriture d'invention

Les rédacteurs d'un dictionnaire se concertent pour savoir s'il faut ouvrir les articles de leur ouvrage aux mots étrangers. L'un d'eux souhaiterait la naissance d'une langue universelle, tandis que l'autre préfèrerait que chaque langue préserve son originalité. Rédigez leur dialogue.

Sujet 5

Série L

Objet d'étude Les réécritures, du XVIIe siècle à nos jours

Texte A • Jean Racine, Première préface à *Andromaque* (1667)

Racine rappelle dans sa préface les sources de sa tragédie Andromaque.

Virgile au troisième livre de l'*Énéide*.[1]

[...]

« *Nous*[2] *avons enduré l'orgueil du fils d'Achille et son insolente jeunesse, et nous avons enfanté dans la servitude. Puis, lorsqu'il*[3] *a suivi la petite-fille de Léda, Hermione*[4], *et qu'il a rêvé d'un Hymen lacédémonien [...]. Mais enflammé d'amour pour la femme qui lui était ravie, et harcelé par les Furies de son parricide, Oreste*[5] *le*[3] *surprend devant l'autel d'Achille et l'égorge à l'improviste.* » (traduction Goelzer-Bellessort)

Voilà, en peu de vers, tout le sujet de cette tragédie. [...] Mais véritablement mes personnages sont si fameux dans l'antiquité, que, pour peu qu'on la connaisse, on verra fort bien que je les ai rendus tels que les anciens poètes nous les ont donnés. Aussi n'ai-je pas pensé qu'il me fût permis de rien changer à leurs mœurs. Toute la liberté que j'ai prise, ç'a été d'adoucir un peu la férocité de Pyrrhus, que Sénèque, dans sa *Troade*[6], et Virgile, dans le second livre de l'*Énéide*, ont poussée beaucoup plus loin que je n'ai cru le devoir faire.

Encore s'est-il trouvé des gens qui se sont plaints qu'il s'emportât contre Andromaque, et qu'il voulût épouser cette captive à quelque prix que ce fût. J'avoue qu'il n'est pas assez résigné à la volonté de sa maîtresse et Céladon a mieux connu que lui le parfait amour. Mais que faire ? Pyrrhus n'avait pas lu nos romans. Il était violent de son naturel. Et tous les héros ne sont pas faits pour être des Céladons[7].

Quoi qu'il en soit, le public m'a été trop favorable pour m'embarrasser du chagrin particulier de deux ou trois personnes qui voudraient qu'on réformât tous les héros de l'Antiquité pour en faire des héros parfaits. Je trouve leur intention fort bonne de vouloir qu'on ne mette sur la scène que des héros impeccables. Mais je les prie de se souvenir que ce n'est pas à moi de changer les règles du théâtre. Horace[8] nous recommande de dépeindre Achille farouche, inexorable, violent, tel qu'il était, et tel qu'on dépeint son fils[3]. Et Aristote[9], bien éloigné de nous demander des héros parfaits, veut au contraire que les personnages tragiques, c'est-à-dire ceux dont le malheur fait la catastrophe de la tragédie, ne soient ni tout à fait bons, ni tout à fait méchants. Il ne veut pas qu'ils soient extrêmement bons, parce que la punition d'un homme de bien exciterait plutôt l'indignation que la pitié du spectateur ; ni qu'ils soient méchants avec excès, parce qu'on n'a point pitié d'un scélérat. [...]

1. Épopée de Virgile (Ier s. av. J.- C.) qui relate les exploits du héros troyen, Énée, après la chute de Troie.
2. Andromaque, veuve d'Hector, prince de Troie, parle au nom des Troyennes.
3. Pyrrhus, roi d'Épire et allié des Grecs. Après la chute de Troie, Andromaque devenue sa prisonnière a eu un fils de Pyrrhus, selon l'*Énéide*.
4. Fille de Ménélas, roi de Lacédémone (ou Sparte), promise à Pyrrhus.
5. Ambassadeur des Grecs venu réclamer le fils d'Andromaque, il espère reconquérir Hermione.
6. Tragédie de Sénèque, auteur de nombreuses tragédies latines (Ier s. ap. J.-C.).
7. Héros du roman d'Honoré d'Urfé, *L'Astrée* (1607-1628), et modèle de l'amant « galant ».
8. Poète latin, auteur, *Art poétique* (Ier s. av. J.-C.).
9. Philosophe grec, auteur de *La Poétique* (IVe s. av. J.-C.).

Texte B • Jean Racine, *Andromaque* (1667)

Dans cette scène, Pyrrhus tente de convaincre Andromaque de l'épouser et de sauver ainsi son fils Astyanax réclamé par Oreste et les Grecs.

ACTE III, SCÈNE 7
PYRRHUS, ANDROMAQUE, CÉPHISE

[...]

PYRRHUS *continue*

Madame, demeurez.
On peut vous rendre encor ce fils que vous pleurez.
Oui, je sens à regret qu'en excitant vos larmes
Je ne fais contre moi que vous donner des armes.
Je croyais apporter plus de haine en ces lieux.
Mais, Madame, du moins tournez vers moi les yeux:
Voyez si mes regards sont d'un juge sévère,
S'ils sont d'un ennemi qui cherche à vous déplaire.
Pourquoi me forcez-vous vous-même à vous trahir ?
Au nom de votre fils, cessons de nous haïr.
À le sauver enfin c'est moi qui vous convie.
Faut-il que mes soupirs vous demandent sa vie ?
Faut-il qu'en sa faveur j'embrasse vos genoux ?
Pour la dernière fois, sauvez-le, sauvez-vous.
Je sais de quels serments je romps pour vous les chaînes,
Combien je vais sur moi faire éclater de haines.
Je renvoie Hermione, et je mets sur son front,
Au lieu de ma couronne, un éternel affront.
Je vous conduis au temple où son hymen s'apprête;
Je vous ceins du bandeau préparé pour sa tête.
Mais ce n'est plus, Madame, une offre à dédaigner:
Je vous le dis, il faut ou périr ou régner.
Mon cœur, désespéré d'un an d'ingratitude,
Ne peut plus de son sort souffrir l'incertitude.
C'est craindre, menacer et gémir trop longtemps.
Je meurs si je vous perds, mais je meurs si j'attends.
Songez-y: je vous laisse; et je viendrai vous prendre
Pour vous mener au temple où ce fils doit m'attendre;
Et là vous me verrez, soumis ou furieux,
Vous couronner, Madame, ou le perdre à vos yeux.

ACTE III, SCÈNE 8
ANDROMAQUE, CÉPHISE

CÉPHISE

Je vous l'avais prédit, qu'en dépit de la Grèce,
De votre sort encor vous seriez la maîtresse.

ANDROMAQUE

Hélas! de quel effet tes discours sont suivis!
Il ne me restait plus qu'à condamner mon fils.

CÉPHISE

Madame, à votre époux c'est être assez fidèle:
Trop de vertu pourrait vous rendre criminelle;
Lui-même il porterait votre âme à la douceur.

ANDROMAQUE

Quoi ? je lui donnerais Pyrrhus pour successeur ! [...]

Texte C • Marcel Aymé, *Uranus* (1948)

Pendant la Seconde Guerre mondiale, parce que l'école a été détruite, le cafetier Léopold accueille une classe de troisième dans la salle de son café. En écoutant les cours sur Andromaque, *il se prend de passion pour l'héroïne.*

Des bribes de conjugaisons latines revenaient aux oreilles de Léopold. M. Didier[1], triste et sévère, passait entre les tables jeter un coup d'œil sur les cahiers de préparation et, par la bouche d'Odette Lepreux[2], Andromaque exhalait sa plainte mélodieuse. Un peu oubliée pendant les dernières vingt-quatre heures, elle surgissait dans un décor familier, telle qu'il la voyait d'ordinaire dans sa robe de 1900, avec les manches à gigot[3] et la chaîne de montre en sautoir. Il sentit dans ses veines se rallumer la fièvre créatrice. Un moment, il se concentra, la tête entre les poings, les yeux agrandis, fixés sur une mousse de lumière qu'accrochait le rebord du zinc. Prenant un crayon et une feuille de papier, il commença par écrire les trois vers qu'il avait déjà faits. Le dimanche matin, le café ouvrait tard. Léopold avait devant lui deux heures de tranquillité absolue. Andromaque était là, si proche, si vraie, qu'il lui semblait entendre sa confidence. En une heure il eut écrit deux nouveaux vers. Le troisième lui vint plus lentement, mais ce fut celui qui lui donna le plus de satisfaction. L'ensemble se présentait ainsi :

LÉOPOLD
Passez-moi Astyanax, on va filer en douce.
Attendons pas d'avoir les poulets à nos trousses.
ANDROMAQUE
Mon Dieu, c'est-il possible. Enfin voilà un homme !
Voulez-vous du vin blanc ou voulez-vous du rhum ?
LÉOPOLD
Du blanc.
ANDROMAQUE
C'était du blanc que buvait mon Hector
Pour monter aux tranchées, et il n'avait pas tort.

Arrivé là, Léopold resta longtemps le crayon en l'air. Il aurait voulu faire entendre à Andromaque qu'il avait lui-même fait la guerre en 1914, sans toutefois se donner des airs trop avantageux.

1. Le professeur de français.
2. Une élève.
3. Manches bouffantes.

SÉRIE L

I. Après avoir lu tous les textes du corpus, vous répondrez à la question suivante (4 points)

Qu'est-ce qui caractérise et distingue les intentions de Racine et de « Léopold » dans leur réécriture ?

II. Vous traiterez ensuite, au choix, l'un des sujets suivants (16 points)

Commentaire

Vous commenterez le **texte B**.

Dissertation

Réécrire, est-ce dire autrement la même chose ou est-ce dire autrement autre chose ? Vous vous appuierez sur les textes du corpus, vos lectures faites en classe et vos connaissances personnelles.

Écriture d'invention

Réécrivez sous la forme d'une page de roman le dénouement présenté dans les vers de Virgile (passage en italiques, début du **texte A**).

SUJET 6

OBJET D'ÉTUDE Le texte théâtral et sa représentation, du XVIIe siècle à nos jours

OBJET D'ÉTUDE La question de l'Homme dans les genres de l'argumentation, du XVIe siècle à nos jours

Texte A • Molière, *Le Misanthrope* (1666)

Célimène, entourée de ses amis Éliante, Philinte et les petits marquis, Clitandre et Acaste, dresse le portrait d'autres personnages, absents de la scène, que le spectateur ne verra jamais.

[...]
ACASTE : Que vous semble d'Adraste ?
CÉLIMÈNE : Ah ! quel orgueil extrême !
C'est un homme gonflé de l'amour de soi-même ;
Son mérite jamais n'est content de la cour,
Contre elle il fait métier de pester chaque jour.
Et l'on ne donne emploi, charge ni bénéfice,
Qu'à tout ce qu'il se croit on ne fasse injustice.
CLITANDRE : Mais le jeune Cléon, chez qui vont aujourd'hui
Nos plus honnêtes gens, que dites-vous de lui ?
CÉLIMÈNE : Que de son cuisinier il s'est fait un mérite,
Et que c'est à sa table à qui l'on rend visite.
ELIANTE : Il prend soin d'y servir des mets fort délicats.
CÉLIMÈNE : Oui ; mais je voudrais bien qu'il ne s'y servît pas :
C'est un fort méchant plat que sa sotte personne,
Et qui gâte, à mon goût, tous les repas qu'il donne.
PHILINTE : On fait assez de cas de son oncle Damis :
Qu'en dites-vous, Madame ?
CÉLIMÈNE : Il est de mes amis.
PHILINTE : Je le trouve honnête homme, et d'un air assez sage.
CÉLIMÈNE : Oui ; mais il veut avoir trop d'esprit, dont j'enrage ;
Il est guindé* sans cesse ; et dans tous ses propos,
On voit qu'il se travaille à dire de bons mots.
Depuis que dans la tête il s'est mis d'être habile,
Rien ne touche son goût, tant il est difficile ;
Il veut voir des défauts à tout ce qu'on écrit,
Et pense que louer n'est pas d'un bel esprit,
Que c'est être savant que trouver à redire,
Qu'il n'appartient qu'aux sots d'admirer et de rire,
Et qu'en n'approuvant rien des ouvrages du temps,
Il se met au-dessus de tous les autres gens ;
Aux conversations même il trouve à reprendre :
Ce sont propos trop bas pour y daigner descendre ;
Et les deux bras croisés, du haut de son esprit
Il regarde en pitié tout ce que chacun dit.
ACASTE : Dieu me damne, voilà son portrait véritable.
CLITANDRE : Pour bien peindre les gens vous êtes admirable ! [...]

Acte II, Scène 4, vers 623 à 650

* Qui a des manières.

Texte B • Alfred de Musset, *On ne badine pas avec l'amour* (1834)

Une place devant le château.

LE CHOEUR[1] : Doucement bercé sur sa mule fringante[2], messer Blazius s'avance dans les bluets fleuris, vêtu de neuf, l'écritoire au côté. Comme un poupon sur l'oreiller, il se ballotte sur son ventre rebondi, et les yeux à demi fermés, il marmotte un *Pater noster*[3] dans son triple menton. Salut, maître Blazius ; vous arrivez au temps de la vendange, pareil à une amphore antique.

MAÎTRE BLAZIUS : Que ceux qui veulent apprendre une nouvelle d'importance m'apportent ici premièrement un verre de vin frais.

LE CHOEUR : Voilà notre plus grande écuelle ; buvez, maître Blazius ; le vin est bon ; vous parlerez après.

MAÎTRE BLAZIUS : Vous saurez, mes enfants, que le jeune Perdican, fils de notre seigneur, vient d'atteindre à sa majorité, et qu'il est reçu docteur[4] à Paris. Il revient aujourd'hui même au château, la bouche toute pleine de façons de parler si belles et si fleuries, qu'on ne sait que lui répondre les trois quarts du temps. Toute sa gracieuse personne est un livre d'or ; il ne voit pas un brin d'herbe à terre, qu'il ne vous dise comment cela s'appelle en latin ; et quand il fait du vent ou qu'il pleut, il vous dit tout clairement pourquoi. Vous ouvririez des yeux grands comme la porte que voilà, de le voir dérouler un des parchemins qu'il a coloriés d'encres de toutes couleurs, de ses propres mains et sans rien en dire à personne. Enfin c'est un diamant fin des pieds à la tête, et voilà ce que je viens annoncer à M. le baron. Vous sentez que cela me fait quelque honneur, à moi, qui suis son gouverneur depuis l'âge de quatre ans ; ainsi donc, mes bons amis, apportez une chaise que je descende un peu de cette mule-ci sans me casser le cou ; la bête est tant soit peu rétive[5], et je ne serais pas fâché de boire encore une gorgée avant d'entrer.

LE CHOEUR : Buvez, maître Blazius, et reprenez vos esprits. Nous avons vu naître le petit Perdican, et il n'était pas besoin, du moment qu'il arrive, de nous en dire si long. Puissions-nous retrouver l'enfant dans le cœur de l'homme !

MAÎTRE BLAZIUS : Ma foi, l'écuelle est vide ; je ne croyais pas avoir tout bu. Adieu ; j'ai préparé, en trottant sur la route, deux ou trois phrases sans prétention qui plairont à monseigneur ; je vais tirer la cloche.

Il sort. [...]

Acte I, Scène 1

1. Le « chœur » est composé de jeunes paysans et valets.
2. Qui a fière allure.
3. Prière.
4. Titulaire d'un doctorat.
5. Récalcitrante, qui refuse d'obéir.

Texte C • Edmond Rostand, *Chantecler* (1910)

Le coq Chantecler et le chien Patou, seuls, évoquent un autre personnage de la pièce, le Merle.

[...]

PATOU : Toi qui sus préférer le vrai grain à la perle,
Comment te laisses-tu prendre à ce... vilain Merle ?
(On entend le Merle s'exercer à siffler : « Ah ! qu'il fait donc bon... »)
Un oiseau qui travaille un air !

CHANTECLER, *indulgent* : Enfin... enfin...
Il siffle un air !

PATOU, *concédant, dans un petit grognement qui s'allonge* : Ou... i. Mais pas jusqu'à la fin !

CHANTECLER, *regardant sautiller le Merle* : Il est léger !

PATOU, *même jeu* : Ou... i. Mais sur notre âme il pèse !
Un oiseau qui consent à faire du trapèze !

CHANTECLER : Et puis, voyons, il est intelligent.

PATOU, *dont le grognement s'allonge de plus en plus* : Ou... i.
Mais pas très : car son œil n'est jamais ébloui.
Il a, devant la fleur, dont il voit trop la tige,
Le regard qui restreint et le mot qui mitige.

CHANTECLER : Mon cher, il a du goût.

PATOU : Ou... i. Mais pas beaucoup !
Être noir, c'est avoir à coup trop sûr du goût :
Il faut savoir risquer des couleurs sur son aile !

CHANTECLER : Enfin… sa fantaisie est assez personnelle.
Il est très drôle.
PATOU : Ou… non ! Drôle, parce qu'il prit
Quelques locutions qui remplacent l'esprit ?
Qu'il croit inaugurer des syntaxes alertes[1],
Et qu'il dit : « On est des » pour : « Je suis un » ? Non, certes !
CHANTECLER : Il a de l'imprévu.
PATOU : Facile, mais grossier.
Je ne crois pas qu'il soit extrêmement sorcier
De dire, lorsqu'on voit une vache qui broute :
« La vache la connaît dans les foins » ; et je doute
Que d'un particulier génie on ait besoin
Pour répondre au canard : « Ça t'en bouche un coin-coin ! »
La blague de ce Merle à qui je suis hostile
N'est pas plus de l'esprit que son argot du style !
CHANTECLER : Il n'est pas tout à fait responsable. Il subit
Son costume moderne.
PATOU : Ah ?
CHANTECLER, *lui montrant le Merle* : Il est en habit !
Il a l'air, dans son frac[2] d'une coupe gentille…
PATOU : Du petit croque-mort de la Foi, qui sautille.

Acte I, Scène 4

1. Il veut employer des tournures de phrases originales.
2. Habit de cérémonie.

SÉRIES GÉNÉRALES

I. Après avoir lu tous les textes du corpus, vous répondrez à la question suivante (4 points)

Par quels procédés stylistiques les répliques de Célimène, Patou et Maître Blazius sont-elles comiques ?

II. Vous traiterez ensuite, au choix, l'un des sujets suivants (16 points)

Commentaire

Vous commenterez le texte de Molière (**texte A**).

Dissertation

Quels intérêts les portraits élogieux ou critiques de personnages, absents ou présents sur scène, peuvent-ils avoir dans les pièces de théâtre ?

Vous répondrez à cette question de manière organisée, et illustrerez votre propos d'exemples issus des textes du corpus et de vos lectures personnelles.

Écriture d'invention

Un acteur, en proie à d'intenses difficultés pour incarner *Chantecler* d'Edmond Rostand, écrit à un metteur en scène pour lui demander conseil. Ce dernier lui répond en s'appuyant sur le **texte C**. Écrivez sa lettre.

SÉRIES TECHNOLOGIQUES

I. Après avoir lu tous les textes du corpus, vous répondrez aux questions suivantes (6 points)

1. Quels jugements les personnages sur scène portent-ils sur les personnages absents ?

2. Quels effets sur les spectateurs ces scènes produisent-elles ?

II. Vous traiterez ensuite, au choix, l'un des sujets suivants (14 points)

Commentaire

Vous commenterez le texte d'Alfred de Musset (**texte B**) en suivant le parcours proposé :

1. Vous montrerez comment cette scène d'exposition comble les attentes du spectateur.

2. Vous étudierez ce qui rend le personnage de Maître Blazius pittoresque.

Dissertation

Comment le théâtre et sa représentation rendent-ils compte des relations entre les hommes ?

Vous répondrez à cette question de manière organisée, et illustrerez votre propos d'exemples issus des textes du corpus et de vos lectures personnelles.

Écriture d'invention

Célimène poursuit ses portraits : elle cible, chez d'autres personnes, des traits de caractère. Écrivez, sous la forme d'une scène théâtrale en prose, les propos qu'elle tient sur eux, en prenant soin de conserver le registre employé par celle-ci dans la pièce de Molière (**texte A**). Ses auditeurs pourront intervenir dans la scène.

Crédits iconographiques

Couverture : (de haut en bas) BNF ; Leemage/Electa ; Leemage/Photo Josse ; Leemage/Photo Josse ; AKG-Images/Erich Lessing ; Bridgeman Giraudon/Arthotek ; La Collection/Arthotek ; AKG-Images/Erich Lessing ; Scala/Foto Art Ressource/ADAGP 2012, Paris ; Gamma/Daniel Simon ; CDDS Enguerand/Agence Bernand/Pascal Gely ; AKG-Images/Michael Farrell ; Jérôme Galland • **Rabat et garde avant :** (de gauche à droite et de haut en bas) : Leemage/Selva ; Leemage/MP ; AKG-Images ; Leemage/Photo Josse ; Leemage/Photo Josse ; Roger-Viollet/Maison de Victor Hugo ; Leemage/Photo Josse ; Kharbine-Tapabor ; Leemage/Selva ; Rue des Archives/RDA ; Leemage/Writer Pictures/Montan ; Leemage/Effigie ; Leemage/MP ; Bridgeman Giraudon ; Roger-Viollet/Jean-Régis Roustan ; Leemage/Graziano Arici ; Leemage/Photo Josse ; Leemage/Photo Josse ; Leemage/Aisa ; Leemage/Photo Josse ; Leemage/Photo Josse ; Roger-Viollet/Maison de Victor Hugo ; Leemage/Selva ; Gamma/Rapho/Edouard Boubat ; AFP ; Leemage/Opéra de Paris/Toulet ; ArtComArt/Pascal Victor ; Leemage/Photo Josse ; Leemage/Photo Josse ; Leemage/Photo Josse ; Roger-Viollet/Albert Harlingue ; Leemage/Aisa ; Leemage/Selva ; Bridgeman Giraudon ; Leemage/Photo Josse ; Leemage/Photo Josse ; Leemage/Photo Josse ; Roger-Viollet/Maison de Victor Hugo ; Leemage/Selva ; Roger-Viollet/Henri Martinie ; Rue des Archives/René Saint Paul ; Jan Arkesteijn ; Leemage/Selva ; AKG-Images ; Leemage/Photo Josse ; Leemage/Photo Josse ; Leemage/Photo Josse ; Leemage/Aisa ; Leemage/DeAgostini ; Roger-Viollet/Maison de Victor Hugo ; Leemage/Gusman ; Leemage/Selva ; Roger-Viollet/BHVP/Edmond-Marie Poullain ; Bridgeman Giraudon ; Rue des Archives/Louis Monier ; Leemage/Photo Josse ; Leemage/Selva ; RMN (distr.)/Collection Georges Pompidou/Georges Meguerditchian ; Roger-Viollet ; Leemage/Effigie ; Leemage/Laurence Folie ; AKG-Images/Erich Lessing ; BNF ; Leemage/Electa ; Leemage/Photo Josse ; Leemage/Photo Josse ; AKG-Images/Erich Lessing ; Bridgeman Giraudon/Arthotek ; La Collection/Arthotek ; AKG-Images/Erich Lessing ; Scala/Foto Art ressource/ADAGP 2012, Paris ; Gamma/Daniel Simon ; CDDS Enguerand/Agence Bernand/Pascal Gely ; AKG-Images/Michael Farrell ; Jérôme Galland ; AKG-Images/Erich Lessing • **Intérieur : p. 2 :** Leemage/Laurence Folie ; AKG-Images/Erich Lessing ; BNF ; **p. 3 :** Leemage/Electa ; Leemage/Photo Josse ; Leemage/Photo Josse ; **p. 4 :** AKG-Images/Erich Lessing ; **p. 5 :** Bridgeman Giraudon/Arthotek ; La Collection/Arthotek ; **p. 6 :** AKG-Images/Erich Lessing ; Scala/Foto Art Ressource/ADAGP 2012, Paris ; Gamma/Daniel Simon ; **p. 7 :** CDDS Enguerand/Agence Bernand/Pascal Gely ; AKG-Images/Michael Farrell ; Jérôme Galland ; AKG-Images/Erich Lessing ; **p. 8 :** Leemage/Laurence Folie ; **p. 51 :** Leemage/Aisa ; **p. 57 :** Fotolia/Graphies.thèque ; **p. 82 :** AKG-Images/Erich Lessing ; **p. 84 :** BNF ; **p. 86 :** (de haut en bas) Rue des Archives/Tal ; AKG-Images/Erich Lessing ; Leemage/Photo Josse ; Leemage/Heritage Images ; Leemage/Heritage Images ; Leemage/Photo Josse ; **p. 87 :** (de haut en bas) Jan Arkesteijn ; Leemage/Aisa ; Leemage/Heritage Images ; Leemage/Lee ; Leemage/Selva ; **p. 90 :** Leemage/Selva ; **p. 91 :** Collection Christophe L ; **p. 95 :** Leemage/Photo Josse ; **p. 96 :** Leemage/Electa ; **p. 97 :** Kharbine-Tapabor/Collection IM ; **p. 98 :** (de haut en bas) AKG-Images ; Vincent Steenberg ; Leemage/Electa ; Leemage/Photo Josse ; Leemage/Photo Josse ; Leemage/Raffel ; **p. 99 :** (de haut en bas) Leemage/Photo Josse ; Leemage/Aisa ; Mu ; Leemage/Photo Josse ; Leemage/Photo Josse ; Leemage/Photo Josse ; **p. 105 :** Leemage/Photo Josse ; **p. 106 :** Andia/Astier ; **p. 107 :** AKG-Images/Erich Lessing ; **p. 111 :** Leemage/Gusman ; **p. 112 :** Leemage/Photo Josse ; **p. 114 :** (de haut en bas) Roger-Viollet/Albert Harlingue ; Leemage/Photo Josse ; Leemage/Electa ; Leemage/Raffael ; Leemage/Luisa Ricciarini ; **p. 115 :** (de haut en bas) RMN-GP (Château de Versailles)/Gérard Blot ; Roger-Viollet ; Leemage/Selva ; Leemage/Photo Josse ; Leemage/Costa ; Leemage/Selva ; **p. 120 :** Bridgeman Giraudon/British Library ; **p. 121 :** Roger-Viollet/Musée Carnavalet ; **p. 125 :** Hemis.fr/Arnaud Chicurel ; **p. 126 :** Leemage/Photo Josse ; **p. 128 :** (de haut en bas) Leemage/Photo Josse ; Leemage/MP ; Leemage/Selva ; Leemage/MP ; Leemage/Aisa ; Leemage/Photo Josse ; Leemage/Photo Josse ; **p. 129 :** (de haut en bas) Leemage/Photo Josse ; Leemage/Photo Josse ; Leemage/Photo Josse ; Leemage/Aisa ; Bridgeman Giraudon/Christie's Images ; Leemage/MP ; **p. 132 :** (htg) Artcomart/Pascal Victor ; (htd) Roger-Viollet/Studio Lipnitzki ; (b) CDDS/Marc Enguerand ; **p. 136 :** RMN (Château de Versailles)/Gérard Blot ; **p. 137 :** AKG-Images ; **p. 138 :** RMN/Agence Bulloz ; **p. 139 :** RMN (Château de Versailles)/Gérard Blot ; **p. 143 :** RMN (Château de Versailles)/Gérard Blot ; **p. 144 :** AKG-Images/Erich Lessing ; **p. 146 :** (de haut en bas) AKG-Images ; Leemage/Photo Josse ; Leemage/Jean Bernard ; Leemage/Photo Josse ; Leemage/Photo Josse ; AKG-Images ; **p. 147 :** (de haut en bas) Leemage/Photo Josse ; Leemage/Photo Josse ; Bridgeman Giraudon ; Leemage/Costa ; Leemage/Photo Josse ; Leemage/Photo Josse ; **p. 152 :** Bridgeman Giraudon/Wallace Collection ; **p. 153 :** (g) Rue des Archives/Tal ; (d) Prod DB/Gaumont/DR ; **p. 154 :** (g) AKG-Images/SPL ; (d) BNF ; **p. 159 :** AKG-Images/Erich Lessing ; **p. 160 :** Bridgeman Giraudon/Arthotek ; **p. 162 :** (de haut en bas) Leemage/Costa ; Leemage/MP ; Leemage/AFC ; Leemage/Photo Josse ; Leemage/Selva ; AKG-Images/Erich Lessing ; **p. 163 :** (de haut en bas) Kharbine-Tapabor ; Bridgeman Giraudon ; Leemage/Selva ; Leemage/Selva ; Leemage/Photo Josse ; **p. 169 :** BNF ; **p. 170 :** (ht) Leemage/Photo Josse ; (b) Leemage/Electa ; **p. 171 :** (ht) Leemage/Photo Josse ; (b) RMN distr/BPK/Ursula Gerstenberger ; **p. 172 :** Leemage/MP ; **p. 173 :** RMN/A. Danvers ; **p. 177 :** (g) AKG/Oronoz/Album ; (d) RMN (Musée d'Orsay)/Hervé Lewandowski ; **p. 178 :** La Collection/Arthotek ; **p. 180 :** (de haut en bas) Leemage/Photo Josse ; Leemage/Selva ; Leemage/Selva ; Kharbine-Tapabor ; Leemage/Photo Josse ; **p. 181 :** (de haut en bas) Roger-Viollet/Albert Harlingue ; Leemage/MP ; Leemage/Collection Sirot-Angel ; Bridgeman Giraudon ; Leemage/Selva ; **p. 186 :** Prod DB MM.Hakim/Paris Film/DR ; **p. 187 :** Leemage/Selva ; **p. 191 :** Leemage/Photo Josse ; **p. 192 :** AKG-Images/Erich Lessing ; **p. 194 :** (de haut en bas) Leemage/Gusman ; Leemage/Luisa Ricciarini ; Leemage/Selva ; Roger-Viollet/Albert Harlingue ; Leemage/Photo Josse ; **p. 195 :** (de haut en bas) Roger-Viollet/Albert Harlingue ; Leemage/Selva ; Leemage/Selva ; Roger-Viollet/Albert Harlingue ; Leemage/Photo Josse ; **p. 198 :** (ht) RMN distr./Archives Alinari, Florence/Fratelli Alinari ; (b) Bridgeman Giraudon ; **p. 199 :** (g) Leemage/MP ; (d) Bridgeman Giraudon ; **p. 200 :** Bridgeman Giraudon/Peter Willi ; **p. 203 :** Leemage/Superstock/© ADAGP 2012, Paris ; **p. 204 :** Scala/Foto Art ressource/ADAGP 2012, Paris ; **p. 206 :** (de haut en bas) Roger-Viollet/BHVP/Edmond-Marie Poullain ; Roger-Viollet ; RMN (distr.)/Collection Georges Pompidou/Georges Meguerditchian ; Roger-Viollet/The Image work/Charles Gatewood ; AKG-Images/Paul Almasy ; Roger-Viollet/Henri Martinie ; **p. 207 :** (de haut en bas) Corbis/Bettman ; Bridgeman Giraudon ; AKG-Images/Tony Vaccaro ; Photothèque R. Magritte/©ADAGP, Paris 2012 ; AKG-Images/Paul Almasy ; Roger-Viollet/Henri Martinie ; **p. 210 :** (g) © Man Ray Trust/ADAGP/Telimage – 2012 ; (d) Leemage/Lee ; **p. 211 :** Scala/Digital image, The MOMA, NY/ADAGP 2012, Paris ; **p. 212 :** RMN/© Estate Brassaï/Coll. Du Centre Pompidou, dist. RMN/ Adam Rzepka ; **p. 213 :** Gamma/Keystone-France ; **p. 217 :** Photothèque R. Magritte/©ADAGP, Paris 2012 ; **p. 218 :** Gamma/Daniel Simon ; **p. 219 :** (de haut en bas) Corbis/Sygma/Apis/James Andanson ; AKG-Image/Album ; Rue des Archives/René Saint Paul ; Roger-Viollet/Henri Martinie ; AKG-Image/Ullstein Bild ; AKG-Images ; Roger-Viollet/Henri Martinie ; **p. 223 :** Leemage/Aisa/Succession Picasso 2012 ; **p. 224 :** CDDS Enguerand/Agence Bernand/Pascal Gely ; **p. 225 :** (de haut en bas) Roger-Viollet/Henri Martinie ; Deutsch Bundersarchiv ; Leemage/Selva ; Roger-Viollet/Studio Lipnitzki ; AKG-Images ; AFP ; Gamma/Rapho/Edouard Boubat ; **p. 227 :** CDDS Enguerand/Pascal Gely ; **p. 228 :** AKG-Images/Michael Farrell ; **p. 229 :** (de haut en bas) AFP ; Rue des Archives/RDA ; Leemage/Graziano Arici ; Rue des Archives/Gérard Bloncourt ; Leemage/Fototeca ; Rue des Archives/AGIP ; AFP/Daniel Janin ; Roger-Viollet/Jean-Régis Roustan ; **p. 234 :** Jérôme Galland ; **p. 238 :** AKG-Images/Erich Lessing ; **p. 240 :** Leemage/MP ; **p. 241 :** Roger-Viollet/Maison de Victor Hugo ; **p. 242 :** Roger-Viollet/Henri Martinie ; **p. 243 :** Leemage/Aisa ; **p. 244 :** Leemage/Graziano Arici ; **p. 245 :** Leemage/Effigie ; **p. 246 :** (ht) Leemage/Gusman ; (b) Leemage/Selva ; **p. 247 :** AKG-Images ; **p. 248 :** Leemage/Photo Josse ; **p. 249 :** Leemage/Gattoni ; **p. 250 :** Leemage/Aisa ; **p. 252 :** Gamma/Rapho/Pierre Millet ; **p. 253 :** Leemage/Photo Josse ; **p. 254 :** (ht) Leemage/Selva ; (b) Leemage/Abecasis

Maquette intérieur et couverture : Aude Cotelli • **Mise en page** : Nadine Aymard • **Iconographie** : Geoffroy Mauzé • **Cartographie** : Valérie Goncalves • **Responsable d'édition** : Marie Bourboulou • **Édition** : Virginie Cartou, assistée d'Hélène Deaucourt, avec l'aide de Laura Besson et de Sophie Gelin

PEFC
PEFC/10-31-2065

Imprimé en France par Pollina - L10830.
© Magnard – Paris, 2012
5, allée de la 2e D.B., 75015 Paris
ISBN : 978-2-210-44120-0
Dépôt légal: avril 2012
N° éditeur: 2012-0811

IMPRIM'VERT
Votre imprimeur agit pour l'environnement